Royd Tolkien
Ein Ende mit Anfang – Die unerwartete Reise zweier Brüder

Das Buch

Als Mike Tolkien mit nur 39 Jahren an der Nervenerkrankung ALS stirbt, zerbricht für seinen Bruder Royd eine Welt. Die Zeit der gemeinsamen Abenteuer ist für die beiden Urenkel von J. R. R. Tolkien vorbei.

Aber Draufgänger Mike hinterlässt dem vorsichtigen Royd eine Liste mit fünfzig Aufgaben: eine Bucket List. Die ungewöhnlichen Herausforderungen bringen Royd zurück nach Neuseeland, wo »Der Herr der Ringe« gedreht wurde. Es ist der perfekte Ort für Mikes Aufgaben, die Royd jedes Mal an die Grenzen seines Mutes bringen – und ihn danach das Leben feiern lassen. Genauso, wie Mike es gewollt hat.

Dies ist die Geschichte über Royd Tolkiens schwierige, heitere und emotionale Reise, die ihm hilft, über sich hinauszuwachsen, und ihn nicht nur an einen großen Verlust erinnert, sondern auch an die Liebe zu seinem Bruder – und daran, jeden Moment im Leben auszukosten.

Der Autor

Als Urenkel von J. R. R. Tolkien wuchs Royd mit Geschichten auf. Nach Schauspielrollen in Peter Jacksons »Der Herr der Ringe: Die Rückkehr des Königs« und »Der Hobbit: Smaugs Einöde« produzierte er zwei Filme und arbeitete an weiteren, als bei seinem jüngeren Bruder Mike 2012 die Motoneuron-Erkrankung ALS diagnostiziert wurde.

Sofort stellte Royd alle Tätigkeiten ein, um sich um Mike zu kümmern, bis dieser am 28. Januar 2015 verstarb. Seitdem hat Royd den Dokumentarfilm »There's a Hole in My Bucket« über seine Reise durch Neuseeland fertiggestellt, auf der er die Bucket List abarbeitete, die Mike ihm hinterlassen hat.

Royd Tolkien

Ein Ende mit Anfang

Die unerwartete
Reise zweier Brüder

Aus dem Englischen von
Kerstin Fricke

Die englische Ausgabe erschien 2021 unter dem Titel
»There's a Hole in My Bucket« bei Little A, New York.

Deutsche Erstveröffentlichung bei
Topicus, Amazon Media EU S.à r.l.
38 Avenue John F. Kennedy, L-1855, Luxembourg
Oktober 2021
Copyright © der Originalausgabe 2021
By Royd Tolkien
All rights reserved.
Copyright © der deutschsprachigen Ausgabe 2021
By Kerstin Fricke

Die Übersetzung dieses Buches wurde durch Amazon Crossing ermöglicht.

Umschlaggestaltung: bürosüd⁰ München, www.buerosued.de
Originaldesign: Emma Rogers
Umschlagmotiv: © Royd Tolkien Privatarchiv
Lektorat, Korrektorat und Satz:
VLG Verlag & Agentur, Haar bei München, www.vlg.de
Gedruckt durch:
Amazon Distribution GmbH, Amazonstraße 1, 04347 Leipzig /
Canon Deutschland Business Services GmbH,
Ferdinand-Jühlke-Str. 7, 99095 Erfurt /
CPI books GmbH, Birkstraße 10, 25917 Leck

ISBN 978-2-49670-585-0

www.topicus-verlag.de

Für Mike

INHALT

Vorwort   8

Teil eins: Der Beginn und das Ende

Über die Planke gehen   12
Wo sind die Bremsen?   16
Chief Rocka   25
Asche und Tangas   34
Nicht verrückt machen   45
Moel Famau   51

Teil zwei: Hin und wieder zurück

Flieht, ihr Narren   60
Skarabäus   78
Samson   97
Der Fels und die Flasche   105
Wo der Glaube lebt   114
Über den Wolken   120
Geschwindigkeitsrausch   128
Hobbits und Gummistiefel   134
Ikarus   147
Helden und Monster   159
Die Speisekammer der Natur   170
Du lachst dich kaputt   186
Die offizielle Diagnose   198
Verlorene Welt – Neue Welt   211

Teil drei: Jenseits des Wassers

Gute Taten	222
Hoffnung	234
Vorzeichen	248
Setz dich!	254
Mit Musik …	261
Der große Heuchler	276
Psycho Pimps	281
Dick und gedrungen	287
Unsterblicher Vogel	296
Himmelwärts (wieder einmal)	304
Nummer 1	312
Herz der Finsternis?	319
Die Gartenstadt	332

Teil vier: Nicht das Ende

Ice Bucket Challenge	340
Drachengold	354
Pounamu	362
Donnerschlag	369
Lebewohl	374
Zu Hause	382
Im Nebel die Tränen	389

Nachwort	399
Dank	

VORWORT

Allein hätte ich ein Buch wie dieses niemals geschrieben. Nicht etwa, weil ich nicht schreiben kann. Und auch nicht, weil mir die Motivation gefehlt hätte. Der Hauptgrund liegt vielmehr darin, dass ich zwar versucht habe, an möglichst vielen Stellen Humor zu zeigen, doch dieses Buch enthält ein Kernelement, das für mich heute noch ebenso schmerzhaft und quälend ist wie eh und je.

Wie ein Liedermacher, der seinen Liebeskummer erst verarbeitet, bevor er emotionale Zeilen darüber schreibt, fiel es mir leichter, manches mit einem distanzierteren Blick zu Papier zu bringen. Ich habe den Verlust meines Bruders Mike noch immer nicht verkraftet. Verstehen Sie mich nicht falsch, ich habe durchaus versucht, meine Gefühle bei zahlreichen Gelegenheiten in Worte zu fassen, und über manche Dinge kann ich leichter sprechen als über andere. Aber wenn ich jetzt versuchen würde, die ganze Geschichte selbst zu erzählen, wäre da der innere Drang, loszuschreien, meinem Schmerz ebenso Ausdruck zu verleihen wie dieser Lawine aus Trauer und Wut, die in mir um die Vorherrschaft ringen.

Dennoch wollte ich dieses Buch verfassen und die Geister vertreiben. Ich wollte von den Reisen erzählen, die Mike und ich unternommen haben, gemeinsam und getrennt voneinander. Doch dafür brauchte ich Hilfe. Ich brauchte jemanden, dem ich meine tiefsten Gefühle anvertrauen konnte (was mir schon in guten Zeiten nicht leichtfällt), jemanden, der Mitgefühl und Verständnis aufbringen und auf diese Weise zu meiner Stimme werden konnte.

Die Sterne standen richtig, und ich landete einen Volltreffer. Der Ghostwriter, der für diese Seiten verantwortlich ist, hat einen Teil dieser Reise mit mir zusammen erlebt. Er wurde zu einem Bestandteil der Reise. Zuerst tauchte er als der haarige Kameramann auf, der meine Abenteuer filmen sollte, doch Drew wurde zu einem engen Freund, und ich habe es ihm zu verdanken, dass meine Geschichte zum Leben erweckt werden konnte.

Ich kann Ihnen, meinen Leserinnen und Lesern, versichern, dass dieses Vorwort im Grunde genommen ein Geständnis ist. Ich möchte offen zu Ihnen sein. Ich stehe hinter allem, was Sie lesen werden, dem Sinn, den Empfindungen und der Wahrhaftigkeit. Aber Sie sollten wissen, dass selbst das Schreiben dieses Buches zu einem Teil meiner Reise wurde und dass es eine gemeinsame Reise war. Ebenso wie die Ereignisse war auch der mühselige Prozess des Erzählens, Diskutierens und Beschreibens eine läuternde Erfahrung, eine Erlösung. Beim Schreiben dieses Buches wurde viel geweint und gelacht, und wenn ich etwas davon auch bei Ihnen auslösen kann, habe ich mein Ziel erreicht.

Teil eins

Der Beginn und das Ende

Über die Planke gehen

Ich gebe offen zu, dass ich schreckliche Angst habe.

Ich stehe am richtigen Ende des Stegs, der gute drei Meter über den Rand der Klippe hinausragt. Dabei spreche ich bewusst vom »richtigen Ende«, denn das andere, das vollkommen »falsche Ende«, hängt mehrere Hundert Meter über etwas, was man zweifelsfrei als malerische Schlucht bezeichnen kann, in deren Mitte ein reizender Fluss dahinfließt. Doch für diese Schönheit habe ich momentan keinen Blick. Soweit es mich betrifft, blicke ich trotz der offensichtlichen Metapher direkt in den Abgrund. Einen schrecklich realen, tatsächlichen, echten Abgrund.

Um meinen Körper liegen Riemen, Schnallen und ein Harnisch, der zwischen meinen Beinen hindurchführt. Überall sind Clips und Karabiner sowie ein oder zwei Seile, die viel zu dünn aussehen, um mein Gewicht tragen zu können (und die Tatsache, dass ich eine Sicherheitsleine brauche, macht mich nur noch nervöser). All das verbindet mich mit einer langen Wäscheleine, die sich über die zunehmend reizlose Schlucht zur Klippe auf der anderen Seite spannt.

»Lächle für die Kamera!«, ruft ein fröhlicher Kiwi, wie sich die Neuseeländer selbst bezeichnen. Welche Kamera? Wo? Und wie in aller Welt soll ich jetzt lächeln können? Ich sehe mich wie ein Idiot um und lächele trotz meines trockenen Mundes, um den Schein zu wahren.

»Ist das auch wirklich sicher?«, will ich blödsinnigerweise wissen und hoffe verzweifelt, diese verrückten Kiwis könnten vielleicht doch noch entscheiden, dass es das nicht ist, um dann vernünftig zu werden und vorzuschlagen, zurück nach Queenstown zu fahren und dort eine schöne Tasse Kaffee zu trinken und ein Stück Kuchen zu essen ...

»Das ist ein Klacks, Kumpel.«

»Ja, ein Klacks Sahne wäre nicht schlecht.« Jeder hat schließlich eine Henkersmahlzeit verdient.

Es ist doch bloß eine Seilrutsche. Keine große Sache, oder? Nur, dass dies hier »The Fox« ist, der »Sprung« von der welthöchsten Klippe, und es ist auch kein ganz normales Seil. Der Plan ist, dass ich von dieser knarrenden Planke ins Leere laufe – ja, ganz genau, laufe – und mich voll und ganz auf dieses dünne Seil verlasse, das mich mit dem Draht verbindet, der nicht so aussieht, als wäre er der Aufgabe gewachsen. Dann hört das Seil auch noch einfach auf. Es ist einfach zu Ende. Ich werde hinunterfallen und in einer idealen Welt von einem zweiten Draht aufgefangen werden, bevor ich über vierhundertfünfzig Meter durch die erschreckend dünne Luft zur anderen Seite sause, und all das gerade mal zweihundert Meter über den Felsen und dem Fluss am Grund von dem, was in meinen Augen inzwischen die unansehnlichste Schlucht ist, die ich je erblicken musste.

Moment mal. Will ich das wirklich?

Ich habe zwar schon einige »Sprünge« diverser Art hinter mir, daher sollte man doch davon ausgehen, dass ich hiermit keine großen Probleme haben werde. Genau das habe ich bisher auch gedacht. Das ist eine Seilrutsche, wie schwer kann das schon sein? Wie sich herausgestellt hat, ist es deutlich schwieriger, den Mut aufzubringen, von einer Klippe zu springen als (wenngleich widerstrebend) von einer Bungee-Plattform. Im Hinterkopf frage ich mich, ob es nicht leichter wäre, mich auf den Bauch zu legen und langsam bis zum Rand zu kriechen, um mich dann mit den Händen an der Planke festzuhalten und im letzten Moment plump fallen zu lassen.

Aber das Schlimmste ist gar nicht das Laufen. Es ist das Springen. Der Fall. Ich soll mich bereitwillig von einer Klippe stürzen in dem Wissen, was ich da gerade mache, um dann so zu tun, als würde ich mich auf einer Seilrutsche bewegen. Wer denkt sich so etwas nur aus?

Ich gebe offen zu, dass ich eine Heidenangst habe.

»Ruf Mikes Namen, wenn du springst«, ermutigt mich jemand hinter mir.

Mike.

Darum bin ich hier.

Ich bin wegen Mike hier.

Weil Mike tot ist.

Wenn Sie den Klappentext dieses Buches gelesen haben, dann wissen Sie bereits ein bisschen was über Mike. Mike war mein Bruder. Er ist an der Motoneuron-Erkrankung ALS gestorben und hat mir eine Liste mit Aufgaben hinterlassen, die ich an seiner Stelle bewältigen soll. Ich hatte keine Ahnung, was mich erwartete, und erfuhr es stets erst unmittelbar, bevor ich es tun musste, aber wenn ich gestehe, dass der Sprung in diese Schlucht nicht das Schlimmste war, was er von mir verlangt hat, bekommen Sie vermutlich eine Ahnung, wie er so gewesen ist.

»Renn einfach los und schreie Mikes Namen!«, ruft mir erneut jemand zu.

Ich habs verstanden. Die lähmende Furcht in mir lässt in diesem Moment nach, und ich kann Mike spüren. Wenn er jetzt hier bei mir wäre, würde er mir im Nacken sitzen. Schon auf dem Weg hierher habe ich es mit Prahlerei versucht, großspurig getan und herumgealbert, im Grunde genommen alles versucht, um mich nicht der Realität dessen zu stellen, was mich erwartete. Wäre Mike hier und würde sehen, wie ich die Sache hinauszögere und vor Angst immer mehr den Mut verliere, müsste ich mir einiges anhören. Und wäre er an meiner Stelle … Tja, dann wäre es gar nicht zu einer solchen Situation gekommen. Er wäre schon längst auf der anderen Seite. Er hätte keinen Augenblick gezögert. Vermutlich hätte er sich sogar rücklings in den Abgrund gestürzt, mir den Finger gezeigt und dabei laut gelacht. Und wären wir hergekommen, als er schon krank war, hätte er wahrscheinlich einen Weg gefunden, es auch noch im Rollstuhl zu tun. Wäre er jetzt hier, hätte auch ich es längst getan. Ich hätte ihm sicherlich nicht einen so guten Grund geliefert, tagelang über mich herzuziehen.

Sein Name liegt mir bereits auf der Zunge. Ich werde es tun. Ich muss es jetzt tun. Auf gar keinen Fall kann ich seinen Namen hinausschreien und dann den Schwanz einziehen. Ich wünschte, er wäre hier. Die ganze emotionale Last dieser Reise scheint meine Füße am Boden zu verankern, mich anzuschreien, in Sicherheit zu bleiben, am Leben zu bleiben, die Kontrolle nicht abzugeben. Aber das ist nicht das, was Mike gewollt hat. Er wollte, dass ich mich dem Kontrollverlust hingebe und wirklich lebe.

Daher aktiviere ich meinen inneren Lemming, öffne den Mund, bilde bereits das M mit den Lippen und laufe los.

»MIIIIIIIIIIIIIIIIIIIIIIIIIIIKE!«, schreie ich aus Leibeskräften. Ich bin mir nicht sicher, ob das K überhaupt noch rauskommt, da ich viel zu sehr damit beschäftigt bin, panisch mit den Armen zu rudern.

Dann werde ich ruckartig von der zweiten Seilrutsche aufgefangen. Als ich im strahlenden Sonnenlicht auf die andere Seite der Schlucht gleite, lache ich wild und euphorisch.

Wo sind die Bremsen?

Als ich ein kleiner Junge war, hatten wir Esel. Alle möglichen Arten. Mum und Dad liebten Tiere. Die Esel waren Fundtiere, und wir hatten auch Hühner, Schafe, Schweine und eine widerspenstige Graugans namens Smokey Joe.

»Mum, er soll schneller laufen. Schneller!«, forderte ich meine Mutter immer wieder frech auf. Irgendwann hatte sie genug und verpasste dem guten alten Lasttier, auf dem ich ritt, einen leichten Schlag mit der Reitgerte. Der Esel stürzte wie ein besessener Greyhound vor, und ich klammerte mich schreiend und panisch an seinem Rücken fest.

Doch dann rammte er plötzlich die Vorderhufe in den Boden und blieb stehen. Wie angewurzelt. Ich nicht. Stattdessen stürzte ich nach vorn über seinen Kopf und landete schmerzhaft auf dem Boden.

»Sei nicht dumm, Royd«, sagte eine Stimme in meinem Kopf, als der Schreck nachließ. »Bitte nicht um Dinge, mit denen du nicht fertigwirst. Langsam ist sicher.«

* * *

Mike war fünf Jahre jünger als ich, doch als er acht war, zählte das nicht mehr viel. Er ertrug die üblichen Prüfungen eines jüngeren Bruders und erbte all meine alten Klamotten. Meine Schuluniform wurde zu seiner, ebenso wie die alten Jeans voller Flecken, die mir nicht mehr passten. Mein erstes Fahrrad wurde zu seinem ersten Fahrrad.

Lange bevor Mum und Dad sich scheiden ließen, lebten wir auf einem kleinen Bauernhof am Stadtrand von Halkyn, einem winzigen Dorf in der Wildnis von North Wales. Das Dorf machte nicht viel her, es gab gerade mal einen Pub, einen Laden und mehrere Häuser. Wenn mein Vater nicht in seiner Druckerei arbeitete, leitete er das örtliche Countryside Committee, und Mum, die bis zu Mikes Geburt als Krankenschwester tätig gewesen war und einen Großteil ihrer Zeit damit verbracht hatte, für nukleare Abrüstung und gegen Ungerechtigkeit zu kämpfen, beispielsweise mit Amnesty International, hatte hier sehr viele Freunde gefunden, die sich für Pferde interessierten. Meine Eltern waren beide sehr aktiv in der Gemeinde und veranstalteten gelegentlich Spendensammlungen in einem unserer Außengebäude oder »der großen Scheune«, wie wir sie nannten, aber auch Discos und Lagerfeuerpartys, an denen die Dorfbewohner teilnahmen.

Mandy, unsere Schwester, ist anderthalb Jahre älter als ich und mir damit altersmäßig näher als Mike. Wir spielten als Kinder oft zusammen, als Mike noch zu klein war, und gründeten mit unseren besten Freunden einen Klub, der sich auf dem Dachboden über dem Schweinestall traf. Aber Mandy wurde schneller erwachsen als ich, wie es bei Mädchen meist der Fall ist, und war bereits ein Teenager, während ich noch über Jahre ein nerviges Kind blieb. Unsere gemeinsamen Abenteuer und Schatzsuchen dauerten nicht so lange, wie ich es mir gewünscht hätte.

Als ich dreizehn war, spielten Adam and the Ants in unserem Freizeitzentrum. Ich war ein Riesenfan, genau wie Mandy. Der Vater ihrer Freundin leitete das Freizeitzentrum, daher bekam sie eine Einladung für den Auftritt und durfte sogar hinter die Bühne.

»Super! Ich kann es kaum erwarten!«, rief ich aufgeregt, als ich davon erfuhr.

»Du kannst aber nicht mit«, sagte Mandy. »Du bist noch zu jung.«

Ich war am Boden zerstört. Das war nicht fair. Und wie zum Hohn enthüllte sie mir hinterher, dass ich ebenfalls hätte hingehen können, weil es einen abgetrennten Bereich für die jüngeren Kinder gab. Immerhin machte sie es fast wieder gut, indem sie Mr Ant dazu brachte, das Programm für mich zu signieren.

Etwa zu der Zeit hörten auch unsere gemeinsamen Unternehmungen auf. Sie beschäftigte sich mit alldem, was Teenagermädchen so machen, beendete die Schule und ging auf die Kunsthochschule, um schließlich erwachsen zu werden. Ich war sauer auf sie, weil sie älter und rebellischer war und Dinge tun konnte, die mir verwehrt blieben. Doch wir drifteten nicht auseinander oder so; sie war einfach nur kein Kind mehr.

Glücklicherweise war Mike inzwischen alt genug, um mit mir all das zu machen, woran Jungs Spaß haben.

* * *

Als Erwachsener bin ich ein großer Freund des Landlebens geworden. Mein Haus in Wales ist mein ultimativer Zufluchtsort. Sie werden es vermutlich häufiger erleben, dass ich mir wünsche, zu Hause eine Tasse Tee im Garten trinken zu können, wenn ich vor einer weiteren abenteuerlichen Aufgabe von meiner Liste stehe. Seltsamerweise ist dies genau die Art von lauschiger, friedlicher Kindheit, die ich mir für meinen Sohn Story gewünscht habe. Doch als ich ein Kind war, und erst recht als junger Teenager, frustrierte mich die Abgeschiedenheit ungemein. Ich fühlte mich gefangen und musste meine Eltern ständig bitten, mich irgendwo hinzubringen, wie beispielsweise zu meinen Freunden, was aber bei Weitem nicht so oft geschah, wie es mir lieb gewesen wäre.

Manchmal blieb ich bei meinem damaligen besten Freund Richard, der nicht weit entfernt von uns in einer Stadt lebte. Er wohnte in einer richtigen Straße, auf der richtige Kinder bis abends um neun spielten. Und wir durften fernsehen. Was für ein Luxus! Bei uns zu Hause wurde der Fernseher nicht oft angeschaltet. Ich war daran gewöhnt, montags zur Schule zu gehen und mir anzuhören, was die anderen sich am Wochenende angeschaut hatten, ohne die geringste Ahnung zu haben, worum es dabei ging. Bei uns zu Hause waren das Füttern der Tiere und das Erledigen der Hausarbeit wichtiger.

Das soll jedoch nicht heißen, dass meine Kindheit nicht schön gewesen wäre. Zumindest heute weiß ich zu schätzen, was ich damals hatte. Ich versuche nur, Ihnen zu vermitteln, wie isoliert wir waren. Als Kinder hatten wir nicht viele Freunde im Dorf, und diese traurige Tatsache wurde auch dadurch nicht besser, dass Mums religiöse Erziehung und ihr Glaube dazu führten, dass wir in die nächste katholische Kirche gingen, die in einer anderen Stadt und in der völlig falschen Richtung lag und die keiner aus unserer Gegend besuchte. Und ich hasste sie.

Die Grundschule war eigentlich ganz okay. Danach wurde es jedoch deutlich schlimmer. Ich ging zwar mit meinem besten Freund auf die weiterführende Schule, doch durch eine grausame Laune des Schicksals landeten wir in unterschiedlichen Klassen. Natürlich kam ich in die, in der auch die ganzen Unruhestifter waren. Der Weg des geringsten Widerstands, der mir noch heute am liebsten ist, bestand darin, nicht als besonders strebsam aufzufallen, sondern in der Masse der frecheren Kinder unterzutauchen. Heute bin ich über eins achtzig groß, doch ich war ein Spätzünder, eigentlich immer der Kleinste und

Schwächste, und maß mit neunzehn vielleicht eins siebzig. Da ich mit fünfzehn von der Schule abgegangen bin, zählte ich eigentlich die ganze Zeit zu den Schmächtigsten.

Mikes Schulweg war fast derselbe wie meiner. Er ging auf die gleiche Grundschule (in meiner alten Schuluniform), und wir waren sogar ein ganzes Jahr auf derselben Oberschule (die er erstaunlicherweise wirklich mochte), bevor meine Eltern entschieden, dass er eine bessere Ausbildung bekommen müsse, und ihn auf eine Privatschule schickten. Dabei handelte es sich um eine dieser geradezu militärisch geführten Einrichtungen, die großen Wert darauf legen, dass jeder seine Schuhe putzt und dass die Schüler wie kleine Soldaten herumexerzieren. Ich fand erst viel später heraus, dass Mike stinksauer war, seine Freunde in der alten Schule verlassen zu müssen, und dass er die neue Schule nicht ausstehen konnte.

Mir fiel es als Zwerg an der Schule leicht, nicht aufzufallen, doch natürlich war das Mobbing ein Problem. Ich litt nicht sehr darunter, aber es reichte aus, um in mir eine Abscheu gegen Gewalt jeglicher Art hervorzurufen. Dieses ständige Gefühl des Gruppenzwangs konnte ich auf den Tod nicht leiden. Während des Unterrichts saß ich oft da, starrte wehmütig aus dem Fenster und hörte überhaupt nicht zu, sondern ließ den Blick über die Felder zu dem Hügel am Horizont schweifen, in dessen Nähe unser Haus stand. Ich wünschte mir, dort zu sein.

Ich wollte mit Mike zu Hause sein und spielen.

* * *

Wenn wir auf die Schule am Ort und nicht in die katholische gegangen wären und mehr Kinder in unserem Alter im Dorf gekannt hätten, und wenn Mandy nicht zum Teenager geworden wäre und Mädchenkram gemacht hätte, wären Mike und ich einander nie so nahe gewesen. Möglicherweise hätte ich es sogar als Last empfunden, Zeit mit meinem kleinen Bruder zu verbringen oder gar auf ihn aufpassen zu müssen. Doch so war es nicht. Ich bin dankbar für all das, was wir hatten. Ich bin dankbar dafür, dass wir so aufwuchsen und nicht viele Leute kannten, dass ich auf diese blöde Schule gehen musste, dass Mandy so viel früher erwachsen wurde als wir. Denn dafür bekam ich einen Bruder.

Sobald Mike alt genug war, stromerten wir herum. Wir waren eigentlich bei jeder sich bietenden Gelegenheit draußen, spielten, fuhren Fahrrad oder kletterten auf Bäume. Unser Zuhause befand sich auf einem kleinen Hügel, von dem aus man den Borough Wirral, Liverpool und die Küste sehen konnte. Und wenn wir irgendwo hinwollten, mussten wir diesen Hügel hinunterfahren, der für Kinderfahrräder ziemlich anspruchsvoll war.

Ich weiß nicht, ob sich Mike des Altersunterschieds zwischen uns stark bewusst war, aber er gab sich große Mühe, ihn vergessen zu lassen. Entweder wollte er sich unbedingt seinem großen Bruder beweisen, oder er war einfach nur furchtlos. Eine Zeit lang war ich ihm körperlich überlegen, doch das, was ihm an Statur fehlte (selbst im Vergleich zu meiner sehr kleinen Person), machte er mit Enthusiasmus wieder wett. Wenn wir also auf unseren Fahrrädern diesen Hügel hinunterfuhren, galt die unausgesprochene Regel, dass man nicht bremsen durfte. Ja, ganz genau! Erinnern Sie sich an den Esel? Ich beugte mich also über den Lenker und versuchte, eine angenehme Geschwindigkeit zu erreichen, während er wie eine Rakete losraste und nicht langsamer wurde, bis er mit lautem Scheppern gegen das Viehgatter am Fuß des Hügels knallte.

Dahinter lag der See. Er war von Bleiminen umgeben, die das Wasser verschmutzten. Wir warfen immer Steine hinein und versuchten, ein vorher bestimmtes Ziel möglichst präzise zu treffen. Darin war ich für eine Weile besser, weil ich so viel älter und stärker war. Doch je mehr die körperliche Distanz zwischen uns schwand, desto mehr wetteiferten wir miteinander. Mike musste immer auf einen höheren Baum klettern als ich, einen höheren, als ich für vernünftig hielt. Nach einigen Jahren war er zu der Auffassung gekommen, dass er einen Baum erst richtig hinaufgeklettert war, wenn sich sein Kopf auf Höhe des obersten Blattes befand.

Dennoch fiel er nie hinunter. Ihm ist nie etwas Schlimmes passiert. Zugegeben, hin und wieder gab es Kratzer, Schnittwunden oder blaue Flecke, aber nie gebrochene Knochen. Und alles wurde zu einem Wettbewerb. Wer konnte weiter werfen? Wer konnte höher klettern? Wer gewann beim Kampf der Kastanien? Wer fuhr schneller mit dem Fahrrad? Wer konnte am längsten auf dem Hinterrad fahren? In der letzten Kategorie schlug ich mich ganz gut auf meinem Tomahawk, aber ich konnte nicht mit ihm mithalten. Denn er traute sich, schneller zu fahren. Er traute sich, höher zu klettern. Er ging ständig an seine Grenzen. Wir kamen uns immer näher, je älter wir wurden, und wetteiferten immer mehr.

Und fast immer behielt Mike die Oberhand.

* * *

Ich hatte als Kind Asthma und alle möglichen Allergien – ausgerechnet gegen Pferde, was auf einer Farm nicht gerade ideal war. Mike ging es ähnlich, doch bei ihm fiel es nicht so sehr auf. Als Kinder waren wir beide so gut wie nie krank, doch als Mike etwa zehn war, bestand bei ihm der Verdacht auf Meningitis.

Das Schlimmste daran war, dass er eine Lumbalpunktion bekommen musste, damit man die endgültige Diagnose stellen konnte. Ich erinnere mich noch daran, wie ich im Warteraum des örtlichen kleinen Krankenhauses saß. Und es war wirklich ziemlich klein. Ich bin mir zwar sicher, dass dort nur qualifizierte Menschen arbeiteten, die in ihrem Job hervorragend waren,

aber als ich damals Mikes Schmerzensschreie aus dem Neben-
raum hören musste, kam es mir so vor, als hätte eine Teilzeit-
krankenschwester an diesem Morgen schnell ein Buch über diese Prozedur gelesen und sich nun dilettantisch daran versucht.
Ich konnte das Entsetzen in Mikes Stimme deutlich hören, und
dieses ganze Erlebnis sollte uns später noch ein weiteres Mal
heimsuchen.

Wie sich herausstellte, ging es ihm gut. Es war keine virale
Meningitis, sondern eine Erkrankung, die man mit guten alten
Antibiotika behandeln konnte. Aber danach hatte er bis an sein
Lebensende Angst vor Nadeln.

Bis zum November 2010 gab es in dieser Hinsicht keine
besonderen Vorkommnisse mehr. Doch im Alter von fünfund-
dreißig Jahren, nachdem er in seinem Leben kaum einen Tag
krank gewesen war, ging es Mike auf einmal richtig schlecht. Er
hatte etwa vier Tage lang hohes Fieber und einen Ausschlag sowie Grippesymptome; danach erholte er sich nur langsam. Das
war seltsam, wenn man bedachte, dass er den Großteil seines
Lebens kerngesund gewesen war, es schien jedoch nicht lebens-
verändernd zu sein.

Etwa einen Monat später spürte Mike einen seltsamen
Krampf im linken Wadenmuskel. Auch jetzt dachte ich mir
nichts dabei, als er mir davon erzählte. Wir haben alle mal einen
Krampf. Man dehnt sich und wartet, und irgendwann hört es
wieder auf. Allerdings hat das im Allgemeinen etwas mit einer
sportlichen Betätigung zu tun, und obwohl Mike einen sehr
aktiven Lebensstil pflegte, schien dieser Krampf eine andere Ur-
sache zu haben. Wenn er nur den Fuß bewegte oder die Zehen
anspannte, verkrampfte sich seine linke Wade bereits, und es
wurde nicht besser. Selbst wenn der Krampf kurzfristig nachließ, kam er irgendwann wieder. Immer an derselben Stelle.

Das ging über mehrere Monate so, bis ein Punkt erreicht war, ab dem es für Mike merklich unangenehm wurde.

Dennoch war die Lage nicht besorgniserregend. Er fragte sich, ob es sich um eine Nachwirkung des Fiebers handeln konnte, das er im November gehabt hatte, und suchte schließlich seinen Hausarzt auf. Wenn ich mich recht erinnere, bekam er ein Mittel zur Muskelentspannung oder etwas in der Art und wurde wieder nach Hause geschickt.

Das Medikament half nicht. Der Krampf blieb über sechs Monate bestehen, und Mike ging erneut zum Arzt und bekam zusehends willkürlicher erscheinende Arzneimittel verschrieben, bis sich weitere Symptome in seinen Händen und Armen bemerkbar machten. Er hatte das Gefühl, die Kraft in den Händen zu verlieren. Doch obwohl das jetzt dramatisch klingen mag, machten wir uns alle keine besonders großen Sorgen. Denn auch mir kommt es so vor, als hätte ich früher mehr Kraft in den Händen gehabt. Wahrscheinlich habe ich Arthritis in den Daumen vom exzessiven Candy-Crush-Spielen. Aber so ist das Leben, nicht wahr? Ich laufe nicht rum und lamentiere »Gott, was passiert mit mir?«, und das hat Mike damals auch nicht getan.

Wir hatten nicht die geringste Ahnung, dass Mike vier Jahre später nicht mehr da sein würde.

Chief Rocka

Ich höre, wie mein Name aufgerufen wird.

»Mikes Bruder Royd wird jetzt einige Worte sagen«, verkündet Mary auf der Beerdigung. Die Worte spülen leer und bedeutungslos über mich hinweg.

Mike ist tot. Ich habe seinen Sarg soeben zusammen mit anderen zu den fetzigen Klängen von »Chief Rocka« von Lords of the Underground ins voll besetzte Krematorium getragen. Was für ein Song! Unsere Freunde haben es verstanden. Mir ist nicht entgangen, dass mehrere im Takt mitgenickt haben und sich auf manch trauriges Gesicht ein unwillkürliches Lächeln stahl. Wir haben alle unseren Chief Rocka, unseren wichtigsten Mann, verloren.

Einige Worte. Wie soll ich mich mit nur wenigen Worten von Mike verabschieden? Ich bin mir nicht mal sicher, ob ich überhaupt die Kraft aufbringe, auch nur ein einziges auszusprechen.

Ich gehe zur Kanzel und zu den wenigen Stufen, die nach oben führen. Jetzt. Ich muss es jetzt tun. Das Schweigen ist erstickend und legt sich schwer auf die Trauernden. Ich spüre die Augenpaare auf mir und kann doch niemanden ansehen, und ich merke, dass sie alle mit einer grauenvollen Rede rechnen.

Reiß dich zusammen, Royd, scheinen mir Hunderte von Menschen zu vermitteln. *Reiß dich zusammen.*

Ein Stuhl knarrt. Jemand schnieft. Ein gedämpftes Husten hallt durch den Raum. Es muss jetzt sein. Konzentrier dich! Es ist wichtig. Ich möchte einfach nur, dass es vorbei ist und dass diese widerliche Stille aufhört.

Als ich den Fuß auf die erste Stufe setze, habe ich das Gefühl, durch Schlamm zu waten. Die zweite Stufe wartet auf mich.

Es muss jetzt passieren.

Ich stoße den anderen Fuß fest gegen die nächste Stufe. *Bämm!* Und ich falle. Der Schwung reißt mich nach vorn und unten. Ich sacke auf den restlichen Stufen zusammen und schlage mit dem Kopf seitlich gegen die Kanzel. Der Knall donnert durch den Raum.

Dann liege ich da, verborgen vor den Trauergästen, und spüre, wie die Stille irgendwie noch drückender wird. Keiner weiß, was er tun oder sagen soll.

Ich habe es geschafft.

* * *

Ich weiß noch, wie Mike seinen besten Freund angerufen und gebeten hat, vorbeizukommen.

»Ich kann heute nicht, Mike.« Alis Stimme kam aus dem Lautsprecher. »Ich schaue morgen vorbei.«

Mike grinste mich an und hielt sich das Telefon näher an den Mund. »Ich sterbe, Kumpel. Heute wäre gut.« Er neigte dazu, das Schreckliche, das er durchmachte, mit Humor zu überspielen.

Ich hatte nie mit ihm über das Sterben gesprochen. Nicht seit dem Tag, an dem wir von seiner Erkrankung erfahren hatten. Ebenso wenig hatten wir Pläne für seine Beerdigung gemacht.

Von Mike kamen keine Anweisungen, keine befremdlichen Bitten oder detaillierten Playlists. Michael interessierte sich immer nur für das Leben, bis er selbst das nicht mehr konnte. Er starb am 28. Januar um 10.20 Uhr, dann lag alles bei uns. Wir kannten ihn gut und wussten, was er gewollt hätte.

Im Krematorium gab es einen Stau von zwei Wochen, vermutlich wegen der Weihnachtszeit, und so hatten wir die Wahl, seine Beerdigung entweder am zwölften oder am fünfzehnten Februar abzuhalten. Da mussten wir nicht lange überlegen. Mike wäre am dreizehnten Februar vierzig geworden. Wir wollten aber nicht, dass Mike mit vierzig begraben wurde, wo er doch mit neununddreißig gestorben war, denn das kam uns komisch vor, daher entschieden wir uns, ohne zu zögern, für das frühere Datum.

Die zwei Wochen vergingen schnell. Wir waren wie betäubt. Es gab eine Menge zu organisieren, doch das geschah alles in einem emotionalen Vakuum. Wir bestellten einen eleganten Weidensarg, entschieden uns für Blumen, Musik und den Ort, und ich versuchte, den öffentlichen Abschied von meinem Bruder auf Papier festzuhalten.

Wir schrieben ihm auch alle etwas Privates. Die Briefe kamen zu ihm in den Sarg, zusammen mit einem Blatt, das ich vom Baum über Bilbos Haus am Hobbingen-Set in Neuseeland gepflückt hatte, als ich mit Mike dort gewesen war, und einem Stück Drachengold. Ja, richtiges Drachengold. Okay, da muss ich wohl weiter ausholen. Auf dieser Reise besuchten wir auch das Set von »Der Hobbit«, der zu dieser Zeit gedreht wurde. Ich hatte das Glück gehabt, an den »Der Herr der Ringe«-Filmen beteiligt gewesen zu sein, und hatte Peter Jackson kennengelernt, doch für Mike war das alles neu und aufregend. Nach der Begegnung mit Peter trafen wir meinen engen Freund Jed Brophy, der den Zwerg Nori spielte. Jed hatte Peter irgendwann gefragt, wie sehr er denn am Set in seiner Rolle aufgehen solle.

»Nori ist ein Dieb«, hatte Peter ihm mit seinem weichen Kiwi-Akzent gesagt, »also sei ein Dieb. Aber wenn du etwas stiehlst, dann musst du es direkt vor meiner Nase tun und darfst dich nicht dabei erwischen lassen.«

Jed besorgte mir ein Stück Gold aus Smaugs Drachenhort. Eines von vielen, die er erfolgreich an sich gebracht hatte. Und ich legte es zu Mike in den Sarg.

* * *

Einige Tage vor der Beerdigung reichte mir Mikes Freundin Laura ein Blatt Papier. Laura war erst ein Jahr vor Mikes Erkrankung mit ihm zusammengekommen und bei ihm geblieben, wo viele andere Frauen längst Reißaus genommen hätten. In meinen Augen ist Laura ein wahrer Engel.

»Mike wollte, dass du das bekommst«, teilte sie mir mit.

Das war die erste Aufgabe von der Bucket List, die Mike für mich vorbereitet hatte. Ich wusste zwar von der Liste, hatte jedoch keine Ahnung, was sie enthielt. Er hatte angefangen, sie zu schreiben, kaum dass er krank geworden war, und ursprünglich standen darauf all die Dinge, die er noch tun wollte, bevor … Na, Sie wissen schon. Er hatte sich gewünscht, dass wir noch mal zusammen nach Neuseeland fliegen würden, wo er den Großteil der Aufgaben geplant hatte und ich all die Dinge erleben sollte, zu denen er körperlich nicht mehr in der Lage war.

Doch das Problem bei seiner Krankheit war, dass sie keinen Aufschub gewährte. Sein Zustand verschlechterte sich schnell und stetig, und es gab nur ein mögliches Ende. Als Mike nicht mehr reisen konnte, beschlossen wir daher, dass ich es allein tun würde.

Und er wollte, dass es gefilmt wurde.

»Du drehst Filme, Royd«, meinte er zu mir. »Mach einen Film daraus.«

Die Liste wurde zu seinem Vermächtnis an mich. Etwas, was ich beenden musste. Ein Dokumentarfilm, der finanziert, mit einer Crew gedreht, geschnitten und veröffentlicht werden musste. Das lag Mike sehr am Herzen; nicht etwa, weil er hoffte, dadurch nach seinem Tod weiterzuleben oder weil er es aus Eitelkeit tat oder um mich posthum noch auf die Palme zu bringen. Die Idee entstand aufgrund all dessen, was er durch seine Krankheit durchmachen musste, dieser unaussprechlich entsetzlichen und einsamen Erfahrung. Er wollte damit auf diese Erkrankung aufmerksam machen, sie ins Bewusstsein der Öffentlichkeit bringen und die negative und oftmals respektlose Art zeigen, wie Ärzte mit dem mit einer derart trostlosen Prognose einhergehenden Zustand umgingen. Es sollte ein Weg sein, um all jenen, die darunter leiden, und ihren Familien die dringend benötigte Hilfe und Unterstützung zukommen zu lassen.

Ich wollte alles tun, was Mike von mir verlangte. Ich wusste von der Liste und konnte mir bildlich vorstellen, was er alles Schreckliches für mich geplant hatte, aber ich war fest entschlossen, die Sache irgendwie durchzuziehen. Schließlich durfte ich ihn nicht enttäuschen. Abgesehen davon sehnte ich mich auch danach, Mikes Stimme wieder zu hören, was mir in gewisser Weise möglich war, wenn ich die Aufgaben auf der Liste las, die er mir stellte.

Doch an all das dachte ich in der Zeit vor Mikes Beerdigung nicht.

* * *

Man hatte uns Gelegenheit gegeben, ihn noch einmal im Sarg zu sehen, und ich war mir nicht sicher gewesen, ob ich das wirklich wollte. Oder aber vielleicht sogar brauchte. Meine letzte Erinnerung an sein Gesicht war der Moment, als ich versucht hatte, seine Augen zu schließen, nachdem das Beatmungsgerät abgeschaltet worden war. Ihn da friedlich liegen zu sehen, hätte das Bild vielleicht ersetzt, das mir bis zum heutigen Tag vor Augen steht, und mir möglicherweise eine Art Abschluss ermöglicht. Doch ich entschied mich dagegen. Mike hatte fast ein Jahr vor seinem Tod schon nicht mehr flach auf dem Rücken liegen, geschweige denn in einem Bett schlafen können. Es kam mir daher nicht richtig vor, wenn ich ihn so in seinem Sarg gesehen hätte. Das ergab für mich keinen Sinn. Es wäre nicht Mike gewesen. Und vielleicht wollte ich mir diesen Abschluss auch einfach verweigern. Vielleicht brauchte ich diesen Schmerz.

Für Mike gab es sogar zwei Trauerfeiern. Die erste fand am Vormittag in der Kapelle des Bestattungsunternehmens statt. Die ganze Familie war da. Mum, Dad, Mandy und ihre Kinder Jacob und Megan, Story, Mikes Sohn Edan und andere, entferntere Verwandte. In dem Augenblick, in dem ich Mikes Sarg sah, brach ich zusammen. Ich verlor jegliche Kontrolle über die Worte, die aus mir herausbrachen, und wäre beinahe ohnmächtig geworden. Und ich habe geweint. Unkontrollierbar. Ich war untröstlich. Es war real. Man hatte mir die Sache aus der Hand genommen. Und auch allen anderen. Ich hatte Mike seit seinem Tod nicht mehr gesehen, stand ganz hinten und fühlte mich so unglaublich ausgelaugt. Mir war, als würde die individuelle Trauer jedes Einzelnen die der anderen nur noch verstärken.

Es war ein wunderschöner Gottesdienst. Mikes Weidensarg sah klassisch und schick aus. Die Blumen waren umwerfend schön. Die jüngeren Familienmitglieder konnten ihrer Trauer Ausdruck verleihen und sich frei im Raum bewegen. Jacob und Edan trösteten einander, während Megan weiße Rosen verteilte. Story las »Bilbos Abschiedslied« vor. Es war eine intime, private Zeremonie. Was mich am meisten traf, waren nicht etwa Dads Tränen – ich hatte ihn schon früher weinen gesehen und damit gerechnet, dass er es auch jetzt tun würde –, sondern dass Chris, Mandys Mann, vor Tränen förmlich zerfloss. Irgendwie machte das alles noch schlimmer. Der Raum schien erfüllt zu sein von Schmerz, Verlust und Leid.

Danach warteten wir in Mikes Haus. Irgendwie kam es mir surreal vor, dort zu sein, herausgeputzt und weinend, ohne dass Mike dabei war. Der Leichenwagen fuhr vor, und wir schlichen alle in schockiertem, verständnislosem Schweigen hinterher zur zweiten Trauerfeier im Krematorium. Ich hatte keine Ahnung, wie viele Menschen dort auf Mike und uns warten würden. Vielleicht zehn? Oder hundert?

Viel mehr! Eine große Menschentraube hatte sich vor dem Gebäude versammelt und wartete in stiller Trauer auf ihren Chief Rocka. Wir stiegen aus dem Wagen, und es folgte ein merkwürdiger »Wir hier und sie dort«-Augenblick, der mir nicht behagte, daher ging ich zu ihnen. Viele meiner und Mikes Freunde waren gekommen und beäugten mich unbeholfen, da sie nicht wussten, was sie sagen sollten. Ich weiß noch, dass ich Scottish Ali entdeckte, einen Freund von mir und Mike, den ich seit Jahren nicht gesehen hatte. Sobald ich ihn bemerkte, erinnerte ich mich an unsere letzte Begegnung, die sich ereignet hatte, bevor all das passiert war. Ich erinnerte mich, wie wir mit Mike gefeiert, getrunken und das Leben geliebt hatten. Und ich konnte nicht mehr. Ich fiel Ali einfach in die Arme, umklammerte ihn und schluchzte drauflos.

Dann wurden alle hineingebeten. Die Familie trat zuletzt ein. Mikes Sarg wurde auf eine Bahre geschoben, und wir fuhren ihn schweigend ins Krematorium. Dad ging voraus, dahinter Story und ich, Edan, Laura, Chris, Jacob und Mikes bester Freund Ali.

Und aus den Lautsprechern hallte »Chief Rocka« …

In der vordersten Reihe kramte ich in meiner Jackentasche, um sicherzustellen, dass ich den Zettel mit meiner Rede bei mir hatte. Und das andere Blatt Papier. Die erste Aufgabe der Bucket List.

Ich las die Worte, Mikes Worte.

»1. Der Beerdigungsstolperer. Bitte mach dich vor deiner Rede zum Affen. Du musst stolpern, und zwar so richtig dramatisch. Bring alle zum Lachen, um die Stimmung etwas zu heben.«

Perfekt.

* * *

Ich rappele mich wieder vom Boden auf. Verletzt bin ich natürlich nicht, aber ganz so dramatisch hatte ich das Ganze auch nicht beabsichtigt. Ich habe tatsächlich das Gleichgewicht verloren. Das war wahres Method-Acting. Ich habe es geschafft. Gern geschehen, Mike.

Alle scheinen vollkommen erstarrt zu sein. Ich schaue mich um. Die meisten haben den Blick gesenkt. Sie können mich nicht mal ansehen. Vermutlich denken sie gerade: »Royd hat einen schrecklichen Moment zu einem unaussprechlichen gemacht.« Ich kann spüren, wie sie mit mir leiden. In der Luft scheint ein Hauch von Panik zu hängen, ein Raum voller Trauernder fragt sich, ob jemand aufstehen und mir helfen soll. Zum Glück habe ich Dad und Story vorgewarnt.

»Alles in Ordnung?« Mary eilt von der Seite auf mich zu und will mir aufhelfen, doch ich stehe schon wieder. Meine Beine fühlen sich stark an. Mich durchflutet eine unerwartete Klarheit und Zielsicherheit, vielleicht sogar so etwas wie Kontrolle.

Ich hebe die Hände und schenke ihr ein schiefes, entschuldigendes Lächeln. Dann drehe ich mich zu den anderen um und mache eine beruhigende Geste. Es geht mir gut. So ist es auch. Es geht mir wirklich gut. Daher koste ich den Moment aus. Mike hat es irgendwie geschafft, mir genau in der Situation, in der ich normalerweise vollkommen sprachlos gewesen wäre, Selbstsicherheit zu schenken. Langsam greife ich in die Jackentasche und hole die Rede heraus. Ich falte das Blatt Papier auseinander und lege es vor mich auf das Pult, bevor ich mich wieder den entsetzten Gesichtern zuwende. Dann nehme ich den Zettel, auf dem in Großbuchstaben »STOLPERE« steht, damit es jeder lesen kann, und halte ihn hoch.

»Mike wollte, dass ich das tue«, sage ich und atme erleichtert aus.

Eine Sekunde lang herrscht Schweigen, als bei allen der Groschen fällt, und dann fangen wir an zu lachen.

Danke, Mike. Ohne den Stolperer, ohne dass ich mich zum Affen gemacht hätte, wäre ich nicht in der Lage gewesen, hier zu stehen und das auszusprechen, was ich sagen möchte. Das hast du mir ermöglicht. Danke auch dafür, dass du alle hier zum Lachen gebracht hast. Dass du uns vereinigt hast. Selbst aus dem Grab heraus. Mir ist durchaus bewusst, dass du tot bist – aber wir sind hier, um dein Leben zu feiern, nicht deinen Tod.

Was kommt als Nächstes?

Asche und Tangas

Ich sehe in Kleidung besser aus als nackt. Das, und nicht die Tatsache, dass es eiskalt ist und ich am Hang eines schneebedeckten Berges stehe, bereitet mir momentan die größten Sorgen. Ich bedauere, dass ich nicht wie geplant ins Fitnessstudio gegangen bin. Brad Pitt in »Fight Club«, das war das Ziel, aber davon bin ich verdammt weit entfernt.

Selbstverständlich habe ich damit gerechnet, dass ich mich für wenigstens eine der Aufgaben auf der Liste ausziehen muss, aber vielleicht nicht ganz so früh! Schließlich mache ich so was nicht gern. Mike und ich haben uns nie im selben Zimmer umgezogen, und dabei hat sich jeder von uns eingeredet, den attraktiveren Körper zu haben. Es kommt auch nur selten vor, dass ich mich ausziehe und in den Swimmingpool springe. Das ist reine Eitelkeit, wie ich zugeben muss. Nichts weiter. Ich bin kein Grottenolm, aber da ich gerade von meinen Freunden gefilmt werde, wäre es mir lieber, wenn sich das irgendwann jemand ansieht und denkt: »Wow, was für ein Körper! So möchte ich auch aussehen.«

Zwar war ich fest entschlossen gewesen, ins Fitnessstudio zu gehen, bin aber dummerweise ziemlich faul. Eitelkeit und Faulheit passen nicht besonders gut zusammen. Eben habe ich eine Ewigkeit damit verbracht, alle in Position zu bringen, damit sie meinen unansehnlichen Körper filmen können. Und ja, es ist arschkalt draußen. Das ist sozusagen der Bonus!

Wahrscheinlich sollte ich das erklären. Ich befinde mich momentan in Avoriaz in den französischen Alpen und stehe in Stiefeln und nur mit einem Mantel bekleidet mit meinem Snowboard an einem Abhang. Unter dem Mantel trage ich nur einen engen Tanga mit Leopardenmuster. Dazu habe ich noch eine Sonnenbrille und einen herrlich grellen pinkfarbenen Cowboyhut auf, die mir vielleicht ein wenig zweifelhafte Anonymität bescheren. Ach ja, und an meinem Handgelenk hängen Plüschhandschellen.

Ich wusste, dass hier in Avoriaz eine Aufgabe auf mich wartete, die entsetzlich sein musste. Etwas Gewöhnliches wie »Na los, Royd, amüsier dich beim Snowboarden und lern vielleicht einen neuen Trick« hatte ich auch gar nicht erwartet, aber ein Tanga? Im Ernst?

Das ist allein Mikes Schuld.

Danke, Mike.

* * *

Mit Anfang zwanzig waren sowohl Mike als auch ich begeisterte Snowboarder. Wir hatten einen Freund namens Cleggie in Chester, der in seinem Garten eine Minirampe baute, damit wir dort üben konnten. Na ja, Mike übte dort. Wie es nun mal typisch für ihn war, legte er die höchsten Ollies hin und übersprang die größten Lücken. Ich habe die Rampe nicht einmal ausprobiert, da ich genau wusste, dass ich es vermasseln würde. Mir fehlte schlichtweg Mikes Mumm. Wann immer ich etwas Neues versuchte, mussten meine Fußknöchel den Preis dafür bezahlen. Denn dann wurde ich jedes Mal nervös. Mike erhob sich stets furchtlos in die Luft und erlitt nie etwas Schlimmeres als ein paar blaue Flecken oder Schrammen.

Wenn es in unserer Kindheit schneite, gingen wir immer sofort rodeln. Um unser Haus herum standen jede Menge Hügel. Wir bauten Rampen, Schanzen und kleine Rennstrecken. Mike war der Erste, der sich ein Snowboard zulegte. Obwohl er noch nie auf einem gestanden hatte, fuhr er damit los, als wäre es das Natürlichste auf der Welt, und sauste einen Hügel hinunter. Ich machte mir hingegen gar nicht erst die Mühe. Es kam mir bescheuert vor, mir ein buntes Brett unter die Füße zu schnallen und damit in riskanter Manier einen verschneiten Abhang hinunterzufahren.

Jahre später fand ich allerdings doch Gefallen daran. Ich wurde immer sicherer und hatte Spaß. Zusammen mit Freunden fuhr ich bestimmt fünfzehn Jahre lang zum Snowboarden. Wir kamen anfangs ein paarmal nach Chamonix in Frankreich, wechselten jedoch bald nach Avoriaz. Das war stets ein schöner, preiswerter Urlaub; eine Pauschalreise, die den Flug von Manchester nach Genf, den Transfer zum Hotel und einfache Halbpension beinhaltete. Was wollte man mehr? Na ja, natürlich Schnee, doch davon gab es mehr als genug.

Allerdings war ich nie mit Mike dort. Er fuhr hin und wieder mit seinen Freunden, hat mich aber nie nach Avoriaz begleitet. Seine seltsamen Krämpfe schienen aufzuhören, und so schlug ich eines Tages vor, dass wir uns zusammentaten und gemeinsam dorthin reisten.

Avoriaz ist wunderschön. Die Stadt ist autofrei; dort sind nur Pferdeschlitten und hin und wieder ein Schneemobil zu sehen. Das Stadtzentrum ist recht klein und voller Bars, und da ich dort gewissermaßen Stammgast war, kannte ich mich gut aus. Wir waren zu zehnt, und sobald wir unser Gepäck auf die Zimmer gebracht hatten, gingen wir was trinken. Dieser Ort hat irgendetwas an sich, was in uns allen den Säufer hervorkommen lässt. Nach wenigen Stunden waren wir alle betrunken. Großzügig wie eh und je stand Mike ständig an der Bar und gab Runden aus. Unsere Bemühungen, ihm zuvorzukommen, endeten nur damit, dass wir noch mehr tranken, bis schließlich ein endloser Strom an Bier und Shots, Jägerbombs und widerlich nach Medizin schmeckenden Fernet-Brancas an unseren Tisch kam.

Nach einiger Zeit beschlossen wir, ein paar Häuser weiter in einen Klub zu gehen. Ein paar aus unserer Gruppe hatten allerdings schon genug und verschwanden auf ihren Zimmern. Das war garantiert eine weise Entscheidung, aber wir anderen amüsierten uns viel zu gut. Wir tranken weiter, tanzten und lachten. Mike fand sich neben einer jungen Frau auf der Tanzfläche wieder – zu nah, wie es den Anschein hatte, denn ihr Freund störte sich daran und baute sich zwischen den beiden auf. In seinem betrunkenen Zustand amüsierte sich Mike nur über dieses Machogehabe. Damals wusste keiner von uns, wie krank Mike wirklich war, aber ich glaube, wir spürten alle, dass etwas nicht stimmte. Selbst damals hatte die ganze Gruppe schon unterbewusst einen Beschützerinstinkt für ihn entwickelt. Als Mikes Freunde Ali und Slick also mitbekamen, was sich da abspielte, standen sie auf und stellten sich zwischen ihn und diesen Typen.

Mike tat die Sache nur achselzuckend ab und ging an die Bar, aber irgendwie hatte Slick nun die Aufmerksamkeit der französischen Rausschmeißer erregt. Sie beschlossen, ihn vor die Tür zu setzen. Slick ist nicht besonders groß, und die beiden Männer waren Muskelprotze; insofern konnte die Sache nicht gut enden. Kurz gesagt (und weil ich einige alkoholbedingte Gedächtnislücken habe): Wir landeten alle auf der zugeschneiten Straße, weil wir verhindern wollten, dass Slick verprügelt wurde. Okay, nicht alle. Mike und Andy, einer meiner Freunde, standen noch an der Bar. Irgendwann hatte ich die Rausschmeißer dann davon überzeugt, dass sie mich kurz wieder reinließen, damit ich unsere Jacken holen und dem Rest der Gruppe

Bescheid sagen konnte. Ich entdeckte Mike und Andy an der Bar vor einer langen Reihe von Schnapsgläsern.

»Es gab Ärger«, erklärte ich. »Wir müssen gehen.«

»Aber wir haben gerade die Shots bestellt.« Mike grinste mich breit an. Dann sahen sich er und Andy tief in die Augen und machten sich daran, jeder fünf Jägerbombs runterzustürzen. Wie wir alle wissen, ist das keine besonders gute Idee, erst recht nicht, wenn man kurz darauf in die kalte Luft hinausgeht.

Als wir durch den tiefen Schnee zu unserem Apartment liefen, wurde offensichtlich, dass Mike sturzbesoffen war.

»Ich muss kotzen«, stieß er stöhnend hervor, gefolgt von »Ich kann nicht kotzen« und schließlich »Ich muss kotzen«.

Da stieg Andy auf Mikes Rücken und wollte ihm die Finger in den Mund stecken. »Ich bring dich schon zum Kotzen«, rief er lachend.

Und das war erst der erste Abend.

Die verschneiten Hänge am nächsten Morgen waren einfach großartig. Wir hatten perfektes Wetter. Ich genoss es sehr, Mike all die Orte zu zeigen, die ich schon lange kannte und die mir etwas bedeuteten. Genauso war es einige Zeit später, als wir zusammen nach Neuseeland reisten.

Mike und ich gingen das Snowboarden auf unterschiedliche Weise an. Ihm ging es darum, stets die beste Ausrüstung zu haben. In der Hinsicht wetteiferte er ständig mit Slick. Mike hatte also dieses wahnsinnige Board, extra für diese Reise gekauft. Und dann war da ich mit meinem Secondhand-Snowboard, das ich mir von einem Freund geliehen hatte – was für mich völlig in Ordnung war. Man hätte mir auch ein simples Holzbrett unter die Beine schnallen können, ohne dass es für mich einen großen Unterschied gemacht hätte. Während Mike stets die extremeren Aspekte von, na ja, eigentlich allem erleben wollte, zog ich es vor, die Fahrt den Hang hinunter zu genießen. Ich bleibe gern hin und wieder stehen und betrachte die umwerfende Aussicht, drehe mir mal eine Zigarette oder trinke einen Schluck selbst gebrannten Zwetschgengin aus meinem Flachmann. Zugegeben, ab und zu mache auch ich einen Minitrick (wobei die Betonung auf Mini liegt), wenn ich mal zu einer Bodenwelle komme und weiß, dass sie da ist, aber mir liegt wirklich nichts an moderner Ausrüstung. Sie wäre bei mir sowieso vergeudet.

Was nicht heißen soll, dass Mike und ich nicht miteinander wetteiferten, denn das taten wir. Immer. Es war eine ungeschriebene (wenngleich etablierte) Regel, dass du es zu deiner Aufgabe machen musstest, eine harte Bremsung hinzulegen und jeden, der sich vor dir auf der Piste langmachte, mit so viel Pulverschnee wie möglich zu bedecken.

Während dieses Urlaubs landete Mike ziemlich oft auf dem Hintern. Und ich ließ pflichtbewusst ganze Schneeberge auf ihn hinabregnen. Eine Zeit lang genoss ich das Gefühl, mal in irgendetwas besser zu sein als er. Da er nicht so oft Snowboard fuhr, war das nicht unbedingt verwunderlich. An einem bestimmten Hang kam Mike als Letzter unserer Gruppe nach unten, stürzte und schien Schwierigkeiten zu haben, wieder auf die Beine zu kommen.

»Soll ich raufkommen und dir helfen?«, rief ich spöttisch den Berg hinauf und weidete mich an dem Anblick.

»Nein, nein. Alles gut«, lautete die genervte Antwort.

Doch auch nach einer Weile kam Mike noch immer nicht durch den Schnee getrottet. »Willst du mich wirklich nicht um Hilfe bitten?«, fragte ich laut.

»Nein, ich komme schon klar.«

Wir warteten.

»Mike?«

»Ich komme.«

Und wir warteten.

»Brauchst du Hilfe, Mike?«

»Nein!«

So warteten wir weiter.

»Jetzt komm endlich!«, brüllte ich, und Mikes Lachen hallte über den eisigen Berg zu uns herunter. Und da kam er auch schon auf seinem Board angerauscht.

Für alle, die es nicht wissen: Beim Snowboarden ist es manchmal ziemlich anstrengend, wieder auf die Beine zu kommen. Man muss eine bestimmte Technik beherrschen, und das kostet Mühe und einiges an Kraft. Man sitzt auf dem Hintern, stemmt die Hände hinter sich, drückt gleichzeitig die Arme und Beine durch und versucht dabei, das Gleichgewicht zu halten und nicht sofort wieder auf dem Hosenboden zu landen. Dabei ist es nicht gerade hilfreich, wenn man einen dämlichen großen Bruder hat, der angefahren kommt und einen mit Schnee überhäuft.

Mike wurde immer frustrierter. Es fiel ihm zunehmend schwerer, nach einem Sturz wieder aufzustehen. Irgendwann wurde mir klar, dass es notwendig war, die ungeschriebene Regel auszusetzen, und ich ihn nicht länger zusätzlich drangsalieren durfte. Die ersten Male war es lustig gewesen, danach jedoch nicht mehr. Stattdessen half ich Mike auf. Jedenfalls bot ich es ihm an. Selbstverständlich beharrte er auf seiner Unabhängigkeit, schubste mich weg und wollte alles allein machen. Früher hatte er ja auch nie meine Hilfe gebraucht.

»Ich schaffe das«, sagte er. Und beim nächsten Mal: »Alles gut. Ich muss nur …«

Schließlich streckte er widerstrebend die Hände aus und ließ sich von mir hochziehen.

Mike wurde schwächer. Damals merkten wir das nicht, sondern glaubten, er sei eingerostet und aus der Übung. Wir vermuteten, dass er den Dreh schon wieder rausbekäme, wenn wir noch etwas länger blieben, und uns dann unausweichlich wieder alle übertrumpfen würde. Je länger der Urlaub dauerte, desto häufiger ließ er sich helfen, aber wir bekamen nie den Eindruck, dass mit ihm etwas Grundsätzliches nicht stimmte. Es war eher frustrierend als besorgniserregend, und abends, wenn wir durch den tiefen Schnee in die Innenstadt von Avoriaz stapften, um uns wieder zu betrinken, schien es ihm gut zu gehen.

Eines Morgens brachen meine Freunde und ich früh auf und hatten uns zum Mittagessen mit Mike und seinen Freunden verabredet. Avoriaz ist gewaltig und eines der größten Skigebiete der Welt. Meine Freunde und ich waren schon etwa zehnmal dort, und es gibt noch immer Pisten, die wir nicht kennen. Demzufolge war die Wahrscheinlichkeit, dass Mike und ich uns an diesem Tag zufällig begegneten, äußerst gering.

Wir hatten fast den ganzen Vormittag mit Snowboarden verbracht und einen Skilift gefunden, mit dem wir in den ganzen zehn Jahren nie gefahren waren und der in einen Teil des Tals führte, den wir noch nie besucht hatten. Voller Abenteuergeist stiegen wir ein und ließen uns langsam zum unentdeckten Schnee hinauftragen. Es war eine lange Fahrt, die über eine Straße und an einem gewaltigen, bewaldeten steilen Berghang zu unserer Rechten vorbeiführte. Die vertraute Piste, die wir sonst meist nahmen, lag links von uns.

Auf einmal hörte ich etwas, womit ich absolut nicht gerechnet hatte, ein Geräusch, das rechts aus den Bäumen zu uns heraufstieg: Mikes Lachen. Zuerst nur leise, sodass ich mich schon fragte, ob ich es mir nur einbildete. Doch dann drang sein lautes Gelächter deutlich hörbar zu uns herauf.

»Mike!«, brüllte ich, und er antwortete.

Wie sich herausstellte, hatten er und seine Freunde zufällig denselben Lift genommen, oben jedoch die der Piste entgegengesetzte Richtung eingeschlagen und sich einen Weg zwischen den Bäumen hindurch gesucht. Durch unberührten tiefen Pulverschnee. Als wir oben ankamen, folgten wir ihren Spuren und trafen sie auf einer Lichtung im Wald an. Es war ein malerischer Fleck inmitten von tiefem Schnee. Wie es Mike und seinen

Freunden gelungen war, bei ihrem ersten Aufenthalt in Avoriaz genau diese Stelle zu finden, wird mir auf ewig ein Rätsel bleiben. Ebenso die Tatsache, dass wir an diesem Tag völlig unverhofft auf sie gestoßen waren. Selbst wenn ich ihn angerufen und genaue Anweisungen erhalten hätte, wäre ich vermutlich nie in der Lage gewesen, sie zu finden. Allein dank seines Lachens hatte ich sie entdeckt. Die Sonne kam heraus, und der Himmel war strahlend blau. Wir blieben lange dort, alberten herum, vollführten Tricks und tranken meinen Zwetschgengin.

Während Mikes Krankheit klammerten wir uns an diesen Tag. Obwohl er dort körperlich nicht mehr ganz auf der Höhe gewesen war, lehnte sein Snowboard als Erinnerung an unsere gemeinsame Zeit in Avoriaz immer in seinem Haus an der Wand, und er saß in seinem Rollstuhl in der Nähe. Es schenkte ihm bis zu seinem Todestag Hoffnung. Er sah das Snowboard an und redete sich ein, dass er eines Tages wieder darauf stehen, mit mir an diesen Ort fahren und einen perfekten Tag verbringen würde.

Dazu ist es nie gekommen.

* * *

Ich hatte gestern meinen »Mike-Moment«, den eigentlichen Grund, warum ich noch einmal nach Avoriaz kommen wollte. Auch diesmal bin ich mit Freunden hier, von denen einige den Urlaub mit Mike miterlebt haben. Gestern haben wir alle gemeinsam diese geheime Stelle in den Bergen aufgesucht und etwas von Mikes Asche verstreut. Danach haben wir den Zwetschgengin rumgereicht und uns an diesen unglaublichen Tag erinnert, den wir zusammen verbringen durften. Wie zu erwarten war, konnten wir den Ort nicht so leicht finden. Der Schnee liegt nie so wie beim letzten Mal. Doch es ist uns gelungen, und alles war genauso wie in meiner Erinnerung.

In meinem Besitz befinden sich mehrere Kästchen mit Mikes Asche. Ich habe sie zu diesem Zweck aus Amerika bestellt, und der Bestatter hat die Asche für mich hineingefüllt. Es gibt einige Orte, die Mike viel bedeutet haben, und ich möchte dafür sorgen, dass er sie noch einmal aufsuchen kann. Jetzt ist er also wieder zusammen mit mir in Avoriaz. Mit uns. Er ist hier und doch nicht hier.

Okay, okay. Schon klar, Sie warten nur darauf, dass ich den Mantel ausziehe und meinen unansehnlichen Körper in diesem prächtigen Leopardentanga enthülle. Schon jetzt ernte ich dank des pinkfarbenen Cowboyhuts jede Menge irritierte Blicke und Gelächter, somit geht meine Lust, mich fast gänzlich zu enthüllen, gegen null. Sie glauben jetzt vermutlich, ich habe mir Mikes todschickes Hightech-Snowboard ausgeliehen, das er immer in seiner Nähe hatte – seine Inspiration – und das so viel besser ist als mein schäbiges altes Ding. Ich bin einmal nach Avoriaz gefahren, als er schon krank war, und dachte, er würde sich vielleicht freuen, wenn es mal wieder benutzt wurde.

»Ich könnte dein Snowboard mitnehmen«, schlug ich vor.

»Vergiss es«, bekam ich als Antwort zu hören, womit ich allerdings gerechnet hatte. »Du machst es nur kaputt.«

Was mir den Eindruck vermittelte, dass er es mir nicht anvertrauen wollte. Als wäre es zu gut für mich. Als könnte nur er mit einem so guten Snowboard umgehen. Genauso gut hätte er sagen können: »Bleib bei deinem Holzbrett, Royd.«

Aber ich schweife ab. Es ist kalt, und hier sind jede Menge Leute. Leute mit Augen. Die mich fast nackt sehen werden. Doch ich muss es tun. Für Mike. Das ist alles, woran ich denken muss; und ich würde alles für Mike tun. Ich darf nicht den Schwanz einziehen.

Ich stehe auf und ziehe den Mantel aus. Der Hang ist ganz schön vereist. Wenn ich hinfalle, wird das echt wehtun. Da es keinen Grund dafür gibt, die Sache noch länger hinauszuzögern, fahre ich langsam los. Es hat ja niemand verlangt, dass ich ein hohes Tempo vorlege, nicht wahr? Das ist auch gut so, denn ich kann nicht schneller fahren. Nicht hinfallen. Bloß nicht hinfallen. Alle starren mich an. Nicht hinfallen. Ich wünschte, ich wäre ins Fitnessstudio gegangen. Nicht hinfallen. NICHT HINFALLEN.

Und dann, nachdem die anfängliche Nervosität nachgelassen hat, ist auf einmal alles okay. Es ist völlig unwichtig, dass ich in diesem Tanga bescheuert aussehe und dass mein Hintern für alle sichtbar in der Alpenluft herumwackelt. Ebenso wenig ist von Bedeutung, dass ich nicht Brad Pitt bin. Ich merkte, wie sich ein breites Grinsen auf mein Gesicht stiehlt. Das ist gar nicht mal so schlimm. Ich schaue mich nach den Kameras um. Da ist eine. Ich fahre darauf zu, verlagere das Gewicht und drehe das Board leicht im Schnee.

»Arschaufnahme!«, schreie ich fröhlich und wende der Kamera den Rücken zu. Dann beuge ich mich vor, um anzuhalten und eine heiße Nahaufnahme zu ermöglichen.

Als ich mich wieder aufrichte, fühle ich mich großartig. Irgendwie befreit. Nun ist es mir völlig egal, dass ich so gut wie nackt bin und von halb Avoriaz angestarrt werde. Ich habe es geschafft. Das Stolpern bei Mikes Beerdigung war eine Sache und liegt schon eine Weile zurück. Das war ein völlig anderes Erlebnis, etwas, was ich an einem Tag tun musste, der sich vollkommen surreal angefühlt hat. Aber das hier … Das ist etwas anderes. So in etwa könnten sich auch meine nächsten Aufgaben anfühlen.

Ich habe es getan. Dabei wollte ich das eigentlich nicht. Ich wollte es wirklich nicht tun. Letzten Endes war es gar nicht mal so schlimm. Ich kann die Aufgaben von dieser Liste erfüllen. Was kommt als Nächstes? Ich schaffe das. Alles kein Problem.

Ja, red dir das nur weiter ein, Royd.

Nicht verrückt machen

Mikes Erlebnisse in Avoriaz machten ihm deutlich, dass etwas nicht stimmte. Wir dachten uns damals nicht viel dabei, aber seine zunehmende Frustration darüber, dass er auf dem Snowboard nicht mehr richtig aufstehen konnte, wurde zu einer ernsthaften Besorgnis.

Nach der Heimkehr bemühte sich Mike daher umso emsiger, der immer auffälligeren Schwäche in seinen Armen und Beinen auf den Grund zu gehen. Er suchte erneut seinen Arzt auf und wurde schon bald zwischen diversen Fachärzten herumgereicht, die alle möglichen Tests mit ihm durchführten. Er ging zu Allgemeinmedizinern, Neurologen, Physiotherapeuten und ähnlichen Spezialisten und zahlte sogar einige Untersuchungen aus eigener Tasche, weil er darauf hoffte, dass ihm wenigstens jemand die Ergebnisse der umfangreichen Untersuchungen erklären würde, die er über sich ergehen ließ.

Eines der vielen, vielen miesen Dinge an der Motoneuron-Erkrankung ALS ist, dass es keinen einzigen Test gibt, mit dem man sie eindeutig feststellen kann. Man kann die Diagnose nur stellen, indem jede andere Krankheit, die infrage kommen könnte, ausgeschlossen wird. Daher waren wir nicht nur sehr weit davon entfernt, Mikes Zustand überhaupt so klassifizieren zu können, sondern zogen die Möglichkeit noch nicht einmal in Betracht. Wie vermutlich viele Menschen hatte ich überhaupt nur dank Stephen Hawking jemals von der Existenz dieser Krankheit erfahren, und wir wären nicht im Traum darauf gekommen, dass Mike sie haben könnte.

Da waren all diese Ärzte, und keiner schien mit dem anderen zu reden. Mike wurde zunehmend verzweifelter, weil er keine klaren Antworten bekam und seine Symptome immer wieder neuen Leuten erklären musste, die seine Krankenakte entweder nicht erhalten oder sie sich nicht angesehen hatten. So kam es ihm jedenfalls vor. Wieder und wieder kehrte er entmutigt zu seinem Hausarzt zurück und erkundigte sich, wen er noch aufsuchen und was er anderes ausprobieren könnte. Das ganze System schien so unsagbar langsam zu arbeiten. Die ganze Zeit über bekam er mal die eine und mal die andere Tablette verschrieben; so viele Medikamente, die angeblich helfen sollten, es jedoch nie taten.

Mike recherchierte im Internet, das all die frei verfügbaren und gefährlich dubiosen Selbstdiagnoseratschläge enthielt, und kam in Ermangelung einer professionellen Meinung zu dem Schluss, er müsse unter Borreliose leiden. Oder es handele sich um einen seltsamen Dominoeffekt aufgrund des Fiebers im Vorjahr. Dann, in der nächsten Woche …

»Ich glaube, es ist MS«, sagte er mir am Telefon, da ich zu der Zeit in London arbeitete.

»Es ist nicht MS, Mike«, erwiderte ich.

»Es wäre aber möglich. Die Symptome sind dieselben.«

»Es ist nicht MS«, wiederholte ich, da ich die Angst in Mikes Stimme hören konnte.

Ein guter Freund von uns, ein Fotograf namens Keith, war einige Jahre zuvor an Multipler Sklerose gestorben. Nachdem wir mit eigenen Augen gesehen hatten, was er durchmachen musste, wusste ich, dass Mike große Angst hatte. Ich erklärte ihm, dass, selbst wenn es MS gewesen wäre, was es jedoch nicht war – ich war mir ziemlich sicher, dass sich Mikes Symptome von Keiths unterschieden –, wir damit fertigwerden würden. Das schafften viele Menschen. Es gab diverse Behandlungsmethoden und Medikamente. Es musste nicht tödlich enden. Ich versicherte Mike, dass alles wieder gut werden würde. Selbst wenn es MS gewesen wäre, was es nicht war, konnte er alle verfügbaren Tabletten nehmen. Dann musste er vielleicht eine schlimme Zeit durchmachen, jedoch nicht sterben. »Es wird alles wieder gut«, wiederholte ich.

Doch tief in meinem Inneren machte ich mir ebenfalls große Sorgen. Ich hatte bereits einen Beschützerinstinkt für ihn entwickelt, wenngleich dieser damals noch eher unterbewusst vorhanden war. Einige Zeit vorher hatte er mich in London besucht, und wir waren mit einigen Freunden etwas trinken gegangen. Normalerweise stand Mike immer an der Bar und kippte sich (à la Avoriaz) Shots hinter die Binde, bis er sturzbesoffen war. Doch diesmal hatte er schweigend am Rand gesessen und kaum einen Tropfen angerührt. Seine Beine fühlten sich komisch und schwach an, meinte er.

»Ich gehe mit Mike zurück nach Hause«, teilte ich den anderen daraufhin mit und war ihnen sehr dankbar, als sie ebenfalls die Zelte abbrachen und uns begleiteten. Ich glaube, in diesem Moment wurde mir zum ersten Mal bewusst, dass ich ihn beschützen wollte. Zwar hatte ich ihm auch in Avoriaz aufgeholfen, doch das hier war etwas anderes. Irgendwas stimmte nicht mit ihm.

»Wir stehen das durch«, versprach ich ihm. Ja, wir. Ich würde an seiner Seite sein und ihm helfen. Selbst wenn es MS war.

* * *

Natürlich hatte er nicht MS.

Mikes Hausarzt las ihm einen Brief von einem der Neurologen vor, die er aufgesucht hatte. Das war alles. Er las ihn einfach vor. Ich bezweifle, dass er sich den Brief davor überhaupt angesehen hatte.

»Oh«, sagte er offensichtlich überrascht. »Hier steht, dass sie von der Arbeitsdiagnose ALS ausgehen.«

Na, vielen Dank auch. Man hätte doch annehmen sollen, dass ein Neurologe seinem Patienten eine solche Nachricht selbst überbringt oder wenigstens Mike den Brief schickt und nicht seinem Hausarzt. Oder dass jemand, der dafür ausgebildet wurde, am besten ein Spezialist, ihm die Diagnose schonend beibringt und anschließend da ist, um den unausweichlichen Schwall an Fragen zu beantworten. Aber nein. Mike bekam nur eine unbeholfene, unbedachte Mitteilung, wie eine beiläufige Bemerkung, dass es morgen Regen geben werde.

Er rief mich an, um mir die Neuigkeit zu berichten. »Es ist noch nicht bestätigt, aber, nun ja ... Man hat es mir gesagt, und jetzt weißt du es auch. Google es, aber guck es dir lieber nicht zu genau an.«

AL-was?

»Mach dich deswegen aber nicht verrückt, denn das sind nicht gerade rosige Aussichten.«

Ich stellte sofort Nachforschungen an.

Es war schrecklich. Einfach schrecklich.

Ich war wie betäubt. Hatten wir nicht eben erst gedacht, MS sei das schlimmstmögliche Szenario? Und jetzt das?

ALS.

Mike war am Arsch; die schreckliche Erkenntnis traf mich hart. Ich wollte es nicht glauben. Zwei bis drei Jahre. Das wars. Mehr Zeit blieb uns nicht. Zwei bis drei weitere Jahre mit Mike. *Ich will diesen Scheiß nicht,* dachte ich. *Ich will so einen Mist nicht in meinem Leben haben, aber jetzt ist er da. Es wird sich alles ändern – es hat sich bereits alles geändert. Mein ganzes Leben wird auf den Kopf gestellt.*

Durch diese Diagnose brach alles augenblicklich zusammen. Das war real, und nichts in meinem bisherigen Leben hatte mich auf das vorbereitet, was nun kommen würde. Ich hatte schreckliche Angst, war tief getroffen, kurz vor dem Zusammenbruch, den Tränen nahe, wütend und fühlte mich vollkommen verloren.

Ich sollte an seiner Stelle sein. Mich hätte es treffen sollen, dachte ich, und die Worte hallten durch meinen Kopf. *Das auch wieder nicht, aber ich will nicht, dass Mike das hat.*

Wie betäubt saß ich im Zug nach Hause, und ein Wirbelsturm an verheerenden Emotionen tobte in mir, während mir das Herz bis zum Hals schlug und meine Kehle so zugeschnürt war, dass ich kaum atmen konnte. Es ging mir einfach nicht in den Kopf, dass das gerade passierte.

Mir. Uns.

Meinem wunderbaren, über alles geliebten Bruder.

* * *

Später an diesem Tag, dem 5. April 2012, saßen Mike und ich um 18.12 Uhr allein in meiner Einfahrt. Der Rest der Familie – Dad, Mandy, Laura, Edan und Story – war eben gegangen, nachdem wir eine seltsam zurückhaltende, gewöhnliche und sehr »englische« Diskussion über angenehme Themen und so gut wie alles bis auf das Offensichtliche, nämlich Mikes Diagnose, geführt hatten.

Dort in der Auffahrt konnten wir es nicht länger hinauszögern und fingen an zu reden. Wir sprachen über das schreckliche, niederschmetternde und unerträgliche Ausmaß dessen, was gerade passierte. Wir redeten darüber, dass Mike nicht mehr da sein würde, um seinen Sohn zum Mann heranwachsen zu sehen, dass er nicht mehr für uns da sein würde, wenn wir ihn brauchten. Wir sprachen über Avoriaz, wobei uns da schon

49

dämmerte, dass wir so etwas nie wieder erleben würden. Alles würde ihm weggenommen werden, so wie die Krankheit ihn uns nach und nach wegnehmen würde.

Wir brachen beide zusammen und weinten hemmungslos. Wir hielten einander in den Armen und ließen unseren Gefühlen freien Lauf. Herzzerreißende, unendlich schmerzhafte Tränen liefen uns über die Wangen. Ich umarmte meinen starken, gut aussehenden, fürsorglichen, loyalen kleinen Bruder, und wir spürten, wie das Entsetzen über uns hereinbrach. Das war das einzige Mal, dass wir uns die unausweichliche Tatsache eingestanden: Mike würde sterben. Und zwar eher früher als später.

Von diesem Moment an musste ich stark sein, auch wenn ich innerlich weinte.

Moel Famau

Ich bin oben auf dem Berg. Auf dem Moel Famau. Dem höchsten Gipfel in Flintshire, wo ich lebe und wo Mike gelebt hat.

Früher kamen wir öfter her, um Schabernack zu treiben. Etwas abseits des Hauptwegs gibt es einige gute Stellen, wo man sich verstecken kann. Wir krochen ins Unterholz und warteten, bis jemand vorbeikam, um dann komische Vogellaute von uns zu geben und die Verwirrung der Leute zu beobachten. Dann kicherten wir immer leise. Das haben wir nicht etwa als Kinder gemacht, sondern vor gar nicht so langer Zeit. Und wenn wir uns nicht gerade so kindisch benahmen, kletterten wir auf Bäume oder suchten nach Gold. Mike war fasziniert von walisischem Gold und hatte so eine Ahnung, dass es hier, rund um den Moel Famau, zu finden sein müsste. Wir suchten in den Bächen nach Quarz, was uns einen Hinweis auf Goldvorkommen gegeben hätte.

Ich trage Mikes grünen Mantel. Sitze an einen Baum gelehnt da. So wie immer. Seit über anderthalb Jahren komme ich fast jeden Tag und bei jedem Wetter hier herauf. Manchmal rede ich mit Mike. Dann wieder sitze ich nur schweigend da. An den Tagen, an denen ich zu Mandy in die Nähe von Manchester oder woanders hinfahren muss, achte ich darauf, dass ich vorher noch hier raufkommen kann, manchmal sogar schon um sechs Uhr früh. Manchmal komme ich nur für fünf Minuten her, manchmal für eine halbe Stunde, manchmal bleibe ich mehrere Stunden. Ich habe schon Kaffee, Frühstück und Mittagessen mitgebracht. Ich bin bei Sonnenauf- und -untergang, morgens, nachmittags, abends und nachts hergekommen. Und ich sitze immer hier an diesem Baum am Berghang. Es kommt vor, dass jemand an der Stelle vorbeigeht, wo ich schweigend sitze, und mich bemerkt, und dann denke ich daran, wie Mike und ich diese verrückten Vogelgeräusche gemacht haben. Und ich kichere innerlich.

Ich bin auf dem Berg.

Denn hier wurde der Großteil von Mikes Asche verstreut.

* * *

Mike wollte wahnsinnig gern nach Machu Picchu. Das war sein Traumziel. Als er bereits krank war, hat er mit Laura mal etwas im Fernsehen darüber gesehen. Dies war eine der seltenen Gelegenheiten, bei denen er sich tatsächlich eingestand, dass es da etwas gab, was er nie tun würde, einen Ort, den er nicht mehr besuchen konnte.

»Man weiß nie«, meinte Laura optimistisch. »Eines Tages schaffst du es vielleicht.«

Aber Mike wusste, dass das unmöglich war, und sprach es auch aus. In körperlicher Gestalt würde er niemals mehr dort hinkommen.

Mike hat keine Anweisungen hinterlassen, wo seine Asche verstreut werden sollte, abgesehen von Machu Picchu. Ich ließ die Kästchen anfertigen, weil ich wusste, dass es auch noch andere Orte gab, an denen er gern sein wollte. Aber als Familie wollten wir eine Stelle in der Nähe haben, die wir besuchen konnten. Einen Platz, der nicht ganz so weit entfernt war wie ein Gipfel in den Anden.

Moel Famau war die offensichtliche Wahl.

Die Trauerfeier lag bereits mehrere Monate zurück. Ich hatte Mikes Asche beim Bestattungsinstitut abgeholt und sie eine Weile in meinem Gästezimmer aufbewahrt, was an sich schon merkwürdig war. Wir warteten, bis Mum aus Oxford eingetroffen war, und versammelten uns alle am Fuß des Berges – Mum, Dad, Edan, Mandy und Chris mit Jacob und Megan, Laura, Mikes Kumpel Ali, Story und ich.

Während die Sonne durch die Bäume auf uns herabschien, brachen wir vom Parkplatz auf. Ich versuchte, mich an die beste Stelle zu erinnern, den Ort, an dem Mike und ich so häufig gewesen waren. Mir war klar, dass wir nach dem ersten Drittel vom Hauptweg abbiegen und einen schmalen Seitenweg nehmen mussten. Mike und ich waren so immer zu den Waldwegen gelangt, die keiner der normalen Wanderer kannte. Ich hatte noch den Ausblick über das Tal vor Augen. Es würde perfekt sein, dachte ich mir. Damals waren Mum und Dad nicht mehr sehr agil, daher kamen wir nur langsam voran. Mum wurde zudem langsam dement. Ich war gerade bei ihr, als ich die kleine Abzweigung bemerkte.

»Ich glaube, wir müssen hier abbiegen«, sagte ich. Story, Edan, Jacob und Megan waren vorausgegangen und mussten schon halb auf dem Berg sein. Chris und Ali meldeten sich freiwillig, um sie zurückzuholen. Dad befand sich zusammen mit Laura und Mandy hinter uns, und so führte ich Mum allein auf den kleinen Weg.

Es dauerte nicht lange, bis sie immer unruhiger wurde. Sie war verwirrt, wollte wissen, wohin alle anderen verschwunden waren, und schien nicht viel von meinem zweifelhaften Orientierungssinn zu halten.

»Warte hier, Mum«, bat ich sie geduldig. »Ich bringe das wieder in Ordnung.«

Wir fanden eine Stelle, wo sie sich auf einen Baumstamm setzen konnte, während ich ein Stück vorauseilte und nach dem Ort suchte, den ich im Sinn hatte. Mir war, als könnte er nicht mehr weit entfernt sein, und so bahnte ich mir einen Weg durchs Unterholz. Aber ich fand die Stelle nicht. Es wäre sinnlos gewesen, noch weiterzugehen.

Als ich zu Mum zurückkehrte, kamen die anderen gerade hinzu. Und dann nahm ich wahr, wie friedlich sie auf diesem Baumstamm auf der kleinen Lichtung saß. Auf einmal ging mir auf, dass wir längst da waren. Mum hatte die Stelle gefunden. Ich war derart auf irgendein Bild in meinem Kopf konzentriert gewesen, dass ich gar nicht bemerkt hatte, wie schön dieser Ort war, zugänglich, aber auch verborgen, der ideale Platz.

Wir weinten alle. Wir sagten ein paar Worte. Und dann wechselten wir uns dabei ab, etwas von Mikes Asche um einen Baum herumzustreuen. Ich hatte noch nie zuvor die Asche eines Menschen verschüttet, und es war völlig anders als erwartet. Anstelle der feinen Staubwolke, die lautlos vom Wind verweht wurde und uns ein ernstes, symbolisches und spirituelles Erlebnis bot, hielt ich die große Urne mit Mikes Überresten fest und konnte hören und in den Händen und Armen spüren, wie die nicht verbrannten Klumpen (vermutlich Knochen) darin brutal herumklapperten, bevor sie mit der Asche zusammen herausfielen. Stücke von Mike. In diesem Augenblick war ich entsetzt. Es fühlte sich so falsch an.

Der Moment verging, und wir verabschiedeten uns alle unter Tränen von Mike. Ich verteilte auch die Asche aus einem der Kästchen und klebte es dann zusammen mit einer Messingplakette mit Mikes Namen an einen robusten Stein, den wir unter den Baum legten. Wir sagten Mike Lebwohl und verließen den Berg, noch immer trauernd, aber auch ein klein wenig beruhigt.

Am nächsten Tag ging ich wieder auf den Moel Famau. Zurück zu diesem Ort. Am darauffolgenden Tag auch, und an dem danach. Ich ging jeden Tag hin. So kam ich aus dem Haus.

Dadurch wurde ich aus meiner Erstarrung gerissen und musste nicht trauernd daheimsitzen. Außerdem wurde ich dadurch fitter.

Ich glaube nicht daran, dass der Geist an dem Ort bleibt, wo man die Asche einer Person verstreut. Ebenso wenig ging ich dorthin, um mit Mike zu reden oder in seiner Nähe zu sein. Jedenfalls nicht am Anfang. Ich fand dort Trost. Frieden. Eine Zuflucht. Ich fand einen Ort, an dem ich den Kopf in den Sand stecken und das Leben an mir vorbeiziehen lassen konnte. Das war meine Stütze, meine Methode, nichts tun zu müssen, nicht nach vorn zu blicken.

Und mit der Zeit wurde er dann zu dem Ort, den ich aufsuchte, um bei Mike zu sein.

* * *

Heute bin ich hier, um mich von ihm zu verabschieden. Und um ihm zu danken. Ich bin hier, um mit einer Gewohnheit zu brechen. Denn morgen kann ich nicht herkommen. Morgen fliege ich nach Neuseeland. Ich werde meine Reise antreten und mich von hier und von Mike entfernen. Aber ich weiß, dass mich diese Reise ihm auch näherbringen wird. Ja, ich werde endlich die Bucket List abarbeiten, die er mir hinterlassen hat.

Über anderthalb Jahre hat es gedauert, bis ich grünes Licht für den Dokumentarfilm bekommen habe. Zwischenzeitlich glaubte ich schon, es würde nie passieren. Produzenten und Geldgeber kamen und gingen, Versprechen lösten sich in Luft auf, und meine Hoffnungen schwanden zusehends, bis ich die ganze Mühe langsam leid war. Es ist schon anstrengend genug, Geld für irgendeinen Film zusammenzubekommen, und dieser Weg ist von ständigen Rückschlägen und Enttäuschungen geprägt, aber wenn es um einen Film geht, der mir wie dieser derart am Herzen liegt, fühlt sich jedes Hindernis wie etwas Persönliches an, und all die Schwierigkeiten drohten, mich aus der Bahn zu werfen. Irgendwann überlegte ich schon, einfach allein nach Neuseeland zu fliegen und alles mit meinem Handy zu filmen. Aber das ist nicht das, was Mike gewollt hat. Er hat sich gewünscht, dass es richtig gemacht wird. Und das werde ich auch tun. Aber das kostet Geld; nicht viel, aber mehr, als ich besitze. Ich wurde immer wütender, trauriger und frustrierter, weil es mir einfach nicht gelang, die Finanzierung für diesen Film auf die Beine zu stellen, und es fast so aussah, als könnte ich Mikes Wünsche nicht erfüllen. Aber jetzt ist es so weit. Endlich. Es kann losgehen.

Ich drehe mir eine Zigarette und spüre, wie mir die Tränen kommen. Bald geht es los. Ich muss mich verabschieden. Die Angewohnheit, hier heraufzukommen und in der Zeit zu verharren, tut mir nicht gut. Ich bin stehen geblieben, stecke in einer bestimmten Trauerphase fest, aus der ich einfach nicht hinauskommen kann.

Eigentlich will ich gar nicht gehen. Ich will Mike nicht verlassen. Und ich bin unglaublich nervös. Ich habe keine Ahnung, was mich drüben in Neuseeland erwartet. Sehr viele Dinge werden mir garantiert Angst einjagen. Und ebenso viele werden dafür sorgen, dass ich wie ein Volltrottel dastehe. Wiederum andere werden mich dazu zwingen, widerstrebend irgendeine Emotion in mir anzuerkennen – bisher bin ich innerlich wie betäubt. Aber vor allem hoffe ich darauf, dass mir einiges davon Mike wieder zurückbringt, wenigstens für einen Moment. Ich kann Ihnen gar nicht sagen, wie sehr ich mich danach sehne, seine Stimme aus dem Text dieser Liste herauszuhören. Einerseits will ich nicht gehen, andererseits will ich es doch. Ganz schön kompliziert, was?

Danke, Mike. Danke für diese Bucket List. Danke, dass du mich hier rausholst und auf diese entsetzlich unheimliche

Reise schickst. Danke, dass du mir einen Weg zurück zu dir ermöglicht hast.

»Danke, Mike«, sage ich laut. Ich stehe auf und ziehe meinen Mantel, Mikes alten grünen Mantel, eng um mich wie eine Umarmung. Es wird Zeit, wieder nach unten zu gehen. Ich muss den Zug nach London erwischen.

Der Aufbruch fällt mir schwer. Es schmerzt, mit dieser Angewohnheit zu brechen. Hätte die Finanzierung des Dokumentarfilms noch ein weiteres Jahr gedauert, wäre ich weiterhin jeden Tag hierhergekommen. Es ist hart. Und allein der blöde Parkplatz kostet mich jeden Tag zwei Pfund!

»Machs gut, Mike.« Ich wende mich ab und mache mich an den Abstieg. Mir kommen die Tränen, ebenso aus Vorfreude auf die bevorstehende Reise wie auch aus Trauer, weil ich diesen Ort verlassen muss. Weil ich Mike verlassen muss.

Teil zwei

Hin und wieder zurück

FLIEHT, IHR NARREN

Es ist 3.57 Uhr. Ich bin nicht davon überzeugt, dass ich schon geschlafen habe, aber falls dem so war, dann nur sehr unruhig. In wenigen Stunden muss ich aufstehen und mich auf den Weg nach Heathrow machen. Danach geht es mit einer Zwischenlandung in Los Angeles nach Neuseeland. Es passiert wirklich.

Und ich bin unfassbar nervös.

* * *

Es ist hell, und ich rauche eine Morgenzigarette zu meinem bereits kalten Kaffee. Die Sonne ist zwar aufgegangen, aber hier ist eindeutig Winter. Wenigstens fliege ich in den Sommer.

Drew, den ich gestern Abend in unserer Unterkunft am Bahnhof kennengelernt habe (er scheint sehr nett zu sein, ist allerdings recht haarig), schaltet die Kamera ein. Zu den unzähligen Dingen, die mich letzte Nacht wachgehalten haben, gehört auch die Sorge, wie ich wohl reagieren werde, wenn man mich die ganze Zeit filmt. Bis jetzt war es wie in Avoriaz so, dass nur hin und wieder etwas mit dem Handy aufgenommen wurde. Aber nun drehen wir wirklich einen Film und setzen um, was Mike sich gewünscht hat. Und ich war noch immer nicht im Fitnessstudio.

Ich stand schon ein paarmal vor der Kamera, doch da war ich immer vorbereitet, sei es bei einem Interview in einem Studio, bei einer Convention oder als ich bei den Premieren von »Der Herr der Ringe« und »Der Hobbit« mit der Presse gesprochen habe. Man weiß, was passiert, dass einem einige Fragen gestellt werden, die man vermutlich schon häufiger beantwortet hat, und dass es nicht lange dauern wird. In der langen dunklen und schlaflosen Nacht, die ich hinter mir habe, malte ich mir andauernd aus, wie man mir eine Kamera – diese Kamera – aufdringlich und unangenehm ins Gesicht hält, doch so kommt es mir jetzt gar nicht vor. Da steht nur dieser Kerl, dieser Drew, mit seinem Bart und einer Kamera. Wen interessiert schon, was er da treibt? Eben habe ich ihm zugewunken, was ich vermutlich gar nicht hätte tun sollen, aber ehrlich gesagt bin ich unglaublich nervös und aufgeregt, weil ich nach Neuseeland zurückkehren werde.

Außerdem braucht er ja gar nicht so viele Bilder. Mit der Bucket List fangen wir erst nach der Landung an. Aber, hey, film mich ruhig weiter dabei, wie ich das Gepäck ins Taxi lade, okay?

* * *

Wir sind schon in Heathrow. Ich werfe einen Blick auf mein Handy. Die vierzigminütige Fahrt scheint gerade mal zwei Minuten gedauert zu haben. Wir laden das Gepäck und die Filmausrüstung aus und gehen zu Terminal 2. Es folgen weitere Einstimmungsbilder, und ich werde beim Gehen gefilmt.

Ich gelange zum Check-in. Hier ist es außergewöhnlich ruhig und leer. Als ich näher komme, sehe ich jemanden, den ich kenne. Roxy. Wie unwahrscheinlich ist das denn? Ich stürme auf sie zu und umarme sie. Roxy arbeitet beim Bordpersonal von Air New Zealand. Wir haben gemeinsame Freunde in Los Angeles, daher habe ich sie dort einige Male getroffen, wenn sie einen Zwischenstopp einlegte. Jetzt freue ich mich sehr, sie zu sehen.

Während unsere Ausrüstung überprüft und unsere Papiere gründlich unter die Lupe genommen werden, erkläre ich Roxy aufgeregt, was ich vorhabe. Aus dem Augenwinkel bemerke ich, dass Drew die Kamera auf der Schulter hat und auf uns richtet. Jetzt ist aber langsam gut, Kumpel – ich unterhalte mich doch bloß mit einer alten Freundin.

»Ich habe hier noch was für dich, Royd«, sagt Roxy auf einmal und wirkt ein bisschen verlegen. Das überrascht mich nicht. Wahrscheinlich möchte sie auch nicht gefilmt werden.

»Was denn?« Ich versuche, die Kamera zu ignorieren.

»Es ist von Mike.« Sie strafft sich und sieht in ihrer Uniform mit dem hübschen Hütchen und allem plötzlich sehr offiziell aus.

Mike.

Ich hätte es mir denken können. Ach, dieser Verrat!

»Als wir das letzte Mal in Neuseeland waren«, fängt sie an, und ihre Worte lösen alle möglichen Gefühle in mir aus, »hatte ich Probleme beim Gehen und brauchte einen Gehstock.«

Mike.

»Um dich richtig in Stimmung für die Reise zu bringen, musst du dich als Gandalf verkleiden.«

Wie bitte?

»Mach dir den Charakter zu eigen. Sag den Leuten immer wieder, dass sie nicht vorbeikönnen, und versperr ihnen den Weg mit deinem Stab.« Roxy hat ein mitfühlendes Lächeln auf den Lippen.

Ich bin schon längst am Weinen.

Richtige Tränen. Nur mal so nebenbei, auch wenn Sie nach dem, was Sie bisher gelesen haben, vielleicht etwas anderes denken sollten: Eigentlich bin ich nicht so nah am Wasser gebaut. Bevor Mike krank wurde, habe ich so gut wie nie geweint. Ich bin im Grunde genommen kein nach außen hin emotionaler und zu Tränen neigender Mensch. Als ich Wales verließ, habe ich mir fest vorgenommen, mich zu keinem Zeitpunkt dieser hoffentlich magischen Reise zu verstellen. Ich will vor der Kamera nichts vorspielen (es sei denn, ich bin ohnehin albern) oder mich zu einer Emotion zwingen, die ich gar nicht empfinde. Ich habe an dem Tag, an dem Mike seine Diagnose erhielt, auf der Auffahrt geweint. Ich habe bei seiner Beerdigung geweint. Und ich weine hin und wieder, wenn ich allein bin. Das wars aber auch. Ich konnte nicht mit all dem Schrecklichen, was passierte, umgehen. Ich habe es verabscheut, die Kontrolle über meine Trauer zu verlieren. Daher habe ich alles in mich reingefressen und unterdrückt. Und bis vor einem Moment war ich mir ziemlich sicher, nicht mehr weinen zu können.

Das soll nicht heißen, dass ich laut schluchzte, doch ich war tief getroffen. Nur durch diese ersten Worte. »Als wir das letzte Mal ...« Mikes Name musste nicht einmal fallen. Seine Worte reichten bereits. Über ihn und mich. Über uns zusammen. Wie ist es nur dazu gekommen, dass ich als ehemaliger Mr Ich-weine-nicht meine Tränen von einem Dokumentarfilmer für die Nachwelt festhalten lasse? Meine erste Reaktion, wenn ich emotional werde, besteht im Allgemeinen darin, mich irgendwo in einer Ecke zu verkriechen und nicht mitten in einem Terminal vor lauter Fremden und Fluglinienmitarbeitern rumzustehen.

Ich reibe mir fest die Wangen und versuche, die Tränen zurückzudrücken, wieder in mich aufzusaugen. Das reicht. Aber ich kann nur noch an Mike denken. Und ... Augenblick mal ... wie war das?

Ich soll mich als Gandalf verkleiden?

* * *

Mum hat uns »Der Hobbit« vorgelesen, als ich etwa neun Jahre alt war. Ohne großes Aufheben. Ich hatte nicht das Gefühl, dass ich besonders gut zuhören musste, weil mein Urgroßvater dieses Buch geschrieben hat. Für uns und für sie war es nur irgendein Buch, das sie aus dem Regal genommen hatte, allerdings vermute ich, dass sie damals denselben Familienstolz gespürt hat wie ich, als ich es später Story vorlas. Mir war vage bewusst, dass es ein Verwandter von uns geschrieben hatte, aber wir schätzten ihn nicht mehr als den Rest der Familie, daher dachte ich mir nichts dabei.

Meine erste Englischstunde auf der Oberschule sah da schon ganz anders aus. Aus irgendeinem mir unerklärlichen Grund bat mich mein Lehrer, nach vorn zu kommen, und stellte mich der ganzen Klasse als Urenkel des Mannes vor, der das Buch geschrieben hatte, das wir in diesem Jahr durchnehmen würden: »Der Hobbit«. Mir war völlig schleierhaft, warum wir uns mit einem Buch beschäftigten, das einer meiner Verwandten geschrieben hatte. Ich wusste nicht, dass es größere Bekanntheit erlangt hatte. Und ich hatte nicht die geringste Ahnung, warum ich herausgegriffen und vor einer Klasse voller fremder Kinder gedemütigt wurde. Aber mir dämmerte langsam, dass dieses kleine Buch doch eine weitaus größere Bedeutung haben musste, als ich bisher gedacht hatte.

Im frühen Teenageralter bekam ich mit, dass es die »Tolkien Society« gab. Sie war vor über einem halben Jahrhundert von Fans von Tolkiens Werken gegründet worden. J. R. R. Tolkien hatte persönlich das Amt des Präsidenten übernommen, und nach seinem Tod folgte ihm seine Tochter Priscilla. Jedes Jahr versammelt sich die Gesellschaft in Oxford bei einem »Oxonmoot« genannten Event. Oxon, weil es in Oxford stattfindet, wo Tolkien gelebt und gelehrt hat. Moot ist ein angelsächsisches Wort und bezieht sich darauf, dass man sich zu einer Debatte zusammenfindet. Im Grunde genommen war und ist das Oxonmoot eine Versammlung von zahlreichen Fans, die über seine vielen Werke sprechen, Unmengen an Bier und Wein trinken und sich im The Bird and Baby drängeln, wo der Mann gern ein oder zwei Gläschen gelüpft hat. Heutzutage dreht sich in der Gesellschaft auch viel um die Filme, doch als ich ein Teenager war, sprach man nur über die Bücher.

Mum und Dad nahmen mich und Mandy (und später auch Mike, als er alt genug war) jedes Jahr mit nach Oxford zum Moot, und wir wohnten in Priscas bescheidenem Haus in Summertown. Prisca (wie ich meine Großtante Priscilla nenne) hielt vor den versammelten Gästen eine geistreiche Rede und brachte sie zum Lachen. Am Sonntag veranstaltete sie immer eine Art Tag der offenen Tür in ihrem Haus, zu dem die neuen Mitglieder eingeladen wurden. Meine Aufgabe bestand meist darin, hinter der Bar zu stehen, einem aufgebockten Tisch auf der kleinen Auffahrt vor ihrer Garage, der mit Rot- und Weißweinflaschen beladen war. Und wenn keiner hinschaute, trank ich natürlich auch, so viel ich konnte!

Als wir älter wurden, bezog man uns auch in die Abendveranstaltungen ein. Ich sah Fans, die sich als Charaktere aus den Büchern verkleidet hatten, Schwertkämpfe aufführten und allen möglichen Mittelerde-inspirierten Unfug trieben. Mit jedem Jahr wurden mir die Augen für das Ausmaß der Fanbegeisterung weiter geöffnet. Indem ich diesen Menschen begegnete, die aus der ganzen Welt angereist waren, begriff ich nach und nach, wie weitreichend und tief die Liebe zu Tolkiens Werken war. Wahrscheinlich wurden nur deshalb noch mehr Ausgaben von der Bibel als von »Der Herr der Ringe« gedruckt, weil Hotels nun mal nicht Tolkiens Buch auf die Zimmer legen wollten. Vielleicht sollten sie es einfach tun.

Wir fingen sogar an, unsere kleine Farm in Wales für »Summer Moots« zu öffnen, und Mitglieder der Tolkien Society verbrachten ein langes Juliwochenende bei uns. Sie zelteten auf den Feldern, gingen Pilze sammeln, saßen am Lagerfeuer und erzählten sich Geschichten. Sie veranstalteten ein Feuerwerk und führten Schwertkämpfe in Vollkostümierung auf. Als Teenager war das für mich ein Riesenspaß. Mein Lieblingscharakter aus dem Buch war eindeutig Aragorn. Daher nahm ich an den Schwertkämpfen teil, klaute den Männern danach ihr Bier und ihren Wein und betrank mich mit meinen Freunden … Verstehen Sie das jetzt nicht falsch; ich bin kein Alkoholdieb, sondern lediglich Opportunist!

Langjährige Mitglieder der Gesellschaft bekamen einen Tolkien-mäßigen Spitznamen, mit dem sie angesprochen wurden, und ein alter Mann beanspruchte »Gandalf« für sich. Er kam immer auf einem Triumph-Motorrad mit einem Beiwagen voller Feuerwerkskörper angerauscht und baute bombastische Dinge auf den Feldern rings um die Farm auf, die sich in einer ohrenbetäubenden Explosion entluden, sobald sich die ganze Pyrotechnik in die Luft erhob. Nachdem alle gegangen waren, machte ich mich daran, die Überreste des Schießpulvers zusammenzukratzen, um dann vergnügt ein Streichholz daranzuhalten.

Ich hatte immer viel Spaß bei den Moots, gewöhnte mich an die Fans und empfand es stets als angenehme und spaßige Umgebung. Aber abgesehen von diesem jährlichen Event hatten wir mit der Fankultur nur sehr wenig zu tun. Als Teenager schlich ich mich manchmal anonym in einen Buchladen und betrachtete die Bücher dort mit einem warmen, wohligen Gefühl im Bauch bei dem Gedanken, dass mein Urgroßvater sie geschrieben hatte.

* * *

Und jetzt soll ich mich als einer seiner langlebigsten Charaktere verkleiden. Mann, wenn das mal nicht peinlich ist! Ich habe zwar schon eine ganze Reihe von Conventions, Fanveranstaltungen und dergleichen besucht, mich dafür jedoch nie verkleidet. So etwas machen andere Leute oder Schauspieler. In meinem ganzen Leben habe ich mich höchstens mal für Partys als Adam Ant oder Heath Ledgers Joker kostümiert. Ich stehe auf Superhelden, wollte jedoch nie wie Superman, Spider-Man oder einer der anderen rumlaufen. Das ist einfach nichts für mich. Und ich wäre auch im Leben nie auf die Idee gekommen, mich als Gandalf zu verkleiden.

Gandalf! Was für eine Aufgabe! Ein cleverer Schachzug von Mike und ein ganz besonderer Start dieser Reise.

Ein Produzent, von dem ich dachte, er sei nur hier, um mich zu verabschieden, überreicht mir eine große Tasche. »Das ist Ian McKellens Kostüm aus den Filmen, also geh vorsichtig damit um«, warnt er mich.

Wie bitte?

»Ach ja, den haben wir natürlich auch noch.« Er drückt mir einen knapp zweieinhalb Meter langen, runden Behälter in die Hand. »Und hier drin ist noch der Stab, den Ian McKellen benutzt hat.«

Das wird im Film bestimmt super aussehen.

* * *

Hätte es jedenfalls getan.

Wie sich herausstellt, wird der Kameramann Drew anscheinend in den USA gesucht, oder er ist dort zumindest unerwünscht. Gott allein weiß, was er getan oder nicht getan hat, aber es sieht ganz danach aus, dass seine ESTA (Electronic System for Travel Authorisation, also seine Reisegenehmigung für die Vereinigten Staaten) auf geheimnisvolle Weise widerrufen wurde. Man lässt nicht mal zu, dass er auf dem Weg nach Neuseeland eine Zwischenlandung in Los Angeles einlegt.

»Scheiß auf Trump!«, höre ich ihn noch motzen, bevor ich durch die Sicherheitsüberprüfung zur Abflughalle gehe. Er hält derweil zusammen mit dem Produzenten auf den Schalter zu, damit sie einen anderen Weg rund um die Welt finden können. Ich gehe davon aus, dass er zurechtkommen wird. Ehrlich gesagt bin ich auch ganz froh, nicht fast den ganzen Tag neben ihm im Flieger sitzen und ihn »kennenlernen« zu müssen. Was nicht heißen soll, dass an ihm etwas verkehrt wäre. Es liegt vielmehr an mir. Ich bin im Moment nicht besonders erpicht darauf, neue Menschen kennenzulernen, und ich will auch nicht das Gefühl bekommen, mich ihm öffnen zu müssen. Dabei ist Drew weder laut, übertrieben starrsinnig noch aufdringlich, was alles Eigenschaften sind, die ich nicht leiden kann. Auf mich machte er eher den Eindruck, als wäre er auf seine Kamera und seinen Job konzentriert und wir könnten ganz gut miteinander auskommen. Na, das wird sich mit der Zeit schon zeigen.

Ich muss mir jetzt jedenfalls Sir Ian McKellens Kostüm überziehen und habe keinen Kameramann, der die Sache filmen kann. Die Show muss trotzdem weitergehen. Ich werde in einen abgetrennten Raum in der Nähe der Abflughalle geführt, wo ich mich umziehen kann. Dabei kann ich es noch immer nicht fassen, dass ich tatsächlich sein echtes Kostüm und den Stab bekommen habe. Peter Jackson muss das Ganze bewilligt haben. Was für eine nette Geste. Und was für ein Vertrauen!

Demzufolge weiß Peter also, dass ich auf dem Weg bin, ebenso wie vermutlich jede Menge anderer Leute in Neuseeland. Sie werden wissen, dass ich endlich Mikes Wünsche erfülle und mich an die Aufgaben auf der Bucket List mache.

Nach Mikes Tod habe ich nicht mit vielen Leuten gesprochen. Ich habe es auch keinem erzählt. Trotzdem hat sich die Nachricht von seinem Tod rasch verbreitet, und von der Tolkien-Gemeinschaft bekamen wir ebenso viel Trost zugesprochen wie von den an den Filmen Beteiligten, von Fanseiten,

Freunden von mir und Mike und sogar Menschen, die Mike nur kurz begegnet waren, aber dennoch ein Gefühl der Verbundenheit entwickelt hatten. Peter und Fran, seine Frau, schickten einen riesigen Blumenstrauß. Und jetzt das. Gandalfs Kostüm.

Vermutlich hatte Mike sich vorgestellt, dass ich in irgendein Kostümgeschäft gehen und mir ein seltsames Zauberer-Outfit zusammenstellen würde, vielleicht aus einem dünnen grauen Gewand, einem spitzen Hut und einem albernen Bart aus grauer Baumwolle. Hiermit hätte er jedenfalls nicht rechnen können. Ich ziehe mir die dicke graue Unterhose an und lege mir die Hosenträger über die Schultern. Die Robe kommt darüber, und der Hut … Was für ein Hut! So peinlich die ganze Sache ist, sehe ich doch wenigstens gut aus.

So langsam machen sich meine Nerven bemerkbar. Ich werde so in der Öffentlichkeit rumlaufen, und man wird mich so sehen. Außerdem muss ich ja auch noch in die Rolle schlüpfen. Oh Gott! Na ja, wenigstens wissen die Leute, die mich sehen, nicht, dass ich ein Tolkien bin. Das wäre wirklich peinlich. Ich versuche, mir einzureden, dass das keine große Sache ist. Wird schon schiefgehen. Hab einfach Spaß. Wenn ich es lustig finde, werden die Leute lachen, und alle haben Spaß. Ich rufe mir ins Gedächtnis, dass auch Mikes schwächer werdender Körper nur ein Kostüm war, das er gezwungenermaßen tragen musste. Er hatte keine Wahl, keine Kontrolle und konnte es nicht ausziehen. Ich hingegen werde diese Verkleidung irgendwann wieder ablegen und aussehen wie immer. Na, dann mal los! Ich verkleide mich nicht nur als Gandalf, ich werde zu Gandalf.

Das Kostüm passt gut, aber der Bart ist eine Katastrophe. Wie zu erwarten, sieht er wahnsinnig toll aus, aber das Besondere an Filmrequisiten ist, dass sie normalerweise sorgfältig und liebevoll mit besonderem Klebstoff an den Gesichtern der Schauspieler befestigt werden, noch dazu von Profis. Ich jedoch habe keinen Klebstoff und erst recht keinen professionellen Maskenbildner, sondern nur ganz gewöhnliches doppelseitiges Klebeband.

* * *

Ich stehe am Eingang des Fliegers und komme mir ziemlich bescheuert vor. Doch ich bin voll im Gandalf-Modus und habe seinen kolossalen Großstab in der Hand. In der Abflughalle wurde eine Durchsage gemacht, um die anderen Passagiere darüber zu informieren, dass ein Mitglied der Tolkien-Familie sie als Gandalf verkleidet beim Betreten des Flugzeugs begrüßen möchte. Jetzt ist mir klar, dass sie alle vorgewarnt waren, schließlich werden sie ja auch gefilmt (allerdings nur mit einem Handy. Danke, Drew!), aber mussten sie wirklich erwähnen, dass ich ein Tolkien bin?

Mir bricht der Schweiß aus. Das sind die Nerven. Und das dicke Kostüm. Aber vor allem die Nerven, wenn ich ehrlich bin. Ich spüre, wie sich das Klebeband in meinem Gesicht aufgrund der Feuchtigkeit löst, und drücke mir den Bart wieder an die Wange. Bleib da, verdammt noch mal! Sie kommen.

»Ihr kommt nicht vorbei!«, rufe ich der ersten Reihe der Tolkien-Enthusiasten entgegen, die mit ihrem Handgepäck über die Gangway auf mich zukommen. Sie lachen los. Das ist gar nicht mal so übel.

»IHR kommt nicht vorbei«, wiederhole ich die Worte mit etwas anderer Betonung bei der nächsten Gruppe, was mir einige Lacher und mehrere grinsende Gesichter einbringt. Ich winke sie lächelnd durch. Das macht ja richtig Spaß.

»Ihr kommt nicht …«, will ich einem freundlich aussehenden Paar entgegenrufen. »Ach, geht nur. Immer rein mit euch«, fahre ich mit meiner normalen Stimme fort. Auch die beiden lachen. Royd, du bist ein verdammtes Naturtalent. Ich drehe mich um und sehe den Passagieren hinterher, die ich eben durchgelassen habe. »Flieht, ihr Narren!«, verkünde ich laut, und sie strahlen mich an.

Dabei rutscht der Bart noch weiter hinunter.

Nach den ersten Gruppen, die bereit waren, sich filmen zu lassen, nehme ich meinen Platz im Flugzeug ein, der sich zufälligerweise direkt neben dem Eingang befindet. Somit können mich auch alle weiteren Passagiere, die nicht nach links in die Businessclass und Erste Klasse abbiegen, in Augenschein nehmen. Der Bart hängt nur noch an einem letzten Rest Klebeband, daher nehme ich ihn ab. Nun hängt mir bloß noch etwas Klebeband im Gesicht. Das ist kein guter Look.

»Oh, wow, das ist Dumbledore«, sagt jemand im Vorbeigehen.

»Nein, nein, ich bin Gandalf«, widerspreche ich. Wie sich herausstellt, wissen die restlichen Passagiere nicht, dass ich zur Tolkien-Familie gehöre, und haben auch keine Ahnung, wen ich darstellen soll.

»Guck mal, Mummy, das ist Dumbledore.« Ein kleiner Junge strahlt mich begeistert an.

»Eigentlich bin ich Gandalf.« Ich grinse zurück.

Keine Reaktion. Auch gut. Dann bin ich eben Dumbledore. Wie du willst, Kleiner. Er ist nicht der Letzte, der das denkt. Es fallen noch einige weitere Sprüche, die mich in den »Harry Potter«-Filmen verorten, und irgendwann gebe ich es auf, die Leute zu korrigieren.

Ohne Bart sehe ich wahrscheinlich nur noch wie ein mittelmäßiger Gandalf aus (was angesichts des hervorragenden Kostüms eine Schande ist), der zudem noch eine Menge Klebeband im Gesicht hängen hat. Die letzten Passagiere, die an mir vorbeigehen und nicht darüber informiert wurden, dass ich ein Tolkien bin, halten mich bestimmt nur für einen armseligen Geek, der sich derart auf die Reise freut, dass er sie vollkostümiert antritt. Ich versuche, mit dem Sitz zu verschmelzen.

»Royd«, wendet sich eine Flugbegleiterin an mich. »Möchten Sie mal nach vorn ins Cockpit gehen? Die Piloten würden Sie gern kennenlernen.«

»Ja, bitte.« Ich springe auf und bin vorübergehend aus meiner peinlichen Lage befreit. Es ist Zeit für ein paar tolle Selfies!

* * *

Ich sehe mir mehrere Sendungen über Neuseeland an, um in die richtige Stimmung zu kommen. Okay, ich versuche es jedenfalls. Als sich ein Irrer nur mit einem elastischen Band am Fußknöchel von einer Brücke stürzt, wird mir schon beim Zusehen schlecht. Wer würde so etwas denn freiwillig tun?

»Meine Damen und Herren, wir entschuldigen uns dafür, das Unterhaltungsbordprogramm zu unterbrechen«, dringt eine Männerstimme durch die Rockmusik und die entsetzten Schreie, die mir in den Ohren widerhallen.

Nein, stört mich ruhig.

»Wie Ihnen vielleicht aufgefallen ist, haben wir heute einen eigenen Zauberer an Bord«, fährt der Mann fort.

O Mann, was kommt jetzt wieder?

»Er ist der Urenkel von J. R. R. Tolkien und heißt Royd Tolkien.«

Ich drücke mir die Kopfhörer fester an den Schädel, um ihn besser zu verstehen. Wahrscheinlich treten sich jetzt einige Leute in den Arsch, weil sie mich für Dumbledore gehalten haben.

»Royds Bruder Mike ist traurigerweise vor zwei Jahren an der Motoneuron-Erkrankung ALS gestorben und hat Royd eine Bucket List mit Aufgaben hinterlassen, die er in seinem Namen erfüllen soll. Wir werden jetzt den vierten Punkt dieser Liste vorlesen. Es folgen Mikes eigene Worte, also hören Sie gut zu, Royd.«

Ich wappne mich.

»Du musst die Leute bitten, sich mit dir fotografieren zu lassen. Du brauchst insgesamt neununddreißig Fotos. Ich möchte, dass du nicht weniger als neununddreißig lachende Gesichter festhältst. Neununddreißig, genau die Anzahl der Jahre, die ich dich geliebt habe, Bruderherz.«

Ein Lächeln stiehlt sich auf meine Lippen. Schon jetzt ist ein Smartphone auf mich gerichtet, und ich grinse noch breiter. Innerlich bin ich jedoch völlig durcheinander, da mich die Gedanken und Erinnerungen an Mike wieder einmal mitreißen. Das passiert mir jedes Mal. Immer werde ich an sein viel zu kurzes Leben erinnert und daran, wie jung er gewesen ist, als er mir genommen wurde. Als er uns genommen wurde. Es ist, als hätte man mir einen Tritt in die Magengrube verpasst.

Außerdem kann ich Selfies nicht ausstehen. Ich mache nie welche. Na ja, es sei denn, ich sitze als Gandalf verkleidet im Cockpit eines Flugzeugs. Das war cool. Aber im Allgemeinen sind Selfies nichts für mich. Ebenso ungern gehe ich auf Fremde zu und mache mich zum Narren. Immerhin kann ich mich heute hinter meinem Kostüm verstecken.

Erneut werden die Passagiere freundlicherweise ermutigt, sich freiwillig zu melden, und die Ersten stehen schon bereit. Alle sind sehr nett und posieren aufgeregt und lächelnd für ein Foto mit mir. Ich lasse sie den Stab halten, wenn sie das wollen, und schieße jede Menge Fotos. Auch einige aus der Kabinencrew schließen sich an.

Doch es wollen längst nicht alle mitmachen. Die üblichen Miesepeter wenden den Blick ab, als ich vorbeigehe, weil es ihnen vielleicht sogar noch peinlicher ist als mir oder weil sie wirklich nichts mit »Der Herr der Ringe« anfangen können. Solche Menschen soll es ja auch geben. Einige tun so, als würden sie schlafen, aber ich mache dennoch breit grinsend ein Selfie. Ein Mann ist derart in das vertieft, was er sich da ansieht oder liest, dass er den eins achtzig großen Gandalf mit dem gottverdammten Großstab, der sich über ihn beugt, gar nicht bemerkt.

»Entschuldigen Sie«, spreche ich ihn höflich an. »Verzeihung, würden Sie vielleicht …«

Nichts. Tja, man kann es eben nicht allen recht machen.

Einer fragt, ob er auch mit seinem Handy ein Selfie machen darf. Klar, nur zu. Ebenso der Nächste. Kein Problem. Mir wird klar, dass ich als Gandalf verkleidet auf mehreren Facebook-Profilen zu sehen sein werde. Das ist okay. Ich mache die Leute glücklich.

Schnell vergesse ich, überhaupt mitzuzählen. Diese Aufgabe macht richtig Spaß.

Was für ein Beginn dieser Reise! Danke, Mike.

* * *

Wenn Sie schon mal in die USA geflogen sind, dann wissen Sie, dass die Einreiseformalitäten nicht ohne sind. Vielleicht ist Ihnen sogar bekannt, dass der Beamte der Zoll- und Grenzschutzbehörde einem aus jedem beliebigen Grund die Einreise verwehren kann. Dazu muss er gar nicht erst einen Vorgesetzten fragen oder eine rechtliche Vorgabe befolgen. Im Grunde genommen muss derjenige nur einen Blick auf dich werfen und beschließen, dass er dich nicht leiden kann. Und wenn das passiert, hast du verloren. Man setzt dich in den nächsten abgehenden Flieger, ohne dass du amerikanischen Boden auch nur zu sehen bekommst. Darüber hinaus sind diese Einreisebeamten auch nicht gerade als fröhliche und zugängliche Menschen bekannt.

Ich bin nicht mehr als Gandalf verkleidet, sondern habe das Kostüm mitten über dem Atlantik ausgezogen. Aber ich habe noch den Stab dabei. Einen knapp zweieinhalb Meter langen falschen Zaubererstab aus Holz. Als ich in der langen Schlange vor dem Schalter stehe, wird mir auf einmal überdeutlich bewusst, dass das, was ich da stolz umklammere, verdächtig nach einer Waffe aussieht. Es ist eine Sache, wenn der Kameramann auf einem anderen Weg nach Neuseeland reisen muss, aber ich stehe ganz schön dämlich da, wenn man mir hier die Einreise verweigert.

»Was ist das?« Ein amerikanischer Akzent reißt mich aus meinen Gedanken. Es ist nur einer der Beamten, der die Wartenden in verschiedene Schlangen einweist. Und er zeigt auf den mit feinen Schnitzereien verzierten Holzstab, an dessen knorriger Spitze ein dicker Kristall thront. Er deutet auf Gandalfs Stab. Den ich in der Hand halte.

»Das ist eine Requisite aus einem Film«, antworte ich so kleinlaut wie möglich.

»Ach ja?« Er tritt näher. »Aus welchem Film?«

»Äh … ›Der Herr der Ringe‹.« Ich lächle ihn an. Sei freundlich, ermahne ich mich. Ihm würde ich dasselbe raten, aber ich bezweifle, dass er mir zuhören würde. »Das ist Gandalfs Stab.«

»Ist nicht wahr! Das ist der Stab, der in den Filmen zu sehen ist?« Offenbar ist er ja tatsächlich freundlich!

»Ja. Das ist der Stab aus den Filmen. Ich bringe ihn zurück nach Neuseeland.«

»Im Ernst? Ich liebe diese Filme. Bin ein großer Fan. Dürfte ich ihn vielleicht mal halten?«

Damit habe ich jetzt nicht gerechnet. »Sicher.« Ich bilde mir ein, eine Verbindung zu spüren, und reiche ihm den Stab. Er wirkt ganz ergriffen, als er ihn entgegennimmt.

»Das ist ja so cool. Ich würde so gern ein Selfie mit Ihnen schießen, aber hier sind ja keine Handys erlaubt. Hier darf man nicht fotografieren.«

»Ach … Das ist aber schade.« Ich warte darauf, dass er mir den Stab zurückgibt.

»Kommen Sie mit.« Schon führt er mich an der langen Schlange vorbei bis ganz nach vorn zur Passkontrolle. Ich bedanke mich überschwänglich und wappne mich für die nächste Prüfung.

Der Mann am Schalter sieht selbstverständlich genauso einschüchternd aus, wie man sich das vorstellt. Er ist ein bulliger Kerl mit einem Gesicht, das den Anschein erweckt, als würde er nicht oft lächeln. Im Augenblick beschäftigt er sich noch mit jemand anderem, aber mir entgeht nicht, dass er aufblickt und mich mustert. Ja, auch den Stab bemerkt er. Noch ist mir die Einreise nicht sicher. Irgendwie scheint er sich sogar noch mehr für mich zu interessieren als für die zwielichtige Person, die er soeben ins Land lässt, weil er von dem langen, gefährlichen Ding in meiner Hand derart abgelenkt ist.

Er stempelt den Pass ab, ohne groß hineinzusehen, und winkt mich zu sich. Ich trete an den Schalter und versuche verzweifelt, mir nicht anmerken zu lassen, wie verlegen ich bin.

»Was ist das?« Er starrt den Stab an. Also gleich noch einmal.

»Das ist eine Requisite aus ›Der Herr der Ringe‹«, antwortete ich so offen wie möglich. Dabei fällt mir auf, dass der andere Mann noch immer in der Nähe steht und mich mit breitem Lächeln beobachtet. Er scheint sich immer noch darüber zu freuen, dass er den Stab in der Hand halten durfte. Vielleicht lasse ich ihn den Stab noch einmal halten, bevor sie mich ins nächste Flugzeug zurück nach London setzen.

»Aus den richtigen Filmen?«, will der Beamte wissen.

»Ja. Das ist Gandalfs Stab.«

»Ist nicht wahr! Im Ernst?«

»Ja, das ist der Stab, den Ian McKellen in den Filmen benutzt hat. Ich bringe ihn zurück nach Neuseeland.«

»Mann, ich wünschte, wir dürften hier Fotos machen. Ich hätte zu gern ein Selfie damit.« Ich glaube, er lächelt tatsächlich. Das ist ja super! Hinter mir steht sein Kumpel mit breitem Grinsen und nickt. Ich glaube, ich habe den beiden eben den Tag versüßt.

»Den Pass bitte.« Er streckt die Hand aus. Ich bin unfassbar erleichtert, als er meine Papiere prüft.

»Tolkien, ja? Sind Sie miteinander verwandt?« Ich bezweifle, dass er mit einem Ja rechnet.

»Ich bin sein Urenkel.«

»Was? Das ist ja cool. Einfach unglaublich.«

BÄMM. Er haut den Stempel in meinen Pass und gibt ihn mir zurück.

»Ich wünsche Ihnen einen schönen Aufenthalt in den USA, Sir. Und eine gute Reise. Möge Gott Sie segnen.«

Na, das war ja einfach. Vielleicht sollte ich ab jetzt immer einen Stab dabeihaben, wenn ich in die USA fliege.

SKARABÄUS

Ich habe den Jetlag fast überstanden. Nach Los Angeles folgte eine weitere lange und schlaflose Reise auf die andere Seite der Erde, aber jetzt bin ich hier im sonnigen Auckland, und das schon seit ein paar Tagen. Es fühlt sich gut an, nur im T-Shirt herumzulaufen. Dank des Jetlags habe ich allerdings eine blöde Erkältung, die mir immer noch in den Knochen hängt. Wie die meisten Männer leide auch ich entsetzlich, wenn ich krank bin. Hier kann man diese kleinen Beutel mit flüssigem Vitamin C kaufen, die man sich direkt in den Mund quetscht; und die ziehe ich mir momentan rein wie Tequila-Shots auf einem Junggesellenabschied. Ich will einfach mit Mikes Liste weitermachen.

Drew hat es über Dubai und Australien hergeschafft. Er war schon zwölf Stunden hier, als ich ankam, ausgeruht und einsatzbereit. Inzwischen merke ich kaum noch, dass ständig eine Kamera auf mich gerichtet ist, und bin, abgesehen von dieser nervigen Schnieferei, gerüstet dafür, dass jeden Augenblick die nächste Aufgabe auftaucht. Mich hat förmlich eine gesteigerte Vorfreude gepackt. Die Tränen am Flughafen von Heathrow haben mich überrascht, weil ich glaubte, nicht mehr weinen zu können – oder jedenfalls nicht so leicht. Daher befinde ich mich nun in einem Zustand nervöser Aufregung und versuche, mich auf etwas vorzubereiten, was, wie ich langsam merke, eine Achterbahn der Gefühle werden wird. Ich bin zum ersten Mal in Neuseeland, seit ich zusammen mit Mike hier war, und spüre seine Abwesenheit überdeutlich.

* * *

Nachdem Mike die Arbeitsdiagnose ALS erhalten hatte, wurde es zu unserer Mission, so viel zu unternehmen, wie wir nur konnten, solange es uns noch möglich war. Solange er es noch konnte. Und ganz oben auf der Liste der unverzichtbaren Reisen war der längst überfällige Trip nach Neuseeland. Mike hatte schon lange herkommen wollen, es jedoch nie geschafft. Zu diesem Zeitpunkt war ich schon etwa zehnmal in Neuseeland gewesen. Ich war zu den Dreharbeiten von »Der Herr der Ringe«, »King Kong« und »Der Hobbit« hergekommen, für einen von mir produzierten Film, den ich in Wellington vorstellte, anlässlich zahlreicher Premieren und so weiter. Eigentlich war mir jede Ausrede recht, um herzukommen. Weil ich es hier einfach liebe; und ich wusste, dass es Mike genauso gehen würde. Jedes Mal habe ich ihn mit Fotos und FaceTime-Anrufen bombardiert und gesagt: »Hey, Mike, sieh nur, an was für einem unglaublichen Strand ich bin« oder »Hey, Mike, ich werde gerade durch Weta Workshop geführt. Schade, dass du nicht hier bist.« Gefolgt von einem lachenden und einem weinenden Emoji.

Das hat mir einen Heidenspaß gemacht. Ich genoss die Gelegenheit, ihn auf die Palme zu bringen und neidisch zu machen. Er war verheiratet. Und Edan war jung. Er muss (genau wie ich) davon ausgegangen sein, dass er noch alle Zeit der Welt für diese Reise hatte. Zur richtigen Zeit würde er schon herkommen können. Wenn Edan älter war. Wenn er mal nicht so viel um die Ohren hatte.

79

Ein Freund von mir schlug vor, einigen der Leute von Air New Zealand, die ich bei den Premieren kennengelernt hatte, eine E-Mail zu schreiben und mich zu erkundigen, ob sie vielleicht einen Rabatt für mich und Mike ermöglichen konnten. Ganz schön frech, ich weiß, aber wer nicht wagt, der nicht gewinnt, nicht wahr? Meine Skrupel waren seit Mikes Diagnose in den Hintergrund getreten, und weil ich bereit war, alles zu tun, um Mike dorthin zu bekommen und ihm all die Orte zu zeigen, die ich so sehr liebte, schickte ich die E-Mail ab. Wie sich herausstellte, war mein Timing perfekt. Und der Name Tolkien tat sein Übriges. Ich bekam erstaunlich schnell eine Antwort. Zufälligerweise waren sie gerade dabei, ein Flugsicherheitsvideo im Stil von »Der Hobbit« zu produzieren, und luden uns beide ein, dabei mitzumachen.

Air New Zealand ließ uns beide aus London kostenfrei in der Ersten Klasse einfliegen. Ja, das mag jetzt vielleicht aufgeblasen klingen, und Sie halten mich möglicherweise für ein Arschloch, doch so einfach ist das nicht. Zu diesem Zeitpunkt wurde Mike bereits zunehmend schwächer. Darüber hinaus bekam er einen »Fallfuß«. Das passiert, wenn man die Füße nicht mehr richtig aufsetzen kann, weil einem die Kraft fehlt. Sobald das geschieht, stolpert man häufiger und fällt nach vorn. Und man hat nicht genug Kraft in den Armen, um den Sturz abzufangen. Somit wird selbst ein flacher Untergrund zu gefährlichem Terrain.

Neben dem Gehstock hatte Mike auch Mechanismen an seinen Schuhen, die ihm einen schwungvolleren Gang ermöglichten, um den Fallfuß zu kontrollieren. Zumindest ein bisschen. Das Risiko war zwar weiterhin vorhanden, jedoch geringer. Daher war es für Mike wunderbar, den Luxus eines flachen Betts im Flieger genießen zu können. Und ich freute mich riesig, mit ihm nach Neuseeland zu fliegen. Dabei ging es mir vor allem darum, uns – vor allem ihn – von der schrecklichen Nachricht abzulenken, die wir immer noch verarbeiten mussten.

Wenn ich nach Auckland fliege, steige ich dort normalerweise gleich in ein anderes Flugzeug nach Wellington um. Aber Mike und ich hatten in Auckland zuerst noch etwas zu erledigen. Wir mussten in diesem Flugsicherheitsvideo auftreten. Da wir noch ein paar Tage Zeit hatten, um uns zu akklimatisieren, trafen wir uns mit einigen Freunden, die ich dort gefunden hatte. Unter normalen Umständen wären wir durch die Bars gezogen und hätten uns betrunken, aber Mike war damals bereits darauf bedacht, nichts zu tun, was seinen Zustand verschlimmern konnte. Auch wenn Sie vermutlich einen anderen Eindruck bekommen haben, trinke ich normalerweise eigentlich gar nicht so viel, und über Mike konnte man dasselbe sagen. Das passierte eher in Gesellschaft, wenn wir mit Freunden ausgingen oder in den Urlaub fuhren, dann ließen wir es ein bisschen krachen. Darüber hinaus muss ich auch noch gestehen, dass ich bereits nach einem halben Glas dünnen Biers auf dem Boden liege; Sie dürfen sich mich daher keinesfalls als Trunkenbold vorstellen.

Wir machten also leichte Spaziergänge und trafen uns mit Freunden in Cafés. Nach einigen Tagen wurden wir vom Hotel abgeholt und zu dem riesigen Flugzeughangar gebracht, in dem die Dreharbeiten stattfanden. Ein Großteil der Filmindustrie in Neuseeland, und zwar alles von den Anlagen bis hin zu den Crews, ist hauptsächlich dank Peters »Herr der Ringe«-Imperium entstanden. Und jeder arbeitet bei allen Projekten mit. Als wir dort eintrafen, stellte sich heraus, dass die erste AD (Assistant Director) dieselbe Position auch bei dem von mir produzierten Film auf den Fidschi-Inseln innegehabt hatte, und sie hatte selbstverständlich auch bei »Der Herr der Ringe« und »Der Hobbit« mitgewirkt. Auch zahlreiche Crewmitglieder und Darsteller, die im Video auftauchen, kannte ich schon von früher, und auch sie hatten an vielen gemeinsamen Projekten gearbeitet. Aus diesem Grund herrschte dort eine angenehme, freundschaftliche Atmosphäre.

Im Video, das leicht auf YouTube zu finden ist, falls Sie es sich ansehen möchten, geht es um ein Flugzeug voller Hobbits, Zwerge, Elfen mit Gandalf, Gollum, einem Ringgeist und dergleichen, die alle nach Mittelerde reisen und die üblichen Sicherheitsanweisungen erhalten, die man aus dem Flieger kennt. Natürlich ist dieses Video weitaus besser als alle anderen, nicht zuletzt, weil Mike und ich darin vorkommen. Wenn Sie blinzeln, könnten Sie uns zwar verpassen, aber wir spielen eine wichtige Rolle, wenn es um das Verstauen des Handgepäcks geht.

Ich bekam von einem der unausweichlichen Weta-Workshop-Maskenbildner die von Martin Freeman geborgten Hobbitfüße angeklebt. Das sind verdammt gute Füße, doppelt so groß wie meine eigenen und deutlich haariger. Sie sahen so realistisch aus (vorausgesetzt, man weiß, wie Hobbitfüße aussehen müssen, was ich von mir behaupten kann) und waren erstaunlich bequem. Ich saß auf einem Gangplatz im voll besetzten Flieger neben Mike. Keine Ahnung, warum, aber das Auge von Sauron bekam den Fensterplatz. Jetzt, wo ich darüber nachdenke, vermute ich, dass Mike dadurch auf die Idee mit der Gandalf-Aufgabe gekommen ist. Da waren wir also, die Mitglieder der Tolkien-Familie, ich mit Bilbos Füßen, und saßen in einem Flugzeug voller Leute, die sich als Charaktere aus Mittelerde verkleidet hatten. Echt schräg. Aber auch sehr witzig.

Unser kleiner Auftritt war Teil der Erklärung, wie Passagiere ihr Handgepäck unter dem Vordersitz verstauen sollen, wenn im Gepäckfach kein Platz mehr ist ... Sie kennen das ja. Die Kamera fährt durch den Gang auf mich und Mike zu und folgt meinen Händen nach unten, während ich meine Tasche auf den Boden lege und mit meinen witzigen riesigen Hobbitfüßen unter den Sitz vor mir schiebe. Danach musste ich in die Kamera blicken und ein freches Hobbitgrinsen aufblitzen lassen. Das lief ungefähr so:

Klappe eins. Die Kamera läuft. Es geht los. Benimm dich ganz natürlich.

»Kinn«, sagt Mike neben mir, und ich muss lachen.

»Schnitt.«

Klappe zwei. Nächster Versuch. Schön entspannt bleiben.

»Zieh den Bauch ein«, raunt mir Mike zu. Wieder lache ich los.

»Schnitt.«

Jedes Mal, wenn die Kamera auf uns zufuhr, hielt Mike es für nötig, meine Haltung zu korrigieren, mich daran zu erinnern, dass man mein Doppelkinn sehen konnte, mich aufzufordern, den Bauch einzuziehen und den Kopf weiter anzuheben. Ich bin mir nicht sicher, welche Einstellung sie letzten Endes genommen haben – es gab so einige Versuche –, aber bei den ersten grinse ich vollkommen bescheuert, was nur Mike zu verdanken ist. Das war ein guter Tag.

* * *

Ich stehe im strahlenden Sonnenschein am Hafen von Auckland, bekomme ein iPad in die Hand gedrückt und soll eine Videodatei abspielen. Wieder einmal muss ich laut schniefen. Diese Erkältung geht mir auf den Geist. Okay, dann mal los. Ich drücke auf »Play«, und ein Buchstabenraster erscheint auf dem Display, mit einer Suchleiste darüber. Mein Herz fühlt sich an, als würde es mir gleich aus der Brust springen. Es ist eine Bildschirmaufzeichnung von Mikes Worten, die über die Apple-TV-Suchfunktion eingegeben wurden. Noch bevor die ersten Buchstaben erscheinen, zieht sich mein Magen zusammen und ich habe einen Kloß im Hals. Das ist zu viel.

Der Cursor bewegt sich ruckartig und quälend langsam über das Display. Schmerzhaft langsam. Obwohl die Geschwindigkeit schon ein wenig erhöht wurde.

D
u

Mikes Worte erscheinen in der Suchleiste. Ich bin schon jetzt überwältigt.

b
r
a
u
c
h
s
t

Ich muss eine Pause einlegen und das erklären.

* * *

Als sich Mikes Zustand verschlechterte, nahm auch seine Lungenfunktion ab. Irgendwann konnte er nur noch beim Ausatmen sprechen. Das dauerte eine Weile, und ich musste genau zuhören, da er immer nur unter großer Anstrengung wenige Worte flüstern konnte. Kurz darauf war seine Lunge gar nicht mehr in der Lage, ihn ohne Unterstützung zu versorgen. Er brauchte eine Atemhilfe, eine Maske, die er ständig trug. Sie saß fest um Mund und Nase und war mit einer Maschine verbunden, die wusste, wann er ein- und ausatmete. Jedes Mal, wenn er einatmen musste, kurbelte sie die Luftzufuhr etwas an. Und wenn er ausatmete, zog sie verbrauchte Luft heraus.

Die folgenden ein oder zwei Monate konnte er noch beim Ausatmen sprechen. Ich beugte mich immer dicht zu ihm und versuchte, gleichzeitig durch die Maske seine Lippen zu lesen und die Worte zu verstehen. Aber die Anstrengung raubte ihm nur noch mehr den Atem, daher brachte er immer weniger Worte hervor. Manchmal behauptete er sogar spaßeshalber, ich hätte Probleme mit den Ohren.

Um das Leben für alle einfacher zu gestalten, entwickelte ich eine Art Kurzschrift. Ich erstellte eine Liste mit wichtigen Fragen, die ich ihm stellen wollte, anstatt darauf zu warten, dass er mühsam die Worte hervorbrachte. Wenn er etwas brauchte, ging ich die Liste durch. Musste seine Maske angepasst werden? Sie sollte jederzeit luftdicht sitzen, damit die Atemunterstützung auch perfekt funktionierte. Bei einer Anpassung nahm ich ihm die Maske ab und setzte sie schnellstmöglich wieder auf, weil Mike ohne sie keine Luft mehr bekam. Gab es kein Problem mit der Maske, ging ich die Liste weiter durch. Juckte es ihn irgendwo? Wollte er sich in seinem Rollstuhl anders hinsetzen? Musste er auf die Toilette? Hatte er Hunger? Durst? Ich fragte all die offensichtlichen Dinge ab. Und wenn es nichts davon war, versuchte ich, seine Worte zu verstehen, die er in die Maske hauchte. Manchmal war das wirklich schwer, besonders für einen halb tauben Kerl wie mich. Dann starrte er mich immer verzweifelt an, als wäre ich ein Idiot, und Laura kam zu uns herüber, der er einige kaum verständliche Worte zuwisperte.

»Er möchte, dass du den Sender wechselst«, teilte sie mir schlicht mit, oder was immer er sonst für Wünsche hatte, und er sah mich an, als hätte er am liebsten die Augen verdreht, weil ich so ein Schwachkopf war.

Das Reden fiel Mike zunehmend schwerer. Er musste seine ganze Energie für das Atmen aufwenden. Die Liste mit potenziellen Fragen in Bezug auf Notfälle wurde länger. Aber auch nachdem die Liste abgearbeitet war, gab es immer noch Dinge, die Mike sagen wollte. Wir versuchten es mit einem optischen Gerät, das an einen Computer angeschlossen wurde und Mikes Augenbewegungen verfolgte. Im Grunde genommen wurden seine Augen auf diese Weise zum Cursor auf dem Bildschirm, aber das funktionierte nicht. Seine Augen waren zu schwach, um den Cursor richtig kontrollieren zu können. Zu diesem Zeitpunkt war er kaum noch in der Lage, überhaupt einen Muskel zu bewegen. Die Zeichensprache war nie wirklich eine Option. Seine Hände waren in klauenartiger Haltung erstarrt, was am Muskelschwund und dem Schrumpfen der Sehnen lag. Er konnte kaum den Kopf bewegen und nicht mehr sprechen.

Obwohl seinen Augen zwar die Kraft und der Fokus fehlten, um das optische Gerät zu bedienen, waren sie noch immer unsere beste Option für das Aufrechterhalten der Kommunikation, und so schmiedete ich einen Plan. Wir hatten immer viel Apple TV geguckt, daher beschloss ich, dass die Suchfunktion der einfachste Weg war, damit Mike uns etwas mitteilen konnte. Er bewegte die Augen nach links, rechts, oben und unten, wenn er mir einen Buchstaben diktieren wollte. Für Mike war es ein langsamer und schwieriger Prozess.

Doch uns blieb nichts anderes übrig. In den letzten Monaten seines Lebens konnte sich Mike nur sehr langsam und Buchstabe für Buchstabe mit uns unterhalten. Und selbst da war die Bewegung seiner Augen für ihn schon sehr anstrengend und schwer. Ein Blinzeln kostete ihn sehr viel Kraft, denn selbst diese simple, kaum merkliche Bewegung erfordert das Feuern von sehr vielen Neuronen. Wenn er etwas brauchte, trat ich daher in sein Sichtfeld, damit er nicht versuchen musste, sich zu mir umzudrehen. Ich wollte alles tun, um ihm das Leben zu erleichtern, da ich doch wusste, wie viel Mühe es ihn schon kostete, mir blinzelnd über den Apple TV sehr kurze Nachrichten zukommen zu lassen.

Es kam sogar so weit, dass er mit offenen Augen schlief, was ein sehr beunruhigender und erschreckender Anblick war. Das erinnerte mich immer an Keith, der an MS gestorben war. Ich weiß noch genau, wie ich ihn nur einen Tag vor seinem Tod im Hospiz besucht habe. Als ich an seiner Zimmertür vorbeiging, sah ich diese ausgemergelte, skelettartige Gestalt auf dem Bett liegen und erkannte ihn zuerst gar nicht. Er lag auf dem Rücken und hatte die Augen weit geöffnet, als würde er die Decke anstarren. Erst als ich mich über ihn beugte und ihm ins Gesicht schaute, merkte ich, dass er schlief. Nach einem Moment wachte er auf, ohne sich zu bewegen, und ich bemerkte in seinen reglosen Augen den bizarren Wechsel zwischen Schlaf und Wachzustand.

Somit entwickelte sich diese ganze Apple-TV-Sache aus reiner Notwendigkeit. Man tut, was man tun muss, um zu kommunizieren. Man improvisiert, denkt sich was aus, passt sich an. Aber ich kann das heute nicht mehr sehen. Wenn ich bei jemandem zu Besuch bin und da ein Apple TV steht, muss ich den Raum verlassen, sobald darauf etwas gesucht wird. Ich sage dann nichts, sondern rede mich damit heraus, dass ich beispielsweise draußen eine rauchen will. Aber ich ertrage den Anblick dieses Bildschirms einfach nicht.

* * *

Ich halte das iPad in zitternden Händen.

»Du brauchst …« ist langsam in der Art und Weise, wie Mike mit mir kommuniziert hat, darauf erschienen. Mikes Worte. Was brauche ich? Ich kneife die tränenverhangenen Augen zusammen.

e
i
n
n
e
u
e
s

T
a
t
t
o
o

Ein neues Tattoo. Ein bittersüßes Lächeln umspielt meine Lippen, während ich mich innerlich wie zerbrochen fühle.

I
c
h
d
e
n
k
e
d
u
w
e
i
s
s
t
w
a
s
d
u
t
u
n

musst Royd

Ja. Ich weiß ganz genau, was ich tun muss. Und mir bricht das Herz, als ich mich an unsere Woche in Chicago erinnere und an die großartige Zeit, die wir dort zusammen verbracht haben.

Eine Erinnerung an mich

Der Skarabäus. Das Symbol der Wiedergeburt und Wiederauf-
erstehung. Das einzige Tattoo, das sich Mike hat stechen lassen.
Für ihn passte es damals. Und jetzt passt es auch. Für mich.

F
ü
r
i
m
m
e
r

Was für ein Geschenk. Mike hat gesprochen. Es tut weh, mich
daran zu erinnern. Ich lasse das iPad sinken und stoße einen
tiefen Seufzer aus. Und atme tief ein.

* * *

Ich war mit siebzehn allein in Chicago. Damals steckte ich mitten in einem Kurs über Requisiten- und Bühnenbau am Thea-
ter. Das war etwas, wovon ich immer geträumt hatte, inspiriert
von den mit Schwertern und Kostümen überbordenden Summer Moots in Wales und dem Triumph-fahrenden Gandalf und
seinem Feuerwerk; eine Leidenschaft, die vom »Fangoria«-Ma-
gazin nur weiter angestachelt wurde, in dem ich begierig über
Peter Jackson und seine frühen Filme »Bad Taste« und »Brain-
dead« las. Ich liebte diese Filme und wollte unbedingt zu dieser
Welt dazugehören.

Aber mein Onkel Philip, der in Chicago lebte, brachte einiges durcheinander, als er beim Weihnachtsfest seine große Ame-
rikakarte auf unserem Esstisch ausbreitete. Denn die Karte rief
in mir ein noch unbändigeres und unmittelbareres Verlangen

hervor. Während er uns zeigte, wo er lebte, und all die anderen Orte, von denen ich zum Teil noch nicht einmal gehört hatte, die ich aber unbedingt sehen wollte, begriff ich, dass ich reisen musste. Ich musste erkunden. Das Leben in Wales fühlte sich auf einmal beschränkt und unterdrückt an, und mir wurde schmerzhaft bewusst, wie groß die Welt da draußen war. Schon bewarb ich mich um ein Visum.

Etwa einen Monat vor dem Ende meines ersten Kursjahres reichte mir Mandy einen Brief von der US-Botschaft. Das ist es, dachte ich. Das ist die möglicherweise große Veränderung in meinem Leben. Entweder verweigerte man mir das Visum, und ich würde (zufrieden) meinen Kurs am Theatr Clwyd beenden und sehen, wohin der Weg mich führte. Oder aber ich erhielt das Visum und erlebte ein unglaubliches Abenteuer in Amerika. Voller Vorfreude hatte ich bereits Geld für das Flugticket gespart und war mehr als bereit, einen ersten richtigen Vorgeschmack auf die Unabhängigkeit zu bekommen.

Es war eine Zusage, und einen Monat später befand ich mich in Chicago. Dort lernte ich Dave und Mary kennen, die zu engen Freunden wurden. Ich habe in der Gegend rund um Chicago oft mit Dave, der Zimmermann ist, zusammengearbeitet und konnte auch durch das Land reisen, fuhr mit den berühmten Greyhound-Bussen nach Tennessee, Texas, Mississippi, einfach überallhin. Im Laufe der Jahre war ich noch oft in Amerika; häufiger als in Europa. Ich war ein paarmal mit Freunden in Florida, mehrmals in Los Angeles, und ich habe Ende der Neunzigerjahre sogar mal drei Monate als Betreuer in einem Sommerlager in Virginia gearbeitet.

Dort fand ich auch einen guten Freund, Marcus, der ebenfalls aus Großbritannien stammt und im Sommer 1988 im selben Camp America landete wie ich. Zehn Jahre darauf beschloss Marcus, dass er noch mal zurückkehren und alles wiederholen wollte. Wir schmiedeten einen Plan. Ich würde rüberfliegen, mit ihm eine Woche dort verbringen und mich auch mit anderen Freunden treffen, die ich seit zehn Jahren nicht mehr gesehen hatte, und danach würden wir in den Norden fahren und eine weitere Woche in Chicago bleiben. Und ich wollte, dass Mike mich begleitete.

Mike war noch nie in Amerika gewesen. Zu diesem Zeitpunkt waren wir noch nicht einmal zusammen ins Ausland gereist. Er arbeitete damals in einer Werkstatt in Mold und war dort nicht besonders glücklich. Seine sonstige Lebensfreude war getrübt und gedämpft. Es dauerte Monate, bis ich ihn davon überzeugt hatte, mich zu begleiten, indem ich ihm die vielen Vorzüge dieser Reise darlegte und ihm eine fantastische Zeit versprach. Irgendwie glaubte ich schon nicht mehr daran, dass er mitkommen würde, daher war ich angenehm überrascht und aufgeregt, als er dann doch zustimmte.

Wir verbrachten eine Woche in Virginia und fuhren danach mit Marcus nach Chicago. Ich hatte mir bei einer meiner früheren Reisen nach Chicago ein Tattoo stechen lassen, eine gefiederte Schlange, den aztekischen Schöpfergott Quetzalcoatl. Dave hatte ein Bild davon als Bordüre an den Wänden des Kaktusgeschäfts gehabt, das er in den Sechzigern in New York besaß, und später auch auf dem Fußboden seiner Chicagoer Wohnung. Man konnte es nur richtig erkennen, wenn man sich auf eine Leiter stellte. Mir gefiel es sehr. Das Design stammte aus einem alten Buch über aztekische Baukunst, das Dave irgendwann entdeckt hatte und mir später schenkte. Ich besitze es noch immer. Als ich mit Mike zum Tätowierer ging, wollte ich mir ein anderes Tattoo aus dem Buch stechen lassen. Und Mike beschloss, wie es typisch für ihn war, sich ebenfalls tätowieren zu lassen.

Zu jener Zeit interessierte sich Mike sehr für ägyptische Kultur und Mythologie, daher verbrachte er vor unserem Aufbruch sehr viel Zeit damit, über das Motiv nachzudenken. Schließlich entschied er sich für einen geflügelten Skarabäus, der Selbstschöpfung und Wiedergeburt symbolisiert. Skarabäen rollen

Dungbälle in ihre Eikammern, um die Larven nach dem Schlüpfen mit Futter versorgen zu können. Die Larven fressen sich satt und erscheinen erst als voll entwickelte Skarabäen, was dieser Spezies den symbolischen Ruf der spontanen Schöpfung und Wiederbelebung verschafft hat. So steht es jedenfalls bei Wikipedia.

Dave brachte uns zu einem coolen Tattoo-Laden in Bucktown, einem der »wilderen« Stadtteile von Chicago. Ich hatte mein Design, das auf die Schulter sollte, und Mike hatte seinen Skarabäus, der für seinen ganzen Rücken gedacht war. Da dies Mikes erstes Tattoo sein würde, warnte ich ihn fröhlich vor, dass er mit starken Schmerzen rechnen musste. Allein beim Gedanken daran brach mir schon der Schweiß aus.

Wir saßen dort nebeneinander und hatten jeder einen eigenen Tätowierer. Mike zog sein T-Shirt aus, denn er wollte sich ja schließlich den Rücken tätowieren lassen. Ich lachte beim Anblick seines Körpers laut auf und krempelte den Ärmel hoch. Ich würde mein T-Shirt anlassen! Und dann ging es los. Himmel, tat das weh! Das tut es immer. Zugegebenermaßen hat dieser besondere Schmerz etwas seltsam Süchtigmachendes an sich, wie jeder mit einem Tattoo bestätigen kann – aber es tut echt weh.

Ich blickte zu Mike hinüber, der vorgebeugt und völlig gelassen auf seinem Stuhl saß und sich diesen riesigen geflügelten Skarabäus auf den Rücken und die Schultern tätowieren ließ. Er fing nicht mal an zu schwitzen. Tatsächlich wirkte er sogar gänzlich unbeeindruckt. Aber das musste doch schmerzhaft sein! Nicht zu vergessen, dass Mike richtig große Angst vor Nadeln hatte. Doch nun saß er da, während Millionen dieser verhassten Dinger seinen Rücken wieder und wieder malträtierten, und sah aus, als könnte er gleich ein Nickerchen machen. Ich gab mein Bestes, um den guten alten Wettbewerbsgeist aufleben zu lassen und ebenso cool zu bleiben, aber natürlich versagte ich mit fliegenden Fahnen. Hinterher war ich schweißnass. Das

Schlimmste an der Sache war, dass mein Tattoo nur ein Zehntel der Zeit von seinem beanspruchte und nicht mal ansatzweise so gut aussah. Seins war der Hammer.

Wieder einmal hatte Mike mich übertrumpft.

* * *

»Ich muss Mandy anrufen«, sage ich. Mir ist klar, was Mike von mir verlangt, aber ich bin nicht darauf vorbereitet.

Zu Hause ist es mitten in der Nacht, aber Mandy geht glücklicherweise ran, und ich erkläre ihr die Lage. Sie muss mir ein Bild des Skarabäus schicken. Chris und sie sind beide begabte Designer und haben Mike damals dabei geholfen, das ursprüngliche Design zu zeichnen und zu verfeinern. Offenbar habe ich heute Nachmittag einen Termin beim Tätowierer. Sie verspricht, sich sofort dranzusetzen, fährt verschlafen den Computer hoch und will mir schnellstmöglich eine Nachricht schicken.

»Unterwegs«, vermeldet sie dann. »Darf ich jetzt wieder ins Bett gehen?«

»Klar. Danke, Mandy.« Mein Handy pingt leise.

»Viel Glück, Royd.«

Als Nächstes muss ich mich entscheiden, an welcher Stelle ich das Tattoo haben will. Es sprechen gleich zwei gute Gründe gegen den Rücken. Erstens war das Mikes Ding. Hierbei geht es nicht darum, ihn zu kopieren, sondern sich an ihn zu erinnern. Zweitens, und dieser Punkt ist noch viel wichtiger, hätte es dann ein riesiges Tattoo werden müssen, und ich bin ein viel zu großes Weichei, um das über mich ergehen zu lassen.

Auf meinem linken Arm prangt bereits das aztekische Bild, das ich mir damals in Chicago mit Mike habe stechen lassen. Meine rechte Wade ziert die gefiederte Schlange. Ich denke darüber nach, als wir in die Innenstadt von Auckland fahren, und

94

entscheide mich für die Innenseite des linken Handgelenks. Ich möchte das Tattoo selbst sehen können, es aber nicht ständig zur Schau stellen. Da ich mir immer die Ersatzhaarbänder um dieses Handgelenk wickle, werden sie das Tattoo verdecken. Ich kann es mir ansehen, wann immer ich will, muss es anderen jedoch nicht zeigen. Außerdem kann dort nur ein sehr kleines Tattoo hin, was weniger wehtun wird. Okay. Ich habe mich entschieden.

Wir betreten den Laden, und innerlich zittere ich längst. Ein bisschen so wie die Nadel, die mich gleich unzählige Male stechen wird. Ich muss nicht lange warten. Schon kurz darauf liege ich mit dem vorgezeichneten Umriss von Mikes Skarabäus auf dem linken Handgelenk auf dem Stuhl. Die Nadel fängt an zu summen.

Ich habe mich geirrt. Gewaltig geirrt. Es tut höllisch weh. Vermutlich habe ich knochige Handgelenke. Jedes Mal, wenn die Nadel auf den Knochen trifft, könnte ich losschreien. Das ist ein angenehmer Schmerz, aber nichtsdestotrotz ein Schmerz. Und jetzt ist auch noch eine Kamera auf mich gerichtet, und ich muss cool bleiben. Ich grinse Drew durch die Linse an und hoffe, dass man auf den Bildern den Schweiß nicht sieht, der mir am ganzen Körper ausbricht.

Inmitten des herrlichen Schmerzes der Nadel, die in mein Fleisch gerammt wird, spüre ich noch etwas anderes – eine Verbindung zu Mike. Ich blicke auf den immer deutlicher erkennbaren Skarabäus hinab, der die Flügel ausbreitet, und schließe die Augen. Sofort sehe ich Mike vor mir, sein lächelndes, ruhiges Gesicht, das auf der Rückenlehne des Stuhls ruht, über den er sich beugte, während dasselbe Bild auf seinen Rücken tätowiert wurde.

Etwa eine Stunde später bin ich fertig. Tätowiert. Ich betrachte meine Version von Mikes Tattoo. Es ist eine unglaublich starke Verbindung zu ihm. Ich fühle mich großartig. Ja, wirklich! Irgendwie hat dieses ganze Erlebnis meinen Körper derart schockiert, dass ich die hartnäckige Erkältung endlich los bin. Oder es ist bloß ein komischer Zufall. Auf jeden Fall könnte ich Bäume ausreißen. Ich habe meine erste Aufgabe in Neuseeland absolviert, und es kann weitergehen. Ich bin bereit. Sag mir, was ich tun soll.

* * *

Auch jetzt blicke ich auf das Tattoo hinab – und damit meine ich das Jetzt hier in Wales, nicht das damalige Jetzt in Neuseeland – und liebe es noch immer. Ich freue mich jedes Mal, dass ich die Flügelspitzen erkennen kann, wenn ich auch nur meinen Arm ansehe, und wenn ich auf mein Handgelenk schaue, ist immer ein Teil davon sichtbar. Ich weiß sofort, dass es da ist. Immer. Für immer. Genau, wie Mike es sich gewünscht hat. Jeder, der das Tattoo sieht, bemerkt, dass es wunderschön aussieht, und wissen Sie was? Es gibt mir immer einen Grund, über Mike zu reden. Ich kann so wenig oder so viel erzählen, wie ich will. Meist reicht es mir schon, nur zu erwähnen, dass es ein Entwurf meines Bruders ist und dass er ein identisches Tattoo auf dem Rücken hatte. Es ist eine wundervolle Art, Mike anderen Menschen vorzustellen, und verbindet mich noch mehr mit ihm, lässt einen Teil von ihm hier bei mir bleiben. Für immer.

Ja, diese Aufgabe habe ich mit Bravour gemeistert.

SAMSON

Ich werde gleich laut fluchen, und es ist mir völlig egal, wer es hört. Ich werde gar nicht mehr aufhören zu fluchen. Als ich das iPad sinken lasse, ist mir bewusst, was für ein bescheuertes Gesicht ich mache und dass man mir die Fassungslosigkeit und Angst ansehen kann, und ich versuche, es mit einem Lächeln zu verbergen.

»Ich soll mir den gottverdammten Schädel rasieren?«, lege ich los. Das ist Mikes nächste Aufgabe. »Verdammte Scheiße. Ich rasier mir doch nicht … Ich kann mir nicht die Haare abrasieren! Ich soll mir wirklich die Haare abrasieren?« Ich schüttle den Kopf, meinen Schopf herrlich dicker, langer dunkler HAARE. Meine kostbaren Haare. Okay, sie sind gefärbt und zusammengebunden, damit sie mich nicht nerven, aber trotzdem. »Dieser Wichser! Ich kann mir doch nicht so früh schon die Haare abrasieren!«

»Deine Haare sind zu lang. Rasier sie ab.«

Mikes Worte!

Das ist ein harter Schlag. Ich stehe neben einem Baum vor unserem Jucy-Snooze-Hotel und will nur noch wegrennen. Aber ich bin wie vom Donner gerührt. Hätte ich ernsthaft herauszufinden versucht, welche Punkte Mike auf die Liste setzen würde, wäre ich vermutlich darauf gekommen, doch das habe ich nicht getan, daher bin ich jetzt völlig durcheinander. Muss das wirklich so früh passieren? Ich werde doch die ganze Zeit gefilmt, verdammt noch mal!

Okay, genug geflucht. Kommen wir zu einer weiteren Erinnerung.

Ich durfte in »Die Rückkehr des Königs« einen Waldläufer spielen. Zugegeben, nur einen Komparsen, aber trotzdem. Ich hatte irgendwo gelesen, dass sich die Dreharbeiten von »Der Herr der Ringe« dem Ende näherten, und dachte mir, ich versuche mein Glück und finde heraus, ob ich einen Blick auf das Set werfen kann. Daher schrieb ich Tracy Lorie, einer Freundin, die bedauerlicherweise nicht mehr unter uns weilt, aber damals die PR-Abteilung von New Line Cinema leitete, eine E-Mail und erkundigte mich, ob es irgendeine Möglichkeit gab, mich dort mal umzusehen.

Sie antwortete fast sofort und schrieb in etwa:

»Oh, aber natürlich geht das. Ich hatte nicht damit gerechnet, doch du bist dort herzlich willkommen. Ich würde mich freuen, dich zu sehen, aber du musst dich beeilen. Die Dreharbeiten enden in einem Monat.«

Eine Woche später war ich auch schon da und freute mich darauf, all das zu bestaunen, was man mir zu zeigen bereit war, wobei ich wirklich nicht mit mehr gerechnet hatte. Stattdessen zog man mir auf einmal ein Kostüm an, und ich spielte einen Waldläufer, der in Osgiliath Speere verteilte. Da ich, wenngleich nur kurz, in Großaufnahme zu sehen sein würde, brauchte ich eine Perücke. Und zwar eine richtig gute. Und so bekam ich die von Viggo Mortensen. Ich hatte Aragorns Haare auf dem Kopf!

Jedenfalls gefiel mir diese vage Ähnlichkeit mit Aragorn gut. Ich mochte den Look, und so fing ich an, mir die Haare wachsen zu lassen. In der Zwischenzeit sind sie so richtig lang geworden. Dickes, wallendes, wunderbar langes Haar. Ich sollte vielleicht erwähnen, dass Mike auch mal für eine Weile lange Haare hatte. Er trug immer einen Pferdeschwanz, bis er irgendwann feststellte, dass das albern aussah, und er es leid war. Ich nehme immer ein Haarband. Da ich es nicht leiden kann, wenn mir die Haare ins Gesicht fallen und ständig im Weg sind, binde ich sie einfach nach hinten. Sie sind so dick, dass ich einen ordentlichen Bausch am Hinterkopf habe, wenn ich sie zurückbinde. Ich rasiere mir darunter etwas weg, damit sie besser sitzen.

Es muss gute zwanzig oder dreißig Jahre her sein, dass ich das letzte Mal bei einem richtigen Friseur war. Wenn ich das Bedürfnis habe, etwas an meiner Frisur zu ändern, schneide ich einfach etwas mit der Schere ab. Ich habe schon Teile abrasiert, mir das Haar in allen möglichen Farben gefärbt und trage es fast immer nach hinten gebunden. Mike hielt das für bescheuert und hat mich deswegen seit Jahren aufgezogen. Aber mir gefiel es. Das war mein Ding. So bin ich. Und wenn ich vor der Kamera stehe, muss ich gut aussehen. Es ist eine Sache, es absolut nicht ins Fitnessstudio zu schaffen und dann mein T-Shirt auszuziehen, aber ich kann doch nicht den Rest des Dokumentarfilms mit rasiertem Schädel drehen. Ich verlasse mich auf mein Haar. Es ist mein Sicherheitsnetz. Wenn ich mich noch mal fast komplett ausziehen muss, sehen wenigstens meine Haare gut aus. Nicht wahr?

Falsch. Mike zeigt mir gleich beide Mittelfinger. »Endlich hab ich dich«, sagt er mit breitem Grinsen. Er hat mir seit Jahren in den Ohren gelegen, dass ich mir die Haare schneiden lassen soll. Und jetzt, wo er weiß, dass mir keine andere Wahl bleibt, wo er weiß, dass ich geschworen habe, zu tun, was auch immer er auf die Liste gesetzt hat, tut er mir das an. Ich hätte es wissen müssen. Als Mike die Bucket List erstellt hat, war ich darauf bedacht, ihn nicht an all meine Ängste zu erinnern oder ihm die Sachen ins Gedächtnis zu rufen, die ich auf gar keinen Fall machen wollte. Spinnen gehören dazu. Ich habe ihm gegenüber nicht von Spinnen gesprochen, weil ich eine Heidenangst vor den Viechern habe. Anders als er – er brachte immer vorsichtig alle schaurigen Spinnen ins Freie, während ich schreiend davonlief.

Mir war durchaus bewusst, dass einige Punkte auf der Liste nur dazu dienten, dass sich Mike auf meine Kosten amüsierte. »Pass mal auf«, meinte ich einige Monate vor seinem Tod zu ihm. »Ich tue, was immer auf der Liste steht, aber es darf nicht so werden, na, du weißt schon, wie bei ›Dirty Sanchez‹.«

Damit bezog ich mich auf die walisische Version von »Jackass«, die ähnlich ist, nur viel krasser. »Du kannst nicht von mir verlangen, dass ich in ein Restaurant gehe und vor den Gästen auf einen Tisch kacke.«

Ich weiß noch genau, wie mich Mike, der damals seine Maske trug und nicht mehr reden konnte, mit seinen großen, ausdrucksstarken Augen ansah, als wollte er sagen: »Du machst, was immer ich von dir verlange, Royd.« Aber ich wollte die restlichen Aufgaben von der Liste nicht haarlos vor der Kamera machen. Es musste doch einen Kompromiss geben.

»Ich werde es tun, aber als letzte Aufgabe«, schlage ich vor. »Ich kaufe mir einen Rasierer, und am letzten Tag rasiere ich mir eigenhändig die Haare ab.« Für mich klang das nach einer guten Lösung.

Aber die anderen wollen nichts davon hören. Drew schüttelt nur betrübt den viel zu haarigen Kopf, was mir heuchlerisch erscheint. Anscheinend ist das nicht im Sinn der Liste. Meine Verzweiflung schlägt bald in Traurigkeit um. Na gut. Dann werde ich es eben tun. Das ist der Deal, den ich mit Mike geschlossen habe. Wenn er verlangt, dass ich etwas tue, dann tue ich es. Ich durchlaufe hier im Grunde genommen die fünf Phasen der Trauer. So traumatisch ist das Ganze für mich.

Leugnen. Nein, das wird nie passieren.

Wut. Auf gar keinen Fall rasiere ich mir die Haare ab.

Verhandeln. Ich tue es, aber erst später, okay?

Depression. Das ist doch scheiße.

Akzeptanz. Na gut, bringen wir's hinter uns.

Ich durchlaufe diese Phasen in Dauerschleife, wiederhole sie alle paar Minuten auf dem Weg zum Friseur. Noch stehe ich unter Schock und bin mir nicht sicher, ob ich es wirklich durchziehen kann. Ich bin wütend, traurig, verzweifelt. Ich tue es, tue es nicht, tue es. Die Haare sind alles, was ich habe. Sie definieren mich. Was bin ich ohne sie? Aber Mike verlangt, dass ich sie mir abrasiere. Verdammt! Ich muss es tun. Aber ich kann nicht!

Wir sind früh dran und gehen noch einen Kaffee trinken. Als ob das etwas bringen würde. Einen Kurzen könnte ich allerdings vertragen. Ich beschließe, Story in Großbritannien über FaceTime anzurufen. Er kommt in einigen Tagen her, ist aber noch zu Hause, und es ist spät. Da er eine Nachteule ist, wird er aber bestimmt noch wach sein. Und ich brauche eine andere Meinung, also tue ich es.

»Es sind nur Haare«, merkt er hilfreicherweise an, nachdem ich ihm die Situation erklärt habe. Er mit seinen kurzen Haaren hat leicht reden. Wo bleibt sein Mitgefühl? »Sie wachsen wieder nach. Sieh es doch einfach ebenfalls als Neuanfang. Du hast diese wichtige Reise endlich angetreten, die dich auf positive Weise verändern wird. Hör endlich auf, dich wie ein Jammerlappen zu benehmen!«

Er hat ja recht. Verflixt! Er ist mein Sohn, er ist jünger als ich; es sollte nicht er sein, der Weisheiten verbreitet und mir gute Ratschläge gibt. Aber er hat recht. Es sind nur Haare. Sie werden wieder wachsen. Und diese Reise wird mich hoffentlich verändern und aus der depressiven Stimmung rausholen. Selbstverständlich denke ich an Mike. Wie sollte es auch anders sein? An das, was er durchmachen musste, was er in der Gewissheit, dass es nie mehr besser werden würde, durchgestanden hat. Was macht es da schon aus, dass ich mir die Haare abrasiere? Es ist nichts im Vergleich zu dem, was Mike ertragen hat. Es ist weniger als nichts. Na, dann los!

Doch als ich die Stufen zum Friseursalon hinaufsteige, gerät meine Entschlossenheit schon wieder ins Wanken, und Selbstmitleid überkommt mich. Ich könnte mich auch gleich mit der Tatsache anfreunden, dass ich nie wieder eine Frau abbekommen werde. Es ist eine Katastrophe.

»Wie gehts?«, erkundigt sich der »Henker«, als ich eintrete.

»Nicht gut«, antworte ich wie ein verwöhnter Teenager und schlurfe mit gesenktem Kopf weiter. Das ist der Augenblick, in dem ich niedergeschlagen eine Dose über die Straße kicken würde, wenn ich es könnte.

Ich bestehe darauf, den Anfang selbst zu machen. Das ist sehr wichtig. Ich sehe im Spiegelbild das an, was bald mein altes Ich sein wird, und schalte die Haarschneidemaschine ein. Das zornige Summen lässt abermals Panik in mir aufsteigen. Ich kann das nicht.

Aber ich tue es trotzdem. Ich rasiere ein großes Büschel meiner prächtigen, kostbaren Haare ab und lasse es langsam zu Boden fallen. Und so nimmt es seinen Anfang. Danach überreiche ich dem Experten das Gerät und lasse ihn das Werk vollenden. Im Nullkommanichts habe ich nur noch einen schlaffen Iro, der sich mitten über meinen Kopf zieht, mit einem Haarband festgebunden ist und in die Luft ragt. Die Seiten sind weg. Die Nackenpartie ist weg. Ich möchte den letzten Rest selbst abschneiden und bitte den Friseur, ihn hochzuhalten, während ich nach der Schere greife.

Schnipp. Es ist weg.

Es ist alles weg.

Ich fahre mir mit der Hand über den Kopf. Er fühlt sich an wie ein Tennisball. Ich habe mir vor der Abreise nach

Neuseeland die Haare gefärbt; ich wollte für den Dokumentarfilm gut aussehen. Na, die Mühe hätte ich mir sparen können, was? All die verschiedenen unsachgemäß aufgetragenen Haarfarben und die seltsamen, unbeholfenen Haarschnitte haben dem wenigen Haar, das mir geblieben ist, nicht gutgetan, und mein Tennisballkopf sieht jetzt aus wie ein Leopard, ein kunterbuntes Flickwerk aus roten, braunen und gebleichten Stellen.

Eigentlich fühlt es sich sogar ganz angenehm an. Seltsam, aber nicht schlecht.

Ich stehe auf und blicke zu Boden. Da liegt ein ganzer Berg aus Haaren. Es sieht aus, als hätten sich wenigstens fünfzehn Personen die Haare schneiden lassen. Ich hebe eine Handvoll abgeschnittener Strähnen auf und streichle sie traurig für die Kamera, aber eigentlich fühle ich mich ganz gut. Dabei sage ich mir, dass es allen, die mich kennen, scheißegal sein wird, ob ich kurzes Haar habe, und jeder, der mir neu begegnet, kennt mich nicht gut genug, um zu wissen, dass ich so prachtvolles Haar hatte. Also, was solls?

Es ist wirklich nicht weiter wichtig.

Ich muss einfach mit Frauen ausgehen, die auf kurze Haare stehen.

* * *

Drew scheint Mitleid mit mir und meiner neuen Frisur zu haben. Entweder liegt es daran, oder mein Verdacht – der auf seiner Gesichtsbehaarung und seinem Körperbau beruht –, dass er gern mal ein Bierchen trinkt, ist korrekt. Jedenfalls gibt er einen aus, und wir sitzen vor einer Bar am Hafen und lernen uns besser kennen. Das war vermutlich unausweichlich. Wir werden hier einige Monate zusammen verbringen, daher wäre es unrealistisch gewesen, sich einzubilden, dass wir uns nicht auch mal unterhalten, ohne dass die Kamera läuft.

Wie sich herausstellt, haben wir etwas Entscheidendes gemeinsam. Drew hat vor einigen Jahren ebenfalls einen Bruder verloren. Chris, der an Zerebralparese litt, hatte ein aktives Leben geführt, so gut es seine Krankheit eben zuließ. Er hatte Reisen auf großen Schiffen unternommen und war im Rollstuhl den Mast hinaufgezogen worden. Er war sehr gesellig gewesen und hatte einen bissigen Humor gehabt. Als ich zuhörte, wie Drew über ihn sprach, musste ich unwillkürlich an Mike denken. Auch wenn Chris nie das breite Ausmaß an körperlicher Betätigung gekannt hatte, wie es für Mike vor seiner Erkrankung normal gewesen war, hatte er offenbar sein ganzes Leben lang die Erwartungen hinsichtlich der Dinge, die er tun konnte, auf den Kopf gestellt. Bis er sich bei einer vermeintlich routinemäßigen Hüftoperation mit gerade mal siebenunddreißig eine Infektion eingefangen hatte, die sich als äußerst aggressiv und fatalerweise resistent gegen all die unterschiedlichen Antibiotika, die man ihm gab, erwies.

»Ich wollte nichts sagen«, fügt Drew hinzu. »Ich wollte nicht so tun, als wüsste ich deshalb, was du durchgemacht hast. Aber jetzt weißt du Bescheid.«

Mir ist, als würde ich Drew zum ersten Mal richtig sehen. Anfangs hatte ich beschlossen, dass er nur ein Teil der Kamera war, die er ständig auf der Schulter hatte. Ich brauchte diese Gespräche nicht. Ich brauchte ihn nicht als Freund. Doch nun wird mir klar, dass er genau das sein kann. Ich erkenne in seinem Gesicht eine aufrichtige Empathie. Er versteht es. Er hat eine ähnliche Tragödie erlebt wie ich, und nun geht er zusammen mit mir auf diese Reise.

Ich nippe an meinem Bier. Ein halbes Glas haut mich vermutlich schon aus den Socken. Witzig, denke ich, als Drew das nächste Mal die Kamera auf mich richtet. Eigentlich würde ich lieber mit ihm reden als mit dem Objektiv.

Der Fels und die Flasche

Heute ist Mikes Geburtstag. Jedenfalls hätte er heute Geburtstag gehabt. Das ist hart. Jubiläen, Geburtstage, Weihnachten, all diese Tage ... Sie sind immer schmerzhaft. Gestern war jedoch noch schlimmer, weil das der Tag war, an dem wir Mike vor zwei Jahren begraben haben.

Ich bin sehr froh, dass Story da ist. Als ich ihn vor ein paar Tagen vom Flughafen abgeholt habe, musste ich ihn erst einmal fest umarmen. Er ist jetzt ein erwachsener Mann, wird aber immer mein kleiner Sohn sein.

Ich war Mitte zwanzig, als ich Vater wurde. Dabei hatte ich die Kindererziehung nie als etwas angesehen, worin ich gut sein könnte. Wahrscheinlich konnte ich damals auch nicht besonders gut mit Kindern umgehen, aber wer kann das in dem Alter schon? Ich war zu sehr damit beschäftigt, jung, frei und ansatzweise wild zu sein. Ich war der Manager mehrerer Bands, lebte mit anderen zusammen in einem großen Haus, in dem ständig gefeiert wurde, und hatte mit Mike ein Bekleidungsunternehmen gegründet.

Es gab da eine Frau in Liverpool, die Jeans per Hand nähte, und zwar genau so, wie man sie haben wollte. Mike und ich standen beide total auf Rap, daher wollten wir auch diese weiten Jeans tragen. Nach einer Weile stellten wir fest, dass wir diese Marktnische für uns beanspruchen konnten. Wir nahmen Bestellungen für Jeans an und boten so viel Volumen oder Schrittlänge, wie man es sich wünschte, und ließen von Jon, einem unserer Freunde, T-Shirts mit coolen Designs drucken. Mein Lieblingsmotiv war das eines Autos voller Teddybären, die an einem vorbeifuhren, wobei einer von ihnen eine Waffe direkt auf den Betrachter richtete.

Eine Zeit lang nannten wir unser Unternehmen »Hobbit – Truly Phat Rags«, bis wir eine freundliche Unterlassungsaufforderung der Nachlassanwälte erhielten, die uns höflich auf unsere Urheberrechtsverletzung hinwiesen und wissen wollten, was um alles in Mittelerde wir uns dabei gedacht hatten. Somit änderten wir den Namen sofort zu »Fernandez – Stitches for Bitches« und posierten als unsere Alter Egos im Rapperstil für die Broschüre. Mike wurde zu »Micky« und ich zu »Cit-Kat«, wobei ich mir den Spitznamen von einem Pornostar geborgt hatte. Absolut lächerlich. Aber eine Weile brummte das Geschäft.

Doch dann, als mir die Vaterschaft bevorstand, änderte sich alles. Ich zog in ein Wohnmobil vor Dads Haus. Das Ding war kalt, zugig und wackelte leicht, wenn es sehr windig wurde, war dafür jedoch kostenlos. Ich arbeitete auch für ihn und lernte alles über die Druckerei, die ich eines Tages übernehmen würde. Und als Story geboren wurde, änderte sich erneut alles. In dem Augenblick, als er das Licht der Welt erblickte, empfand ich eine unmittelbare und überwältigende Liebe, wie ich sie nie zuvor in meinem Leben gespürt hatte. Sie ergab keinen Sinn und war doch vollkommen logisch. Ich hatte einen echten Menschen, den ich lieben und für den ich sorgen konnte, der meinen Schutz und meine Fürsorge brauchte. Für den Rest meines Lebens. Vermutlich wurde ich da erwachsen und reifer. Ein bisschen jedenfalls. Ich rief Dad aus dem Krankenhaus an und konnte den Stolz in seiner Stimme hören. Ich war kein Kind mehr. Ich war jetzt Vater. Ich hatte dasselbe getan wie er zuvor, und nun verband uns etwas sehr Mächtiges.

Storys Mum und ich trennten uns einige Jahre darauf, teilten uns jedoch das Sorgerecht. Ich warf mich in die Aufgabe, alleinerziehender Vater zu sein, lernte vieles, indem ich es einfach tat, und ich glaube, dass ich es ganz anständig hinbekommen habe. Als Story noch im Bauch seiner Mutter war, hatte mich Mike immer geärgert, wenn ich mich weigerte, wie ein Mensch ohne jegliche Verantwortung zu leben, doch er ging in seiner Rolle als Onkel auf. Er lag mir zwar noch immer in den Ohren, weil ich nicht ausgehen wollte und so langweilig geworden war, konnte es jedoch verstehen. Einige Jahre später, als Edan geboren wurde, verstand er es sogar noch besser. Mike trat dem Klub bei und widmete sich wie ich hingebungsvoll seinem Sohn.

Natürlich gingen wir die Sache mit der Erziehung etwas unterschiedlich an. Mike war eben Mike. Er ließ Edan seine Freiheit und Abenteuerlust, erlaubte ihm, Risiken einzugehen und dass er sich die Knie aufschürfte oder sich den Kopf anschlug. Ich war das genaue Gegenteil und hätte Story am liebsten in Watte gepackt. Ich ließ ihn nicht ohne Helm Fahrrad fahren. Allein die Vorstellung einer möglichen Verletzung machte mir Angst.

Ich möchte, dass Story mich auf einem Teil dieser Reise begleitet. Er hat ein Arbeitsvisum für ein Jahr und wird daher irgendwann aussteigen und sein eigenes Abenteuer erleben. Wenn ich es über mich bringe, ihn gehen zu lassen. In vielerlei Hinsicht ist er wie ich. Er liebt es, zu reisen und seinen Horizont zu erweitern. Als er alt genug dafür war, ist er sechs Monate durch Europa getrampt. Ein weiteres halbes Jahr ist er durch Indien gereist, um dort auch zu arbeiten, und war dann ausgerechnet Promoter für eine Bar im Himalaja. Story ist nicht nur mein Sohn, er ist auch mein bester Freund. Wir umarmen uns ständig und sind uns sehr nahe. Das waren wir schon immer. Seit seiner Geburt fällt es mir schwer, ihn loszulassen. Seit Mikes Tod ist man in meiner Familie immerzu dabei, sich zu umarmen, zu küssen und einander »Ich hab dich lieb« zu sagen.

So etwas kann Verlust in einer Familie bewirken.

Andy ist ebenfalls hier. Er ist ein guter Freund und hat auch Mike sehr nahegestanden. Früher war er mal Drummer in einer Band, die ich managte. Er war mit mir und Mike in Norwegen, und er war auch in Avoriaz dabei und hat meinen Leopardentanga mit seinem Handy gefilmt. Er hat sich sogar ebenfalls einen Skarabäus tätowieren lassen. Neben Story wollte ich noch jemand anderen, der Mike gekannt hatte, bei mir haben.

Daher sitzen wir alle an Mikes Geburtstag schweigend und ein bisschen traurig vor einem netten kleinen Café in Ponsonby, einem wunderschönen, unkonventionellen Vorort von Auckland. Ich habe eben Eier aus dem Slow Cooker gegessen, die ehrlich gesagt genauso geschmeckt haben wie normal zubereitete Eier, aber was weiß ich denn schon?

»Pass auf, Vater«, verkündet Story ziemlich formell. Er hält das gefürchtete iPad in den Händen. »Das ist eine Nachricht von Mike.«

Ich schließe die Augen und lasse den Kopf nach vorn sacken. Gerade heute kommt mir das wie ein sehr privater Moment vor. Ich lausche meinem Sohn, der die Worte seines Onkels vorliest.

»Ich habe etwas für dich auf dem Fernseher geschrieben. Erinnere dich an diesen Moment. Er hat mir sehr viel bedeutet.«

Ich habe ihn noch gut im Gedächtnis. Zu gut. Nicht einmal Story weiß, worauf sich Mike bezieht.

Es war etwa 21 Uhr. Ich hatte einen langen, anstrengenden Tag mit Mike verbracht, und Laura wollte mich gerade ablösen und die Nacht über bei ihm bleiben. Wir wussten es damals noch nicht, aber er würde nur noch wenige Tage leben.

Mike wollte etwas.

Eine Nanosekunde lang dachte ich: *Ich bin müde. Ich will nach Hause und mich ausruhen.* Dann trat ich mich innerlich und fing an, die Checkliste mit Mike durchzugehen. Ich vergewisserte mich, dass es sich nicht um einen Notfall handelte, und dann kam das Apple TV ins Spiel. Ich gab die Buchstaben ein, während Mike langsam und qualvoll mit den großen Augen blinzelte. Dabei sah ich ihn an und nicht den Fernseher, doch nach einigen Buchstaben schaute ich doch auf den Bildschirm. In der Suchleiste stand »Ich lie…«

»Nein, nein, nein, Mike. Ich weiß. Ich weiß«, sagte ich, während mir die Tränen kamen. »Ich liebe dich auch. Du musst es mir nicht …« Ich wollte ihm dem Schmerz ersparen, mir blinzelnd den Rest des Satzes zu diktieren. Das war überhaupt nicht nötig. Nein, gab er mir mit den Augen zu verstehen. Das wollte er mir überhaupt nicht sagen.

Also machten wir weiter. Ich beendete das Wort »liebe« und sah Mike ins Gesicht, während er blinzelte und entschlossen war, mir die Worte zu vermitteln. Ich wusste immer, wann er fertig war, weil er die Augen dann etwas weiter aufriss, als wollte er mir damit sagen: »Sieh es dir an.«

Er öffnete die Augen etwas weiter. Ich drehte mich zum Fernseher um.

Ich liebe Umarmungen.

Schon schlang ich die Arme um ihn, was gar nicht so einfach war, wie man glauben könnte. Mike konnte keinen Muskel bewegen, war ständig angespannt und hatte Schmerzen. Wenn ich ihn umarmen wollte, musste ich die Arme durch die Schlinge und den Harnisch schieben und unter den Schlauch des Beatmungsgeräts sowie die diversen anderen Dinge, die an ihm angebracht waren oder ihn stützten, und dabei noch darauf achten, dass ich ihm nicht irgendwie wehtat. Ich schlang die Arme um ihn und drückte die Nase an seinen Hals. Dabei war mir bewusst, dass Mike am liebsten die Arme ausstrecken und mich ebenfalls umarmen hätte wollen, aber er gab sein Bestes und drückte den Kopf so fest gegen meinen, wie er nur konnte.

»Dann bis morgen früh, Bruder«, sagte ich zu ihm. »Ich hab dich lieb.«

Ich liebe Umarmungen.

Mike muss Laura wenige Tage vor seinem Tod gebeten haben, diese Aufgabe aufzuschreiben.

»Schreib es auf einen dieser Flyer.« Story reicht mir ein ausgedrucktes Foto. Darauf sind Mike und ich zu sehen, es ist ein Schulfoto. Es muss aus Mikes erstem Jahr auf der Grundschule und meinem letzten stammen, dem einzigen Jahr, in dem wir auf dieselbe Schule gegangen sind. Wir tragen unsere kleinen Uniformen und haben diese albernen Schulfotofrisuren. Wahnsinnig niedlich.

Ich liebe Umarmungen. Ich schreibe es mit einem Edding auf das Foto. Innerlich bin ich völlig zerrissen, erinnere mich schmerzhaft an Mike wenige Tage vor seinem Tod, wünsche mir, er wäre an seinem Geburtstag hier, sehe ihn als Fünfjährigen vor mir und sitze neben meinem geliebten Sohn Story.

Da mache ich das Einzige, wozu ich jetzt in der Lage bin: Ich umarme Story und drücke das Gesicht an seine Schulter. »Ich hab dich lieb«, flüstere ich. Als wir nach dem Frühstück in den Wagen steigen, kann ich Story nicht loslassen. Ich sitze vorn auf dem Beifahrersitz, während wir aus Auckland rausfahren, strecke die Hand über dem Kopf nach hinten aus und halte seine. Keiner von uns sagt etwas. Da sind nur die Musik und die lauten Gedanken in meinem Kopf.

Nach einiger Zeit entdecke ich einige Punkte, die mir bekannt vorkommen.

Ich weiß, wo wir hinfahren.

* * *

Als Mike und ich in Auckland waren, um das Sicherheitsvideo für Air New Zealand zu drehen, haben wir uns mit Cliff und Larry, Freunden von mir, getroffen, die ebenfalls gebeten wurden, im Video mitzuspielen. Sie arbeiteten für TheOneRing, eine Fanseite, die anfangs heimlich von irgendwelchen Hügeln aufgenommene Fotos von den Sets von »Der Herr der Ringe« postete, um die Neugier der Fans zu befriedigen. Nachdem sie zunächst vom Set eskortiert worden waren, lud man sie später wieder ein, und letzten Endes wurden sie zu einem entscheidenden Bestandteil des Presserummels und Hypes rund um die Entstehung der Filme.

Am Tag vor dem Videodreh schlug Cliff vor, dass wir zu einem Ort fahren sollten, den er schon einmal besucht hatte; einen Strand, an dem der Sand vulkanischen Ursprungs und daher schwarz war. Er bezeichnete ihn als Black Sand Beach, doch er hat garantiert auch einen richtigen Namen. Mike und ich stiegen zu den beiden Freunden ins Auto, und wir fuhren los.

Das ist ein erstaunlicher Küstenstrich. Wir gingen vom Parkplatz über einen Weg, der auf eine gewaltige Fläche aus schwarzem Sand führte. Dort verbrachten wir den Tag, gingen spazieren, entspannten uns, schossen großartige Fotos und plauderten mit Cliff und Larry. Das Wetter war perfekt, sonnig und warm, und der Sand war flach, glatt und fest, sodass Mike nahezu gefahrlos herumlaufen konnte.

Mike schrieb mit seinem Gehstock ein Wort in den Sand. Es ist kein nettes Wort, aber um authentisch zu bleiben …

CUNT

Ich habe ein Foto von Mike geschossen, auf dem das Ende seines Stocks noch unten am T verharrt und er frech grinst. Das Wort passte so überhaupt nicht zu dieser wunderschönen Umgebung, aber es hatte für uns eine besondere Bedeutung.

Einmal hat er das Wort mit Farbe aus einer Paintball-Waffe geschrieben und mir ein Foto geschickt. Ich habe das Wort in den Schnee gepisst (das war gar nicht so einfach!) und ihm das Foto zugesandt. Ein anderes Mal, als ich Moms Terrasse mit dem Hochdruckreiniger säuberte, ist es mir gelungen, es in den Belag aus Schimmel, Moos und Grünzeug zu fräsen. Ich habe Mike das Foto geschickt und daruntergeschrieben: »Ich reinige gerade Moms Haus – aber weiter bin ich nicht gekommen. Jetzt hab ich keinen Bock mehr und lass das so.«

Das war eben etwas, was Mike und ich gemacht haben. Wir fanden witzige und originelle Methoden, um einander als … na ja, dieses Wort zu beschimpfen, und das oftmals im unpassendsten Moment. Als Mike mich zu sich rief, damit ich mir ansah, was er mit seinem Gehstock geschrieben hatte, erzeugte das auch eine ganz besondere Verbindung und prägte den Augenblick mit diesem Insiderwitz, der mir noch immer ein Lächeln entlockt.

Außerdem kam die Flut und würde es bald wieder wegspülen.

Auf dem Rückweg zum Wagen unterhielt ich mich mit Cliff und Larry. Mike war schon vorausgegangen. Wir kamen um die Ecke, und da saß er in seinem langen Mantel auf einem der riesigen Felsen, die den Parkplatz umgaben, und betrachtete nachdenklich seinen Gehstock. Er sah wirklich cool aus, was ich ihm natürlich nicht gesagt habe. Ich rief nicht: »Hey, Mike, bleib so sitzen. Ich will ein Foto schießen, weil du verdammt cool aussiehst, Mann.« Aber ich musste diesen Moment festhalten.

»Augenblick, das ist ein nettes Bild«, behauptete ich mit vorgetäuschter Gleichgültigkeit und schoss ein tolles Foto von ihm, wie er einfach dasaß und Mike war.

* * *

Black Sand Beach. Ich habe eine Flasche bekommen, in die ich den Flyer mit dem Foto von Mike und mir gesteckt habe, auf dem mitten auf unseren strahlenden Gesichtern »Ich liebe Umarmungen« steht. An seinem Geburtstag und zusammen mit Story hier zu sein, ist einfach perfekt.

Ich laufe mit Story an meiner Seite über den Parkplatz, habe mein Handy in der Hand und das Foto von Mike auf dem Display. Dem coolen Mike. Der auf dem Felsen sitzt. Ich erzähle Story von diesem Tag, während wir den Felsen suchen. Und dann sehe ich ihn. Ich vergleiche ihn mit dem auf meinem Handy. Es ist derselbe. Die Pflanzen sind etwas gewachsen, und das Licht ist anders, aber die Form ist unverkennbar. Es ist komisch, ihn jetzt zu sehen, denn es ist nur ein Felsen. Und Mike sitzt nicht darauf.

Der Felsen ist leer.

Mike möchte, dass ich diese »Flaschenpost« ins Meer werfe, in den großen Schoß des Pazifischen Ozeans. Story und ich gehen über den schwarzen Sand auf das schäumende Wasser zu. Der Strand ist riesig, und der Weg ist weit. Aber es ist wunderschön. Ich habe Tränen in den Augen und werde von meinen Emotionen übermannt, und es gibt niemanden, auf den ich mich jetzt lieber stützen würde als auf Story. Wir gehen weiter, ich erinnere mich daran, wie ich zusammen mit Mike hier war, lächle, schreibe ein böses Wort in den Sand, und Story sieht das alles zum ersten Mal.

Es ist stürmisch, und die Wellen branden ans Ufer. Ich versuche mehrmals, die Flasche so weit, wie ich nur kann, in die Brandung zu werfen, aber sie wird immer wieder ans Ufer gespült. Es klappt nicht, Mike. Tut mir leid. Ich hebe die Flasche auf und stecke sie in die Tasche meines Hoodies. Im richtigen Augenblick werde ich sie schon noch ins Meer werfen.

Versprochen.

Wo der Glaube lebt

Es dauert einige Zeit, von Auckland nach Coromandel zu segeln, aber wir haben es geschafft. Die Halbinsel ist wunderschön. Sattgrüne Hügel erheben sich rings um die kleine Hafenstadt, und dort wollen wir als Nächstes hin. Hinauf in und über die Hügel. Was jenseits davon liegt, weiß ich nicht. Ich bin einfach nur froh, wieder festen Boden unter den Füßen zu haben.

Auf dem Weg hierher bekam ich die Aufgabe, segeln zu lernen. Ich hatte mehr als genug Zeit, um mir einiges anzueignen. Ich habe das Segel gehisst, das Boot gesteuert, einige neue Knoten erlernt und wurde sogar über Bord geworfen, um eine wichtige Lektion in Sachen Überleben auf dem Meer und über die richtige Vorgehensweise bei einem »Mann über Bord«-Manöver zu lernen (das hat man mir jedenfalls erzählt). Ehrlich gesagt bin ich ins Wasser gesprungen. Das ist nämlich das Coolste an einem Katamaran. Man kann sich einfach seitlich ins Meer fallen lassen, und das Boot gleitet sicher über einen hinweg und berührt einen nicht mal. Ich bin schon unter besten Bedingungen kein guter Schwimmer, daher begebe ich mich auch nur ungern ins Wasser, wenn ich den Boden nicht mit den Füßen berühren kann. Dass ich nicht weiß, was da unten ist, macht mir Angst. Es könnten ja Haie sein.

Aber ich habe es getan. Und nicht nur einmal. Beim zweiten Mal wurde ich angewiesen, nicht nach der Sicherheitsleine am Heck zu greifen, sondern das Boot langsam von mir wegtreiben zu lassen. Ich trat einige Zeit Wasser und blickte dem Katamaran hinterher, der langsam mit dem Blau des Himmels verschmolz. Das war schon ziemlich beängstigend, allerdings befand ich mich in guten Händen. Neben mir schwamm wassertretend einer der Menschen, die man in so einer Situation an seiner Seite haben sollte: der neuseeländische Weltklasseruderer Rob Hamill.

Rob ist eine Legende. Er hat 1994 bei der Ruderweltmeisterschaft die Silbermedaille gewonnen und gehörte zum Zweier, der 1997 das erste Atlantic Rowing Race gewann. Er ruderte den ganzen Weg über den Atlantik. Nackt. Wenn jemand auf See auf mich aufpassen kann, dann ist das Rob. Es ist sein Katamaran, und ich habe es ihm und seiner netten Familie zu verdanken, dass ich es nach Coromandel geschafft habe.

Die Überfahrt bestand nicht nur aus Hissen, Schwimmen und Lernen. Ich bekam auch Gelegenheit, mich einige Zeit mit Rob zu unterhalten. Wir saßen auf dem Netz zwischen den beiden Rümpfen und erzählten einander von unseren Tragödien. 1978, als Rob gerade mal vierzehn gewesen war, segelte sein älterer Bruder Kerry zwischen Singapur und Bangkok, als er in einen Sturm geriet. Sein Boot gelangte ungewollt in kambodschanisches Hoheitsgebiet, und er wurde von den Roten Khmer gefangen genommen, die ihn folterten, verhörten und schließlich töteten. Als wäre das noch nicht schlimm genug gewesen, beging sein anderer älterer Bruder John Selbstmord, nachdem er von Kerrys Schicksal erfahren hatte.

Rob sprach offen über seine Erfahrungen, wie er die Kriegsverbrecher, die seinen Bruder ermordet hatten, verfolgt und gegen sie ausgesagt hatte, war jedoch ebenso an Mike interessiert, wie ich mehr über Kerry erfahren wollte. Trotz des traurigen

Themas war es eine Freude, mich jemandem zu öffnen, der sich so einfühlsam und großzügig zeigte. Rob und seine Partnerin Rachel fuhren oft mit ihren drei Söhnen Finn, Declan und Ivan aufs Meer hinaus und hatten beschlossen, sie selbst zu unterrichten. Und das machten sie verdammt gut. Diese Jungs sind so freundlich, reif, sympathisch und intelligent. Die Zeit mit ihnen auf dem kleinen Boot war etwas ganz Besonderes, und ich weiß, dass Mike ebenfalls großen Spaß daran gehabt hätte.

* * *

Wir werden von einem Mitarbeiter des Coromandel Tourist Boards in die Hügel gefahren, wo es im neunzehnten Jahrhundert so etwas wie einen Goldrausch gegeben hat. Mikes Augen hätten bei diesen Worten gestrahlt. Bei der Fahrt auf die andere Seite der Halbinsel bietet sich uns ein unglaublicher Anblick, und als wir dort am Strand eintreffen, stehe ich vor einem Kajak.

Die Aufgaben, die Mike mir stellt, scheinen in Themen untergliedert zu sein. Einige sollen mich herausfordern. Andere sind emotionale Erinnerungen an gemeinsame Erlebnisse. Manches dient offensichtlich nur dazu, dass ich mich zum Affen mache. Und einige Punkte sind einfach Herausforderungen, die Mike selbst gern bewältigt hätte.

Durch das klare Wasser an der Ostküste der Coromandel-Halbinsel zu paddeln, die Landzunge zu umrunden und das Kajak am wunderschönen, abgelegenen Strand von Cathedral Cove an Land zu ziehen, ist eindeutig etwas, was Mike richtig gut gefallen hätte. Und auch etwas, was ich nur zu gern mit ihm zusammen gemacht hätte. Ich weiß, dass er beim Erstellen der Bucket List lohnenswerte Orte in Neuseeland gegoogelt hat, und kann mir gut vorstellen, dass er Fotos dieses Ortes gesehen und ihn auf der Karte herausgesucht hat, weil ihm der Anblick schlichtweg die Sprache verschlug.

Denn er ist wirklich atemberaubend. Die Cathedral Cove ist am besten vom Meer aus zu erreichen. Es gibt einen Weg, den Drew hoffentlich im Augenblick herunterkommt, der das Filmen vorübergehend wasserdichten GoPro-Kameras überlassen hat, doch vom Pazifischen Ozean aus wie ein unerschrockener Abenteurer an Land zu gehen, ist eindeutig die beste Art, hier einzutreffen. Der weiche Sandstrand ist mit Felsen übersät und von Klippen gesäumt, die an allen Seiten emporragen. Hier gibt es eine Höhle, einen natürlichen Wasserfall und einen schönen Felsen, auf den ich mich setzen kann, um aufs Meer hinauszublicken, das nun in der frühen Abendsonne golden glüht.

»Danke, dass du mich geliebt und dich so um mich gekümmert hast«, hat Mike als Teil der Aufgabe, die mich hergeführt hat, geschrieben.

»Ich werde immer bei dir sein.«

Er hat mir dieses Erlebnis geschenkt. Als eine Art, sich zu bedanken. Dabei wollte ich Mikes Dank gar nicht. Das wäre mir nie in den Sinn gekommen. Während seiner Krankheit habe ich ihn jeden Tag umarmt und ihm gesagt, wie viel er mir bedeutete, und er sagte, dass er mich liebte. Und er hat mir gedankt, woraufhin ich immer abwinkte. Ich wollte nichts als Gegenleistung dafür, dass ich ihn geliebt und mich um ihn gekümmert habe. Selbstverständlich nicht. Viele Leute sagten zu mir, das, was ich getan habe, wie ich für Mike gesorgt habe, sei unglaublich. Das sehe ich nicht so. Ich begreife nicht, wie jemand in dieser Situation etwas anderes hätte tun können. Aber wenn man nicht selbst in dieser Lage ist, kann man sich vermutlich nicht vorstellen, dass man sich um seinen Bruder oder einen anderen lieben Menschen kümmern würde. Man denkt nicht darüber nach, was alles dazugehört. Man kann es nicht üben, sich nicht darauf vorbereiten. Doch wenn es passiert, ist man zur Stelle. Weil es wichtig ist. Weil man so was einfach macht.

Trotzdem sagte Mike jeden Abend Danke, bevor ich nach Hause ging.

»Sei still.« Ich winkte immer ab. »Wofür denn? Ich habe nur rumgesessen und mit dir ferngesehen! Lass gut sein!«

Tja, jetzt muss ich seinen Dank annehmen und kann ihn nicht zurückweisen. Er ist nicht hier.

»Danke, dass du mich geliebt hast.«

Was soll ich denn dazu sagen? Nichts. Er hat mich ausgetrickst. Endlich ist es ihm gelungen, sich bei mir zu bedanken, ohne dass ich es verhindern konnte.

Mein lieber Bruder.

Ich wünschte, du wärst hier, Mike. Das wünsche ich mir mehr als alles andere auf der Welt.

Vor meinem inneren Auge sehe ich ihn hier. Er hätte sich sofort wohlgefühlt und wäre mit sich im Reinen gewesen. Er hätte hier neben mir gesessen, aufs Meer und den Sonnenuntergang hinausgeblickt und kaum ein Wort gesagt, außer, um sich bewundernd über die Schönheit der Umgebung zu äußern. Er hätte sie in sich aufgesaugt. Ich lasse die friedliche Stimmung auf mich wirken, die meine Gefühle besänftigt, meine Ängste, meine Sorgen, die Leere in mir, meine Trauer.

»Danke, dass du mich geliebt hast.«

Nein, Mike. Ich danke dir.

* * *

Der einfallsreiche neuseeländische Kajakfahrer, der mich hergeführt hat, tritt näher.

»Möchtest du einen Kaffee, Royd?«

»Oh«, erwidere ich überrascht. »Ein Milchkaffee wäre jetzt super.«

»Kommt sofort, Kumpel. Mit Zucker?«

Wie bitte? Das habe ich doch nicht ernst gemeint. Na gut, hab ich doch. Ich hätte schon Lust auf einen Milchkaffee, doch meine Antwort sollte eigentlich flapsig sein. Wir stecken in glatten Neoprenanzügen, sitzen mitten im Nirgendwo an einem Strand und sind eben aus einem Kajak gestiegen. Hier gibt es nichts außer Natur und garantiert kein Café.

Doch die Kiwis sorgen vor. Dieser Mann weiß, wie man die Wildnis richtig genießt. Vorsichtig packt er einen wasserdichten Rucksack aus und baut etwas zusammen, womit er sein Versprechen wahr machen kann, und nur wenige Minuten später halte ich einen dampfenden Milchkaffee mit Schaum darauf in den Händen.

»Wie wärs mit einem selbst gebackenen Shortbread-Keks dazu?« Er hält mir einen kleinen Tupperware-Behälter hin.

Äh … Ja, sehr gern.

Endlich taucht auch Drew am Strand auf und trottet einen schrecklich aussehenden Pfad entlang. Drew wirkt verschwitzt und außer Atem. Er brummelt etwas darüber, wie schwer die Kameraausrüstung ist, wie weit er laufen musste und wie steil die drei Landzungen sind, die er überquert hat. Dennoch ist es schön, ihn zu sehen. Auf dem Black Sand Beach hat er irgendwann die Kamera auf mich gerichtet, und wir haben geredet. Er setzte mich ins Bild, und wir sprachen über Mike. Dabei ignorierte ich die Kamera und unterhielt mich mit Drew. So, wie ich mich mit einem Freund unterhalten würde.

»Ja.« Ich täusche Mitgefühl vor. »Das Kajakfahren ist auch ganz schön anstrengend.«

»Kann ich mir denken. Sollen wir auf dem Rückweg tauschen?«

Ich tue so, als würde ich darüber nachdenken. »Nein, lieber nicht«, erwidere ich mit einem süßen Lächeln. »Nimm dir einen Keks. Der gibt dir neue Kraft.«

Über den Wolken

Ich habe dämlicherweise geglaubt, wir würden wirklich nur Kaffee trinken gehen.

Ich bin wieder in Auckland, nachdem ich mit Rob und seiner Familie von der Coromandel-Halbinsel zurückgesegelt bin. Als wir mit Motorunterstützung in den Hafen einfuhren, schlug Rob vor, dass ich den Mast raufklettern sollte. Ich bin zwar kein Freund großer Höhen, tat es aber trotzdem. Es ist erstaunlich, wie erschreckend klein so ein Boot aussehen kann, wenn man achtzehn Meter darüber an einem Draht hängt. Aber ich konnte den Sky Tower bewundern, der stolz über der Skyline von Auckland aufragt.

Und jetzt ist er sehr deutlich zu sehen, und auch sehr nah. Mein Kaffee schmeckt auf einmal bitterer, als er es tun sollte. Warum? Weil ich ganz offensichtlich gleich auf diesen Turm fahren und runterspringen muss. Warum sollte jemand so etwas Dämliches tun wollen? Das ist doch verrückt. Ich mache mir jedenfalls vor Angst fast in die Hose. Wieder einmal.

Wir betreten den Turm und gehen über eine Treppe in den Keller. Ich werde gewogen (was ist denn überhaupt ein gutes Gewicht für solche Sachen?), in einen Anzug gesteckt und in einen Harnisch geschnürt, wobei ich mir die ganze Zeit an der

Wand die Fotos anderer Leute in ähnlicher Kleidung ansehe, die grinsen und aussehen, als würden sie sich prächtig amüsieren. Bilder von Menschen wie mir, die kreidebleich, mit weit aufgerissenen Augen und trockenem Mund verängstigt in die Kamera starren, können sie hier natürlich nicht hinhängen.

Jetzt, wo ich in meinem bunten Anzug so aussehe, als wollte man mich in einem Zirkus aus einer Kanone schießen, steigen wir in die Fahrstuhlkabine. Es ist die Art von Fahrstuhl, bei dem dir die Ohren knacken. Auf halbem Weg nach oben sehe ich aus dem Fenster Auckland und stelle fest, dass wir uns schon erschreckend hoch befinden. Wie hoch, ist mir eigentlich auch egal. Bestimmt tausend Meter oder so.

Irgendwann kommen wir oben an und gelangen durch einen schmalen Korridor in einen hellen Raum. Durch das Fenster sehe ich einen Irren oder eine Irre, der oder die sich von einem Laufgang in die Tiefe stürzt und rasch in Richtung des dicht bevölkerten innerstädtischen Asphalts verschwindet. Ein entsetzliches kreischendes Knirschen ertönt, und ich drehe mich zu einem Kabel um, das rasend schnell von einer Art Flaschenzug abgespult wird und dessen anderes Ende glücklicherweise an dem Menschen befestigt ist, der den Sprung gewagt hat.

»Ist dabei schon mal jemand gestorben?«, erkundige ich mich, während noch einmal überprüft wird, ob meine Riemen auch richtig anliegen.

»Nein. Dann hätten wir längst schließen müssen.«

Aber es könnte passieren. Jemand könnte dabei umkommen. Zum Beispiel ich.

Drew darf vor mir nach draußen. Er trägt einen Overall in leuchtendem Orange wie ein Sträfling, und wenn ich daran zurückdenke, dass man ihm die Einreise in die USA verweigert hat, ist das vielleicht sogar ganz passend. Ich kann sein Gesicht nicht sehen, weil es von der auf mich gerichteten Kamera verdeckt wird, aber er ist doch bestimmt auch wenigstens ein bisschen nervös, oder? Der Flaschenzug neben mir jault und quietscht, als das Kabel wieder eingezogen wird.

Als Nächstes bin ich an der Reihe. Ich schleiche auf wackligen Beinen zur Winde und werde in rascher Abfolge mehrfach an verschiedenen Stellen des metallischen Laufwegs, der einfach seitlich aus dem Turm hervorragt, angeschnallt und wieder losgemacht. Ich blicke nach unten. Warum mache ich das? Der Boden ist ein Gitter. Ich kann hindurchgucken. Mir wird sofort schwindlig, und meine Fingerknöchel sind ganz weiß, als ich mich am Geländer festhalte. Das machen andere tatsächlich aus Spaß?

Die arme Frau, zu deren Job es gehört, dort zu stehen und Menschen in ihren selbst erträumten Untergang zu schicken, erklärt mir voller Begeisterung, wie hoch wir uns hier gerade befinden. Sieh dir den tollen Blick auf Auckland an! Muss ich das? Sie spricht mit den Leuten am Boden (der Putzkolonne?) und teilt ihnen mit, dass ich gleich springen werde. Ach ja? Wirklich? Ich nähere mich zaghaft dem Rand. Ein plötzlicher Windstoß erfasst mich, und ich klammere mich noch fester ans Geländer.

»Okay, Royd kommt jetzt runter.« So langsam klingt sie ein wenig ungeduldig.

Ich hatte eine Art Superheldensprung geplant, wollte in einer Kranichpose à la Karate Kid nach unten segeln, einen Fuß in die Luft gereckt und die Hände ausgestreckt, um dann wie Captain America zu landen. Doch das war, bevor ich gesehen hatte, wie unfassbar tief es da runterging.

»In drei …«

Nein, Augenblick.

»Zwei …«

Okay, ich tu's.

»Eins …«

Ich werde springen!

»Los!«

Scheiß drauf! Es ist eiskalt. Meine Hände wollen das Geländer einfach nicht loslassen. Sie sieht mich mit einer Mischung aus Belustigung und Frustration an. Zweifellos hat sie hier oben schon jede Art von Furcht gesehen. Ich bin nur ein weiteres Weichei, das zu große Angst hat, um zu springen. Oder das zu sensibel ist. Oder … Ach, warum bin ich nicht einfach gesprungen? Jetzt wird es nur noch schwerer.

»Na los, Royd!« Wieder schwingt da diese subtile Mischung aus »Bring's hinter dich!« und einem ermutigenden »Du schaffst das, Kumpel!« in ihrer Stimme mit.

Ich wappne mich.

»In drei …«

Bitte nicht.

»Zwei …«

Ich will das wirklich nicht tun.

»Eins …«

Du bist ein Superheld, Royd. Mach es!

»Los!«

Ich springe. Meine Kranichpose hält gerade mal ein paar Sekunden an, dann bin ich der Gnade der Schwerkraft und des Kabels ausgesetzt, das ich nicht mal mehr spüren kann. Es ist echt seltsam. Man bezeichnet das als unterstützten Fall, was bedeutet, dass man nur so weit in die Tiefe stürzt, wie das Kabel es zulässt, was übrigens echt verdammt weit ist. Ich spüre einen leichten Widerstand, etwas hält mich vom völlig freien Fall ab. Als ich zum Boden hinabblicke, der unendlich weit unter mir zu sein scheint, kann ich winzig kleine Menschen erkennen, die an Ameisen erinnern, und Spielzeugautos. Und für einen kurzen Augenblick, in dem der Wind und das Kreischen des Flaschenzugs jeden Schrei übertönen, den ich ausstoßen könnte, steht die Zeit still.

Doch dann kommt wie aus dem Nichts der Beton auf mich zugerast und die Bremsen werden aktiviert. Mein vermeintlich freier Fall wird drastisch verlangsamt, und ich richte mich auf, bevor ich zum Stillstand komme und perfekt, wenngleich ein wenig schwankend, auf dem Boden lande. Ich muss husten und setze ein schiefes Grinsen auf, als man mich losschnallt. Mein Mund ist knochentrocken, und meine Beine haben sich in Wackelpudding verwandelt. Falls ich mir nicht längst in die Hose gemacht habe, dann bin ich zumindest sehr kurz davor. Aber ich habe es geschafft. Abgehakt. Erledigt. Nie wieder.

Und auf einmal fällt mir ein, dass Story nach mir springen wird. Eine völlig andere Art von Angst keimt in mir auf. Es ist noch niemand dabei gestorben. Ich habe es auch überlebt. Er wird es schaffen. Aber was mache ich, wenn er es nicht tut? Mein kostbarer Sohn! Ich wollte ihn nicht mal mit dem Fahrrad ins Dorf fahren lassen, als er noch klein war. Er musste mich monatelang anbetteln, bevor ich zugestimmt habe. Und das war ein sehr ruhiges Dorf.

Gleich wird er springen. Es ist natürlich sicher. Ich habe es eben auch getan. Aber was ist, wenn doch etwas passiert? Oh, ist er das? Ich lege den Kopf in den Nacken und sehe, wie Story mit ausgestreckten Armen auf mich zustürzt. Auf den Boden. Ich kann kaum hinsehen.

Er landet sicher auf der Erde. Richtiggehend elegant. »Das war ja einfach.« Er grinst mich an. »Darf ich noch mal rauf?« Es hat nicht den Anschein, als wäre er auch nur ansatzweise beunruhigt.

Genauso wäre es auch Mike ergangen.

* * *

Ich hatte den zweiten Teil der Aufgabe völlig vergessen. Aber jetzt trage ich genau wie Story und Andy einen orangefarbenen

Overall. Drew hat seinen noch immer an. Und wir stehen schon wieder im Fahrstuhl. Es ist Zeit für den »Himmelslauf«. Wir fahren bis fast an die Spitze des Turms und gehen einmal drum herum. Das war mir völlig entfallen, weil es vorher wie keine große Sache gewirkt hatte – jedenfalls im Vergleich zum Sprung.

Doch das nehme ich jetzt zurück. Ich stehe an der frischen Luft und bin über eine erschreckend lockere Leine mit einem Draht über meinem Kopf verbunden. Der Laufsteg, der um den Turm herumführt, ist ein etwa einen Meter breites Drahtgitter, das mehrere Meter von den Turmmauern entfernt ist. Es gibt nichts, woran man sich anlehnen oder festhalten kann, nichts, was irgendwie Stütze oder Sicherheit vorgaukelt. Und die sogenannte Sicherheitsleine hängt lose herunter und sichert mich kein bisschen. Man hat mich darüber informiert, dass sie mein Gewicht halten wird, wenn ich falle. Aber ich will nicht fallen. Nicht mal ein bisschen. Und hinter mir läuft Story, um den ich zusätzlich Angst habe.

Es sollte doch eigentlich ganz einfach sein, mit einem gewissen Maß an Selbstsicherheit auf einem einen Meter breiten Weg zu gehen, aber wenn man sich wahnsinnig hoch in der Luft befindet und vom Wind durchgeschüttelt wird, fällt es einem schon schwer, überhaupt das Gleichgewicht zu halten, vom Gehen ganz zu schweigen. Ich bin felsenfest davon überzeugt, dass ich über meine eigenen Füße stolpern und abstürzen werde und dass die Sicherheitsleine dann reißt. Als ich zum Turm hinübersehe, kann ich direkt durch die Fenster des Sugar Club gucken, eines der Restaurants, die dem preisgekrönten Koch Peter Gordon gehören, und stelle fest, dass Drew beim Filmen gerade eine Pause macht. Er ist ins sichere Innere geeilt und trinkt etwas, was vermutlich der beste Kaffee der Welt ist. Dieser Glückspilz. Er prostet mir mit seiner Tasse zu und grinst, da er es offensichtlich genießt, die Arbeit den vielen GoPros zu überlassen, die er an uns angebracht hat.

Unser Guide (ich kann noch immer nicht fassen, dass es Menschen gibt, die freiwillig diesen Job machen und wirklich jeden Tag herkommen, um gemütlich um den Turm herumzulaufen) sagt, es sei Zeit, unsere Sicherheitsleinen zu testen. Nein, nicht testen. Ausprobieren. Er will, dass ich mich an den Rand des Laufstegs stelle und nach hinten über den Abgrund lehne. Das ist doch vollkommen verrückt! Mir ist völlig egal, dass die Nächsten schon warten; ich lasse mir Zeit und schleiche zum Rand. Wo ich auch hinsehe, alles jagt mir eine Heidenangst ein. Ich starre meine Füße an, weil ich entschlossen bin, sie auf dem Metall zu halten, aber ich kann durch das Gitter hindurch die Ameisen und Spielzeugautos unter mir sehen. Es kostet mich all meine Kraft und Selbstüberwindung, mich langsam nach hinten zu lehnen. Dabei lege ich die schweißnassen Hände nutzloserweise an das Seil, bis ich spüre, dass es sich strafft und mein Gewicht trägt.

»Lass das Seil los, Royd«, sagt unser Guide. »Und streck die Arme aus.«

Ich weiß, dass das Festhalten des Seils nicht den geringsten Unterschied macht, aber die Vorstellung, es loszulassen, geht mir gegen den Strich. Na gut. Langsam löse ich die Hände davon und strecke die Arme leicht zu den Seiten aus. Für etwa eine Sekunde. Dann ziehe ich mich auf den kaum sichereren Laufsteg zurück, während mir das Herz bis zum Hals schlägt. Ich blicke zur Seite zu Story hinüber, der sich lässig nach hinten lehnt und absolutes Vertrauen in sein Seil zu haben scheint. Er hat die Arme ganz ausgestreckt und den Kopf in den Nacken gelegt. Es scheint ihm zu gefallen, doch ich falle beinahe in Ohnmacht, als ich mit ansehen muss, wie er so gelassen mit der Gefahr umgeht.

Wir gehen weiter um den Turm herum. Irgendwann frischt der Wind auf, und der Ansatz von Selbstsicherheit, den ich mir aufgebaut habe, verschwindet augenblicklich; aber immerhin kann ich schon die Tür sehen. Sobald wir die letzten Meter überwunden haben, halte ich mich am Geländer fest, kaum dass ich es erreichen kann. Und dann sind wir drinnen. In Sicherheit. Vorerst.

Hatte das ganze Erlebnis etwas Erhellendes an sich? Habe ich beim Sprung oder während dieses Rundgangs etwas gelernt? War ich dankbar dafür, dass der Punkt auf der Liste stand?

Nein. Nein. Und nein. Mir wurde dabei nur etwas bestätigt, was ich längst wusste.

Ich bin ein erbärmlicher Angsthase.

GESCHWINDIGKEITSRAUSCH

Ich stecke schon wieder in einem Overall. Vielleicht ist es auch eine Montur. Keine Ahnung. Immerhin sind heute keine Türme in Sicht. Nein, heute bin ich auf der Rennstrecke Hampton Downs in Waikato. Und ich werde meine Fahrkünste demonstrieren. In einem sehr schnellen Wagen.

Bei Regen.

Das wird bestimmt großartig.

* * *

In unserer Jugend waren Mike und ich begeisterte Amateurrennfahrer. Wir lebten nun mal mitten im Nirgendwo, und wenn wir irgendwo hinwollten und die Strecke zu weit zum Fahrradfahren war, mussten wir uns auf unsere Eltern verlassen oder die ziemlich nutzlose und langsame Busverbindung nutzen, wobei der Bus nur alle zwei Stunden und abends nach 18 Uhr gar nicht mehr fuhr.

Daher konnte ich es kaum erwarten, den Führerschein zu machen. Mit sechzehn bekam ich zu Weihnachten mein erstes Auto, einen ramponierten Mini Clubman. Es war ein ziemlich heruntergekommener Wagen, der einiges an Reparaturen erforderte. Der Grundgedanke dahinter war, dass ich während der etwa sieben Monate bis zu meinem siebzehnten Geburtstag, an dem ich die Prüfung ablegen konnte, das Fahren erlernte und ihn auf Vordermann brachte. Also nahm ich ihn auseinander, ließ nur den Fahrersitz drin und tat mein Bestes, um daraus einen Rallyewagen zu machen.

In dieser Zeit brachte ich mir auch selbst das Fahren bei. Und ich lernte sogar Stuntfahren. Jedenfalls bezeichnete ich es so. Wann immer meine Eltern nicht in der Nähe waren, setzte ich mich in den Wagen, kurvte auf der Auffahrt und den Feldern herum, übte Handbremsendrehungen und wirbelte bei Donuts jede Menge Erde auf. Mein Dad schimpfte deswegen ständig mit mir, was mich jedoch nicht davon abhielt, es trotzdem wieder zu tun.

Unsere lange Auffahrt führte einen Hügel hinunter zu einem Gattertor am Ende, danach wieder nach oben und um eine Ecke zur Hauptstraße. Einer meiner Freunde, Justin, hatte ebenfalls einen Mini. Wir hatten uns mal einen Abschnitt der RAC Rally in einem Waldgebiet in der Nähe angesehen und waren dadurch inspiriert worden, unsere Minis, so gut es ging, zu tunen. Überrollkäfige, Schalensitze und all das. Eines Tages wollte Mike mitfahren.

Er war vielleicht zehn, und wir waren sechzehn und dumm. Also stieg Mike ein. In meinem Wagen gab es keine Sicherheitsgurte. Ich hatte nicht mal Sitze! Und auch keine Türen! Justin sauste los, und Mike hielt sich verzweifelt fest, während sie den Hügel hinunterrasten, durch das Tor, den nächsten Hügel hinauf und um die Ecke Richtung Hauptstraße. Dort herrschte zwar nicht besonders viel Verkehr, aber es war dennoch eine richtige Straße. Unserer Ausfahrt gegenüber war eine kleine Grasfläche, direkt auf der anderen Straßenseite. Ich hielt normalerweise an der Straße kurz an, schaute nach links und rechts, überquerte sie, machte eine Handbremsendrehung auf dem Gras, ließ die Reifen durchdrehen und sauste zurück auf die Auffahrt. Das war relativ sicher. Aber ich bezweifle, dass Justin wusste, wie ich das handhabte.

Vom oberen Ende der Auffahrt konnte ich ein anderes Auto auf der Hauptstraße sehen, das in unsere Richtung fuhr. Ich sah auch, wie Justin in meinem Mini den Hügel hinaufraste und keine Anstalten machte, vom Gas zu gehen. Während mein kleiner Bruder mit im Wagen hockte. Es hatte beinahe den Anschein, als würde sich eine entsetzlich perfekte Kollision anbahnen, da sich die Fahrer aufgrund der Bäume nicht sehen konnten. Der andere Wagen kam außerdem von links und würde daher direkt in die Beifahrerseite meines Minis knallen. Wo es weder Tür noch Sitz und keinen Sicherheitsgurt gab und wo sich der zehnjährige Mike festklammerte.

Schreien war sinnlos. Selbst ohne das Dröhnen des Motors wäre ich zu weit weg gewesen, um gehört zu werden. Vor meinem inneren Auge sah ich bereits, wie Mike von diesem Wagen gerammt wurde. Und was würde ich erst für einen Ärger mit meinen Eltern bekommen! Ich konnte nur beten, dass sich Justin an die Kreuzung erinnerte und langsamer wurde. Doch das tat er nicht.

Er raste mit Karacho aus unserer Ausfahrt und verfehlte den anderen Wagen nur um gefühlte Zentimeter. Zwischen den beiden Fahrzeugen war nicht viel Platz. Es war echt knapp. Dann wendete er rasant und raste auf die Auffahrt und zurück zu der Stelle, wo ich wartete. Ich war völlig mit den Nerven am Ende und schrie ihn erst mal an; aber wir waren sechzehn, daher hatten wir das schnell wieder vergessen. Es war ja auch nichts Schlimmes passiert, also alles kein Problem, oder?

Als Mike älter war, stand er ebenfalls auf Autos, und zwar immer auf schnelle. Selbst als er seine Diagnose schon kannte, hat er sich noch einen leistungsstarken Golf gekauft. Der Wagen war windschnittig, rasant und superleicht; er wurde über eine Schaltwippe am Lenkrad geschaltet, weil Mike die Kupplung nicht mehr so gut bedienen konnte. Und das Ding war schnell. Ich bin ein paarmal damit gefahren. Unter normalen Umständen wäre er davon ausgegangen, dass ich nicht damit klarkam, und hätte mir ständig gesagt, ich solle locker bleiben und nicht zu viel Gas geben, aber da war es anders.

»Na los, gib Stoff«, drängte er mich. »Drück das Gaspedal durch.«

Meine Fresse, war der Wagen schnell!

* * *

Ich drehte einige Runden auf den Hampton Downs mit einem Ausbilder auf dem Beifahrersitz. Allerdings gehe ich davon aus, dass sie mich auch allein hätten fahren lassen, mit welchem Wagen auch immer. Ich sah ihn eher als Co-Piloten an. Habe ich schon erwähnt, dass die Straße nass war?

Jedenfalls bildete ich mir ein, schnell zu fahren. Ich sagte mir, ich müsste die schnellste Runde hingelegt haben, die hier je ein ziviler, nichtprofessioneller Fahrer gedreht hatte. Als ich zum Boxenstopp kam, war ich äußerst zufrieden mit mir. »Sah das schnell aus?«, fragte ich, um Bestätigung heischend. Doch alle schüttelten den Kopf. Na ja, es war nass. Was sollte ich denn machen?

Jetzt hat man mich jedenfalls auf den Beifahrersitz eines Porsche geschnallt. Fragen Sie mich nicht, was für ein Porsche es war; ich kann es Ihnen nicht sagen. Am Steuer sitzt die neuseeländische Rennfahrerlegende Greg Murphy. Er wird mir zeigen, wie man das macht.

»Ich bin den Wagen noch nie gefahren.« Ich glaube, er grinst mich an, aber das ist aufgrund des Helms schwer zu sagen. »Dann wollen wir doch mal sehen, was er so kann.«

Ich bezweifle, dass er viel schneller fahren wird als ich zuvor. Wir rasen auf die Strecke. Okay, das ist schnell. Richtig schnell. Er ist diesen Wagen noch nie gefahren. Ist das eine gute Idee? Als wir zur ersten Kurve kommen, habe ich nicht das Gefühl, dass er den Wagen vollständig unter Kontrolle hat. Ich möchte mich ihm am liebsten zuwenden, starre jedoch wie fixiert auf die verschwommene Straße vor uns.

»Ist ein bisschen rutschig, was?«, brüllt Greg über den Lärm des Motors hinweg. »Ich möchte mal ausprobieren, wie weit ich gehen kann. Halt dich gut fest.« Schon reißt er uns um die nächste Kurve und fährt so perfekt, als wäre dies eine Szene aus »Fast & Furious«. Der Wagen scheint kaum auf dem nassen Asphalt zu haften. Mir kommt es so vor, als wollte er das Heck loswerden. Wann immer wir um eine Kurve rasen, lasten gefühlte tausend G auf mir, und mir wird tatsächlich übel. Mir ist schlecht, und ich habe auch ein kleines bisschen Angst, bin aber total begeistert.

Mike würde von einem Ohr zum anderen grinsen, wenn er jetzt an meiner Stelle wäre. Er würde Greg antreiben, noch schneller zu fahren. Ich weiß nicht, ob Greg überhaupt noch schneller fahren kann. Er bringt den Wagen an die Grenze des Kontrollierbaren, wenn nicht an seine eigene, dann an die des Autos. Ich sehe einem Meister bei der Arbeit zu. So macht man das.

Nach mehreren unfassbar schnellen Runden halten wir beim Boxenstopp. Mein Magen ist in hellem Aufruhr, und meine Beine zittern. Ich kann kaum aus dem Wagen steigen und habe Schwierigkeiten, den Helm abzunehmen.

»Wow«, ist alles, was ich sagen kann.

* * *

Mike konnte seinen Golf vielleicht zehnmal fahren. Seine Hände wurden immer schwächer, aber schlimmer noch war, dass er aufgrund des Fallfußes und der schwachen Beine nicht mehr richtig bremsen konnte. Das war jammerschade. Er liebte das Fahren. Er liebte diesen Wagen. Aber er konnte nicht damit fahren, nicht mal in einer vernünftigen Geschwindigkeit.

Später, als er einen Rollstuhl brauchte und schließlich eine Erwerbsunfähigkeitsrente erhielt, kaufte er sich ein größeres Fahrzeug. Etwas, wo sein Rollstuhl hineinpasste. Einen Wagen, den andere fuhren, er jedoch nie. Der Wagen erinnerte an einen Van, hatte aber trotz seiner Größe einen anständigen Motor. Eine Zeit lang war Mike – mit etwas Hilfe – in der Lage, sich aufzurichten und einzusteigen. Ich fuhr ihn manchmal einfach ziellos herum, weil er es so genoss, in einem Wagen zu sitzen. Wir machten Spritztouren, hörten Musik und versuchten, einander beim Rappen zu übertreffen.

Nach einer Weile kamen wir an den Punkt, wo Mike überhaupt nicht mehr im Wagen sitzen wollte. Er war nicht gern Beifahrer, weil er dabei ständig daran erinnert wurde, wie sehr er das Fahren geliebt hatte und dass er es nie wieder tun würde. Seitdem er siebzehn gewesen war, hatte das Autofahren in seinem Leben eine große Rolle gespielt, und das Fahren und die damit verbundene Unabhängigkeit zu verlieren, schmerzte ihn sehr. Als er in den Wagen gehoben werden musste (was gar nicht mal so einfach war), hatte er schon völlig das Interesse daran verloren.

Ich weiß genau, warum er diese Aufgabe auf die Bucket List gesetzt hat. Das war allein für ihn. Doch es hat mir einen Riesenspaß gemacht.

HOBBITS UND GUMMISTIEFEL

Das Hobbingen-Set befindet sich inmitten von Hügeln und Ackerland in einer ländlichen Gegend Neuseelands. Es wurde einst von einem Locationscout mit Adleraugen aus einem Hubschrauber entdeckt, der damals zu Recht der Ansicht war, dass diese sanften Hügel und Wiesen das Auenland perfekt repräsentierten. Nach Abschluss der Dreharbeiten zu »Der Herr der Ringe« hatte man das meiste abgebaut, nur um es für »Der Hobbit« wieder aufzubauen und anschließend stehen zu lassen, wodurch die heutige Touristenattraktion entstanden ist.

Ich stöbere zusammen mit Story und Andy beschwingt im Souvenirshop. Wir sind heute Morgen von Auckland hergefahren, während die Crew nachkommen wird. Gestern war ein »freier Tag«, und heute scheint es ebenso zu sein; uns erwartet nur ein angenehmer Besuch dieses tollen Ortes.

* * *

Das letzte Mal war ich mit Mike hier. Zwar habe ich diesen Ort auch Jahre zuvor bei der Pressetour für »Der Hobbit« besucht, aber ich wollte Mike alles zeigen.

In Hobbingen ist nur eine begrenzte Zahl an Besuchern zugelassen. Man kann nicht einfach hier aufkreuzen und damit rechnen, sich einer Tour anschließen zu dürfen. Viele buchen Monate, wenn nicht gar Jahre im Voraus. Sobald ich wusste, dass ich mit Mike nach Neuseeland kommen würde, schickte ich Seb, einem Freund, der zufälligerweise auch Peters persönlicher Assistent ist, eine E-Mail und fragte ihn, ob er noch Kontakte am Hobbingen-Set habe. Seb stellte den Kontakt zu Russell her, dem Hobbingen zusammen mit Peter gehört, und wir wussten, dass wir reinkommen würden.

Ehe wir dort ankamen, hatte ich damit gerechnet, dass wir Eintritt bezahlen und uns unauffällig einer Tour anschließen würden. Das hätte mir völlig gereicht. Doch bei unserer Ankunft begrüßte uns Russell persönlich und bat uns, in seinen Jeep zu steigen. Besucher werden normalerweise in besonderen Bussen aus dem Bereich mit dem Souvenirshop zum unangetasteten Filmset gefahren, doch wir hatten das große Glück, dass uns der Besitzer der Anlage einen Großteil seines Tages opferte und uns persönlich in aller Ruhe herumführte.

Die Sonne schien, doch es hatte die letzten Tage davor geregnet; daher warnte uns Russell, dass es an einigen Stellen etwas nass sein werde.

»Soll ich euch Gummistiefel geben?«, bot er großzügig an. Wir standen in einem Schuppen in der Nähe des Set-Eingangs, in dem sich die Gummistiefel stapelten.

»Oh ja, bitte. Das wäre super. Danke.« Ich war begeistert, dass ich mir nicht die Schuhe schmutzig machen musste, und zog mir passende Gummistiefel über.

Russell wandte sich an Mike. »Was ist mit dir, Kumpel?«

Mike warf mir einen schelmischen Blick zu und lehnte dankend ab. Mir war sofort klar, dass er sich schon bald über meine Gummistiefel lustig machen würde. Darin sieht einfach niemand gut aus. Mike würde in seinen schicken Turnschuhen jedoch weiterhin cool sein. Solange er sich vom Schlamm fernhielt.

Hobbingen ist recht hügelig, und wie Sie ja wissen, brauchte Mike zu dieser Zeit schon einen Gehstock. Der fragliche Stock stammte ursprünglich sogar aus Amerika. Eines Morgens, als Mike einen fetten Kater hatte, spielten Marcus (mein Camp-America-Freund), Dave und ich mit einigen Mexikanern unter der heißen Chicagoer Sonne Fußball. Ich war am Vorabend ausgegangen, hatte ein hübsches Mädchen in eine illegale Kneipe begleitet und war im Morgengrauen nach Hause getaumelt, um dann herauszufinden, dass Mike den Großteil der Nacht vor der Toilette verbracht hatte. Doch obwohl Mike unpässlich war und ich nur Watte im Kopf hatte, sinnlos und verkatert herumstolperte und kaum den Fuß an den Ball bekam, war es Marcus, der sich letzten Endes verletzte. Er verrenkte sich den Rücken. Dave lieh ihm einen Gehstock, den Marcus anschließend mit nach England nahm. Und Jahre später brauchte Mike diesen Stock. Die Welt ist klein.

Selbstverständlich war ich ständig wachsam, als ich mit Mike an den Hängen von Hobbingen herumlief, da er auf keinen Fall stolpern sollte und ich daher alles langsam angehen lassen wollte. Ich war in ständiger Alarmbereitschaft und darauf gefasst, ihn jederzeit aufzufangen oder zu stützen. Russell führte uns abseits der üblichen Tour herum und drängte uns nicht. Wenn wir in ein Hobbithaus gucken wollten, dann taten wir das auch – noch dazu mit dem Segen des Mannes, dem dort alles gehörte. Einige der Häuser sind nur Fassaden, die am Hang angebracht wurden, und hinter der Tür ist kaum genug Platz für einen Schauspieler, um rauszukommen oder darin zu verschwinden. Aber abgesehen davon sieht alles genauso aus wie in den Filmen und es ist ein wunderschön erhaltenes, funktionsfähiges Hobbitdorf. Es gibt dort sogar einen gepflegten Garten, in dem Unmengen an Obst und Gemüse wachsen, die im

Grünen Drachen, dem Wirtshaus am Mühlteich, verarbeitet werden. Wenn man seiner Fantasie freien Lauf lässt, kann man sich durchaus einreden, die Hobbits würden gerade einen Mittagsschlaf machen, denn sie sind das Einzige, was fehlt.

Wir durften uns auch in Bilbos Haus umsehen, was normalerweise nicht gestattet ist. Es ist keine Fassade; darin gibt es genug Platz für Zwerge, einen Hobbit und Gandalf. Über Bilbos Haus auf einem Hügel, von dem aus man einen großartigen Blick über Hobbingen und die Umgebung hat, steht eine riesige falsche Eiche – wie es die Bücher vorsehen. Jedes einzelne Stoffblatt wurde handgefertigt und einzeln am Baum angebracht, und er sieht immer gleich aus und verliert im Herbst und Winter nicht die Blätter. Mike und ich haben eine gute Stunde im hohen Gras nach Blättern gesucht, die irgendwie herabgefallen waren, und einige aufgesammelt, die wir mit nach Hause nehmen und verschenken durften.

Irgendwann trafen wir unten im Tal auf eine Tour.

»O Mann, die Leute würden ausrasten, wenn sie wüssten, wer ihr seid.« Russell strahlte.

»Erzähl es ihnen ruhig«, erwiderte ich. »Das macht uns nichts aus.«

»Echt jetzt?« Russell ging zu der Gruppe hinüber. Der Guide blickte sofort auf, als er ihn sah, und ich hörte, wie er sagte, dass sie großes Glück hätten, weil der Besitzer dieser wunderschönen Anlage von Hobbingen hier bei ihnen sei. Die Touristen waren begeistert und schossen sofort Fotos von Russell.

»Augenblick mal, Leute«, unterbrach er sie. »Seht ihr die beiden Männer da vorn?« Er deutete auf uns, erklärte der Gruppe dann, dass wir die Urenkel von J. R. R. Tolkien seien, und erzählte ihnen ein bisschen was über uns.

Hobbingen ist für viele Menschen sehr weit entfernt, und sie müssen den Besuch gründlich planen, daher sind die meisten, die man dort trifft, große Fans. So wurden wir denn auch bestürmt mit Bitten um Selfies und Fotos und in enthusiastische Gespräche über Mittelerde verwickelt. Diese Fans erlebten an diesem Tag ein unerwartetes Highlight, aber Mike und ich hatten auch großen Spaß daran. Das Witzige an diesen Fotos, von denen ich viele immer noch habe und sehr mag, ist, dass ich auf fast allen in meinen Gummistiefeln zu sehen bin. Wenn ich sie mir heute ansehe, kann ich immer noch hören, wie Mike lacht und ruft: »Sieh zu, dass die Gummistiefel mit draufkommen!« Typisch! Dabei hatten wir zu diesem Zeitpunkt noch gar keinen Schlamm zu sehen bekommen.

Dazu kam es dann kurz darauf. Eine besonders steile Stelle des Wegs führte um eine Kurve und war nach dem Regen zu einem richtigen Sumpf geworden. Für einen körperlich fitten Mann in Gummistiefeln stellte das kein Problem dar, aber für Mike sah die Sache schon kniffliger aus.

»Hier ist es ganz schön schlammig, Kumpel«, stellte Russell fest, der dieselben Bedenken zu haben schien wie ich. »Hüpf auf meinen Rücken.«

Mike zog den Gehstock mit lautem Schmatzen aus dem Schlamm. »Nein, nein, nein, das geht schon. Danke.« Er war immer noch sehr auf seine Unabhängigkeit bedacht und wollte sie sich so lange wie möglich erhalten. Zwar hatte er sich langsam daran gewöhnt, sich von Menschen, die er kannte, Freunden und Verwandten, ein bisschen helfen zu lassen, doch ich glaube, dass ihm ein Fremder seine Unterstützung anbot, gab ihm zu denken.

»Na los, Kumpel. Ich trag dich rüber«, beharrte Russell. Ich konnte deutlich erkennen, dass Russell weder Mitleid mit ihm hatte, noch ihn irgendwie bevormunden wollte. Er merkte einfach, dass Mike Schwierigkeiten hatte, und wollte helfen. Das hätte er für jeden getan. So sind Kiwis nun mal. Sie sind ein anderer Menschenschlag als wir. Diese Leute haben ein großes Herz und finden es nicht beschämend, sich helfen zu lassen oder anderen ihre Hilfe anzubieten. Russell ist der Besitzer von Hobbingen, das auf einem kleinen Teil des riesigen Ackerlands seiner Familie liegt, aber er ist trotzdem unglaublich großzügig und bodenständig. Darüber hinaus ist er ehemaliger Rugbyspieler, daher hätte er uns wahrscheinlich beide tragen können, jeden unter einem Arm, und zwar bis zum Ende der Tour. »Das ist nur diese Ecke, Kumpel, danach setze ich dich wieder ab.«

Er machte es Mike sehr schwer, abzulehnen. Schließlich ließ er es zu, und Russell trug ihn ein kleines Stück. Mein erster Instinkt, der wahrscheinlich daher kam, dass ich mich für die Gummistiefel-Hänseleien rächen wollte – auch wenn ich in diesem Moment froh war, die Dinger anzuhaben –, bestand darin, mein Handy zu zücken und festzuhalten, wie Mike entmannt und von einem anderen Mann getragen wurde. Unter anderen Umständen und zu jeder anderen Zeit unseres Lebens bis zu diesem Augenblick hätte ich das auch getan. Aber als ich meinen geliebten Bruder auf dem Rücken dieses sanften und freundlichen Fremden sah, empfand ich eine unbändige Wärme und Liebe.

Russell dachte sich nichts weiter dabei, aber für Mike und mich wurde es zu einem wunderschönen Moment. Es hinterließ einen tiefen Eindruck bei uns beiden. Nicht nur, weil es Mike in dieser Situation eine große Hilfe war, sondern auch, weil es Mike die Tür öffnete, damit er sich öfter helfen ließ, etwas, was er bald darauf notgedrungen tun musste.

* * *

Mein Handy klingelt. »Wir sind auf dem Hauptparkplatz. Komm zu uns.« Ein Kinderspiel. Sie sitzen in einem leuchtend grünen und lilafarbenen Van. Diejenigen, die schon mal in Neuseeland waren, wissen genau, was ich meine. Allen anderen werde ich es kurz erklären. Wenn man in Neuseeland eine preiswerte Unterkunft braucht, geht man in ein Jucy-Snooze-Hotel.

Benötigt man einen preiswerten fahrbaren Untersatz, womit ich alles von einem kleinen Billigauto bis hin zu einem riesigen Wohnmobil meine, geht man zu Jucy. Das Unternehmen bietet sogar Kreuzfahrten nach Fiordland auf der Südinsel an. Und alles ist leuchtend grün und lila. Meist prangt auch noch irgendwo auf dem Fahrzeug ein Bild von Miss Lucy, einem rothaarigen Pin-up-Girl im Stil der Fünfziger im grünen Bikini, deren Lächeln eine gute Zeit verspricht. Jedenfalls war die Firma Jucy so freundlich, die Fahrzeuge und einige Übernachtungen für den Dokumentarfilm zu sponsern, daher wohnten wir in diesen Hotels und fuhren diese Fahrzeuge, in diesem Fall einen achtsitzigen Van mit Schiebetür und einer besonders kecken Miss Lucy.

Wie erwartet, entdeckten wir sie auf den ersten Blick. Drew steht bereits mit der Kamera auf der Schulter daneben. Ich bin mir sicher, dass ich heute eigentlich auch noch frei haben sollte. Als ich in den Wagen steige, drückt man mir ein iPad in die Hand (das ist kein Product-Placement – es gibt auch andere Tablets) sowie Kopfhörer. Ich nehme leicht beklommen Platz und lasse die bereits geöffnete Videodatei laufen.

»Royd«, sagt eine Stimme, die mir seltsam vertraut vorkommt. Allerdings sehe ich auf dem Display nur zwei Füße, die vor einer wunderschönen Landschaft gen Himmel ragen. Die Stimme, die ich nicht zuordnen kann, kommt von jemandem, der kopfüber auf irgendeiner seltsamen, den Rücken streckenden Apparatur liegt, die sich langsam aufrichtet. Ein Gesicht kommt ins Bild, auf dem sich ein breites Lächeln abzeichnet.

»Aaaah!«, rufe ich erfreut aus. Es ist John Rhys-Davies, Sallah aus den »Indiana Jones«-Filmen, Pushkin aus »James Bond 007 – Der Hauch des Todes« und Gimli aus »Der Herr der Ringe«. Woher wir uns natürlich kennen.

»Willkommen in Neuseeland«, fährt John fort, der nun aufrecht steht. »Dies ist meine kleine Zuflucht in Waikato. Ich habe einige Anweisungen für dich. Dies sind die Worte deines Bruders.«

Emotionen durchzucken mich. Mike wird gleich mit mir reden. Ich muss einfach lächeln.

»Du bist Künstler. Für dich sollte ein Outfit bereitliegen. Biete den Besuchern von Hobbingen an, sie zu zeichnen. Ich liebe diesen Ort und unsere gemeinsame Zeit hier.« John blickt direkt in die Kamera und macht sich Mikes Worte zu eigen.

Ich spüre, wie mir bittersüße Tränen kommen.

»Ich bin bei dir, und ich bin überall. Ich liebe dich, Bruderherz.«

Und da ist es um mich geschehen.

* * *

Ich stelle mich selten anders vor als mit »Royd«. Im Allgemeinen nenne ich meinen Nachnamen nicht. Und häufig denken Leute, denen ich zum ersten Mal begegne, ich würde Roy oder Lloyd heißen. Aber jetzt soll ich auf Menschen zugehen, noch dazu in Hobbingen, und mich direkt als J. R. R. Tolkiens Urenkel vorstellen. Dazu trage ich auch noch einen Kittel und eine Baskenmütze und habe einen Skizzenblock in der Hand. Wieder einmal komme ich mir total bescheuert vor.

Und zeichnen kann ich übrigens nicht die Bohne.

Das Wetter ist der Hammer. Die Hügel von Hobbingen sind üppig grün von all den Sommerpflanzen, der Himmel strahlt tiefblau, und das Licht hat einen warmen Goldton. Das Wasser im Mühlteich funkelt, und das Mühlenrad dreht sich langsam. Ich erspähe meine ersten Opfer und gehe auf sie zu.

»Hi.«

»Hallo«, grüßt mich ein verwirrtes Paar, das ganz offensichtlich an mir vorbei in den Grünen Drachen gehen möchte, um sich ein paar Becher Hobbitcider einzuverleiben.

»Ich bin J. R. R. Tolkiens Urenkel«, stelle ich mich rasch vor, erkläre, warum ich hier bin, und vergesse auch nicht, Mike die Schuld an dieser Situation zu geben. Aus eigenem Antrieb würde ich so etwas nie machen. Sie sind so freundlich und lassen sich von mir zeichnen, also gehe ich ans Werk. Das Bild wird furchtbar. Nachdem sie sich höflich bedankt haben, gehen sie weiter. Ich entdecke zwei attraktive junge Frauen. Sie könnte ich ebenfalls ansprechen, denke ich. Jemand sollte es tun. Also mache ich es.

Sie posieren albern kichernd vor dem Mühlteich.

»Ich kann nicht zeichnen«, warne ich sie und bin ganz froh, dass ihnen das Ganze ebenso unangenehm zu sein scheint wie mir. »Okay, ein bisschen Hintergrund kann nicht schaden. Ich werde Bilbos Hobbithaus hierher zeichnen.« Ehrlich gesagt ist es nur ein Schnörkel mit einem Kreis in der Mitte und einem Cartoonbaum darauf, sodass das Ganze aussieht, als wäre es das Bild eines kleinen Kindes. Ich skizziere sogar ein seltsam schmeichelhaftes Strichmännchen von Drew mit seiner Kamera. Schließlich stand er im Weg.

Und schon sind sie wieder weg. Das war gar nicht mal so schlimm. Auf einmal höre ich ein Kreischen und muss feststellen, dass ihnen der Wind mein Meisterwerk aus der Hand gerissen hat und es ins Schilf am Rand des Mühlteichs weht. Story, der die zeitgemäße Ritterlichkeit seines Vaters geerbt hat, eilt hinüber und holt es galant zurück.

Ich finde ein drittes Paar bereitwilliger Modelle, ein nettes junges Pärchen, das möglicherweise sogar denkt, ich könne tatsächlich zeichnen. Da ich die beiden nicht enttäuschen möchte, scheuche ich sie auf die Mitte der malerischen Steinbrücke. Wenn ich mich schon blamiere, dann soll er das ebenfalls tun, beschließe ich.

»Ich zeichne euch, wie er dir einen Antrag macht«, schlage ich vor. Die beiden lachen verlegen. Ich zeichne den jungen

Mann, der auf einem Knie kauert. Er hat schnell einen Ring aus einer kleinen Wildblume gebunden. Gut mitgedacht. »Seht alle her«, rufe ich den Leuten in der Umgebung zu, »er macht ihr in Hobbingen einen Antrag!«

Meine Worte bewirken, dass sich eine kleine Menschentraube bildet.

»Willst du mich heiraten?«, fragt er leise und reicht ihr den behelfsmäßigen Ring, während ich meine Strichmännchenzeichnung vollende.

»Wie lautet deine Antwort?«, frage ich seine Angebetete grinsend.

»Ja!« Sie kichert los.

»Wie ich es vorhergesagt habe.« Ich habe bereits »Ja« in die Sprechblase meiner schrecklichen Karikatur geschrieben.

Ob sie nun richtig verlobt sind oder nicht, so ist doch offensichtlich, dass sich die beiden lieben. Die Sonne scheint. Und Hobbingen sieht majestätisch aus.

* * *

Mir gehen Mikes Worte, vorgetragen von John Rhys-Davies' Stimme, durch den Kopf, als ich mit Story langsam durch Hobbingen schlendere.

Ich liebe diesen Ort und unsere gemeinsame Zeit hier. Ich bin bei dir, und ich bin überall.

Ich liebe dich auch, Bruderherz.

Story ist zum ersten Mal hier, und so zeige ich ihm alles. Wir gehen zu der Stelle, an der Russell Mike über den Schlamm getragen hat, und wir verweilen an den Orten, wo Mike und ich verweilt haben. Er hat die Geschichten unzählige Male gehört, daher bedeutet es uns beiden sehr viel, dass er sich hier endlich alles mit eigenen Augen ansehen kann. Story stand Mike sehr nahe und hat während seiner Krankheit eine Menge für ihn getan. Es war so wichtig, dass Mike von vertrauten, liebevollen Gesichtern umgeben war, von Menschen, die die Dinge Mike zuliebe so akzeptierten, wie sie waren, und die dafür sorgten, dass die Krankheit nicht mehr Aufmerksamkeit bekam als er, Menschen, die er liebte, denen er vertraute und denen gegenüber er offen und ehrlich sein konnte – und genau das war Story. Er besitzt eine angeborene Empathie und hat so eine herzliche, großzügige und mitfühlende Seele.

Der Tag neigt sich dem Ende zu, und das dunkler werdende Orange der tief stehenden Sonne wirft lange Schatten über das Auenland. Wir erklimmen langsam den Hügel zum höchsten Punkt von Hobbingen, an dem sich Bilbos Haus befindet. Als wir einen Blick hineinwerfen, bilde ich mir für einen Moment ein, ich könnte mich einfach umdrehen und würde Mike mit seinem Gehstock in der runden Tür stehen sehen, wie er mich anstrahlt. Ich zögere und möchte eigentlich noch gar nicht gehen.

»Ich gehe voraus, Dad.« Story schenkt mir ein liebevolles Lächeln. Ich nicke. Er weiß, was ich empfinde.

Ich gehe allein um Bilbos Haus herum und den Hang hinauf, um mich oben unter die große falsche Eiche zu setzen. Ich lehne mich an den Stamm, strecke die Hände aus und streiche über einige der Wildblumen, die hier im hohen Gras wachsen. Unter mir liegt Hobbingen nun im Schatten, und ich kann niemanden mehr sehen. Die Sonne, die schon die Hügelkuppen am Horizont berührt, scheint nur noch auf Bilbos Haus und mich. Ich schließe die Augen, genieße die Wärme und denke an den Tag zurück, den ich hier mit Mike verbracht habe. Ich erinnere mich daran, wie wir beide hier gesessen und die Stoffblätter als Andenken eingesammelt haben. Ich erinnere mich an ihn, wie er mit seinem langen grauen Mantel und dem Gehstock grinsend vor Bilbos Haus für ein Foto posierte. Ich erinnere mich daran, wie wir uns derart in dem glücklichen Gefühl, zusammen hier zu sein, verloren, dass wir für einen

Augenblick die Gedanken an den schwierigen Weg, der vor uns lag, vergessen konnten.

Während ich die Erinnerungen an dieses Glück genieße, bin ich auch traurig. Ich wünsche mir, Mike wäre jetzt hier. Und auf gewisse Weise ist er das auch, wenngleich nur in einer Erinnerung. Doch diese Erinnerung ist so lebendig und real, dass ich fast glaube, ich müsste nur etwas länger hierbleiben, damit er auftaucht. Ich könnte die ganze Nacht hier oben sitzen. Ich könnte hier schlafen, unter diesem Baum, unter dem klaren Sternenhimmel. In Augenblicken wie diesem, in denen mich eine solche Klarheit überkommt, weiß ich, warum ich das hier tue. Warum ich Mikes Aufgaben erfülle. Weil sie mich ihm so oft wieder nahebringen, ebenso wie einem vagen, fast schon erreichbaren Gefühl des Friedens.

Ich wische mir mit dem Ärmel die Feuchtigkeit von der Wange. Es wird dunkel. Entschlossen stehe ich auf. Ich werde diese Liste bewältigen und die Aufgaben alle nacheinander absolvieren. Und ich werde das auf eine Art und Weise tun, die dich stolz machen wird, Mike.

* * *

Im Grünen Drachen herrscht beste Stimmung. Gäste der letzten Tour sitzen auf den Bänken am Mühlteich und trinken das in Hobbingen gebraute Bier oder den Cider aus niedlichen kleinen Hobbitbechern aus Porzellan.

Ich entdecke Story, und Russell stößt zu uns. Wir werden in das Wirtshaus gescheucht, wo sich noch mehr Gäste prächtig amüsieren. Hobbitmusik, oder jedenfalls das, was man sich darunter vorstellen würde, ertönt, und das Bier fließt in Strömen. Russell bittet um Ruhe und verkündet, dass Story und ich als Verwandte des Mannes, der die Hobbits erfunden hat, heute die Ehrengäste sind.

Nach den obligatorischen Selfies bittet er uns, schwere Vorhänge aufzuziehen, hinter denen das prachtvollste Hobbitbankett zum Vorschein kommt, das ich je gesehen habe. Mehrere Tische biegen sich förmlich unter den Köstlichkeiten: Platten voller Fleisch, Gemüse, Früchte und Brot. Die Menge eilt frohlockend herbei, stößt bei dem prächtigen Anblick bewundernde Ausrufe aus, und jeder findet an den Tischen einen Platz. Das klingt jetzt vielleicht so, als hätte ich nur von feiernden Hobbits geträumt, aber Sie können mir glauben – und alle, die dabei waren, werden es bezeugen –, dass es genau so passiert ist.

Unsere kleine Gruppe sitzt etwas abseits an einem Tisch mit Russell, den ich früher am Tag bereits aufgesucht habe, um mich bei ihm für das zu bedanken, was er für Mike getan hat, und dafür, dass wir heute hier sein dürfen. Irgendein törichter Mensch drückt mir eine Bierflasche in Hobbitgröße in die Hand.

Nur zwei Minuten später bin ich beschwipst.

Und glücklich.

IKARUS

Story geht seine eigenen Wege, er breitet die Flügel aus. Wieder einmal. Er hat in einer wunderschönen Küstenstadt namens Raglan einen Job gefunden. Wir sind an freien Tagen ein paarmal hier gewesen. Er, Andy und ich. Beim letzten Mal haben wir einen Kaffee in einem kleinen Lokal auf dem Weg zu einem der zehn besten Surforte der Welt getrunken, und Story hörte, wie sich der Geschäftsführer und der Koch über Personalmangel unterhielten. Er ist sofort aufgesprungen, hat sich dafür entschuldigt, sich in ihr Gespräch einzumischen, und prompt seine Dienste angeboten. Kaffee kochen kann er nämlich, und als sie ihn aufforderten, sich hinter den Tresen zu stellen und einen Flat White und einen Latte zuzubereiten, hat er das sofort getan und bekam auch gleich eine Stelle angeboten.

Daher sind wir jetzt hier. Wir waren im hiesigen Supermarkt einkaufen und haben ihm geholfen, sich einzurichten. Rustikal wäre eine freundliche Art, seine Unterkunft zu beschreiben, aber Story ist jetzt offiziell ein Wwoofer. WWOOF oder World Wide Opportunities on Organic Farms bietet Menschen als Gegenleistung für etwas Arbeit Unterkünfte an. Wwoofing. Ja, es ist rustikal – aber es ist sicher, es ist wunderschön, und ich mache mir nicht die geringsten Sorgen um

Story. Nein, wirklich nicht. Er wird sich etwas anderes suchen, sobald er sich eingelebt hat. Aber vorerst … Na ja, ich könnte das nicht. Dafür fürchte ich mich viel zu sehr vor Spinnen.

In ganz Neuseeland erzählen einem die Menschen voller Stolz, es gebe im ganzen Land nichts Gefährliches, nichts, was einem schaden könnte. Es ist nicht wie in Australien, wo einen alles fressen oder töten will. Hier gibt es nichts, wovor man sich fürchten muss: keine Schlangen, keine Skorpione, keine gefährlichen Pflanzen und angeblich auch keine schaurigen Spinnen. Andy würde das nicht bestätigen.

Erschreckenderweise ist Andy genau hier in Raglan gebissen worden. Wir tranken einen Kaffee, und wie gewöhnlich summten einige Insekten um uns herum, aber da hier ja angeblich nichts gefährlich ist, dachten wir uns nichts dabei. Andy hatte die Arme und Beine unter dem Tisch, als er auf einmal einen stechenden Schmerz in der Nähe des Handgelenks spürte. Wir gingen alle davon aus, dass es nur ein Insektenstich war. Er klebte ein Pflaster darauf und ignorierte die Stelle. Einige Tage später machte sie sich jedoch noch immer bemerkbar, und als er das Pflaster abzog, kam eine mit Eiter gefüllte, rote, entzündete Infektion zum Vorschein, möglicherweise auch abgestorbenes Fleisch.

»Ja, das sieht nach einem Spinnenbiss aus«, meinte Chris, der freundliche ehemalige All-Blacks-Spieler, bei dem wir zu der Zeit wohnten. »Du solltest ins Krankenhaus gehen, und zwar sofort.«

Keine Stunde später hing Andy am Tropf und bekam starke Antibiotika. Die Ärzte gingen davon aus, dass es sich bei dem Übeltäter um eine White-Tail-Spinne handelte.

»Ich dachte, in Neuseeland gibt es keine giftigen Tiere«, warf Andy einem der Ärzte schlagfertig an den Kopf.

»Das ist eine australische Spinne. Die ist hier nicht heimisch.«

Tja, jetzt offenbar schon.

Diese besondere Spinne ist offenbar ziemlich gefährlich. Eine extreme Reaktion auf das Gift kann unbehandelt dazu führen, dass man beispielsweise eine Hand verliert. Zum Glück ist Andy gerade noch rechtzeitig ins Krankenhaus gegangen. Er hätte beinahe seinen Flug nach Hause umbuchen müssen, als er darauf wartete, dass die Schwellung zurückging.

Also nimm dich bitte vor Spinnen in Acht, Story.

Ich umarme ihn fest, gebe ihm einen Kuss und sage ihm, dass ich ihn lieb habe. Ihm wird schon nichts passieren. Er ist schon viel gereist und hat Erfahrung. Er hat sechs Monate in Indien verbracht, wurde dort allerdings von einer widerlichen großen Ratte gebissen. Er kommt schon klar.

Widerstrebend steige ich zu Drew in den Wagen, und wir fahren weiter.

* * *

Einige Tage später bin ich es, der die Flügel ausbreitet. Allerdings in einem weniger metaphorischen Sinn. Inzwischen ist offensichtlich, worin meine nächste Aufgabe bestehen wird. Die Katze ist endgültig aus dem Sack. Vor mir ragt ein gigantisches Schild auf und wirbt für … Fallschirmspringen.

»Dafür sollte ich mir vielleicht besser eine Jeans anziehen.« Ich schneide eine Grimasse, als wir aus unserem Jucy-Van steigen. Drews Grinsen gibt mir zu verstehen, dass hierbei wieder die GoPros zum Einsatz kommen. Während er schön auf festem Boden bleibt, der Drückeberger. »Und eine Windel«, füge ich hinzu, da mir schon jetzt der Schweiß ausbricht.

* * *

Ich werde nicht zum ersten Mal aus einem Flugzeug springen. Nachdem wir »Gefährliche Brandung« gesehen hatten, waren

Mike und ich schon vor Jahren zu dem Entschluss gekommen, dass wir das mal ausprobieren mussten. Na ja, eigentlich war es eher Mike. Auch wenn ich der Ansicht war, dass Patrick Swayze und Keanu cool dabei aussahen, war ich mir nicht so sicher, ob mir das ebenfalls Spaß machen würde. Ein Freund von uns namens Carl buchte für uns drei einen Termin in einer Anlage in der Nähe von Telford. Es war ein eintägiger Kurs, der damit endete, dass wir einen Sprung aus einer Höhe von tausend Metern absolvieren sollten.

Das Training fand in einem Hangar statt. Wir gingen die Notfallprozeduren durch, was immer dazu beiträgt, mich nur noch nervöser zu machen. Wenn sich die Schnüre des Hauptfallschirms aus irgendeinem Grund verdrehen, hast du immer noch den Ersatzschirm. Ein sehr simples Konzept, doch der Vorgang, wie man den nicht nutzbaren Hauptschirm abwirft und den Reserveschirm nutzt, geht uns allen dreien nicht in den Kopf. Okay, wir passen auch nicht richtig auf, aber trotzdem. Der Sinn jedes Trainings ist doch hoffentlich, die Panik im tatsächlichen Notfall zu verhindern. Man weiß dann, was man tun muss, und macht es einfach. Panik kann einen umbringen. Die Reihenfolge lautet: hinsehen, finden, packen, abstoßen. Die Schlaufe suchen, sie ansehen (leichter gesagt als getan, wenn man mit Zillionen Stundenkilometern auf die Erde zurast), danach greifen und dann den Klettverschluss mit einer energischen Bewegung von sich wegziehen, wodurch gleichzeitig der Hauptschirm abgestoßen und der Reserveschirm geöffnet werden. Wir baumelten über einigen Matten und übten das.

»Gucken, drücken … Schwachsinn.« Sogar Mike war verwirrt.

»Ha! Du bist tot.« Carl und ich krümmten uns vor Lachen.

Wir starben alle mehrmals, bevor wir es hinbekamen. Sobald wir es konnten und sobald wir wussten, wie wir uns bewegen und drehen sollten und wie wir uns bei der Landung nicht die Beine brachen, scheuchte man uns zu einer wartenden Cessna. Es war ein winziges Flugzeug mit ausgebauter Seitentür, und als wir darauf zugingen, spürte ich Mikes Hand auf dem Fallschirm an meinem Rücken.

»So ist es besser.« Er grinste mich an.

Ich geriet in Panik. »Was hast du angefasst? Was hast du gemacht?«, verlangte ich zu erfahren, doch er lachte nur.

Mike stieg als Erster ins Flugzeug, gefolgt von mir. Carl bildete die Nachhut, und wir würden in umgekehrter Reihenfolge abspringen. Wir setzten uns in den sarggroßen Rumpf und sortierten unsere Beine, bis wir wie ein Trio aus drei nervösen Sardinen eingequetscht waren. Der Ausbilder blieb lässig direkt an der Tür stehen und zeigte dem Piloten den in die Luft gereckten Daumen. Dann hoben wir auch schon wie eine Rakete ab. Das war kein sanfter Anstieg. Der Pilot hatte nur eine Mission: Er sollte so schnell wie möglich an Höhe gewinnen. Es fühlte sich an, als würden wir senkrecht nach oben fliegen und von einem einzigen wütenden Propeller zum Firmament befördert, während die zusammengenieteten Platten des Flugzeugs um uns herum rappelten. Bis wir dann endlich waagerecht ausgerichtet waren.

»Ihr müsst nicht springen, wenn ihr nicht wollt«, versicherte uns der Ausbilder, dem die drei aschfahlen Gesichter, die ihn entsetzt anstarrten, offenbar nicht entgangen waren. »Aber ich sollte euch warnen, denn wenn ihr den Start schon als schlimm empfunden habt, müsst ihr wissen, dass der Pilot es noch eiliger hat, wieder nach unten zu kommen. Das wird nicht angenehm.«

Jedenfalls glaube ich, dass er das gesagt hat. Wir sausten mit über hundert Stundenkilometern durch die Luft, und das halbe Flugzeug fehlte. Das kakofone Dröhnen des Triebwerks und das ohrenbetäubende Brausen des Windes übertönten so gut wie alles. Dann beugte der Ausbilder sich über die Türöffnung und blickte nach unten. Sein Gesicht, das vom draußen tobenden

151

Sturm attackiert wurde, verwandelte sich in eine Gummimaske, stülpte sich um und flatterte wie ein lockeres Segel. Wir starrten ihn, ohne zu blinzeln, schweigend an. Er hatte eine aufgerollte Socke oder etwas in der Art dabei, einen Gegenstand, der ihm einen Hinweis auf die Windrichtung geben konnte. Als er ihn aus dem Flugzeug fallen ließ, schoss er nach hinten und war sofort verschwunden. Was nur logisch war, schließlich flogen wir verdammt schnell. Aber es wirkte unglaublich aggressiv und gewalttätig und gab mir einen Vorgeschmack auf das, worauf wir uns eingelassen hatten.

Carl musste als Erster springen. Er trat an die Tür und hielt sich fest, während er die Beine hinausbaumeln ließ. Ich hatte einen staubtrockenen Mund und lachte nervös auf, voller Angst um Carl, konnte den Blick jedoch nicht von ihm abwenden.

»Lass los!«, rief der Ausbilder über den lauten Wind hinweg. Doch das war offensichtlich nicht das, was Carl tun wollte. »Lass los!«, forderte er erneut. Und dann löste der Ausbilder Carls Finger einen nach dem anderen vom Griff und schubste ihn praktisch aus dem Flugzeug. Wie die Ersatzsocken des Ausbilders verschwand auch Carl, wurde nach hinten gesogen und ward nicht mehr gesehen.

Danach war ich an der Reihe.

Ich drehte mich zu Mike um, der zur Abwechslung mal kaum grinste. Es gab auch keine albernen Sprüche. Entweder hatte er ebenfalls Angst, oder meine überaus entsetzte Miene reichte aus, um ihn zum Schweigen zu bringen. Bevor ich wusste, wie mir geschah, stand ich auch schon wie Carl kurz zuvor in der Öffnung. Der Wind schob mich wieder ins Flugzeug und gegen den Rand der Tür. Ich versuchte, dagegen anzukämpfen, und befürchtete schon, ich könnte mich irgendwo verhaken, und dann hörte ich, wie mir der Ausbilder zurief, dass ich springen sollte. In einer seltenen Anwandlung blinden Gehorsams stieß ich mich ab. Die Welt wirbelte um mich herum, ich war völlig durcheinander und glaubte schon, das Bewusstsein zu verlieren. Ich hatte keine Ahnung, was da überhaupt vor sich ging. Schon ging der Fallschirm auf.

Der freie Fall hatte nur wenige Sekunden gedauert, war jedoch grässlich gewesen. Doch nachdem sich der Fallschirm geöffnet hatte, wurde es ruhig. Ich schwebte gen Erde, konnte Carl unter und Mike über mir sehen, nur als Flecken, aber immerhin. Es war unglaublich. Wir mussten auf der Heimfahrt am Straßenrand anhalten, um das betäubte Schweigen loszuwerden, indem wir alle aus dem Wagen stiegen und herumtanzten wie Landeier auf einem Rodeo.

Man soll fünf dieser Absprünge absolvieren, bevor man zur nächsten Stufe übergeht. Wir kamen nie dazu, es noch mal zu machen. Das lag nicht daran, dass wir es nicht versucht hätten, aber die kleinste Wetteränderung kann bereits dazu führen, dass man auf dem Boden bleiben muss. Nachdem das mehrmals passiert war, verloren wir die Sache irgendwie aus den Augen.

Einige Jahre später produzierte ich einen Film auf den Fidschi-Inseln und bekam dort die Möglichkeit, einen Tandemsprung zu machen. Ich war sofort Feuer und Flamme und bildete mir ein, ich hätte die irrationale Angst davor, aus einem Flugzeug zu springen, längst überwunden. Ich würde einfach da hochfliegen, rausspringen und es genießen. Und gab es einen besseren Ort dafür als über dem türkisfarbenen Wasser rund um eine Pazifikinsel? Zudem war es ein Tandemsprung. Ich würde überhaupt nichts machen müssen, nur an jemandem dranhängen und die Aussicht genießen.

Ich überredete den Regisseur des Films, Ez, und Dean, einen weiteren Produzenten, mich zu begleiten. Sie waren nervös, aber ich versprühte genug Selbstsicherheit für uns drei. Sie flogen vor mir hoch, einer nach dem anderen, und ich beobachtete, wie sie anmutig und mit breitem Grinsen zum Sandstrand herabgeschwebt kamen. Das wird großartig, sagte ich mir, und als ich einsteigen sollte, war ich mehr als bereit.

Ich flog nach oben und wartete ungeduldig darauf, dass das Flugzeug die richtige Höhe erreichte. Das dauerte eine Weile. Wir befanden uns auf über tausend Metern. Das war super. Das Verlassen des Flugzeugs war super. Der freie Fall war super. Der Fallschirm ging auf, und es war großartig. Ich baumelte angebunden an einen erfahrenen Fallschirmspringer nur in Shorts und T-Shirts in der Luft und wurde sanft von der warmen Südpazifikluft umweht.

»Willst du dich mal am Steuern versuchen?«, fragte mein Begleiter.

»Sicher«, antwortete ich zuversichtlich, übernahm die Steuerung und schwebte wie ein Adler durch die Luft.

»Wie wär's mit einem Spin?«

»Au ja.« Ich hatte zwar keine Ahnung, was er damit meinte, aber in diesem Moment hätte ich mich auf alles eingelassen. Er übernahm erneut die Steuerung und lenkte hart zu einer Seite, woraufhin ein Teil des Fallschirms einklappte und wir uns plötzlich in einer Spirale drehten. Innerhalb von Sekunden hatte ich das Gefühl, in einem Wäschetrockner zu stecken. Wir drehten uns immer schneller, bis sich unsere Körper horizontal zum Boden befanden. Das Blut rauschte aus meinem Kopf und sammelte sich in meinen Fußsohlen. Mir wurde schwindlig.

Mir wird sowieso schnell schwindlig. Ich kann mich ein paarmal um die eigene Achse drehen und muss mich dann hinsetzen, bevor ich umkippe. Daher weiß ich beim besten Willen nicht, warum ich derart begeistert auf diesen bescheuerten Vorschlag eingegangen bin. Das war eine blöde Idee. Aber wirklich schrecklich war es nicht. Dank des Adrenalins stand ich es durch. Bis wir aufhörten, uns zu drehen.

Wieder in vertikaler Position, trieben wir langsam auf das kristallklare Wasser des Ozeans zu, und das Blut strömte begierig zurück in meinen Kopf. Mir wurde schlagartig übel. Noch nie zuvor hatte ich einen derart starken Drang verspürt, mich zu übergeben. Nachdem ich mehrmals unwillkürlich gewürgt hatte, wovon mein Partner rein gar nichts mitbekam, konnte ich es nicht länger zurückhalten. Was unter normalen Umständen ein beeindruckendes Beispiel für schwallartiges Erbrechen gewesen wäre, wurde zu etwas völlig anderem. Sobald mein Mageninhalt meinen Mund verlassen hatte, wurde er vom Wind sofort zurückgeschleudert, klatschte mir seitlich ins Gesicht und bedeckte meinen Partner. Ich durchnässte ihn mit Erbrochenem.

»Tut mir leid«, versuchte ich würgend hervorzustoßen, aber mir war klar, dass sein Tag so oder so ruiniert war. Wir waren zu diesem Zeitpunkt vielleicht noch hundert Meter über dem Boden, aber ich konnte einfach nicht aufhören. Ich entdeckte Dean unter mir, der mich filmte. Und als wir endlich auf dem Sand landeten, bot ich keinen schönen Anblick. Mein Haar war in alle Richtungen verweht und mit meinem Frühstück bedeckt. Ebenso meine Brust. Und auch der arme Kerl, der an mich gebunden war. Er schäumte innerlich. Dean und Ez kamen angerannt und hatten Lachtränen in den Augen, und ich würgte noch immer, auch wenn nichts mehr herauskam. Mir ging es hundeelend.

* * *

Trotz der Erinnerungen an die Fidschi-Inseln bin ich dennoch überrascht, wie nervös ich beim Gedanken an einen weiteren Sprung werde. Ich sage mir, dass es nur an meinem angespannten emotionalen Zustand liegt, daran, was ich hier tue, an der Liste. Ich ziehe auch in Betracht, dass ich kein junger Mann mehr bin, auch wenn ich mich in meinem Tinder-Profil anders darstelle. Angst kommt schneller zum Vorschein, wenn man älter wird. Man ist sich seiner Sterblichkeit mehr bewusst. Und ich habe einen Sohn. Ich muss keine Risiken eingehen. Ich sollte mein Leben nicht aufs Spiel setzen. Aus welchem Grund auch immer, ich habe eindeutig Angst.

Drew saust auf dem Beifahrersitz eines Quads davon in Richtung Rollbahn, um beim Start in Position zu sein. Das macht bestimmt mehr Spaß. Was würde ich dafür geben, einen Tag lang mit Quads rumzugurken, statt in fünftausend Metern Höhe aus einem Flugzeug zu springen.

Augenblick mal, in welcher Höhe?

Das Flugzeug ist größer als die Flieger, in denen ich bisher gesessen habe. Es ist eine große rosafarbene Maschine, glaube ich, allerdings bekomme ich langsam einen Tunnelblick. Wir heben ab und gewinnen quälend langsam an Höhe. Ich habe einen kleinen Höhenmesser an meiner Ausrüstung und schaue drauf, weil ich denke, dass wir langsam hoch genug sein müssten. Er zeigt etwas über zweitausend Meter Höhe an. Wir haben noch nicht mal die Hälfte hinter uns.

»Noch irgendwelche letzten Worte?«, witzelt der Kiwi, an den ich festgegurtet bin, und schwenkt eine GoPro vor meinem Gesicht. Er könnte fast Patrick Swayze in »Gefährliche Brandung« sein, wäre da nicht sein Akzent.

»Ja«, antworte ich mit so viel scherzhafter Prahlerei, wie ich aufbringen kann. »Danke, Mike.«

Er lacht. Und bietet mir eine Sauerstoffmaske an, damit ich in der großen Höhe nicht ohnmächtig werde.

Irgendwann ist es dummerweise Zeit zu springen. Ich werde auf einmal nach hinten gegen Kiwi Swayze gedrückt, und wir nähern uns der offenen Tür. Ich sitze noch nicht mal am Rand. Das tut er. Ich hänge längst in der Luft, hilflos und panisch, und erwäge ernsthaft, meinen Darm zu entleeren. Und dann rutscht er nach vorn, und wir fallen.

Fallen.

Fallen.

Das sind die längsten sechzig Sekunden meines Lebens, wenn nicht noch mehr. Ich habe keine Ahnung, wie lange es wirklich dauert, aber es fühlt sich die ganze Zeit so an, wie wenn man schnell über eine holprige Brücke fährt und einem die Innereien einen flüchtigen Moment lang förmlich in die Kehle springen. Nur, dass es nicht bloß ein flüchtiger Moment ist.

Und da ist noch ein Typ, der uns lässig filmt. Er lässt sich nach hinten fallen und richtet seine GoPro auf mein Gesicht. Dann macht er irgendeine Drehung und ist über uns. Ich vergesse die eine Sache, die ich bei diesem Tandemsprung hätte tun müssen: Ich mache den Mund nicht zu. Sobald der Aufwind meine geöffneten Lippen trifft, verwandelt sich mein Gesicht in einen weit aufgerissenen flatternden Schlund, und mir wird das letzte bisschen Flüssigkeit entzogen, das sich darin noch befand.

Und wir sind wahnsinnig schnell. Der Boden, ein maßstabgetreues Modell meiner Realität, scheint einfach nicht näher zu kommen. Aber das ist nur ein kleiner Trost. Mir ist bewusst, dass ich wie ein Stein vom Himmel stürze. Bis ich eine Hand auf der Stirn spüre und weiß, dass Swayze gleich den Fallschirm öffnen wird. Dann baumele ich in der Luft, noch immer mindestens tausend Meter über der Erde, bin unfassbar durstig und von diesem Erlebnis derart durcheinander, dass ich weiß, ich werde mich erst wieder sicher fühlen, wenn ich festen Boden unter den Füßen spüre. Da unten sieht noch immer alles aus wie ein Spielzeugland, aber es kommt langsam näher. Ich kann Drew ausmachen, der die Kamera auf mich richtet.

Und dann sind wir am Boden. Ich könnte heulen vor Freude, als ich die weiche Erde unter meinen Füßen spüre. Erinnern Sie sich, dass ich schrieb, es gebe Zeiten, in denen ich lieber Tee in meinem Garten trinken würde? Dies ist eine davon. Ich löse den Harnisch, lege mich auf den Boden und streichle das Gras.

»Das mache ich zu Hause.« Ich blicke zu Drew und seiner Kamera auf, zupfe einige Grashalme aus und zerreibe sie zur Beruhigung zwischen den Fingern. Das ist tröstlich. Ich springe nicht gern aus Flugzeugen. Viel lieber bleibe ich mit den Füßen am Boden. So etwas möchte ich nicht mehr machen. Nie wieder. Aber vor allem bin ich erleichtert, dass Story nicht hier ist. Er hätte ebenfalls springen wollen, und das hätte mein Herz nicht mitgemacht.

Helden und Monster

Eine Weta ist ein gewaltiges, flugunfähiges, grillenartiges Insekt und in Neuseeland heimisch. Diesen Namen trägt allerdings auch eines der weltweit führenden Unternehmen für Film-Special-Effects und Requisiten, das von Richard Taylor und Tania Rodger gegründet wurde, in Wellington beheimatet ist und international bekannt wurde, nachdem es sämtliche Sets, Waffen, Kostüme, Rüstungen, Kreaturen und andere Effekte für, ja, Sie haben es vermutlich längst erraten, die »Der Herr der Ringe«-Filme beigesteuert hat.

Genau dort bin ich gerade, und ich genieße es hier! Ich liebe Wellington. Ich habe hier sehr viele Freunde, und hier befindet sich auch mein Lieblingsort auf der ganzen Welt, um einen Kaffee zu trinken: das Chocolate Fish Café. Es ist normalerweise der erste Punkt, den ich aufsuche, sobald ich in Wellington angekommen bin, und diese Reise stellt da keine Ausnahme dar. Darüber hinaus war es der erste Ort, an den ich Mike mitgenommen habe, als er mich begleitet hat. Damals saßen wir hier mit Blick auf das Meer, nippten an unserem Kaffee und ließen es uns gut gehen. Diesmal, ohne Mike, ist mein Besuch von Trauer getrübt, aber ich bin trotzdem froh, hier zu sein. Ich sitze da und erinnere mich an all die Stellen in und um Wellington, wo ich mit Mike war; wie wir über die Halbinsel gefahren sind, Seehunde bestaunt, Freunde getroffen und in Cafés gegangen sind und wie ich ihm Weta Workshop gezeigt habe.

Ich hatte Richard bei Weta im Vorfeld darüber informiert, dass ich in der Stadt sein würde, und er schlug vor, dass ich zum Mittagessen vorbeikommen sollte. Diese Gelegenheit ließ ich mir natürlich nicht entgehen. Ich hatte Weta im Lauf der Jahre häufiger besucht und stets das Glück gehabt, dass mich Richard herumführen konnte. Es gibt zwar auch offizielle Touren (für die man eine Verschwiegenheitserklärung unterschreiben muss!), bei denen man den Leuten, die Waffen, Monster und was auch immer gerade benötigt wird bauen, durch Fenster auf die Finger gucken kann, aber es geht doch nichts über eine persönliche Führung, bei der einem auch Bereiche gezeigt werden, die man sonst nie zu sehen bekommen würde.

Das muss einer der besten Arbeitsplätze der Welt sein. Alle sind voller Leidenschaft dabei; sie sind die weltweit Führenden ihrer Branche und scheinen sich zu freuen, dort zu sein und coole Sachen machen zu dürfen. Ich war jedes Mal aufs Neue beeindruckt, mit welcher Passion alle an »Der Herr der Ringe« gearbeitet haben. Als ich während der Dreharbeiten hier war, ging ich zu einer Veranstaltung, die später zu einem traditionellen Filmabend bei Weta wurde. Peter besorgte immer Vorabkopien von Filmen und zeigte sie den Schauspielern und der Crew, damit sich alle zusammen als Einstimmung auf das Wochenende entspannen konnten. An diesem besonderen Abend ging ich vor der Filmvorführung durch die Werkstatt und bemerkte einen Mann, der an einem Computer saß und die CGI, also die Animation, von Gollum anpasste, wobei er sein Gesicht bis ins kleinste Detail bearbeitete. Als ich zweieinhalb Stunden später nach dem Film erneut vorbeikam, saß er immer noch an genau derselben Stelle. Vollkommene Hingabe.

Ein anderes Mal hatte ich das Glück, mit Peter die Aufzeichnung der Filmmusik zu »Die Rückkehr des Königs« in den Abbey Road Studios in London verfolgen zu können. Ich saß in der Regiekabine und sah staunend zu, wie Howard Shore das London Philharmonic Orchestra dirigierte, während eine Szene des Films abgespielt wurde. Peter lehnte sich auf seinem Stuhl zurück und verschränkte die Hände hinter dem Kopf, als die Musik anschwoll. Ich bemerkte, dass er eine Gänsehaut an den Armen bekam. Selbst nach so vielen Jahren war Peter noch immer so leidenschaftlich, engagiert und ehrgeizig wie zu Beginn seiner Reise.

Richard ist genauso, stets übersprudelnd vor Enthusiasmus, immer bereit, dir neue Dinge zu zeigen und zu erklären und Anekdoten dazu zu erzählen. Das ist sein Fachgebiet, und er liebt es. Als ich mit Mike dort war, fand Richard trotz seiner vielen Arbeit unglaublicherweise viel Zeit für uns und zeigte uns alles. Er merkte, wie vorsichtig wir auf den Treppen und in den Korridoren waren und auf Mikes Beine achteten. Wir ließen uns Zeit, und Mike und Richard kamen auf Anhieb gut miteinander aus. So gut, dass Richard und Tania mir nach Mikes Tod eine wundervolle E-Mail schickten und mir in Erinnerung riefen, wie viel Spaß sie dabei gehabt hatten, uns dort herumzuführen, und wie traurig sie Mikes Tod mache.

Ich treffe mich also mit Richard zum Mittagessen. Und wegen dieser ganzen Bucket List und weil ich nie weiß, wann mir die nächste verdammte Aufgabe gestellt wird, habe ich es nicht gewagt, noch mehr zu vereinbaren. Daher bin ich ehrlich überrascht und überaus begeistert, als Richard mich im Sitzungssaal, umgeben von Oscars und anderen Auszeichnungen und Requisiten, mit strahlendem Lächeln fragt: »Soll ich dich ein bisschen herumführen?«

»Das wäre super.« Ich springe sofort auf und bin ganz gespannt, was es Neues gibt. Und schon geht es los.

Irgendwann unterwegs gelangen wir zu einer Tür, die ich noch nie gesehen habe. Ich werde hineingedrängt und zwei Personen vorgestellt, die ich bei früheren Gelegenheiten schon einmal getroffen habe: Jason Docherty und seine Frau Kim.

»So, Royd, die beiden werden dich jetzt in einen Ork verwandeln.« Richard grinst mich an. »Was sagst du dazu?«

»Wow«, ist alles, was ich herausbringe. Und dann »Aaah«, als ich sehe, wie Drew aus seinem Versteck hinter einem Schminktisch hervorkommt und die Kamera auf mich richtet. Wieder einmal wurde ich reingelegt. Und ich dachte, ich sei nur zum Plaudern beim Mittagessen hier. Diese »Tour« war nur eine List – ein Trick, um mich mit einer neuen Aufgabe zu überraschen. Ein Ork! Zugegeben, das ist aufregend. Ich bekomme das komplette Make-up und Kostüm und werde grässlich aussehen. Ein Waldläufer war ich schon zweimal, aber noch nie ein Ork.

* * *

Das zweite Mal spielte ich im zweiten Hobbit-Film »Smaugs Einöde« einen Waldläufer. Es war eine größere Szene als in »Die Rückkehr des Königs«, und sie wurde einen ganzen Tag lang gedreht. In der Szene tragen mehrere Waldläufer die Leiche des Hexenkönigs von Angmar in Ketten gewickelt zu einem großen Steinsarkophag in den Tiefen einer mit Feuer erhellten Gruft. Einer der anderen Waldläufer sollte das Schwert des Hexenkönigs auf seinen Leichnam werfen.

»Schnitt!«, rief Peter. »Ich finde, dass Royd das übernehmen sollte. Er ist der Hauptmann der Wache … Und als Hauptmann wäre er es, der vortritt und das Schwert hineinwirft, okay?«

»Okay«, stimmte ich zu. Ja! Ich kriege eine coole Einstellung, jubilierte ich innerlich.

Der Plan war, dass ich durch diesen schmalen Korridor ging, an Menschen mit Fackeln in den Händen vorbei, die meinem Gesicht erschreckend nahe kamen, anschließend einige Stufen erklomm und das Schwert dann auf die Leiche im Sarkophag warf und darauf hoffte, dass es nur wenige Zentimeter von dem wahnsinnig teuren Objektiv der 3-D-Kamera entfernt liegen blieb.

»Was ist, wenn ich schlecht werfe?«, fragte ich Andrew Lesnie, den Kameramann, der bedauerlicherweise nicht mehr unter uns weilt. Ich wusste es nicht genau, schätzte jedoch, dass das Objektiv mehrere Zehntausend Pfund kosten musste. Und wenn sie zerbrach und die Dreharbeiten unterbrochen werden mussten, bis Ersatz beschafft war ... Na, das wollte ich nun wirklich nicht verschulden. Der Stein mochte falsch sein, das Set nur Fassade, aber das Schwert war echt. Es bestand aus Metall und war schwer. Damit konnte man eine schöne Kamera ganz schön beschädigen.

»Gutes Argument«, stimmte mir Andrew zu. Wir warteten, bis er eine Plexiglasscheibe vor der Linse angebracht hatte. Beim ersten Versuch warf ich das Schwert auf die Leiche des Hexenkönigs und es prallte ab und knallte direkt vor der Linse gegen die Plexiglasscheibe. Das war knapp! Ich benötigte mehrere Versuche, bis ich es hinbekam. Aber das war eine echt coole Szene.

Einige Zeit später organisierte ich mit der Erlaubnis von Warner Bros. in unserem Kino eine »walisische« Premiere des Films, die wohltätigen Zwecken diente. Mike hatte mich zur Londoner Premiere des ersten »Hobbit«-Films begleitet, aber als der zweite herauskam, saß er bereits im Rollstuhl, daher ging er nicht zur Premiere, sondern ich brachte die Premiere zu ihm. Das war schließlich mein großer Augenblick.

Ich saß neben Mikes Rollstuhl, und wir sahen uns den Film gemeinsam an. Das Kino war rappelvoll. Ich konnte es kaum erwarten, meine Szene zu sehen und ein bisschen (ganz gewaltig!) anzugeben – ich als Hauptmann der Waldläufer, der den Hexenkönig begrub, ihm das Schwert auf die Brust warf und richtig krass aussah –, und als ich sah, dass es gleich so weit sein würde, beugte ich mich zu Mike hinüber. »Das ist es. Gleich kommt mein Part.«

Mike lehnte sich zu Laura hinüber und sagte ihr Bescheid. Sie gab es an Story weiter, und so ging es durch die Reihen. Ich beobachtete, wie die ganze Familie informiert wurde. Alle warteten angespannt und voller Vorfreude auf diesen Moment.

»Wo bleibt er denn?«, raunte mir Mike nach einigen Minuten zu.

»Die Szene wurde rausgeschnitten.« Ich war am Boden zerstört.

Mike lachte schallend los. Er kriegte sich gar nicht mehr ein. Ich sackte auf meinem Platz in mich zusammen und war enttäuscht, dass ich in der finalen Fassung nicht zu sehen war; gleichzeitig war mir bewusst, dass Mike das jahrelang auskosten würde. Er hatte ordentlich Munition bekommen, um mich damit aufzuziehen. Ich würde das ewig zu hören bekommen. Aber keine Sorge, Sie können sich die Szene trotzdem ansehen. Sie war zwar nicht in der ersten Kinofassung enthalten, dafür jedoch in der Extended Edition.

Der dritte Film »Die Schlacht der fünf Heere«, in dem Story eine längere Szene hat (die nicht rausgeschnitten wurde!), erschien ein Jahr später, aber Mike konnte ihn sich nicht mehr ansehen.

* * *

Wie sich herausstellt, bekomme ich die volle »Helden«-Ausstattung. Wobei ein »Held« in diesem Sinne jemand ist, der direkt vor der Kamera stehen soll, daher wird an keinem Detail gespart. Und nicht nur das: Die Prothesen, die sie mir anpassen, wurden von Shane Rangi getragen, einem Stuntman, Schauspieler und Freund von mir, der in den Filmen als Ork an vorderster Front stand, auch wenn man ihn unter den vielen Schichten nicht erkennen konnte. Das wird ja immer besser.

Ich sitze vor einem Spiegel und werfe einen letzten Blick (jedenfalls für eine Weile) auf mein Gesicht, bevor es verschwindet. Um mich herum sind die Wände bis zur Decke von zahllosen Gesichtsabdrücken bedeckt. Viele stammen erwartungsgemäß von den Schauspielern aus den Filmen »Der Herr der Ringe« und »Der Hobbit«, wie zum Beispiel Ian McKellen, Elijah Wood, John Rhys-Davies und so weiter. Aber es sind auch andere große Namen wie Marlon Brando, Sigourney Weaver, Patrick Stewart und Peter Cushing vertreten. Richard sammelt sie und hat sogar schon welche von Napoleon, George Washington und Abraham Lincoln ergattern können. Das ist eine wirklich seltsame Mischung aus perfekten Abbildern berühmter Personen in weißem Gips, die ernst auf meine bevorstehende Verwandlung herabblicken.

Jason und Kim machen sich an die Arbeit. Die Prothesen werden in Einzelteilen aufgetragen und liebevoll in mein Gesicht geklebt. Ich beiße auf eine Gussform, damit man mir herrlich ekelhafte Ork-Zähne anpassen kann. Kurz darauf ähnelt mir mein Spiegelbild überhaupt nicht mehr, sondern sieht aus wie ein knorriger, kahler, entsetzlicher Ork-Schädel. Sie kleben mir spitze Ohren an die Seiten meines neuen Gesichts und bearbeiten die Prothese mit Airbrush-Make-up, um sich danach mit kleineren Pinseln daran zu schaffen zu machen.

Ein oder zwei Stunden später helfen mir Kim und Jason in ein vollständiges Kostüm und bringen die Haare auf meinem Kopf an. Die Verwandlung ist abgeschlossen. Ich würde gern eine rauchen, daher wandere ich lässig durch die Werkstatt nach draußen. Das ist auch nichts, was man jeden Tag sieht: Ein Ork, der sich eine Zigarette dreht und raucht. Ich bitte Drew, ein Foto von mir mit einer zweieinhalb Meter großen Replik von King Kong zu schießen. Wie man das nun mal so macht.

* * *

Ich dachte, das sei es gewesen. Ich bin davon ausgegangen, sie machen mich zum Ork, ich sehe eine Weile cool aus und kann dann erneut durch Wellington laufen und auf die nächste Aufgabe warten. Doch wie sich herausstellt, bin ich hier noch nicht fertig. Man führt mich in die Tiefen von Weta Workshop und alarmierend nah an ein erschreckend großes Modell der Riesenspinne Kankra heran, die den armen Frodo einspinnt. Ich verabscheue Spinnen. Ich kann sie auf den Tod nicht leiden. Genauer gesagt habe ich so etwas wie eine Phobie, wie ich möglicherweise bereits erwähnte. Aber das ist nur ein Modell. Geh weiter.

Hinter der nächsten Ecke begrüßt mich ein bekanntes, lächelndes Gesicht. Ich stehe Shane Rangi gegenüber.

»Kumpel!« Ich gehe auf ihn zu und umarme ihn. »Ich trage dein Gesicht!«

»Schön, dich zu sehen, Mann!«

Wir unterhalten uns kurz, aber Shane ist nicht zum Spaß hier. »Bist du bereit?«, fragt er nach einer Weile.

Ich bin mir zwar nicht sicher, wofür ich bereit sein soll, bestätige es aber.

»Gut, denn wir haben noch was mit dir vor.«

Ich finde heraus, dass mich eine Art Vorsprechen erwartet. In der Nähe stehen mehrere leere Stühle, auf denen kurz darauf Menschen Platz nehmen, die über meine Überzeugungskraft als Ork urteilen werden. Na, so schwer kann das ja nicht werden, schließlich sehe ich schon mal wie ein Ork aus. Ich habe sogar schon angefangen, das Knurren zu üben. Es ging einfach nicht anders. So langsam wachse ich in meine Rolle hinein. Ich muss nur die Stimme senken und … Ach, wem mache ich hier denn etwas vor? Vermutlich klinge ich wie ein armseliger alter Mann, der mit verrotteten Zähnen im Mund gurgelt. Erst recht neben Shane. Er ist ein großer, furchterregender Kerl und sieht ohne Kostüm schauriger aus als ich mit.

Shane verbringt eine gute Stunde damit, mir zu zeigen, wie man sich als Ork bewegt. Ich muss die Knie etwas beugen, die Beine krümmen und so bedrohlich, wie ich nur kann, umherschreiten. Ich hebe meine grässliche Stupsnase zur Decke und schniefe, als würde ich mir den köstlichen Duft von Menschenfleisch ausmalen. Wir bekommen geschwungene Ork-Schwerter und machen ein wildes Waffentraining. Und als Shane glaubt, dass ich bereit bin, bereiten wir eine kleine Szene für mein Vorspielen vor.

Ich stehe an der Wand, das Gesicht vom Raum abgewandt, und stütze eine behandschuhte Hand vor mir gegen die Mauer. Mein gepresster Atem dringt keuchend aus meiner Kehle. Ich bin ein Ork. ICH BIN EIN ORK! Ich höre, wie mehrere Personen den Raum betreten, deren Kleidung raschelt, als sie sich hinsetzen. Sie sind da. Shane schnippt mit den Fingern, mein Signal zum Loslegen. ICH BIN EIN ORK.

Ich schniefe, schnüffle laut, ohne mich umzudrehen. Ein vertrauter Geruch hängt in der Luft. Ich lege den Kopf schief und versuche, ihn besser zu erschnuppern. Menschenfleisch. Und ich habe Hunger. Ich drehe mich langsam um, wende mich dem Raum zu, will mir diesen köstlichen Happen lebendigen Fleisches einverleiben. ICH BIN EIN ORK.

»Schnitt, Schnitt, halt, halt, nein, warte! Augenblick«, ruft eine Kiwi-Stimme. Es ist nur der gottverdammte Peter Jackson! Peter Jackson sitzt neben Richard und beobachtet mich. Ich soll vor Peter Jackson vorspielen! Und ich war gerade so richtig im Flow. Verdammt! Der Mann hat Nerven. Moment mal, habe ich etwa schon Mist gebaut? Nach gerade mal zehn Sekunden weiß er schon, dass ich der schlechteste Ork bin, den er je gesehen hat. Denn wenn jemand weiß, wie ein Ork sein muss, dann ja wohl Peter Jackson.

»Wir brauchen einen Hobbit. Können wir einen Hobbit haben? Schickt bitte jemand einen Hobbit her?«

Ich höre, wie sich jemand, den ich noch nicht sehen kann, für seine Verspätung entschuldigt. »Ich war gerade beim zweiten Frühstück«, sagt jemand mit weichem schottischem Akzent. Ich weiß sofort, wer das ist: Billy Boyd, Pippin aus »Der Herr der Ringe«. Ich kenne Billy seit Jahren und will ihn instinktiv als Freund begrüßen, selbst wenn er mich gar nicht erkennen kann. Aber nein, ich bin nicht sein Freund, nicht heute. ICH BIN EIN ORK.

»Zurück auf die Anfangsposition, bitte«, ordnet Peter an, und ich drehe mich wieder zur Wand und lasse die Schultern leicht hängen.

Hmm, Hobbitfleisch! Das ist der innere Ork. Nein, ich werde nicht aus der Rolle fallen, für niemanden. Ich knurre leise und warte. Als Shane mit den Fingern schnippt, fange ich von vorn an. Ich schnüffle langsam. Jetzt riecht es nach Hobbit. Ich hasse Hobbits. Aber die sind echt lecker. Ich möchte diesen Hobbit essen. Ich werde diesen Hobbit essen. Meine Sinne sind in höchster Alarmbereitschaft und verlangen, dass ich ihn finde, töte, fresse. Ich atme schwer, stehe gut. Ich bin ganz in der Rolle aufgegangen. Ja! ICH BIN EIN ORK.

»Ich … rieche … frisches … Fleisch …«, stoße ich knurrend hervor. Das hat gesessen. Und ich sehe sie, die Menschen und den Hobbit. Sie sitzen da und sehen alle frisch und lecker aus. Mit einigen schnellen Schritten stehe ich vor ihnen, halte genau auf den in der Mitte zu und brülle ihm mit ganzer Kraft ins Gesicht.

Ja, ich habe Peter Jackson eben aus vielleicht anderthalb Metern ins Gesicht geschrien. Er ist ein bisschen zurückgewichen, und ein Lächeln umspielt seine Lippen. Richard und Billy sind ebenfalls zurückgezuckt. Das wäre Ihnen auch so gegangen, wenn Sie dieses Gesicht vor sich gesehen hätten. Ich sagte, dass ich in der Rolle bin. Nach einem Moment richte ich mich auf und mache einen Schritt nach hinten. Als die Anspannung von mir abfällt, kann ich nicht anders, als einen kleinen Freudentanz aufzuführen. Sie müssen alle lachen.

»Das war sehr gut«, stellt Peter fest.

»Das war unheimlich«, gibt Billy zu.

»Ich hatte schon Sorge, du bekommst eine Art posttraumatischen Flashback oder so«, meint Peter trocken zu ihm.

»Ja«, erwidert Billy, »und dann versuche ich, meinen Hauptmann zu retten.«

»Ffffaaaaanggggyyyyyyyyaaa«, stoße ich stolz hervor.

Ich sollte lieber die Ork-Zähne rausnehmen.

DIE SPEISEKAMMER
DER NATUR

Ich wurde ausgesetzt und muss in der Wildnis um Otaki Gorge allein zurechtkommen. Na ja, nicht ganz. Für einen Tag und eine Nacht befinde ich mich in der Obhut eines sehr bedächtigen und freundlichen Mannes namens Steve und seiner Familie, und ich werde mehr über die Suche nach Nahrung in der Natur lernen. Ich werde erleben, wie es ist, von dem zu leben, was das Land einem bietet. Drew hat mir die GoPros gegeben und dafür gesorgt, dass mein Handy so eingestellt ist, dass es mit einer anständigen Auflösung filmt, und ich werde alles selbst aufzeichnen. Puh, diese Verantwortung.

Da wir in der Gegend um Halkyn aufgewachsen sind, waren Mike und ich ständig in der Natur. Wir kletterten auf Bäume und machten kleine Lagerfeuer. Bei einem der Summer Moots, als ich so um die zwölf war, fanden einige Gäste einen Haufen Anisegerlinge in den angrenzenden Feldern. Sie sammelten sie, brieten sie in Butter, und wir verspeisten sie. Ich weiß noch, wie erstaunt ich damals war, dass man einfach etwas in der Wildnis pflücken und essen kann.

Sowohl Mike als auch ich waren fasziniert von der Idee, von dem zu leben, was man so fand. Wir sahen uns Folgen von »A Cook on the Wild Side« an, in denen Hugh Fearnley-Whittingstall in seinem Kanalboot *The Bain Marie* durch Kanäle und Wasserstraßen schipperte, Früchte und Pilze sammelte und sich mit anderen Bootsleuten traf, die Hasenfallen aufstellten, wilde Nüsse suchten oder überfahrene Tiere von der Straße abschabten und kochten. In einer anderen Serie war er in seinem Land Rover unterwegs, der mit einer Miniküche ausgestattet war, ging auf Nahrungssuche, betrieb Tauschhandel und kochte alles, was er unterwegs so fand. Danach kam Ray Mears, der ebenfalls von dem lebte, was das Land zu bieten hatte, sich mit den Einheimischen traf und ihre Kultur und Gebräuche erlernte. Wir saugten das alles in uns auf.

Carl, der widerstrebende Fallschirmspringer, war mit Grete, einer Norwegerin, zusammen. Er zeigte mir und Mike Fotos der Fjorde in Norwegen, die er auf einem Ausflug mit ihr geschossen hatte, und wir waren sofort Feuer und Flamme. Sogleich beschlossen wir, dass wir dort campen wollten, und wir würden Fische fangen und für ein oder zwei Wochen von dem leben, was wir dort fanden.

Als die Zeit gekommen war, konnte uns Mike nicht begleiten. Er bekam keinen Urlaub und musste zu Hause bleiben. Aber Carl und ich brachen zusammen mit Mark (der die Druckerei leitete, für die Mike später arbeitete) zu unserem Abenteuer auf. Gretes Cousin hatte ein zweites Boot und war bereit, es uns zu leihen. Wir verstauten unsere schweren Rucksäcke darin und gingen an Bord. Er fragte uns, ob wir wussten, wie man den Motor bedient und mit einem Boot fährt.

»Ja, ja, kein Problem«, antwortete ich. Dabei hatte ich noch nie zuvor in einem Boot gesessen, geschweige denn eins gesteuert. Zudem glaube ich auch nicht, dass er mir das abgekauft hat, denn er erklärte rasch, wie man vorwärts und rückwärts fuhr und steuerte. »Ja, ja, alles *easy*. Hab's verstanden!«, versicherte ich ihm.

Um gleich mal gegen den Anleger zu donnern.

»Nein, nein, nein, das darfst du nicht machen!«, rief der Cousin verärgert aus.

Wir bekamen den Dreh dann doch noch raus.

Während wir in der Mitte des Fjords fuhren, waren wir von einer atemberaubenden Landschaft umgeben. Ich musste Mike einfach anrufen. »Du Idiot!«, rief ich über das Dröhnen des Außenbordmotors hinweg ins Handy. »Warum bist du nicht mitgekommen? Dieser Ort ist der Wahnsinn.«

Wir fuhren zu einer kleinen Insel, die Carl bei seinem Ausflug mit Grete entdeckt hatte. Obwohl wir keine Ahnung hatten, ob wir dort zelten durften, zogen wir das Boot in die kleine Bucht und gingen an Land. Ich watete in Shorts und Flipflops durch das hohe Gras und wäre beinahe auf eine Schlange getreten. Da wurde mir bewusst, dass wir uns nicht mehr in einer ländlichen englischen Gegend befanden, und ich fragte mich, was es hier sonst noch für Tiere gab. Vielleicht auch Bären?

Wir wussten überhaupt nicht, was wir da taten. Wir hatten Angelruten für Kinder dabei, die falsche Art von Spinnern, und die wenigen Fische, die wir tatsächlich fingen, warfen wir wieder ins Wasser, anstatt sie über dem Lagerfeuer zu grillen. Schließlich hatten wir keine Ahnung, was für Fische es waren und ob man sie überhaupt essen konnte. Das war eine bescheuerte Expedition, doch sie machte so großen Spaß, dass wir beschlossen, sie im nächsten Jahr zu wiederholen.

Zu Hause erzählte ich Mike endlos davon, bis er so weit war, dass er den nächsten Urlaub unbedingt mitmachen wollte. Wir frischten unsere mageren Kenntnisse über das Binden von Knoten und das Anzünden von Feuern auf und beschlossen, uns mit Army-Ausrüstung einzudecken. Der Plan war, in Zivil rüberzureisen und uns dort in Ganzkörpertarn einzukleiden, als wären wir eine Armee-Einheit oder ein Sonderkommando in der Wildnis.

Beim nächsten Mal hatten wir ein anderes Ziel. Wir flogen nach Stavanger und fuhren dann mit einer Fähre durch die Fjorde bis zu einem Ort namens Sand. Dort verbrachten wir die erste Nacht in einer Holzhütte, die einem coolen Norweger namens Björn gehörte. Er versorgte uns mit selbst gebrautem Bier (ich war nach einem halben Glas betrunken) und organisierte ein Boot für unseren Campingausflug. Wir fanden heraus, dass man in Norwegen überall ohne Genehmigung ein paar Tage zelten darf und dass man zum Angeln keine Lizenz braucht.

Also zogen wir uns unsere Armeeklamotten an und schipperten etwa eine Stunde durch den Fjord, um uns einen Zeltplatz zu suchen. Im Grunde genommen waren wir noch fast genauso ahnungslos wie das Jahr zuvor. Wir wussten, wie man ein paar einfache Knoten macht, hatten jedoch keine Ahnung, wie man etwas an einem Baum befestigt, sodass es wirklich hält, oder wie man sich einen anständigen Unterschlupf baut. Zwar konnten wir Feuer machen, doch das mit dem Kochen war eine ganz andere Angelegenheit. Unbeholfen stellten wir unsere Edelstahltöpfe auf Steine rings um die Flammen, doch sie fielen immer wieder um und löschten das Feuer.

Nach diesem Urlaub beschlossen wir alle, uns nächstes Mal besser vorzubereiten. Wir absolvierten einen kurzen Überlebenskurs. Dort lernten wir, wie man über dem offenen Feuer ein Gestell zum Kochen baut, wie man andere Knoten knüpft und einen anständigen Unterschlupf errichtet, der nicht nach fünf Minuten in sich zusammensackt. Den Rest des Jahres verbrachten wir damit, unsere Ausrüstung zu vervollständigen, und besorgten uns protzige Messer, neue Kochtöpfe, eine vernünftige Angelausrüstung. Und wir lernten, die verschiedenen Fischarten zu unterscheiden. Wir waren fest entschlossen, beim

173

nächsten Mal wirklich vom Land zu leben. Im darauffolgenden Jahr würden wir nach Norwegen fahren, Wasser aus den Flüssen trinken und nur essen, was wir in den Fjorden fingen oder im Wald fanden.

Auch wenn ich »wir« schreibe, war es größtenteils Mike. Er ging ganz darin auf. Norwegen wurde zu einem festen Bestandteil unseres Lebens. Wir fuhren jedes Jahr mit anderen Freunden hin und wurden zu richtigen Amateurüberlebenskünstlern. Ich nahm immer noch einiges an Lebensmitteln wie Reis und dergleichen mit, um nicht von dem bisschen leben zu müssen, was ich fand. Während Mike seine Ausrüstung sorgfältig wartete und seine Hängematte unter dem selbst gebauten Biwak aufhängte, teilten wir anderen uns irgendwann einfach dieses riesige gemütliche Zelt, in dem wir sogar stehen konnten und in dem unsere ganze nutzlose Ausrüstung herumlag.

Wir benutzten einen großen Behälter, den wir mit Wasser zum Kochen füllten, und oftmals leerte ich ihn heimlich, damit ich eine Ausrede hatte, um mit dem Boot zurück nach Sand zu fahren. Carl und ich tuckerten den Fjord hinauf und gingen ins Café, wo wir uns den Bauch vollschlugen und einen Haufen Kuchen aus dem Laden mitnahmen. Einmal bat uns Mike, ihn mit seiner Angelausrüstung auf einem Felsen abzusetzen, der gute fünfzehn Meter vom Ufer entfernt aus dem Wasser des Fjords ragte. Er kletterte aus dem Boot auf diesen vielleicht einen Quadratmeter großen Felsen, und wir ließen ihn dort und fuhren weiter zu unserem heimlichen Festmahl. Er hätte nicht mal einen Fisch braten können, wenn er einen gefangen hätte. Zudem saß er während der gesamten Zeit, die wir brauchten, um uns satt zu essen, im Laden einzukaufen und gemächlich wieder zurückzufahren, dort fest. Was insgesamt gute drei Stunden dauerte.

Als wir ihn abholten, war er ganz cool und spielte den Macho. Er behauptete, jede Menge Fische gefangen und sie wieder freigelassen zu haben. Es seien sehr schöne Stunden gewesen, sagte er. Monate später gestand er mir allerdings, dass er seinen Entschluss sofort bereut hatte. Es war ein heißer Tag gewesen, und er hatte sein ganzes Wasser schon in den ersten Minuten ausgetrunken, um dann zu versuchen, nicht in der Sonne sitzen zu müssen, indem er sich in den wenige Zentimeter breiten Schatten an einem schmalen Vorsprung legte, bis er das ferne Dröhnen unseres Motors hörte.

Um das Army-Thema beizubehalten, besorgten wir uns jedes Jahr neue Hundemarken, auf die wir das Jahr, unseren Namen und unseren Rang aufdrucken ließen. Wer immer gerade an der Reihe war, sie zu bestellen, durfte den Rang aller Teilnehmer bestimmen. Als es an mir war, wurde ich natürlich zum General und Mike zum einfachen Soldaten.

Aber ich muss ehrlich zugeben, dass er in Bezug auf die Fähigkeit, von dem zu leben, was das Land einem bietet, einen weitaus höheren Rang hatte als ich.

* * *

Mikes Liebe zur Natur und seine Entschlossenheit, sich dort selbst zu versorgen, ging sogar so weit, dass er ein Tagebuch mit dem Titel »Speisekammer der Natur« anlegte. Dazu kam es, weil ... Ach, lesen Sie doch einfach selbst, was Mike auf eine der ersten Seiten geschrieben hat:

Heutzutage gibt es viele Überlebensbücher auf dem Markt, aber in keinem davon steht, was man in diesem Land wirklich essen kann und wie man es über einem Lagerfeuer kochen muss ... Dieses Buch wird von und für Menschen geschrieben, die gern mehr über die Früchte der Natur in diesem Land wissen möchten.

Ich habe es noch immer in meiner Nähe, das schmale schwarze Notizbuch, dessen Seiten er im Lauf der Jahre gefüllt hat. Auf dem Innendeckel befindet sich eine Liste mit Büchern, die er sich besorgen wollte, zusammen mit den ISBN-Nummern. Dazu gehören »Food for Free«, »The Hidden Harvest«, »Plants With a Purpose«, »Wild Flowers of Britain«. Danach folgen seitenweise Listen mit Gemüse, Kräutern und Salatpflanzen, die in der Natur wachsen, sowohl mit ihrem gebräuchlichen als auch dem lateinischen Namen. Danach geht es mit essbaren Blumen und Früchten weiter. Und es gibt Rezepte. Eins, das mir im Gedächtnis geblieben ist, besteht aus einer genauen Anleitung, wie man Kaffee aus Löwenzahnwurzeln herstellen kann.

Mike hat dieses Buch schon vor Jahren angefangen, lange vor seiner Krankheit und lange bevor diese Informationen im Internet frei verfügbar waren. Wäre er noch am Leben, dann hätte er vermutlich versucht, eine Art »Speisekammer der Natur«-App zu entwickeln, mit der man Pflanzen identifiziert und erfährt, was man damit machen kann.

Wäre er jetzt noch unter uns, dann könnte er genauso gut in der Wildnis leben, sein Wissen einsetzen oder zumindest daran arbeiten, seinen Traum, als Selbstversorger zu leben, zu verwirklichen. Er war einmal nahe dran, als er mit seiner Frau ein Haus an einem Berghang in Wales gekauft hat. Es war sein Traumhaus mitten im Nirgendwo in der Nähe eines kleinen Flusses. Weit und breit gab es keine Geschäfte, und der nächste Nachbar lag mehrere Felder entfernt. Doch als seine Ehe scheiterte, musste er aus diesem Haus ausziehen, und es gelang ihm nie wieder, diesen Lebensstil noch einmal zu erreichen.

Aber wir hatten immerhin noch Norwegen.

* * *

Ich habe schon vor einer Weile Drew und dem Jucy-Van hinterhergewinkt und habe Steve seitdem alles über Mike und seine Liebe zur Natur erzählt. Unsere Liebe zur Natur. Tja, jetzt stehe ich mittendrin, also muss ich zumindest versuchen, etwas Wertschätzung an den Tag zu legen. Steve und seine Partnerin Jen leben in einer großen Jurte zusammen mit ihren Kindern Turtle und Dawa. Die beiden sind etwa acht und sechs, und sie laufen barfuß durchs hohe Gras. Mir kommt es beinahe so vor, als hätte ich sie eben erst entdeckt und sie wüssten noch gar nichts von der großen weiten Welt da draußen.

Steve führt mich herum und zeigt mir seine Bienenstöcke und seinen Obstgarten. Es gibt kein fließendes Wasser und keinen Strom. Mike würde es hier gefallen. Aus irgendeinem Grund bin ich ein bisschen nervös und muss auf die Toilette. Das ist kein Problem. Steve führt mich zu einer kleinen Hütte etwas abseits der Jurte.

»Da drin gibt es auch Toilettenpapier«, sagt er. »Und Sägespäne. Wenn du fertig bist, streu einfach eine Handvoll darüber.«

Die Hütte hat keine Tür. Nur ein rotes Fliegengitter gewährt etwas Privatsphäre. Das ist schon in Ordnung. Ich habe schon öfter in Löcher im Boden gemacht. Es stinkt nicht und sieht sauber aus. Das schaffe ich. Und dann entdecke ich die Spinne. Es ist ein dickes Viech, das einfach nur an der Wand hockt und gefährlich aussieht, vielleicht einen halben Meter von der Stelle entfernt, an die ich mich setzen müsste. Damit ist mein Vorhaben gescheitert. Ich kann nicht mehr. Schlimmer noch, ich muss auch nicht mehr. Selbst mein Darm hat Angst. Daher stelle ich mich vor die Hütte und pinkle an einen Baum. Das muss einfach sein.

Danach erkläre ich Steve mein Problem. Ich erzähle ihm von der Spinne. Er grinst schief und bietet mir eine Tasse Pfefferminztee an, den er aus frisch im Garten gepflückten Blättern gekocht hat. Ich muss echt aufpassen, wo ich hinpinkle. Wir schlendern zu Steves Wäldchen und sammeln Haselnüsse vom Boden auf. Er bietet mir an, mir zu demonstrieren, wie man mit einem Bogenbohrer Feuer macht, was ich schon gesehen, aber nie selbst ausprobiert habe. Ich baue zuerst die Unterlage und hacke ein kleines Brett mit einem Beil zurecht, um dann mit einem Messer eine Einbuchtung für die Spindel einzuritzen. Dann binde ich eine Kordel zwischen die beiden Enden eines Stocks, um den Bogen herzustellen, wickle ihn um die Spindel und mache mich ans Werk. Nach einiger Zeit erzeugt die Reibung genug Hitze, und ich kann die Flamme auf etwas trockenes Anzündholz pusten. Wir rösten Haselnüsse und beträufeln sie mit dem Honig aus Steves Bienenstöcken. Das ist die köstlichste Süßigkeit, die ich je gegessen habe: warm, nussig und lecker, und alles stammt von diesem kleinen Stück Land.

Steve deutete auf einen Busch voller kleiner roter »Früchte«, die ein bisschen an Chilis erinnern. Er meint, dass sie beim Kochen etwas Schärfe ins Spiel bringen, und reicht mir eine. Dann macht er ein überraschtes Gesicht, als ich mir das ganze Ding mutig in den Mund stecke und zubeiße. Mein Kopf scheint zu explodieren und zu brennen. Wenn das keine Chili ist, dann schmeckt es zumindest wie eine. Steve sieht mich amüsiert an, als wollte er sagen: »Ich hätte das zwar nicht gemacht, aber tu dir keinen Zwang an, Kumpel.« Ich kaue weiter und will nicht unhöflich erscheinen, möchte das Ding aber eigentlich nur noch loswerden. Da ich nicht gern scharf esse, halte ich das kaum noch aus. Steve entgeht meine Verzweiflung nicht, und er bedeutet mir, die Frucht auszuspucken. Ich drehe mich zur Seite und lasse alles aus dem Mund fallen, zur großen Belustigung der Kinder.

Mit noch immer brennender Zunge lausche ich der nächsten Lektion. Zikaden. Ich weiß nicht genau, was eine Zikade ist, aber Steve meint, ich soll einfach die Ohren spitzen und den Geräuschen um uns herum lauschen. Ich lege den Kopf schief und höre zu. Es erinnert an Grillenzirpen, und mir wird bewusst, dass ich es schon die ganze Zeit wahrnehme, nicht nur hier, sondern in ganz Neuseeland. Ich habe es wie weißes Rauschen ausgeblendet, dieses Kratzen von Millionen kleiner Beine, die von Insekten aneinandergerieben werden. Zikaden. Unser nächster Snack.

Zusammen mit den Kindern gehen Steve und ich zwischen den Obstbäumen seines Gartens hindurch. Turtle und Dawa strecken immer wieder die Hände aus, schnappen sich die Insekten von den Blättern und verstauen sie in einer kleinen Tupperwarebox. Wie können sie sie überhaupt sehen? Ich nehme die Tiere nicht mal wahr. Sie zeigen mir eines. Es ist gar nicht mal so klein, vielleicht sechs bis acht Zentimeter lang, hat die Flügel hinter dem leuchtend grün gemusterten Körper zusammengelegt und besitzt lange zackige, stachelige Hinterbeine. Ich fange an, die Blätter und Äste der Bäume um mich herum genauer in Augenschein zu nehmen, und nach und nach kommen meine Augen mit der Aufgabe klar, und ich sehe sie. Ich greife mir eines der Tiere und lege vorsichtig die Hand darum. Es zappelt wild und will vermutlich nicht gegessen werden. Seine spinnenartigen Beine kitzeln mich an der Handfläche, und die spitzen Füße scheinen sich in mein weiches Fleisch zu bohren. Spinnenartig! Ich versuche, mir nicht anmerken zu lassen, dass ich einer Panik nahe bin, und verstaue meinen Fang nur zu gern in ihrer Box.

»Man kann sie direkt vom Baum essen.« Steve grinst mich breit an. Nein danke. Als wollte sie es mir beweisen, zupft die barfüßige kleine Dawa ein Insekt von einem Blatt, hält es an den Flügeln fest und steckt es sich ganz in den Mund. Sie strahlt mich an, als hätte sie gerade ein Stück Schokolade vom Baum gepflückt.

Sie wollen, dass ich es versuche, aber ich bringe es einfach nicht über mich. Nicht roh. Nicht lebendig. Nein danke.

Stattdessen tragen wir die Tupperwarebox zu einer nach einer Seite offenen Küche und lassen all die kleinen Krabbler, die wir gesammelt haben, in heißes Öl fallen. Steve frittiert sie einige Minuten lang und gibt danach etwas Salz und Honig darauf. Er reicht mir ein Exemplar. Ich bin von Natur aus mäkelig, aber wie schlimm kann das schon sein? Ich halte die jetzt tote, warme, salzige, mit Honig überzogene Zikade in der Hand und betrachte sie. Scheiß drauf, ich probiers. Sie knackt nicht in meinem Mund und ist auch nicht matschig oder sonst irgendwie widerlich. Stattdessen schmeckt sie köstlich knusprig und lecker. Es ist, als würde ich eine neue Chipssorte probieren. Wer hätte das gedacht?

* * *

Mitten am Nachmittag verkündet Steve, dass wir über Nacht im Busch zelten werden. Sind wir nicht längst im Busch? Anscheinend nicht. Wir packen unsere Rucksäcke und steigen in seinen Jeep. Er teilt mir mit, dass er Zugang zu einem großen Wildnisareal hat, das niemand betritt, nicht einmal der Besitzer des Landes, mit dem diese Vereinbarung besteht.

Wir fahren etwa eine Stunde lang über Felder und durch Tore. Es gibt keine Straßen, nicht einmal unbefestigte. Immer tiefer dringen wir ins Nirgendwo vor. Und als wir dort ankommen, sind wir noch eine weitere Stunde unterwegs. Steve weiß, wo wir langfahren. Er ist schon mal dort gewesen. Der Busch ist dicht, das Blätterdach über uns auch, sodass kaum Sonnenlicht zu uns durchdringt. Wir folgen einem ausgetrockneten Bachlauf, und ich bin von Gerüchen und Geräuschen umgeben, die ich nicht kenne. Alles ist hier so unberührt. So natürlich und wild. Obwohl der Busch wunderschön ist, abgelegen und vom Menschen unberührt, spüre ich eine leichte Beklommenheit. Kreaturen sausen an mir vorbei oder huschen laut durchs

Unterholz in der Nähe, und ich muss mir ins Gedächtnis rufen, dass es in Neuseeland nichts Gefährliches gibt. Abgesehen von gewissen australischen Spinnen. Ich muss Steve und seiner Familie vertrauen. Hier droht keine Gefahr.

»Hier wirst du schlafen, Royd.« Steve bleibt stehen und zeigt auf einen großen Haufen getrockneter Farne. Ich wäre einfach daran vorbeigelaufen. Auf den ersten Blick ist es nichts weiter als ein Berg brauner Wedel, die willkürlich über Ästen hängen. Ich werde einfach nicht schlau daraus. Soll ich mir ein Bett aus toten Pflanzen bauen?

Als wollten sie meine unausgesprochene Frage beantworten, huschen die Kinder an mir vorbei, ziehen die Farne zur Seite und öffnen etwas, das man als »Tür« bezeichnen kann. Ich habe es für einen Haufen mit Vogelscheiße bedeckter Stöcke gehalten, aber sie wissen, was sie tun müssen. Als ich in die Dunkelheit spähe, erstreckt sich vor mir eine Art Tunnel aus Farn und Holz, zum Hineinkriechen kaum groß genug für einen ausgewachsenen Mann. Der Waldboden ist mit weiteren toten Farnen bedeckt, die vermutlich als eine Art Matratze dienen. Und da drin soll ich heute Nacht schlafen? Keine Chance.

Zuerst einmal weiß ich ganz genau (weil Steve es mir erzählt hat), dass seit Monaten niemand mehr hier gewesen ist. Das ist in dieser Saison ihr erster Ausflug in dieses luxuriöse zweite Zuhause, und außer ihnen kommt niemand her. Ist Ihnen klar, was das bedeutet? Das heißt, dass jedes sechs- oder (schlimmer noch) achtbeinige Monster der Gegend, das Lust auf ein hübsches Grundstück hatte, in diese schattige, opulente Höhle eingezogen sein kann und dort jetzt auf mich wartet. Keine Chance.

»Gibt es da drin auch Spinnen?«, frage ich so höflich wie möglich. Das, was ich eigentlich sagen möchte, bringe ich nicht über die Lippen. Nicht vor den Kindern.

»Nein, da ist nichts, weswegen du dir Sorgen machen musst.« Steve grinst mich an. Turtle und Dawa kriechen in das

Höllenloch und sehen sich mit einer Taschenlampe, die ihr Vater ihnen reicht, um.

»Nein, keine Spinnen«, trällert einer der beiden, gefolgt von: »Oh, da ist doch eine.«

»Eine ziemlich große.«

»Ja, hier ist eine dicke Spinne drin.«

Ein Albtraum.

Sie machen sich nicht die Mühe, sie herauszubefördern oder auch nur höflich zu bitten, dass sie verschwindet. Sie kriechen einfach gelassen wieder raus und schließen die Tür.

* * *

Ich versuche, die grässliche Vorstellung an das Schlafengehen zu verdrängen und den Rest des Abends mit Steve und seiner Familie zu genießen. Wir sammeln Feuerholz, und ich darf wieder den Bogenbohrer einsetzen. Steve hat auf einer Farm etwas von seinem Honig gegen etwas Biorindfleisch eingetauscht. Wir stecken Fleischstücke auf Spieße, die wir angespitzt haben, und braten sie zusammen mit Gemüse aus Steves Garten über dem Feuer. Das Fleisch schmeckt hervorragend und gehört zum besten Rindfleisch, das ich je gegessen habe. Die ganze Mahlzeit ist köstlich.

Als die Nacht anbricht, beschließt Steve, dass es Zeit ist, schlafen zu gehen.

»Wo schlaft ihr?«, erkundige ich mich, und er zeigt auf einige frisch abgeschnittene Farne, die ein Stück weiter den Hügel hinauf liegen. Das Ganze sieht deutlich frischer aus als der Ort, den ich gleich aufsuchen muss.

Nachdem sie gegangen sind, lasse ich das Feuer noch einige Stunden brennen und versuche, so müde zu werden, dass ich einfach einschlafe, wenn ich in dieses Loch gekrochen bin. Doch es gleicht einer Folter. Ich kann nur an das denken, was dort auf mich wartet. Irgendwann bringe ich den Mut auf und mache mich auf die Suche nach meinem Schicksal. Jetzt brauche ich ebenfalls eine Taschenlampe. Einen bestimmten Farnhaufen mitten im dunklen Wald zu finden, ist nicht gerade einfach.

Nach einer Weile habe ich ihn doch entdeckt. Ich öffne die »Tür« und blicke hinein. Steve hat mir eine Decke mitgegeben, für die ich jetzt außerordentlich dankbar bin. Ich wickle mich darin ein, ziehe mir die Mütze über die Ohren und versuche, so wenig Haut wie möglich für kleine Beine und Fangzähne erreichbar zu machen. Irgendwie bringe ich den Mut auf, in den Unterschlupf zu kriechen. Ich mache es im Dunkeln, denn ich will nicht im Schein der Taschenlampe sehen, wie eine Armee aus Spinnentieren nur darauf wartet, sich auf mich zu stürzen. Und auf mich aufmerksam machen will ich sie erst recht nicht. Ich habe solche Angst, dass ich zittere. Das kann doch alles nicht wahr sein.

* * *

Eben ist etwas über mein Gesicht gelaufen. Ich muss doch eingenickt sein, und etwas hat mich geweckt, als es über mein Gesicht lief. Wild spuckend streiche ich mir mit der Hand über das Gesicht. Was immer es war, es fühlte sich ziemlich groß an. Das muss eine Spinne gewesen sein. Was auch sonst? Aber ich mache bestimmt nicht die Taschenlampe an, um nachzusehen. Das ist das Letzte, was ich jetzt gebrauchen kann: in Kankras unzählige gierige Augen zu blicken.

* * *

Ich wache auf, weil meine Blase kurz vor dem Platzen ist. Wie eine Schlange winde ich mich ins Freie und pinkle an einen Baum. Hier draußen ist es stockdunkel, und ich kann das

Rascheln im Unterholz und seltsame Geräusche in den Bäumen hören. Schnell schlängele ich mich wieder in das Loch.

* * *

Es wird hell. Hell genug. Ich stehe auf, entkomme den Farnen und schüttle die gefühlten Millionen Viecher ab, die auf mir rumkrabbeln, um an die kaum noch warme Glut des gestrigen Lagerfeuers zurückzukehren. Nachdem ich es wieder angefacht habe, hocke ich mich an die himmlische Wärme und warte, bis Steve und seine Familie einige Stunden später auftauchen.

»Wie war deine Nacht?«, fragt er mit schelmischem Grinsen.

»Unheimlich und nicht gut.« Ich verziehe das Gesicht. Sie kennen mich inzwischen gut genug, um zu wissen, dass ich nicht unhöflich bin, sondern nur ehrlich.

»Möchtest du einen Kaffee?«

Oh! Wahnsinnig gern.

Er holt eine kleine Dose hervor, öffnet sie, und darin kommt Kaffee zum Vorschein. Endlich Zivilisation. Wie sich herausstellt, ist es Kaffee aus Löwenzahnwurzeln, und ich muss sofort an Mike und die »Speisekammer der Natur« denken. Und mir geht durch den Kopf, dass es Mike hier sehr gefallen hätte. Natürlich auch, weil er keine Angst vor Spinnen hatte. Er hätte sich in diesen Farnhaufen gestürzt und wie ein Baby geschlafen.

Ich krame Mikes alte Titantasse aus meinem Rucksack und genieße jeden Tropfen dieses Kaffees. Vor einer Weile bin ich Mikes alte Sachen aus Norwegen und seine Campingausrüstung durchgegangen. Das war eine schmerzhafte Erfahrung, weil da so viele Dinge zum Vorschein kamen, die mich an ihn erinnert haben, die noch nach ihm rochen, bei denen ich deutlich vor Augen hatte, wie er sie benutzt hat. Er hatte viele Sachen aus Titan, da er stets versuchte, sein Gepäck durch hochwertige Ausrüstung leicht zu halten.

Wir packen alles zusammen und fahren zurück. Als wir wieder vor der Jurte sitzen, hole ich die »Speisekammer der Natur« hervor und zeige Steve die Seite, auf der steht, wie man Kaffee aus Löwenzahnwurzeln macht. Ich erzähle ihm, dass von allen Dingen, die er mir heute Morgen hätte anbieten können, ausgerechnet dieser Kaffee die perfekte Verbindung zu Mike hergestellt hat. Dann hole ich die Tasse wieder hervor.

»Ich denke, sie sollte hierbleiben«, sage ich. »Mike hätte gewollt, dass du sie bekommst.«

DU LACHST DICH KAPUTT

Ich stehe vor dem Zoo von Wellington. Dabei wusste ich nicht mal, dass es in Wellington einen Zoo gibt. Ich war jedenfalls noch nie hier. Eben musste ich einen Haufen Formulare unterschreiben, die ich mir gar nicht durchgelesen habe, weil ich nicht wissen wollte, ob es darin einen Hinweis auf das gibt, was mich erwartet. Wahrscheinlich habe ich auf das Recht verzichtet, sie zu verklagen, wenn ich von einem Löwen gefressen oder von einem wütenden Silberrücken totgeprügelt werde. Ganz offensichtlich muss ich wieder mal etwas sehr Gefährliches machen und mein Leben aufs Spiel setzen. Na gut.

Kurz darauf werden wir durch den Zoo geführt. Wir gehen durch ein Tor und anschließend einen Weg entlang, der nur für Mitarbeiter gedacht ist. Ich wusste es. Das ist garantiert der Hintereingang zum Tigergehege oder der Bärengrube. Ich werde ein riesiges fleischfressendes Tier mit bloßen Händen füttern müssen. Davon bin ich fest überzeugt. Man bringt mich in ein Betongebäude, in dem ich mich offenbar »umziehen« soll. Jemand hat sich verplappert. Hier bekomme ich also die klauensichere Weste oder die Kettenrüstung oder welche Sicherheitsausrüstung auch immer ich für meine Aufgabe benötige.

Man reicht mir ein riesiges kuschliges Pinguin-Outfit.

Lassen Sie mich das wiederholen: ein riesiges kuschliges Pinguin-Outfit. Es besteht aus dem Körper und dem Kopf. Und ich muss es anziehen. Damit habe ich nun wirklich nicht gerechnet. Allerdings bietet es auch keinen besonderen Schutz vor Krallen oder Zähnen, daher steht das wohl doch nicht auf dem Programm. Ich steige in das bequeme Kostüm und will gar nicht wissen, wie albern ich darin aussehe – und schon laufen wir durch den Zoo. Als ich den Weg entlangwatschle, muss ich grinsen, weil mir wieder einfällt, wie mir Cliff und Larry von einer Convention namens Dragon Con erzählt haben, die sie in Amerika besucht hatten.

»Dort gibt es Furrys«, sagte Cliff.

»Was in aller Welt sind Furrys?«

Ich hatte keine Ahnung, dass es Menschen gibt, die sich gern Tierkostüme anziehen und (angeblich) an riesigen Orgien teilnehmen, aber genauso beschreibt er es mir.

Und jetzt bin ich ein Furry.

Ganz im Gegensatz zu meinen unangebrachten Gedanken soll ich jedoch Kinder unterhalten und nicht an irgendeinem Fetischgelage teilnehmen. Viel wichtiger ist allerdings, dass mich weder scharfe Krallen noch gefährliche Zähne erwarten. Man muss für die kleinen Dinge dankbar sein. Es macht sogar richtig Spaß. Ich bin anonym, ein riesiges, weiches Pinguingesicht verbirgt mein eigenes, und die Kinder sind reizend. Ich albere etwa eine Stunde lang mit ihnen herum, dann bin ich erlöst. Was für eine süße und witzige Aufgabe. Danke, Mike. Das war einfach.

* * *

Wir sind dabei, den Zoo zu verlassen. Ich habe mich wieder umgezogen und bin angenehm entspannt, obwohl es leicht nieselt. Die Zoowärterin scheint einen etwas anderen Weg zum Eingang einzuschlagen, doch das gibt mir wenigstens die Gelegenheit, unterwegs noch ein paar Tiere zu sehen. Oh, da sind die Wallabys! Und ein roter Panda. Niedliche Makis. Ooooh ... Erdmännchen – die sind witzig. Klammeraffen. Was für ein blöder Name!

Wir nehmen einen Seitenweg, was mir unnötig erscheint, und ... Augenblick mal. Drew hat die Kamera auf der Schulter. Das ist ja merkwürdig. Es ist mehr als merkwürdig. Dies ist ein eindeutiger Hinweis darauf, dass gleich noch etwas anderes passieren wird. Muss ich etwa doch die Löwen füttern? Wir stehen vor einem achteckigen Gebäude. Ich weiß beim besten Willen nicht, was mich da drin erwartet, aber ... oh ... Mir sind gerade die Bilder an den Wänden aufgefallen.

Verdammt! Riesige. Spinnen.

Ich kann nicht einmal ansatzweise beschreiben, was ich gerade empfinde. Mir ist vollkommen klar, was gleich passieren wird. Okay, ich weiß es nicht genau, aber es hat auf jeden Fall etwas mit acht Beinen zu tun, und ich denke, wir wissen inzwischen alle, dass diese besonderen Tiere das sind, was ich auf der Welt am wenigsten leiden kann.

Erst letzte Woche in Wales (ich mache gleich wieder mit Neuseeland weiter) habe ich vor dem Schlafengehen eine riesige Spinne in meinem Schlafzimmer gefunden. Ich mache jeden Abend einen Spinnen-Check. In jedem Zimmer steht ein Bierglas mit einem Stück Pappe bereit, damit ich jede Spinne fangen kann, auf die ich stoße. Ich bringe sie nicht um, aber sie bleiben auf keinen Fall im Haus. Und da war sie nun und hockte kopfüber an der Decke. Ich habe ziemlich hohe Decken, daher konnte ich sie nicht einfach so erreichen, und irgendwie fiel sie dann hinter meine Kommode – oder stürzte sich dahinter. Wissen Sie was? Ich brauche eigentlich gar keine Kommode im Schlafzimmer. Ich brauche überhaupt keine Möbel, die sich als Spinnenversteck eignen. Ich habe das ganze Ding rausgeschoben. Immer noch keine Spinne. Also habe ich in einem anderen Zimmer geschlafen – nicht zum ersten und garantiert nicht zum letzten Mal.

Jetzt zittere ich vor Furcht. Ich zappele nervös vor der Kamera herum und biete an, die Regentropfen von Drews Linse zu wischen, um dann so zu tun, als würde ich die Flucht ergreifen. Am liebsten würde ich wirklich wegrennen. Ich will auf gar keinen Fall durch diese Tür gehen. Durch diese Luftschleuse. Luftschleuse! Es kann nur aus einem einzigen Grund in so einem Gebäude eine Luftschleuse geben, um zu verhindern, dass etwas von DORT nach HIER gelangen kann. Niemand, der bei Verstand ist, würde doch freiwillig DORT reingehen! Meine immer größer werdende Angst bewirkt, dass ich mir vorstelle, wie die Spinnen dort frei herumlaufen, überall herumkrabbeln, Netze weben und nur darauf warten, dass ahnungslose Reisende ihr Reich betreten. Und wenn ich da reingehe, werden sie mir ins Gesicht springen und mich beißen.

Was natürlich nicht der Fall ist, und was sie nicht tun. Ich trete zaghaft aus der Luftschleuse in den Raum. Die Spinnen (ich gehe davon aus, dass es mehrere sind) befinden sich alle in eigenen kleinen Behältern, aber Erleichterung überkommt mich trotzdem nicht. Ich weiß, dass ich ihnen viel zu nahe kommen werde. Dave, der Spinnenexperte, scheucht mich zu einem Tisch und einem Stuhl in der Nähe der Arbeitsfläche, die komplett um den Raum herum verläuft. Darauf steht ein Glasterrarium mit einer riesigen Tarantel darin. Sie ist GIGANTISCH. Sie sitzt einfach so da, ist so groß wie ein kleiner Teller und scheint wie all ihre Artgenossen der Schwerkraft zu trotzen.

»Beißt sie?«

»Nur selten.«

Selten. Also nicht nie. Sie kann beißen. Und sie wird es tun. Ich werde die eine Person sein, die gebissen wird. Dave öffnet die Tür des Terrariums, in dem sie gefangen gehalten wird und nur darauf wartet, mich angreifen zu können.

»Bewegt sie sich schnell?«, frage ich nervös. Allem Anschein nach handelt es sich um eine Sie. Weibchen sind aggressiver, nicht wahr? Das weiß doch jeder über Spinnen!

»Sie sollte es eigentlich nicht tun«, versucht Dave, mich zu beruhigen.

»Sie sollte es nicht tun, aber sie könnte es tun?«

»Äh … ja. Sie kann, wenn sie will.«

Ich habe Visionen davon, wie dieses Monster über meinen Arm rennt und mir die Zähne in die Wange bohrt.

»Falls sie das macht, werde ich …«

Ich will schon sagen, dass ich dann in Panik gerate und sofort durch die Tür ins Freie renne.

»Dann rette ich Sie.« Dave, mein Held! Allerdings macht er sich vermutlich größere Sorgen um die Spinne als um mich. Dave lockt sie auf seine Hand und bringt sie zum Tisch. Ich drehe mich zur Seite, kann den Blick jedoch nicht von der Spinne abwenden. Wie angewiesen lege ich eine schweißnasse Hand auf den Tisch.

»Ich lasse sie auf Ihre Hand krabbeln und lege meine Hand auf die andere Seite, damit sie einfach über Sie drüberläuft.«

Ich muss das tun. Jetzt kann ich keinen Rückzieher mehr machen. Na gut, ich könnte schon. Aber irgendwann werde ich es doch tun müssen. Es steht auf der Bucket List. Das ist alles. Wenn ich jetzt und bei jeder anderen Aufgabe, die ich eigentlich nicht machen möchte, den Schwanz einziehe, dann habe ich am Schluss vielleicht zwanzig schreckliche Aufgaben, die alle am Ende dieser Reise auf mich warten – und dann kriege ich bestimmt einen Herzinfarkt. Ich muss das jetzt tun. Jede Faser meines Körpers schreit mich an, dass es falsch ist, aber es geht nicht anders.

Ihre Beine berühren meinen Handrücken. Ihre haarigen Beine sind auf mir. Ich stoße ein erbärmliches, ängstliches Stöhnen aus. Ich habe wirklich gehofft, ich würde mich dabei nicht so fürchten. Mit Springspinnen habe ich kein solches Problem. Sie sind so klein, dass sie fast gar nicht wie Spinnen aussehen. Ich versuche, mir einzureden, dass Taranteln so groß sind, weil sie ebenfalls nicht zu den Spinnen zählen. Sie sind nicht wie die großen Spinnen bei mir zu Hause in Wales, sondern zu groß, um Furcht einflößend zu sein. Aber nein. Ich bin dennoch wie gelähmt vor Angst.

Sie sitzt auf mir. Auf meinem Handgelenk. Schwerer als erwartet. Entsetzlich schwer und haarig. Jedes Bein bewegt sich mit eigener Präzision und schrecklichen Absichten. Was denkt sie wohl gerade?

»Soll ich sie runternehmen und auf Ihre Handfläche setzen?«

»Ja, okay«, erwidere ich rasch und lache nervös auf. Ich will sie nicht auf meiner Handfläche sitzen haben, vielen Dank auch. Ich will sie nur loswerden. Das ist doch verrückt. Er umfängt sie, während ich zaghaft die Hände umdrehe, die Handflächen öffne, zulasse, dass sie mit ihren unheimlichen Beinen über mich rüberläuft. Sie sitzt in meinen offenen, leicht gekrümmten Händen.

»Gut gemacht«, lobt mich Dave leise. Er ist so ruhig. Komischer Kauz. »Sie ist völlig zufrieden«, teilt er mir mit. »Soweit es sie betrifft, sind wir bloß Baumstämme, Steine, Bestandteile ihres Habitats.«

»Ein zitternder, schwitzender Baumstamm!« Ich versuche, die Situation etwas zu entspannen, mich über meine lähmende Phobie lustig zu machen. Sie greift mich garantiert jeden Moment an. »Ach, ich habe eben eine Zigarette geraucht«, sprudelt es aus mir heraus, da ich auf einmal Angst bekomme, der unbekannte Geruch könnte mir ein paar heftige Bisse bescheren.

»Das ist kein Problem.« Dave lächelt mich an.

»Und ich habe vorhin Möhrenkuchen gegessen. Da sind bestimmt noch ein paar Krümel an meiner Hand.«

»Aaah, Möhrenkuchen.«

Äh, Moment mal? Was ist denn mit Möhrenkuchen?

»Der lässt sie gern mal durchdrehen.«

Mir ist klar, dass er nur einen Witz macht, aber es wäre trotzdem denkbar. Und im Augenblick finde ich rein gar nichts witzig. Ich kann ihr Gewicht spüren, ihre Kraft, ihre Haarigkeit. Ihre Füße fühlen sich weich an, und ich kann nicht aufhören, ihren gewölbten Leib anzustarren und mir vorzustellen, dass darin ein tödliches Gift blubbert. Ein Gift, das meine Hände sofort auflösen oder mich lähmen wird, damit sie mich genüsslich verspeisen kann. Das gefällt mir nicht. Kein bisschen.

Nach einer Weile hat sie keine Lust mehr, mich anzuglotzen, und spaziert langsam und zielsicher von meinen Händen auf die Tischplatte. Ich ziehe die Hände so schnell zurück, wie ich es wage, ohne sie zu erschrecken, und atme erleichtert auf.

Dave macht so etwas häufiger mit Menschen, die eine Spinnenphobie haben. Tut mir leid, Dave. Diesmal hat es nicht funktioniert. Ich stürze durch die Luftschleuse in die wundervoll frische, spinnenfreie Luft draußen und kann die Sorge nicht abschütteln, dass sich eine Spinne in meiner Kleidung versteckt haben könnte, bin aber heilfroh, diesem Monster entronnen zu sein. Ich habe mich kein bisschen verändert und bin bloß erleichtert, dass ich es hinter mich gebracht habe. Ach, Mike, du Mistkerl – das war nicht nett von dir!

Zurück im Jucy-Van wirft mir Drew kichernd ein niedliches Spinnenplüschtier an den Kopf, das er im Souvenirshop gekauft hat. Ich zucke kreischend zurück und schleudere es weg. Das ist nicht witzig. Es ist überhaupt nicht lustig. Allerdings ist mir auch klar, dass mich das noch vor wenigen Stunden nicht im Geringsten beeindruckt hätte. Aber jetzt bin ich noch erschüttert von dieser »Begegnung«. Ich kann das Gewicht der Tarantel auf meiner Hand noch immer spüren. Das war zu früh, Drew, viel zu früh.

* * *

Ich dachte, das sei es jetzt mit den Spinnen gewesen, aber nein. Im Augenblick stehe ich kettenrauchend vor einer Schwulenbar in der Innenstadt von Wellington und bereite mich darauf vor, gleich fünf Minuten lang Stand-up-Comedy zu machen. Mein Thema: Spinnen.

Davon habe ich vor etwa einer Stunde erfahren. Und in dieser Zeit sollte ich eigentlich die unschätzbaren Ratschläge eines erfahrenen Comedians bekommen. Dummerweise hatte sein Bus Verspätung, sodass wir alles etwas gehetzt durchgehen mussten. Uns blieben ganze zwanzig Minuten, um meinen Auftritt zu planen.

Mir gefiel die Aufgabe schon nicht, als sie mir gestellt wurde, und jetzt gefällt sie mir noch viel weniger. Zwar kann ich durchaus witzig sein, aber ich bin kein Comedian. Ich habe schon Frage-Antwort-Runden überstanden, aber Leute in einem Comedyklub mit vorbereitetem Material zum Lachen zu bringen, ist eine ganz andere Geschichte. Außerdem haben die meisten Comedians bestimmt mehr als zwanzig Minuten Zeit, um sich ein Programm auszudenken. Diese Aufgabe kann nur auf eine Weise enden: Ich werde mich entsetzlich blamieren und zum Idioten machen. Mich erwartet ein spektakulärer Reinfall. Was soll das Ganze überhaupt?

Spinnen sind doch nicht witzig. Was in aller Welt soll ich sagen? Das Ganze wird furchtbar werden. Der verspätete Witzbold Alexander Sparrow (großartiger Name!) hat mir geholfen, so gut er konnte, aber mal im Ernst: Was kann man in zwanzig Minuten schon erreichen? Er wirkte total begeistert und aufgeregt und schlug vor, dass ich anfangen sollte, indem ich mich über meinen Namen lustig mache.

»Hi, ich bin Royd. Nicht Roy. Royd, wie Android.« Benimm dich wie ein Roboter.

Nicht witzig.

»Royd, wie in Steroid.« Stell dich in Muskelmannpose hin.

Nicht witzig.

»Royd, wie in Hämorrhoide.« Kratz dich am Hintern.

Erst recht nicht witzig.

Es funktionierte nicht.

Er sagte, dass mein Auftritt ein zentrales Thema brauche, eine Hauptidee, um die herum die Gags aufgebaut werden, etwas, was mich vor Kurzem betroffen hat, etwas Witziges oder Schreckliches. Das traumatische Erlebnis im Zoo von Wellington ist erst wenige Tage her, daher entschlossen wir uns für die Spinnen. Er schlug vor, dass ich an die Ängste des Publikums appelliere und es einbeziehe. Doch das fand ich alles nicht witzig. Und wenn ich schon nicht darüber lachen kann, wie groß sind dann die Chancen, dass die Zuschauer es tun werden?

»Wovor hast du Angst?« Ich konnte jemanden direkt ansprechen.

»Vor gar nichts.« Was sollte ich tun, wenn das die Antwort war? Das war zu schwierig. Ich wollte mich nicht auf Fremde verlassen. Aber was konnte ich über Spinnen erzählen, das auch nur ansatzweise lustig ist? Ich kann nicht über Spinnen lachen, sondern habe eine Heidenangst vor den Viechern. Schon zünde ich mir die nächste Zigarette an. Es ist Zeit. Ich gehe die Stufen zur Kellerbar hinunter, auf das unausweichliche Desaster zu, die völlige und gnadenlose Erniedrigung.

Inmitten des kleinen Publikums sehe ich mir einige der anderen Comedians an, die vor mir an der Reihe sind. An diesem Abend kann jeder ans Mikro, und vielleicht ein halbes Dutzend von uns ist bereit, auf der Bühne zu scheitern. Wobei die anderen vermutlich wochenlang an ihrem Auftritt gefeilt haben. Nur ich werde wie der letzte Loser da oben stehen.

Ich lache nicht. Ehrlich gesagt bin ich kein großer Fan von Stand-up-Comedy. Ich war mal in einem Klub in Chester, und dort kam es mir so vor, als würden die Leute zu sehr versuchen, aufs Stichwort zu lachen, als wollten sie alle um sich herum wissen lassen, dass sie den Gag verstanden hatten. Ich mag eher die beobachtende Comedy wie von Peter Kay oder die verschiedenen Comedians bei »Would I Lie to You«? Urplötzliche, spontane Sachen, schnelle, lustige Reaktionen von Menschen, die ganz unbefangen lachen. Ausgefeilte, vorbestimmte Auftritte zünden bei mir nicht. Keiner da oben sagt etwas, was mich zum Lachen bringt. Andererseits bin ich aber auch viel zu beschäftigt damit, meine Nerven zu beruhigen. Das Lachen fällt einem ganz schön schwer, wenn man sich vor Angst in die Hose scheißt oder sich gerade das Hirn nach etwas (wenigstens ansatzweise) Lustigem über gottverdammte Spinnen zermartert. Mir fällt nichts ein. Mein Kopf ist wie leer gefegt, es kommt rein gar kein hilfreicher Gedanke zustande. Nur eine Pfütze aus Panik schwappt in meinem leeren Gehirn herum.

Ich bin gleich an der Reihe. Vor mir ist nur noch ein anderer Mann. Er geht auf die Bühne.

»Also ... Spinnen«, fängt er an. »Mann, ich hasse Spinnen. Wer von euch hat Angst vor Spinnen?«

Das kann doch nicht euer Ernst sein. Ich bin sofort davon überzeugt, dass das ein abgekartetes Spiel und total unfair ist. Mir fällt die Kinnlade herunter, und ich drehe mich zu Drew um, der hinter seiner Kamera jedoch ebenso erstaunt aussieht wie ich. Vielleicht war das ja doch nicht abgesprochen. Aber es ist auf jeden Fall eine Katastrophe. Dieser Kerl hat mir den Wind aus den Segeln genommen, aber so was von. Einige Leute im Raum kichern, doch ich höre schon gar nicht mehr zu. Jetzt bin ich richtig in Panik. Was soll ich nur tun? Wenn ich vorher schon nichts hatte, dann kann ich jetzt mit noch weniger aufwarten.

Schluck. Ich bin an der Reihe.

Als ich da oben im Licht der Scheinwerfer stehe, komme ich mir einfach nur bescheuert vor. Ich grinse süßlich, kneife im grellen Licht die Augen zusammen und versuche, die Gesichter im Publikum zu erkennen. Dann lege ich eine Hand an die Stirn und halte nach dem spinnenhassenden Comedian Ausschau, kann ihn aber nicht sehen.

»Ist er weg?« Ich atme schwer ins Mikrofon. »Die Sache ist nämlich die, dass ich eine Heidenangst habe vor … Spinnen.«

Mitfühlendes Lachen im Publikum. Vermutlich aus Mitleid. Ich sterbe innerlich, und zwar rasend schnell. Murmelnd berichte ich von meiner Begegnung mit der Tarantel und gebe das Ganze trocken und ohne jegliche witzige Note wieder. Alle bleiben ruhig. Dann versuche ich, sie einzubeziehen, mit ihnen zu interagieren, und erkundige mich, ob jemand eine Phobie hat. Keine Antwort. Mein Auftritt ist wie erwartet eine Katastrophe.

Ich stottere mich zum Ende meiner inzwischen stinklangweiligen Geschichte durch und bin fertig. »Danke. Gute Nacht.« Eigentlich will ich nur rausrennen und keinen dieser Leute je wiedersehen.

»Du hast noch drei Minuten, Royd«, ruft mir der Moderator zu.

Ach, jetzt hör aber auf! Ich will mich nur noch ganz klein machen und im Schatten verkriechen. Notgedrungen bleibe ich auf der Bühne stehen und behalte die Hand am Mikrofon. Wieso waren das noch keine fünf Minuten? Es kommt mir so vor, als würde ich schon seit einer Ewigkeit hier oben stehen und labern.

Ich rede weiter. Ohne nachzudenken. Ich erzähle dem Publikum, dass ich für diesen Dokumentarfilm durch Neuseeland reise, mir immer mit jemandem ein Zimmer teilen muss und nicht mal die Gelegenheit zum Masturbieren habe. Huch, wo kam das denn her? Jemand lacht. Wie immer bei Schweinkram. Also mache ich einige unschöne Bemerkungen darüber, wie ich heimlich in Drews Bart abgespritzt habe, während er schlief. Ekelhaft, ich weiß. Wirklich widerlich. Aber es bringt mir noch einen Lacher ein. Was jetzt?

»Was macht die Kamera?«, frage ich Drew und grinse, während ich darauf hoffe, dass das Ding den Geist aufgibt. »Hast du noch genug Akku?« Rette mich. Bitte. Er reckt den Daumen in die Luft. Kacke!

»Zwei Minuten«, teilt mir der Moderator mit.

Immer noch?

»Was kannst du in zwei Minuten tun?«, fragt er und hilft mir netterweise auf die Sprünge.

»Was ich in zwei Minuten machen kann?«, wiederhole ich, um etwas Zeit zu schinden. »Ich kann mich anderthalb Minuten lang unterhalten … und dann Sex haben.«

Das Publikum lacht.

»Bis zum Orgasmus«, füge ich nach einer gut getimten Pause hinzu, was mir erneut einen Lacher einbringt. Das ist doch gar nicht so übel. Ich darf nur nicht so viel über das nachdenken, was ich sage, sondern muss einfach ganz natürlich bleiben.

Ich erzähle den Leuten, dass ich nach diesem Auftritt ein Tinder-Date habe, das erste Date seit einer Ewigkeit. Jetzt habe ich das Publikum auf meiner Seite. Es folgen verschiedene interaktive Witze über Tinder und Grindr (wir sind schließlich in einer Schwulenbar), und als ich fertig bin, lacht und klatscht das Publikum. Insgesamt stand ich etwas über fünf Minuten auf der Bühne.

Und es entspricht der Wahrheit, ich bin wirklich verabredet. Ich kann es kaum erwarten, aber vor allem, weil es bedeutet, dass ich dann nicht mehr hier sein werde. Doch im Großen und Ganzen war es gar nicht so schlimm. Was als potenziell erniedrigendstes und beschämendstes Erlebnis der Reise begann, ging nun doch ganz lustig zu Ende. Ich hatte Spaß. Zugegeben, ich war nicht die ganze Zeit überzeugend, aber wir hatten alle was zu lachen.

Genauso war das bei Mike. Ich machte alberne Sachen, um ihn zum Lachen zu bringen. Weil ich es konnte. Denn selbst wenn ich dabei idiotisch aussah oder mir dämlich vorkam, ging es vorbei. Anders als der gnadenlose Verfall, den er durchmachen musste. Wenn ich jemanden zum Lachen bringen kann, dann tue ich das, selbst wenn es auf meine Kosten geht.

Die offizielle Diagnose

Als Mike und ich aus Neuseeland zurückkehrten, gab es einen Augenblick Ruhe vor dem Sturm. Eine kurze Weile konnten wir in unseren Erinnerungen an die Reise schwelgen. Aber Mike war krank, und obwohl die Arbeitsdiagnose ALS lautete, hatten wir noch etwas Hoffnung, den leisen Wunsch, es könnte doch etwas anderes sein. Etwas weniger Schreckliches.

Möglicherweise war es Wunschdenken, aber wir hatten den Eindruck, dass andere Möglichkeiten viel zu schnell ausgeschlossen worden waren. Mike glaubte noch immer, dass es irgendwie mit dem ungewöhnlichen Fieber zu tun haben konnte, unter dem er gelitten hatte. Es war auch weiterhin denkbar, dass es sich um Lymeborreliose handelte, für die es zu jener Zeit in unserem Land noch keinen Test gab. Die Behandlung der Lymeborreliose bestand in einer intensiven Verabreichung hoch dosierter Antibiotika, die man damals in unserem Land offenbar auch nicht bekommen konnte. Ich wusste dank meines Aufenthalts im Camp America, wie man Zecken entfernte; dort machten wir tägliche Zecken-Checks und suchten gegenseitig unsere Gliedmaßen und Körper ab. Hätte Mike Lymeborreliose gehabt, wäre eine Behandlung in Amerika erforderlich gewesen.

Als er das einem der behandelnden Ärzte vorschlug, wurde er nur abgespeist. Anstatt dass man ihm zuhörte oder der Sache nachging, reichte man ihn bloß für weitere Tests herum. Bei einem davon wurde er verdrahtet und man schoss Elektroschocks durch seinen Körper, seine Zehen, seine Waden, seine Oberschenkel, seine Knie, sogar seine Ohrläppchen. Dadurch wollte man die elektrischen Impulse in seinen Muskeln messen, um herauszufinden, ob die Neuronenleitungen richtig funktionierten. Das war nicht besonders angenehm, und man hat es ihm auch nie richtig erklärt. Mike kam sich langsam vor wie ein Bestandteil irgendeiner medizinischen Produktionskette, weil er durch ein System geschubst wurde und man mit bemerkenswert wenig Mitgefühl oder ärztlicher Fürsorge an ihm herumexperimentierte.

Zudem hatten wir alle das Gefühl, dass man die Krankheit, selbst wenn es sich wirklich um ALS handelte, noch früh genug entdeckt hatte. Sein Muskelzucken machte sich inzwischen nicht mehr bemerkbar, daher konnte das ja vielleicht auch auf andere Symptome zutreffen? Vielleicht ließ sich das Fortschreiten der Erkrankung durch irgendeine Behandlung anhalten oder verlangsamen? Mike war entschlossen, einen starken Willen zu behalten und die Hoffnung nicht zu verlieren. Das war alles, was er noch hatte. Hoffnung. Er weigerte sich, aufzugeben. Sein Snowboard, das an der Wand lehnte, bezeugte das, auch später noch.

Wir wollten Antworten auf unsere Fragen, bekamen jedoch keine. Alles schien so vage, so unnötig kompliziert. Mike war monatelang mit einer Arbeitsdiagnose belastet und kam an den Punkt, wo er nur noch eine andere Diagnose oder eine offizielle Bestätigung wollte. Wird eine Grippe diagnostiziert, hat man Grippe. Bricht man sich ein Bein, hat man ein gebrochenes Bein. Hat man Krebs, hat man Krebs. Aber bei ALS kommt man sich vor wie bei einem Ratespiel. Die Ärzte sagen: »Wir vermuten, dass Sie das haben, aber wir können uns erst ganz sicher sein, wenn wir all diese Tests durchgeführt haben.«

Auch die finanzielle Belastung setzte Mike zu. Kurz vor unserer Reise nach Neuseeland hatte er aufhören müssen zu arbeiten. Er hatte einen Job in einer Druckerei gehabt und dort die schwere, altmodische Buchdruckmaschine bedient. Schon unser Dad hatte sein Leben lang als Drucker gearbeitet, und Mike und ich hatten beide in unserer Jugend eine Lehre bei ihm gemacht. Mark, einer unserer Freunde, ist Illustrator und produzierte Grußkarten. Alles fing mit einer kleinen Tretkurbelpresse in seiner Garage an, aber als das Geschäft dann boomte, musste er sich eine größere, automatisierte Druckerpresse kaufen, eine Heidelberg. Mike und ich halfen ihm, alles einzurichten, und schließlich stellte er Mike an, damit er die Presse bediente. Das Ding ist ein wahres Monster, für das man einiges an Kraft braucht. Wenn man sich die Hand darin einklemmt … Tja, dann kann man sich gleich davon verabschieden. Das ist eine körperlich anspruchsvolle Arbeit, die Mike irgendwann einfach nicht mehr gefahrlos ausüben konnte. Er liebte diesen Job sehr, und es brach ihm das Herz, ihn aufgeben zu müssen. In meinem Wohnzimmer hängen noch immer einige von Mikes am meisten geschätzten Drucken an den Wänden.

Mit lediglich einer Arbeitsdiagnose konnte er auch keine finanzielle Unterstützung beantragen. Um Invalidenrente und Geld vom Staat zu erhalten, brauchte Mike eine offizielle Diagnose. Wir setzten sämtliche Hebel in Bewegung, um ihm zu helfen, trafen jedoch ständig auf völliges Unverständnis. Auch auf dem Arbeitsmarkt war es aussichtslos. Mike konnte nicht arbeiten, und falls es doch einen Job gegeben hätte, den er ausüben hätte können, weil er ihn körperlich nicht beanspruchte, hätte wohl kaum ein Arbeitgeber jemanden eingestellt, der laut Arbeitsdiagnose einen sich schnell verschlechternden Zustand wie ALS hatte. Neben dem Trauma, seinem sicheren

Tod entgegenzusehen, fühlte sich Mike bei seinem Streben nach Unterstützung nun auch noch erniedrigt und nicht ernst genommen.

Sein Arzt überwies ihn in das angeblich landesweit führende Zentrum für neurologische Erkrankungen. Und es lag gleich in der Nachbarschaft; das musste doch etwas Gutes bedeuten, oder nicht? Dort erfuhren wir von einer Ärztin, dass der letzte Test, um herauszufinden, ob es sich tatsächlich um ALS handelte, bei dem auch die Möglichkeit einer viralen Infektion ausgeschlossen werden konnte, eine Lumbalpunktion war. Als ich neben Mike im Behandlungszimmer der Neurologin saß, konnte ich seine Furcht spüren. Er hatte alle möglichen Tests über sich ergehen lassen, aber dieser jagte ihm die größte Angst ein. Ich erinnerte mich noch an seine Schmerzensschreie, als er damals in diesem kleinen Krankenhaus dieselbe Untersuchung als Test für virale Meningitis über sich ergehen lassen musste. Mike hatte das ebenfalls überdeutlich im Gedächtnis. Nach dem Gespräch mit der Ärztin wusste ich, dass Mike am Boden zerstört war. Er wollte das nicht machen. Er brauchte die offizielle Diagnose, konnte den Gedanken an eine weitere Lumbalpunktion jedoch nicht ertragen. Das kam mir so grausam vor. Es sah doch ganz danach aus, als hätten sich die Ärzte längst auf diese Diagnose geeinigt, warum mussten sie ihn dann noch dieser schmerzhaften Prozedur unterziehen? Ich brachte unsere Besorgnis zum Ausdruck und bekam die erwartete Antwort: Die Zeiten hätten sich geändert. Der Tag in jenem Krankenhaus war über zwanzig Jahre her, und wir befanden uns in einer hoch spezialisierten Klinik mit Ärzten, die jeden Tag mehrere Lumbalpunktionen durchführten, ohne dass dabei etwas passierte. Nach einiger Diskussion und viel Überzeugungsarbeit stimmte Mike dem Test widerstrebend zu.

Als der Tag kam, habe ich Mike begleitet. Dad, Laura und Mandy waren ebenfalls dabei. Ich hatte bei jeder Gelegenheit, sei es bei der Terminvereinbarung oder bei jedem Gespräch mit den Leuten dort, auf Mikes Ängste hingewiesen und mich erkundigt, ob man ihm die Sache irgendwie erleichtern konnte. Konnte man die Untersuchung unter Narkose durchführen? Man sagte mir, er müsse bei Bewusstsein sein und dass eine Vollnarkose ein größeres Risiko darstelle als die Lumbalpunktion. Beim Reingehen begegneten wir seiner Ärztin. Sie lächelte uns zu und versicherte Mike, dass er sich keine Sorgen machen müsse. Wieder einmal hakte ich nach, ob man ihm eine Betäubung oder ein Schmerzmittel geben könne. Nein. Das sei nicht möglich. Sie war freundlich, aber bestimmt. Wir meldeten uns am Empfang. Sinnloserweise stellte ich der Rezeptionistin dieselbe Frage. Eine Krankenschwester nahm ihm Blut ab. Ich fragte auch sie. So langsam ging ich den Leuten mit immer derselben Frage auf den Geist, doch das war mir egal. Ich konnte deutlich sehen, wie sehr Mike sich fürchtete, und wollte ihn beschützen.

Der Arzt, der die Untersuchung durchführen würde, sah so aus, wie man es erwartete. Er war Anfang dreißig, trug bereits seine OP-Kleidung und erweckte den Anschein, dass er wusste, was er tat. Er wirkte umgänglich, selbstbewusst und beruhigend. Im Lauf der Jahre hatte er schon Dutzende, wenn nicht gar Hunderte Lumbalpunktionen durchgeführt, und es war immer alles glattgegangen. Ich konnte erkennen, dass sich Mike ein wenig entspannte. Es schien ihm nichts auszumachen, dass das Zimmer, in das man uns führte, eher einem Lagerraum glich und nur ein Bett und einen Vorhang enthielt. Leute kamen und gingen und holten Dinge aus den Regalen. Ich hätte mir einen ruhigeren, privaten Bereich gewünscht, damit sich Mike so weit wie möglich entspannen konnte.

Mike lag seitlich auf dem Bett, der hinten offene Krankenhauskittel klaffte auseinander, und er nahm Embryohaltung ein. Er musste die Knie so weit wie möglich an die Brust ziehen, um dem Arzt das Rückgrat entgegenzustrecken. Die Krümmung der Wirbelsäule in dieser Position sollte es dem Arzt erleichtern, die fünfzehn Zentimeter lange Nadel an einer bestimmten Stelle zwischen den Wirbeln einzuführen. Danach muss die Nadel eine Membran durchdringen und aus der Mitte des Rückgrats die für den Test erforderliche Flüssigkeit entnehmen. Doch die Membran ist sehr dick, und man braucht einiges an Kraft, um sie zu durchdringen.

Der Doktor stieß Mike die Nadel durch die Haut. Mike umklammerte meine Hand immer fester. Ich wusste, dass es wehtat, und war für ihn da. Aber irgendetwas stimmte nicht. Der Arzt stieß fest mit der Nadel zu und wollte vermutlich die Membran durchdringen, aber es klappte nicht. Er war stattdessen auf Knochen gestoßen und drückte die dicke Nadel fest gegen Mikes Wirbel. Mehrmals. Dann zog er die Nadel heraus und tastete erneut nach der Lücke. Er versuchte es noch mal. Mit demselben Ergebnis. Mike war inzwischen kreidebleich und schweißgebadet, und er knirschte mit den Zähnen, um den entsetzlichen Schmerz zu ertragen. Einer seiner Fingernägel bohrte sich so tief in den fleischigen Teil meines Daumens, dass es blutete, aber ich ließ ihn nicht los.

»Es ist alles in Ordnung, Mike«, versuchte ich, ihn zu beruhigen, und bemühte mich um eine sanfte Stimme.

Der Arzt wirkte verwirrt. Und besorgt. »Das tut mir schrecklich leid. Ich sehe mir die Sache noch mal an«, sagte er. »Ah ja, da haben wir es ja. Jetzt wird es klappen.« Wieder drückte er die Nadel hinein. Es klappte nicht. Er traf abermals auf Knochen. Es gelang ihm nicht, die Lücke oder die Membran zu finden. Mikes Fingernagel bohrte sich noch tiefer in meine Haut. Irgendwann lehnte sich der Arzt geknickt zurück, entschuldigte sich vielmals und sagte, so etwas sei ihm noch nie passiert.

Mike zog sich wieder an. Der entsetzliche Schmerz durch die Nadel war zwar verschwunden, aber er litt dennoch Höllenqualen. Als wir hinausgingen, krümmte er sich. Und wir hatten rein gar nichts erreicht. Stattdessen war es genau so gekommen, wie Mike befürchtet hatte. Auf dem Weg zum Wagen begegneten wir der Ärztin, die sich fröhlich erkundigte, wie es gelaufen sei. Mike, der nun mal nicht unhöflich sein konnte, brachte es nicht über sich, sie anzusehen. Er humpelte in die andere Richtung davon und überließ es mir, unseren kollektiven Frust an ihr auszulassen.

Sie entschuldigte sich und war erstaunt und verwirrt. Aber sie merkte auch an, dass Mike diesen Test über sich ergehen lassen musste. Sie würden es noch mal versuchen müssen.

»Das macht er nicht mit«, erklärte ich entschieden. »Und ich kann es ihm nicht verdenken.«

Auf einmal erzählte sie mir dann, dass die Untersuchung auch in einem OP-Saal unter örtlicher Betäubung durchgeführt werden könne, wobei man die Nadel unter Röntgenüberwachung einführte. Ich war stinksauer. Nachdem ich ihr und allen anderen so oft von Mikes Sorgen und Ängsten erzählt hatte, stellte sich nun heraus, dass er die Untersuchung auch gleich ganz ohne Stress und Schmerzen hätte über sich ergehen lassen können. Das alles wäre ihm erspart geblieben.

Wieder einmal mussten wir Mike davon überzeugen, dass dieser Test zwingend erforderlich war. Den ersten Tag über erwähnte keiner etwas davon, aber irgendwann mussten wir es wieder versuchen. Mike ließ sich nicht so leicht überreden. Ich glaubte die Worte selbst nicht, die ich ihm sagte. Ich wollte einfach, dass er die Untersuchung machte und erfuhr, dass es nicht ALS war, dass man das, was er hatte, behandeln konnte und dass es ihm eines Tages wieder gut gehen werde. Meine Schuldgefühle und meine Angst um ihn machten mir schwer zu schaffen, aber ich tat so, als wäre ich davon überzeugt, dass alles wieder gut werden würde.

Wegen des Röntgengeräts konnte ich beim zweiten Versuch nicht bei Mike bleiben. Er bekam eine örtliche Betäubung am Rücken und wurde in den OP geschoben. Nach wenigen Minuten war alles vorbei. Völlig unproblematisch. Ich werde nie verstehen, warum sie es nicht gleich beim ersten Versuch so machen konnten.

Einige Tage später zeigte ich Mike, wo er mich beim ersten Versuch mit dem Fingernagel verletzt hatte. Bis dahin war die Wunde schon verschorft und heilte gut. Seine Reaktion war nicht etwa »Oh, tut mir leid«, sondern »Du solltest Tinte reinschütten und ein Tattoo draus machen.«

Genau das tat ich an Mikes Todestag. Ich saß nach einem langen Tag zu Hause, war verzweifelt und nahm eine Klinge aus dem Rasierer. Damit schnitt ich das blasse Narbengewebe an meinem Daumen in Form eines kleinen »X« auf. Das Symbol für einen Kuss. Und ich öffnete einen Stift und tröpfelte Tinte auf den blutenden Kuss. Jedes Mal, wenn ich das Bedürfnis habe, Mike nahe zu sein, drücke ich einen Kuss auf dieses kleine Kreuz und denke an den Tag, an dem er mich mit seinem Fingernagel dort verletzt hat, und an seinen Todestag und bin ihm nahe.

* * *

Was auch immer sie in Mikes Rückenmarksflüssigkeit gesucht hatten, sie konnten es nicht finden. Und das bedeutete, dass er ALS hatte. Es war offiziell. Mike weinte. Er schluchzte nicht und brach nicht zusammen, konnte den Tränen jedoch keinen Einhalt gebieten. Damit war das bisschen Hoffnung, an das wir uns geklammert hatten, dass es doch etwas anderes sein könnte, dahin.

Selbstverständlich hatten wir Fragen. Wir hatten sehr viele Fragen. Und wir bombardierten die Ärztin damit. Wir wollten wissen, was wir tun konnten. Nichts. Es musste doch etwas geben, was wir unternehmen konnten, um den Verlauf der

Krankheit zu verlangsamen, etwas, das Mike mehr Zeit verschaffte, uns mehr Zeit mit Mike ermöglichte. Nein. Da gab es nichts. Es ist eine Motoneuron-Erkrankung. Da kann man nichts mehr tun. Das bekamen wir zu hören. Der einzige Ratschlag, den sie für uns hatte, war: »Bringen Sie Ihre Angelegenheiten in Ordnung.«

Bringen Sie Ihre Angelegenheiten in Ordnung? Sie hätte auch genauso gut sagen können: »Sie sind am Arsch. Schreiben Sie Ihr Testament und verabschieden Sie sich von allen, denn Sie werden sterben, abnippeln, verrecken, und zwar eher früher als später.«

Es gibt zahlreiche Momente in meinem Leben, bei denen ich die Gelegenheit verpasst habe, das auszusprechen, was ich wirklich sagen wollte, solche Augenblicke, bei denen man erst zu spät begreift, was man hätte sagen sollen. Und als ich da erschüttert, wütend und traurig saß, brachte ich nichts Energisches über die Lippen. Es war mir in diesem Moment einfach nicht bewusst. Kurz darauf begriff ich jedoch, dass ich hätte sagen sollen: »Wie können Sie es wagen? Was fällt Ihnen ein, uns das an den Kopf zu werfen?« Ich hätte diese kalte und entsetzliche Aussage in Bezug auf Mikes trostlose Zukunft nicht so stehen lassen dürfen. Dabei möchte ich die Frau gar nicht in einem schlechten Licht darstellen, denn sie war sehr freundlich, im Allgemeinen mitfühlend und angenehm im Umgang, aber das war das absolut Schlimmste und Gefühlloseste, was sie in diesem Augenblick hatte sagen können.

Und jeder unserer Vorschläge, wie wir Mikes Leben noch so angenehm wie möglich machen konnten, wurde einfach als sinnlos abgetan. Wir fragten nach der Ernährung. Welche Auswirkungen konnten die Nährstoffe auf das Fortschreiten der Krankheit haben? Mike hatte sich schon immer gesund ernährt. Er war Vegetarier und achtete genau darauf, was er zu sich nahm. Das soll jetzt nicht heißen, ich hätte mir eingebildet, eine ausgewogene Mischung aus Vitaminen und Mineralstoffen hätte ihn heilen können, aber die richtige Ernährung hätte doch zumindest seine Energie und Aufgewecktheit sowie seine Fähigkeit, mit dem sich verschlimmernden Zustand umzugehen, verbessern können. Aber nein, man teilte uns mit, dass das keinen Unterschied mache. Mike konnte essen, was immer er wollte. Er hatte ALS. Das wars.

Nach diesem Termin suchten wir sofort eine Physiotherapeutin auf. Wir hofften auf einen Rat, wie Mike seine Muskeln stärken konnte, während sie versagten, vielleicht eine Behandlungsmethode, irgendetwas. Was auch immer. Doch wir bekamen dasselbe zu hören. Eine Physiotherapie sei sinnlos. Sie hätte nicht geholfen. Er hatte ALS. Das wars. Die Physiotherapeutin, mit der wir sprachen, hatte einen Schlaganfall oder etwas in der Art hinter sich. Eine Seite ihres Körpers war erschlafft, und die Gesichtszüge hingen herunter. Als wir sie fragten, welche Art von Physio Mike helfen könnte, hätte sie beinahe losgelacht. Sie zeigte auf ihr Gesicht und erklärte, sie könne auch nichts gegen das tun, was ihr widerfahren sei. Sie habe es akzeptiert. Und Mike müsse dasselbe tun, wobei ich ihr keine Worte in den Mund legen will. Sie hätte genauso gut sagen können: »Sie haben ALS. Ihre Muskeln werden verkümmern. Zu versuchen, sie zu kräftigen, wäre aussichtslos, weil es nicht funktionieren wird. Sie sind am Arsch. Bringen Sie Ihre Angelegenheiten in Ordnung.«

Stattdessen bekam Mike ein fotokopiertes Blatt Papier mit einigen Übungen für zu Hause in die Hand gedrückt und wurde dann genau vermessen, damit man ihm ein Gerät anpassen konnte, das die Auswirkungen des Fallfußes verringerte. Dabei handelte es sich um zwei robuste, unhandliche Plastikteile, von denen eines um seinen Fuß und das andere um Knöchel und Wade passte. Allerdings hatten sie nur noch ein Teil da, und es würde drei Monate dauern, bis sie das zweite erhielten. In der Zwischenzeit musste er eben stolpern! Im Lauf der Zeit wurden wir vom staatlichen Gesundheitsdienst an ungefähr zehn

Physiotherapeuten verwiesen, die alle eine ähnliche Einstellung an den Tag legten und nicht bereit waren, Zeit für jemanden mit einer Motoneuron-Erkrankung wie ALS zu »vergeuden«, bis Mandy schließlich eine Privatpraxis fand. Claire war Physiotherapeutin in Chester und unglaublich. Sie war ebenso entsetzt wie wir, dass keiner Mike helfen wollte. Daraufhin kam sie einmal die Woche vorbei, um mit ihm zu arbeiten, und zeigte uns, wie wir ihn massieren und bewegen konnten, um sein Unbehagen zu mindern und seine Schmerzen zu verringern. Sie war immer freundlich, nie gehetzt und stellte für Mike eine große Hilfe und Unterstützung dar.

Frustriert angesichts des Mangels an Hilfe, Unterstützung und praktischen Ratschlägen für jemanden mit seiner Diagnose, erstellte Mike eine Website, die er NeuroHub nannte. Sie basierte auf den geteilten Erlebnissen vieler Patienten, die diese Krankheit durchlebten, statt auf den eher konventionellen Ratschlägen (oder vielmehr dem Ausbleiben derselben) durch das medizinische Fachpersonal. Sie sollte eine Ressource sein, ein Ort der Inspiration und Hoffnung, und sich mit Themen wie Ernährung, Physiotherapie und Geräten beschäftigen. Mike wollte, dass jede alternative Therapie oder Behandlung, die ihm zugutekam, auch anderen erklärt wurde, um ihnen ebenfalls Mut zu machen. Er war frustriert von der Haltung des »Establishments«, das nur »Abwarten« und »Da kann man nichts mehr machen« zu bieten hatte, denn diese Art von niederschmetternder Negativität war er nicht gewohnt. Mike ging alles kämpferischer an.

* * *

Als die Diagnose offiziell war, konnte sich Mike endlich finanzielle Unterstützung besorgen. Nachdem er sich wochenlang ein Bein ausgerissen und mit Idioten telefoniert hatte, wurde ihm schließlich das volle Leistungspaket bewillig, das ganze

20,33 £ die Woche ausmachte! Ich rief wütend die Auskunfts-
stelle an und fragte einen Jungen, der mit seinem »Skript«
überfordert war, wen er kannte, der von dieser Summe leben
konnte. Mike war unheilbar krank. Er konnte nicht arbeiten.
Er hatte Schmerzen. Sein Zustand würde sich noch dramatisch
verschlechtern. Was in aller Welt sollten da 20,33 £ die Woche
bewirken? Der Junge hielt sich an sein Skript und sagte, das
Geld diene dazu, dass jemand vorbeikommen und Mike einmal am Tag etwas zu essen kochen konnte. Dabei reichte die
Summe nicht mal für die Lebensmittel, geschweige denn dafür,
jemanden zu bezahlen, der jeden Tag vorbeikam und kochte.
Letzten Endes bekam Mike dann doch ein größeres Paket bewilligt, und Laura erhielt pro Woche etwas über sechzig Pfund,
nachdem sie als seine Vollzeitpflege akzeptiert worden war, doch
es war ein unnötig anstrengender Vorgang, überhaupt so weit
zu kommen. Ganz ungeachtet der Tatsache, dass Mike mehr als
eine Person brauchte, die sich um ihn kümmerte. Und das war
noch vor den Kosten für die private Physiotherapie und all die
Spezialausrüstung, die Mike später benötigte.

Es machte ganz den Eindruck, als würde das System Mike
und uns alle im Stich lassen. Die Art, wie man mit der Diagnose
umging, die Prognose und dann die dürftige Hilfe vom Staat
– wir beschlossen, eine zweite Meinung einzuholen. Mandy
machte sich schlau und besorgte für Mike einen Privattermin
bei Professor Shaw vom King's College in London. Er war all
das, was die anderen Ärzte nicht gewesen waren: mitfühlend,
taktvoll und sanft. Wir hofften verzweifelt darauf, dass dieser
Experte die vorherige Diagnose widerlegte. Doch das sollte
nicht sein. Professor Shaw musste sie bedauerlicherweise bestätigen. Doch wie wundervoll er war, beweist allein die Tatsache,
dass er auf sein Honorar verzichtete. Ein echtes Juwel.

* * *

An die Heimreise von London nach North Wales erinnere ich mich nicht mehr. Ich weiß nur noch, dass ich nach diesem Termin im Fahrstuhl stand und Mike geweint hat. Wir waren alle so ernüchtert und aufgewühlt. Aber Mike war noch lange nicht bereit, einfach bloß »seine Angelegenheiten in Ordnung zu bringen«. Sein Kampfgeist war noch nicht erloschen. Ebenso wenig wie der von uns anderen. Keiner war bereit, den Fatalismus zu akzeptieren, der uns entgegenschlug. Wir beschlossen, gemeinsam standzuhalten und nicht nachzugeben. Wir würden die Krankheit bekämpfen. Wir würden mit Physiotherapie, mit der Ernährung, mit alternativen Medikamenten, mit allem, was wir auf der ganzen Welt finden konnten, dagegen ankämpfen.

Wir brauchten einen Plan. Dad wurde zum Organisierer bestimmt. Wenn Mike etwas Praktisches brauchte, wie die passenden Federn für sein Fallfußgerät, würde Dad es beschaffen. Wenn irgendetwas angepasst werden musste, wie beispielsweise der Handgriff seines elektrischen Rollstuhls, kümmerte sich Dad darum. Eine selbstreinigende Toilette wurde gesucht, gefunden und eingebaut. Nichts war jemals zu schwer. Mandy koordinierte alles hinter den Kulissen. Sie kam mit den Kopfschmerzen und den Bergen an Papierkram klar und sorgte dafür, dass Dinge geregelt wurden. Und da ich in Mikes Nähe wohnte, konnte ich jeden Tag bei ihm sein. Zusammen mit Laura, Story und allen anderen, die uns halfen, gaben wir ein großartiges Team ab.

Verlorene Welt – Neue Welt

Ich verlasse die Nordinsel. Wir haben unseren Jucy-Transporter gegen ein riesiges Jucy-Campingmobil eingetauscht, das momentan im Bauch der Fähre parkt, auf der ich mich befinde. Vom Hafen aus tuckern wir langsam in die große natürliche Bucht und an der Landzunge vorbei, auf der sich Weta befindet, um auch den Vorort Miramar zu passieren, wo ich untergebracht war. Es geht hinaus auf See. Nächster Halt: Picton. Auf der Südinsel.

Vor einigen Tagen wurde ich von Wellington in den Norden nach Waitomo gefahren, wo ich mich in die Lost World abseilte. Wenn Sie der Ansicht sind, dass das cool klingt, muss ich Ihnen recht geben. Die Besonderheiten dieser Aufgabe waren gar nicht mehr so überraschend, nachdem ich einige Minuten im Besucherzentrum gewartet hatte. Dort hingen überall Bilder von Menschen, die an Seilen baumelten und durch Höhlen stolperten, daher fühlte ich mich gut vorbereitet, als wir im Harnisch und mit Gummistiefeln zum Höhleneingang marschierten.

Das Abseilen an sich raubte mir bereits den Atem. Wir gelangten aus dem Wald auf eine Plattform, die aus einem

Metallgitter bestand und gefährlich weit über einen nebelverhangenen dunklen Krater hinausragte. Ich konnte nicht mal den Boden sehen. Der Krater ist etwa hundert Meter tief, was sich nach gar nicht mal so viel anhören mag, aber doch deutlich mehr ist als die Höhe der Freiheitsstatue und kaum weniger als die Kuppel der St. Paul's Cathedral in London, um das mal in eine Perspektive zu bringen. Als ich angeseilt wurde und mich nach hinten über den Abgrund beugte, wurde mir ganz mulmig zumute. Ich klammerte mich mit schweißnassen Händen an das dünne Seil, das mich vom festen Erdboden unter die Wolkendecke zu meinen Füßen bringen sollte. Drew wirkte auch ein bisschen nervös. Er wollte wissen, wie sicher das Seil sei und ob es sein Gewicht auch tragen werde. Er ist schwerer als (*hüstel*) der Durchschnitt, erst recht mit der Kamera, aber unsere Guides Luke und Brad versicherten ihm, dass das Seil einen Panzer aushalten würde, was mir ein Kichern entlockte.

Sobald man die Plattform verlassen hat, muss man keine Angst mehr haben. Das Seil ist robust, und man kann die Geschwindigkeit des Abstiegs selbst bestimmen. Selbst wenn ich Mist gebaut und zu viel Seil gelassen hätte, wäre ich noch durch ein zweites Seil mit einem der Guides verbunden gewesen, sodass ich mich gar nicht zu schnell hätte abseilen können. Ich durfte bloß nicht nach unten sehen.

Der Abstieg war friedlich, gemächlich und unfassbar mystisch. Die Landschaft, die sich unter uns ausbreitete, lässt sich nur als außergewöhnlich beschreiben und bestand aus saftigem Moos über glatten schwarzen Felsen, auf denen hin und wieder ein einzelner Sonnenstrahl glitzerte, der es durch den Nebel geschafft hatte. Wären hier nicht wer weiß wie viele Touristen unterwegs gewesen, hätte man glatt den Eindruck bekommen können, der erste Entdecker zu sein. Es ist ein magischer, unwirklicher Ort voller Geheimnisse und Mysterien. Ich rechnete schon fast damit,

hinter einem der großen Felsen den Kopf eines Brontosaurus auf-
ragen zu sehen, der das Maul voller Blätter hatte.

Wir lösten uns vom Seil und drangen in das Höhlensys-
tem vor. Sobald wir richtig unter der Erde waren, mussten
wir uns auf unsere Stirnlampen verlassen. Wir kletterten über
Felsformationen und quetschten uns durch Spalten, um zwischendurch eine Pause einzulegen und Kaffee und einen Keks
zu uns zu nehmen (ein weiteres Beispiel für das unvergleichliche
Vermögen der Einheimischen, einem Kaffee anzubieten, wenn
man am wenigsten damit rechnet). In der Nähe eines unterir-
dischen Flusses schalteten wir die Lampen aus und bestaunten die
leuchtenden Körper der Glühwürmchen, die wie Sterne in der
Schwärze um uns herum funkelten.

Anscheinend ist der einzige Ausgang eine verrostete, klapp-
rige, rutschige lange Metallleiter, die mit Bolzen (von denen sich
einige gelockert zu haben schienen) vertikal an der Höhlenwand
angebracht ist. Es war eine kraftraubende Kletterpartie. Ich hatte
eine Sicherheitsleine, und Brad ging vor, um mich zu sichern,
doch es war sehr anstrengend und ein recht unsicheres Ende
unseres Ausflugs. Zurück im Besucherzentrum dankte ich unseren Guides und wünschte ihnen ein schönes Leben, da ich davon
ausging, sie vermutlich nie wiederzusehen. Wie denn auch?

Am nächsten Tag, als wir wieder im Jucy-Van unterwegs
waren, fielen mir Punkte in der Landschaft auf, die ich am Vor-
tag schon einmal gesehen hatte. Wollten wir etwas abholen,
was wir vergessen hatten? Wir hielten vor dem Besucherzentrum, und da standen Brad und Luke und grinsten breit. Nein,
wir wollten keine verlegte Linse oder verlorene Brieftasche abholen. Mir stand das Black-Water-Rafting bevor. Es ging in
eine Höhle in einem anderen Teil desselben Systems mit deutlich kleineren Tunneln. Sie waren zudem schmaler und halb
mit eiskaltem, dunklem Wasser gefüllt. Glücklicherweise trug
ich einen Neoprenanzug.

Nur mittelmäßig besorgt angesichts der ständig vorhandenen potenziellen Erdbebengefahr in Neuseeland und mit ein paar Hintergedanken, wie es wohl sein mochte, von all diesen Felsen zerschmettert zu werden, wenn die tektonischen Platten sich genau in diesem Augenblick bewegten, verbrachte ich mehrere Stunden damit, mich durch Felsspalten zu quetschen und mich auf einem aufblasbaren Ring auf dem Unterwasserfluss treiben zu lassen. Wieder einmal schalteten wir die Lampen aus und bestaunten die Lightshow der Glühwürmchen. Als ich mich in der undurchdringlichen Dunkelheit und unnatürlichen Stille zurücklehnte und von der sanften Strömung bewegt wurde, konnte ich mir problemlos vorstellen, dass all die kleinen Leuchtpunkte über mir umherwirbelnde Galaxien waren, die eine Million Lichtjahre entfernt und unerreichbar über uns am Nachthimmel hingen. Irgendwie konnte ich in den beengten Eingeweiden Neuseelands, gewissermaßen im Kern, einen Blick auf das Universum und darüber hinaus werfen.

Auch wenn es sich nur um den leuchtenden Kot einiger Käferchen handelte, die wenige Meter über meinem Kopf schwebten.

Mike hätte beide Abenteuer genossen. Und er wäre auch liebend gern auf jener Fähre gewesen, die ihn zusammen mit mir in die Wildnis und zum Extremsport auf die Südinsel gebracht hätte.

Beim Verlassen der Nordinsel hatte ich auch das Gefühl, Mike zurückzulassen. Weiter als bis nach Wellington hat er den Süden nicht gesehen. Ich denke an all die Orte, die ich in der Stadt besucht habe und an denen ich zuvor mit Mike gewesen bin, und mir wird schmerzlich bewusst, dass ich diese unmittelbare Verbindung zu einer Erinnerung an ihn auf der Südinsel nirgends haben werde. Mir ist, als wäre ich gezwungen, den zweiten Teil dieser Reise ohne Mike zu machen, ohne die Fäden, die zu ihm führen. Ich muss ihn ein wenig loslassen.

Und dieses Verlustgefühl macht mich traurig. Ich stehe an Deck, beuge mich über die Reling, rauche eine Zigarette und sehe die Landschaft langsam verschwinden. Ich fühle mich allein.

Ich treibe im wahrsten Sinne des Wortes im Ungewissen.

Bild 1: Der Nevis-Bungeesprung.

Bild 2: Mike, ich und Mandy.

Bild 3: Mike und ich auf einem Fjord in Norwegen.

Bild 4: Mike und Edan.

Bild 5: Mike am Black Sands Beach.

Bild 6: Mike und ich in Hobbingen.

Bild 7: Mandy, Mike und ich in den Center Parcs.

Bild 8: »Ich liebe Umarmungen.«

Teil drei

Jenseits des Wassers

GUTE TATEN

Es ist ein herrlicher Anblick, wenn man sich Picton auf der Süd-insel nähert. Die Fähre bahnt sich eine gefühlte Ewigkeit lang ihren Weg zwischen kleinen Inseln und hügeligen, baumbe-deckten Landzungen hindurch, bevor überhaupt mehr als eine vereinzelte, weit entfernte Behausung in Sicht kommt. Picton ist eine ordentliche, ruhige Kleinstadt und das genaue Gegenteil des lebhaften und vielfältigen Wellington. Als wir mit unserem Campingmobil an Land rollen, kommt es mir so vor, als wür-den wir in einer Grenzstadt ankommen. Die Straßen sind breit, und es herrscht kaum Verkehr. Es fühlt sich fremdartig an und, wenn ich das so sagen darf, weniger einladend als alle Orte auf der Nordinsel, die ich gut kenne.

Ich war während der ganzen Überfahrt nachdenklich und habe ins (glücklicherweise) ruhige Wasser gestarrt. Die Cook Strait trennt die beiden großen Inseln Neuseelands voneinan-der, aber ich bin mir bewusst, dass weiter im Osten mehre-re Tausend Kilometer Ozean, nämlich der Südpazifik, folgen, der bis an die Küsten von Chile und Peru reicht. Nördlich von Neuseeland gibt es nur noch die winzigen Inseln Tonga, Fidschi und dergleichen, und danach reicht das Meer bis nach Japan und China sowie bis zum östlichen Russland. Und im Süden liegt die gewaltige Landmasse der Antarktis. Da verwundert es kaum, dass ich mich isoliert und verloren fühle.

Ein Trost ist die Gemeinsamkeit, die mich mit Drew verbindet. Er fühlt sich schon allein, seit er hier in diesem fremden Land angekommen ist. Seine Freundin ist zu Hause. Sie hatte, kurz bevor er zu diesem »Job« aufbrechen musste, eine Fehlgeburt, und ich weiß, dass er jetzt viel lieber bei ihr wäre, als mit mir durch Neuseeland zu zuckeln. Aus irgendeinem Grund hat er außerdem beschlossen, dass dies ein guter Zeitpunkt ist, um mit dem Rauchen aufzuhören. Wahrscheinlich ist das angesichts der Preise hier sogar klug, aber ich bin dennoch verwundert. Um langsam mit der Gewohnheit zu brechen, kauft er sich diese kleinen Zigarillos mit seltsamem Geschmack, die einzeln erhältlich sind, und er hat sich zudem eine E-Zigarette besorgt. Ich entdecke ihn auf dem Deck der Fähre, wo er wie ich auf das ruhige Wasser hinausblickt und es zweifellos genießt, mal nicht die Kamera in der Hand zu halten, und biete ihm eine richtige Zigarette an. Wir rauchen schweigend, sind wie hypnotisiert vom sanften Kielwasser der Fähre und fühlen uns vielleicht beide einen Moment lang nicht mehr ganz so allein.

Mike hat mir die Aufgabe übertragen, »zufällige gute Taten« zu verrichten. Mit seinen Worten: »Hilf anderen, selbst wenn es nur eine Kleinigkeit ist. Schenk jemandem Blumen, umarme Fremde, kaufe Obdachlosen etwas zu essen, hinterlass positive Nachrichten auf kleinen Haftnotizen, geh und rede mit dem alten Menschen auf der Parkbank, lächle Leute an und erhelle ihren Tag.«

Mir ist nur gerade nicht nach Lächeln zumute. Und das größte Problem bei der Aufgabe ist, dass sie sich vor der Kamera nicht leicht bewerkstelligen lässt. Es muss spontan passieren. Ich habe das Wort »verrichten« oben bewusst gewählt, weil mir das Timing nicht gefällt. Nach der Vertrautheit von Wellington steht mir nun eine Reise über die Südinsel bevor, wo es keine unmittelbare Verbindung zu Erinnerungen an Mike gibt. Story arbeitet in Raglan auf der Nordinsel. Andy ist längst wieder zu Hause.

Ich habe in vielerlei Hinsicht bereits einiges von dem getan, was Mikes Aufgabe beinhaltet. In einem Park in Hamilton habe ich mich auf seine Anweisung hin als Hippie verkleidet und kostenlose Umarmungen verteilt. Einige Stunden lang schlich ich in Batikklamotten und mit Friedenssymbolen behängt in der Nähe einer bevorstehenden Freiluftaufführung eines Shakespeare-Stückes herum und bot Fremden an, sie zu umarmen und etwas Liebe zu verbreiten. Dabei verteilte ich Kopien des Kinderfotos von Mike und mir, auf dem Mikes Worte »Ich liebe Umarmungen« standen; wobei das Original immer noch in einer Flasche steckt und darauf wartet, ins Meer geworfen zu werden, nachdem es am Black Sand Beach nicht geklappt hat.

Ein oder zwei Tage vor unserem Aufbruch musste ich in Wellington Passanten auf der Straße dazu überreden, mir einen Kuss zu geben. Der Haken an der Sache? Ich durfte nicht reden. Wie ein verwahrloster Pantomimekünstler musste ich mit nichts weiter als all meinem Charme versuchen, Fremde davon zu überzeugen, kurz körperlichen Kontakt zu mir herzustellen. Zu dieser Zeit kam es mir lustig und albern vor, aber ich wusste auch genau, was sich Mike dabei gedacht hatte. Er fühlte sich in seinem versagenden Körper schrecklich isoliert und musste sich irgendwann nahezu wortlos darauf verlassen, dass ihn alle um ihn herum mit Liebe und Zuneigung überschütteten, ihn umarmten, küssten und berührten. Berührungen waren für Mike sehr wichtig, entweder in Form einer Massage, indem man seine Hand hielt oder sich einfach neben seinen Rollstuhl setzte und ihm eine Hand auf das Knie oder die Schulter legte. Da Mike nicht all das sagen konnte, was er sagen wollte, sah er Dinge, die vielen von uns entgehen; da wir selbstzufrieden durchs Leben gehen und andere auf Armeslänge halten, fällt es uns leicht, den Trost Fremder nicht anzunehmen, nicht die Hand auszustrecken und andere zu erreichen, unser Menschsein nicht zu feiern.

Ich bin kein besonders geselliger Mensch, daher fallen mir Interaktionen mit Fremden manchmal schwer. Das ist nichts, was ich ständig von mir aus tue. Das machte eine andere von Mikes Aufgaben in Wellington besonders herausfordernd. Ich bekam ein Funkmikrofon und wurde in den geschäftigen grasbewachsenen Pigeon Park mit zwei Springbrunnen gebracht, wobei der Name entweder für das Talent der Einwohner Wellingtons spricht, für alles die passende Bezeichnung zu finden, oder auf der ungewöhnlichen Tatsache beruht, dass die hiesigen Tauben lesen und schreiben können und daher den Park nach sich benannt haben. Diese namensgebenden Tauben und eine Vielzahl bedrohlich wirkender Möwen liefen mit einer gut genährten Arroganz zwischen ihren menschlichen Mitbewohnern herum, von denen viele nur in der Mittagspause ein Sandwich essen wollten. Meine Mission? Jemanden, wen auch immer, davon zu überzeugen, dass wir uns schon mal begegnet waren; also einen Menschen dazu zu zwingen, mir vorzuheucheln, er würde mich kennen.

Die ersten Versuche liefen nicht so gut.

»Tom!«, rief ich einem Kiwi zu, der gerade sein Fahrrad an ein Geländer kettete. Keine Reaktion. »Tom? Du bist doch Tom, oder nicht?«

Er blickte auf. »Nein, Kumpel.«

»Oh.« Ich bemühte mich um ein möglichst freundliches Gesicht. »Ich war mir sicher, dass wir uns schon mal begegnet sind ...« Ich machte eine Geste, die ganz Wellington einschloss. »Vielleicht am Wochenende in der Bar?«

»Nein, Kumpel. Da irrst du dich.« Er ließ sich nicht überzeugen.

»Oh. Okay. Entschuldige.« Ich wollte schon weggehen, drehte mich dann aber noch mal um. »Hör mal«, murmelte ich,

»da drüben ist eine Kamera.« Ich zeigte zu Drew, der so diskret, wie er nur sein konnte, etwa zwanzig Meter entfernt mit der Kamera auf dem Schoß dasaß und uns filmte. Dann erklärte ich ihm so knapp wie möglich meine Mission und erzählte von Mikes Bucket List. Noch peinlicher als das Belügen von Leuten war, dass ich sie auch noch überreden musste, sich filmen zu lassen.

»Viel Glück.« Er ging lachend weg.

Die nächste »Zielperson« war noch weniger hilfsbereit und zeigte nicht einmal einen Hauch vorgetäuschten Erkennens. Der Mann war wie ein Athlet gebaut, trank also vermutlich nicht und konnte sich wahrscheinlich haargenau an jede Sekunde seines Lebens erinnern. »Da drüben ist eine Kamera«, gestand ich abermals. »Ich muss auf irgendwelche Fremden zugehen und sie davon überzeugen, dass wir uns kennen.«

»Das klappt nicht besonders gut, was?«

Nein, das tat es nicht.

»Sarah?« Ich entdeckte eine junge Frau, die ein Baguette in der Hand hielt, und beschloss, dass sie vermutlich leichter zu beeindrucken wäre. Weit gefehlt. Sie wirkte fast schon beleidigt bei der Andeutung, wir könnten uns in einer Bar getroffen haben. Auf gar keinen Fall. Ich entschuldigte mich und ging rasch weiter. Dann musste ich aber noch mal zurückgehen und sie fragen, ob wir das Filmmaterial verwenden durften. Das war natürlich überhaupt nicht peinlich.

»Da drüben ist eine Kamera.« Ich winkte Drew zu, der netterweise zurückwinkte. »Im Grunde genommen bin ich in Neuseeland, um eine Bucket List mit Aufgaben meines Bruders zu erfüllen …«

»Bist du Royd?«, fragte sie unverhofft.

Äh, wie bitte?

»Ja, der bin ich …«, antwortete ich vollkommen perplex.

»Wir sind auf Facebook befreundet.« Sie lachte auf. »Daher kenne ich dich!«

Wie wahrscheinlich war das denn? Ich sah zu Drew hinüber und bemerkte, dass seine Kamera wackelte, weil er sich vor Lachen nicht mehr einkriegte.

Das war ja mal wieder typisch für mich, dass ich Freundschaftsanfragen von jeder Frau annahm, die nur das leiseste Interesse für mich zeigte.

Ich versuchte es weiter. Ein silberhaariger Mann saß in der Nähe einer lauernden Möwe auf einer niedrigen Mauer. Ich gab alles, fragte ihn, ob er Events plante (das Logo auf seinem T-Shirt gab mir einen hilfreichen Hinweis!), und nachdem ich ein bisschen herumgelabert und vage in die Richtung der Cuba Street und von halb Wellington gezeigt hatte, ließ er durchsickern, dass er einen Karaokeabend in einer der hiesigen Bars organisierte.

»Genau!«, rief ich aus. »Entschuldige, wie war doch gleich dein Name? Der ist mir glatt entfallen.«

»Steve«, antwortete er. »Ich bin DJ Steve.«

»Ach ja! Natürlich. Tut mir leid, ich war echt betrunken. Ich glaube, ich habe sogar gesungen. War ich gut?«

»Ja, du warst wirklich gut.«

Geschafft!

»Dann erinnerst du dich an mich?«

»Klar, Gesichter vergesse ich nie, aber Namen …« Er schüttelte den Kopf.

Das reichte mir.

* * *

Diese Aufgabe mit den »zufälligen guten Taten« läuft nicht so gut. Ich warte vor einem Seniorenheim in der Nähe von Nelson und finde diese ganze Sache so erzwungen und dumm.

Das soll keine Schuldzuweisung sein, aber der erste Versuch, etwas im Rahmen dieser Aufgabe zu tun, war alles andere als zufällig. Auf Geheiß der Produktion, die das alles organisiert hatte, fuhren wir zu einer kleinen Obdachlosenunterkunft für Männer an einer ruhigen Straße in Picton. Wir hatten jede Menge eingekauft und wollten etwas für sie kochen. Ich musste darauf beharren, dass die Kamera nicht mit reinkam, denn das hätte das Ganze für den Film nur noch überflüssiger gemacht. Schlimmer noch war, dass ich mir dort wie ein grässlicher Tourist vorkam, der mit dieser falschen philanthropischen Geste die Männer auch fast noch beleidigte, die einfach nur eine ruhige Zuflucht vor der Welt suchten. Mir kam es vor, als wäre ich dort, um Dankbarkeit zu erheischen, weil ich großzügig eine Stunde meiner Zeit opferte, ohne ihr Leben irgendwie zu verbessern. Es war zu spät, um das Ganze abzublasen, daher gab ich einfach mein Bestes. Ich kochte ihnen etwas zu essen und versuchte, einen Mittelweg zu finden und zu den Menschen, die vermutlich überhaupt nicht reden wollten, nicht zu viel und nicht zu wenig zu sagen. Es war schrecklich. Das ganze Erlebnis war dumm, unangenehm, nicht im Geringsten hilfreich und alles andere als zufällig. Mir war völlig klar, dass Mike so etwas nie im Sinn gehabt hatte.

Und das hier? Das ist im Grunde genommen dasselbe. Nein, es ist sogar noch schlimmer. Diesmal hat eine Reporterin von einer Lokalzeitung Wind von meinem Besuch bekommen und will mich interviewen. Das ist ja oberpeinlich. Ich will keinen Artikel darüber, dass der Urenkel von J. R. R. Tolkien sich in seinem geschäftigen Leben zehn Minuten Zeit nimmt, um einen Haufen Rentner mit seiner Anwesenheit zu beehren. Das ist ganz eindeutig nicht mein Ziel. Und wieder einmal möchte ich dabei nicht gefilmt werden. Zum Glück versteht Drew das und ist einverstanden. Er nimmt an einem Vera-Lynn-Singalong im Gemeinschaftsraum teil, während ich herumgeführt werde. Na, dann bringen wir es mal hinter uns.

Ich verbringe zehn Minuten damit, der Reporterin Rede und Antwort zu stehen. Sie ist respektvoll und professionell, und ich versuche aus Höflichkeit, ihre Fragen angemessen zu beantworten, allerdings hat sie mich nicht an einem besonders guten Tag erwischt. Danach helfe ich dabei, Kekse auf Teller zu verteilen, schneide einen Kuchen an, setze mich hin und plaudere mit einigen der Senioren, die ein Brettspiel spielen. Es ist eigentlich recht angenehm, doch innerlich brodelt es immer noch in mir, weil man mich zu dieser Wohltätigkeitscharade zwingt. Ich könnte auch gleich zusammen mit Drew und den anderen »We Will Meet Again« singen, denn das würde auch keinen großen Unterschied im Leben dieser Leute machen. Nichts für ungut, Drew. Oder Dame Vera.

Debbie, die hier die Leitung hat, unterbricht mich und fragt, ob ich auch den Teil des Heims sehen möchte, in dem die Menschen leben, die weniger unabhängig sind. Sie geht zu Recht davon aus, dass ich weiß, wie man jemanden hochhebt und sicher umlagert. Auf dem Weg zu einem Ort, den wir nie erreichen, schlägt sie vor, mich jemandem namens Alan vorzustellen. Er trifft anscheinend gern Leute. Ich gehe zwar davon aus, dass er nicht die leiseste Ahnung hat, wer ich bin, aber sicher, warum nicht? In meiner Fantasie erwartet mich ein höflicher Rentner, der sich zu einer sinnlosen Unterhaltung mit mir überreden lässt, während er insgeheim hofft, sich endlich wieder seinem Puzzle widmen zu können.

Sobald ich Alan sehe, weiß ich, dass ich Zeit mit ihm verbringen möchte. Er sitzt in einem Sessel in seinem kleinen Zimmer, wirkt nicht besonders entspannt und sieht mich mit Augen an, die mich an Mike erinnern. Ich weiß nicht genau, ob er einen Schlaganfall hatte oder in welchem Zustand er ist, aber er kann nicht sprechen und nur noch einen Arm bewegen. Seine Augen sind ausdrucksvoll, aufgerissen, voller Gefühle, genau wie es mit fortschreitender Krankheit bei Mike war. Debbie beugt sich über sein Gesicht und stellt mich laut und langsam vor, obwohl ich fest davon ausgehe, dass er nicht taub ist. So etwas habe ich auch bei Mike oft erlebt, und es stört mich sehr.

Alan scheint begierig zu sein, mit mir zu kommunizieren, und nachdem Debbie einige Minuten lang schweigend ignoriert wurde, frage ich sie, ob ich noch bleiben und mit ihm plaudern darf. Sie lässt uns allein und setzt ihren Rundgang fort. Ich falle sofort in die Routine zurück, die ich mir bei Mike angewöhnt habe, und gehe eine Liste mit Fragen durch. Hast du Hunger? Hast du Durst? Musst du auf die Toilette? Er schüttelt jedes Mal leicht den Kopf. Sitzt du unbequem? Ein Flackern in seinen Augen.

Er kann sich in seinem Stuhl nicht bewegen. Das hätte mir sofort auffallen müssen. Er sitzt leicht nach vorn gebeugt, was nicht nur unbequem ist, sondern ihm wahrscheinlich auch die Kommunikation erschwert. Eine vorbeikommende Krankenschwester hilft mir, ihn aufrecht in seinen Stuhl zu setzen, und die Erleichterung spiegelt sich sofort in seinen Augen wider. Ich setze mich so, dass er mich gut sehen kann, und erzähle ihm ein bisschen über mich und über Mike. Dabei halte ich Blickkontakt. Das war bei Mike von entscheidender Bedeutung, und ich habe darin viel Übung, auch wenn ich leicht eingerostet bin. Mike konnte mit den Augen viel vermitteln, und bei Alan ist es genauso.

Er hat ein iPad und einen Stift, mit dem er Buchstaben auf einer Tastatur antippt, aber selbst das ist sehr mühsam. Seine Hand zittert, und er kann sie nicht gut bewegen. Als er den falschen Buchstaben trifft, spüre ich deutlich seine Frustration. Daher biete ich ihm an, ihm das iPad abzunehmen und die Buchstaben durchzugehen, um herauszufinden, welchen er eingeben will, und so die Worte entstehen zu lassen. Das bringt mich direkt zu Mike und dem Apple TV zurück.

Als die Worte nach und nach auf dem Tablet erscheinen, finde ich heraus, dass er mich bittet, ein Dokument zu lesen, das er über sich und sein früheres Leben vor seiner Krankheit geschrieben hat. Er möchte das mit mir teilen, weil ich ihm auch etwas über mich erzählt habe. Es ist irgendwo auf seinem Laptop. Mit seiner Anleitung suche ich danach, aber es scheint nicht dort zu sein, wo er es vermutet. Er beharrt darauf, dass ich es lesen soll, und bittet mich, seiner Frau über Debbie eine Nachricht zu schicken, damit sie zu Hause ein Exemplar davon aus dem Aktenschrank nimmt und mir zukommen lässt.

Ich weiß nicht, wie lange ich dort war. Wenigstens ein paar Stunden. Irgendwann habe ich den Eindruck, dass es jetzt angemessen wäre zu gehen. Ich frage Alan, ob er noch etwas sagen möchte und ob es in Ordnung ist, wenn ich jetzt gehe. Sein Kopf ist auf eine Seite gesackt, doch er hebt den Daumen, und da ist ein Lächeln in seinen Augen. Sobald ich beschlossen habe, dass ich gehen sollte, spüre ich Traurigkeit, Zorn und Frustration in mir aufsteigen. Ich wünsche mir so sehr, dass Alan jeden Tag diese Art von Aufmerksamkeit erfährt. Schließlich weiß ich aus Erfahrung, wie viel ihm das bedeutet. Verstehen Sie mich nicht falsch, das ist ein wunderbares Pflegeheim, und die Angestellten sind fürsorglich und professionell, aber sie müssen sich um Dutzende von Bewohnern kümmern, die alle eigene körperliche und medizinische Bedürfnisse haben. Da hat keiner den ganzen Tag Zeit, sich mit Alan Buchstabe für Buchstabe zu unterhalten.

Und das bricht mir das Herz.

Ich habe Tränen in den Augen, als ich durch die Korridore eile und nach draußen zum Campingmobil gehe. Ich will wegfahren. Ich will nicht länger hierbleiben. Keiner soll mich so sehen. Nachdem ich ein paar Kilometer gefahren bin, habe ich das Gefühl, gleich platzen zu müssen. Da ist ein Park mit Bäumen. Ich halte am Straßenrand und renne los. Dann lasse ich mich unter einen Baum sinken. Allein.

Und ich weine.

In mir tobt ein wahrer Tumult an Gefühlen. Ich bin traurig, dass Alan gern jemanden hätte, der jeden Tag mit ihm redet, was jedoch nicht möglich ist. Es macht mich auch wütend. Ich bin frustriert, dass ich nicht mehr für ihn tun kann, dass ich nur im Rahmen eines armselig geplanten Versuchs dort war, eine zufällige gute Tat zu vollbringen, auch wenn trotzdem mehr daraus geworden ist. Einige Stunden lang habe ich Alans Leben bereichert. Aber jetzt bin ich wieder weg und weiß nicht, wer jeden Tag bei ihm sitzen und ihm die Aufmerksamkeit schenken wird, die er braucht.

Aber vor allem denke ich an Mike. Ich bin wieder bei ihm, erinnere mich an das Apple TV und wie es sich angefühlt hat, meinem geliebten Bruder dabei zuzusehen, wie er unbedingt etwas sagen wollte, das jedoch nicht konnte. Wie geduldig man auch zu sein versucht und wie viel Zeit man auch für das Warten auf die Worte aufwendet, es gibt doch immer noch mehr Worte. Es gab immer noch etwas, was Mike gesagt hätte, wenn er dazu in der Lage gewesen wäre. Unsere Kommunikation drehte sich meist nur um das Wesentliche. Das waren nicht die Neckereien, die uns seit unserer Kindheit verbanden. Mike war sein ganzes Leben lang ein gesprächiger, geselliger Mensch gewesen. Und dann kam der Punkt, an dem er nicht mehr einfach etwas Witziges, Unflätiges oder Beiläufiges sagen konnte. Er konnte keine Geschichten mehr erzählen oder freche Bemerkungen machen. Möglicherweise habe ich ihn enttäuscht. Vielleicht hätte ich einen Weg finden müssen, wie er mehr hätte mitteilen können. Aber wie ermutigt man jemanden, mehr zu sagen, wenn man genau weiß, dass jedes Wort eine unglaubliche Anstrengung darstellt?

Ich fühle mich, als hätte man mich hier auf der Südinsel ausgesetzt. Ohne Mike. Er war nie hier. Und er wird nie herkommen. Aber er hat mich hergeschickt. Ich würde alles dafür geben, wenn er noch am Leben wäre – und natürlich gesund –, aber die Zeit bei Alan, in der ich diese Art der Kommunikation erneut erlebt habe, hat mich auch an Mike in seinen letzten Monaten erinnert, und diesen Mike vermisse ich ebenfalls. Ich vermisse es, wie er mich mit seinen großen Augen angesehen hat, wie sie mit mir sprachen, wie er sie fast immer ungeduldig verdreht hat, weil ich so ein Idiot war, wie sich seine Liebe darin widerspiegelte, wie sie humorvoll schimmerten, wie sie um Hilfe baten oder mir dafür dankten.

Güte ist schmerzhaft. Darum sind wir manchmal froh, wenn wir andere auf Abstand halten können, darum scheuen wir den Trost durch Fremde und darum versuchen wir allzu oft nicht, auf andere zuzugehen.

Es tut einfach zu weh.

Aber ich bin mir sicher, dass ich auch hier etwas lernen werde. Ich vermute, dass ich die Dinge in meinem Leben anders angehen sollte. Ich muss mehr Alans finden und mehr zufällige gute Taten tun. Wirklich zufällige. Auch wenn sie mich nicht direkt zu Mike zurückbringen. Dem kranken Mike. Dem sterbenden Mike.

Im Augenblick fühlt es sich an, als hätte ich ein Loch im Herzen, eine Leere, bei der ich nicht weiß, wie ich sie ausfüllen soll.

HOFFNUNG

Die Motoneuron-Erkrankung ALS ist ein Todesurteil. Die Prognose ist überaus trostlos. Es ist ein fortschreitender degenerativer Zustand, für den es kein Heilmittel gibt. Nach der Diagnose liegt die Lebenserwartung zwischen einem und drei Jahren. So grausam der Ratschlag, seine Angelegenheiten in Ordnung zu bringen, ist oder sein mag, so ergibt er doch auf eine kalte, statistische Weise Sinn. Trotzdem kann es immer noch Hoffnung geben. Einige Erkrankte haben viele Jahre damit gelebt.

Mike ließ sich vom Buch eines Amerikaners namens Eric Edney inspirieren. Er hatte ein Leben voller Outdoor-Aktivitäten wie Mountainbikefahren, Wasserskifahren, Strandbuggyrennen und Golfspielen genossen, als bei ihm ALS diagnostiziert wurde. Sein Buch propagiert eine positive mentale Einstellung und verspricht eine Alternative zu dem Ratschlag der Ärzte »Geh nach Hause und stirb«. »Tu nichts und stirb oder VERSUCH ES« lautet sein Mantra.

Und wir waren bereit, einfach alles zu versuchen.

* * *

Den ersten Schritt am schwarzmalenden Gesundheitsdienst vorbei taten wir, als Mandy für Mike die private Physiotherapie organisierte. Ich habe Claire schon einmal erwähnt, aber sie hat mehr als einen beiläufigen Kommentar verdient. Wir wussten vom ersten Augenblick an, dass sie die perfekte Person war, um Mike zu helfen. Mike und ich verstanden uns beide gut mit ihr, was unter anderem bedeutet, dass sie einen ähnlichen Sinn für Humor hatte und auch mal einen Scherz vertragen konnte. Und sie konnte austeilen. Sie erkannte sofort, was für eine Beziehung zwischen Mike und mir bestand, und wurde rasch zu einer guten Freundin und geschätzten Hilfe. Selbst wenn ich manchmal kindisch die Augenbrauen hochzog, wenn sie ihn berührte, sagte sie nichts weiter dazu.

Uns allen war klar, dass die Physiotherapie Mike nicht heilen würde. Das hatten uns alle Fachleute deutlich zu verstehen gegeben. Aber Claire war ein Geschenk des Himmels, und Mike vertraute ihr. Sie sahen sich über Monate hinweg einmal die Woche, und sie zeigte ihm, wie er aus seinem Rollstuhl ins Bett oder auf einen Stuhl gelangen konnte, wie er im Rollstuhl am besten eine bequemere Position einnahm und vieles mehr. Als er nicht mehr zu ihr kommen konnte, fuhr sie zu ihm. Als Mikes Hände sich zunehmend in Klauen verwandelten, weil seine Muskeln schwächer wurden und seine Sehnen schrumpften, und er Erleichterung brauchte, hatten wir keine Ahnung, was wir tun konnten, ohne ihn zu verletzen. Claire wusste Rat. Sie kam einmal die Woche für einige Stunden vorbei und behandelte ihn. Und sie zeigte uns auch, wie wir ihn massieren konnten. Ich lernte, wie ich die Hand auf Mikes legen konnte, Handfläche an Handfläche, und dann ganz langsam die Finger spreizte, sodass er es ebenfalls tat. Ich massierte seine Unterarme und seinen Bizeps unter Claires Anleitung, um ihm wenigstens für kurze Zeit Erleichterung von der Anspannung zu verschaffen, die seinen ganzen Körper im Griff hielt.

235

Als Mikes Schulter später entsetzlich schmerzte, vermochte er den Arm nicht mehr zu heben. Je schwächer seine Muskeln wurden, desto mehr entzündeten sich seine ungeschützten Gelenke. Zu diesem Zeitpunkt konnte er die gängigen entzündungshemmenden Tabletten wie Ibuprofen nicht mehr schlucken, und die einzige flüssige Version, die für Kinder gedacht war, enthielt so viel Zucker, dass sie seine Kehle reizte. Wir versuchten es mit Ibuprofensalben für die Haut, die jedoch rein gar nichts bewirkte. Claire massierte ihn sanft, und am Ende der Sitzung konnte er den Arm über den Kopf heben, ohne dass es zu sehr schmerzte.

Claire beherrschte weitaus mehr als nur Massagetechniken. Sie besaß ein umfangreiches Wissen über die Anatomie. Als Mikes Atmung schwächer wurde und er Schwierigkeiten beim Schlucken bekam oder sich nur noch schlecht räuspern konnte, zeigte sie uns, wie wir seine Brust leicht massieren konnten, um seine Atemwege zu befreien. Sie legte ihm eine Hand auf den Rücken und die andere auf die Brust. Mike atmete ein, und sie übte leichten Druck auf seine Brust aus, wenn er husten musste. Dadurch kam einfach etwas mehr Luft heraus.

Danach sollte ich es versuchen.

Ich hatte mir immer eingebildet, ich würde einen überragenden Sinn für Rhythmus und das richtige Timing besitzen. Als Kind bekam ich zu Weihnachten mal ein Schlagzeug geschenkt, und ich widmete mich ihm mit Begeisterung. Das hielt zwar nicht lange an, und ich spielte auch nie in einer Band oder so. Aber ich war trotzdem ziemlich sicher, ein metronomisches Gefühl fürs Timing zu besitzen.

Wie angewiesen legte ich ihm die Hände auf Brust und Rücken, und Mike atmete ein.

»Na los, huste«, forderte ich ihn auf. Er tat es, und ich drückte auf seine Brust.

Mike schüttelte den Kopf.

»Das war etwas zu früh«, teilte Claire mir mit. »Versuch es noch mal.«

Zweiter Versuch. Immer noch falsch. Ich war davon überzeugt, dass Mike mich mit Absicht versagen ließ.

»Du machst das falsch, Royd«, schaltete sich Laura ein, die es natürlich gleich beim ersten Versuch hinbekommen hatte.

»Versuch's noch mal«, ermutigte mich Claire. Ich spürte, dass Mike mich angrinste. Er atmete ein und hustete leicht. Ich drückte gegen seine Brust. Zu spät. Mein Timing war wieder falsch. Mike schob lachend meine Hände weg. Vielleicht hätte ich doch länger Schlagzeug spielen sollen.

Claire hatte auch vorgeschlagen, dass Mike eine Badeanlage mit einem warmen Pool mit sehr salzhaltigem Wasser aufsuchen sollte. Mit der Hilfe der dort beschäftigten Physiotherapeuten konnte er schwerelos im Wasser treiben und so den Druck von seinen Gliedmaßen nehmen. Es half zwar, doch er ging nur wenige Male hin. Die ganze Anstrengung aufgrund seiner immer schlechter werdenden Mobilität bewirkte, dass die Wirkung schnell wieder verpuffte. Es war zweifellos angenehm für ihn im Wasser, aber ich vermute, dass die Rückkehr an Land und das damit verbundene Unbehagen anschließend alles nur noch schwerer machten.

Aber Claire spielte eine sehr wichtige Rolle in unserem Leben. Ihr Einfluss ging weit über das Körperliche hinaus. Ihre Einstellung, ihre positive Art und ihre Freundlichkeit wirkten sich auch wohltuend auf Mikes mentales Wohlergehen aus.

* * *

Wir stellten zahlreiche Nachforschungen an, um Optionen für weitere Behandlungsmöglichkeiten zu finden. Mike und Laura surften im Internet und fanden eine Klinik in Polen, die von einem Russen geleitet wurde und versprach, alles heilen zu können. Auf der Seite wurden Krebs, MS, Parkinson, aber auch Motoneuron-Erkrankungen wie ALS erwähnt.

Mike skypte mehrmals mit dem Mann. Er bestätigte nie, dass jemand mit ALS in seine Klinik gekommen und geheilt wieder entlassen worden sei, behauptete jedoch, die Krankheit heilen zu können. Danach versuchte er, die verschiedenen Behandlungsmethoden zu erklären, und schlug vor, dass Mike für drei Monate zu ihm kommen sollte. Damals zogen wir alles in Betracht, was auch nur den kleinsten Unterschied zur offiziellen Prognose machen konnte; daher bot ich an, nach Polen zu reisen und die fragliche Klinik in Augenschein zu nehmen, bevor Mike sich verpflichtete, drei Monate dort zu verbringen.

Ich flog nach Warschau und rechnete damit, dass Polen grau und trist sein würde. Zu meiner großen Überraschung war das genaue Gegenteil der Fall. Als ich aus der Stadt zu der Klinik fuhr, kam ich an sanften grünen Hügeln und malerischen Dörfern und Städten vorbei, die mich an Wales erinnerten. Die Klinik war makellos, eine riesige umgebaute fünfstöckige Fabrik in der Nähe eines kleinen polnischen Dorfes. Der Leiter sprach nicht besonders gut Englisch, daher musste seine Tochter dolmetschen, und wir kamen direkt auf die verschiedenen Behandlungsmethoden zu sprechen.

Die Erste war eine Form der Massage mit einem avocadogroßen flachen Kieselstein mit entsetzlich zackigen Rändern. Er krempelte meinen Ärmel hoch und drückte mir den Stein ins Fleisch, bevor er damit grob über den Muskel schabte. Seine Tochter übersetzte meine unausweichliche, von Kraftausdrücken geprägte Reaktion nicht, aber ich bezweifle, dass er die Bedeutung nicht verstand. Dennoch wiederholte er das Ganze und legte den Stein danach an mein Schienbein. Da hatte ich die Nase voll. Ich wusste sofort, dass Mike das nicht über sich ergehen lassen konnte. Sie erklärten mir, dass der Muskel durch das Schaben besser durchblutet werde und dadurch länger erhalten bleibe, was die Atrophie aufhalte. Das mochte zwar der Wahrheit entsprechen, doch Mike war bereits viel zu geschwächt, um eine derart rigorose Behandlung durchzustehen. Das Ganze war viel zu aggressiv, und seine Muskeln waren schon zu weit degeneriert. Wenn wir diese Klinik früher entdeckt hätten …

Wir gingen zur nächsten Methode über: eine unfassbar heiße Sauna, gefolgt von einem Tauchgang in einem Becken mit entsetzlich kaltem Wasser. Grauenvoll. Auch hier war mir sofort klar, dass Mike das nicht überstehen würde. Der Schock würde seinen Körper überfordern. ALS wird durch extreme Temperaturen nur noch verschlimmert.

Ich rief Mike an und erzählte ihm, dass diese Klinik nichts für ihn war. Danach beschrieb ich ihm, was ich von den Behandlungsmethoden gesehen hatte. Die Vorstellung, drei Monate hier zu verbringen, ohne Polnisch oder Russisch zu sprechen, abgeschieden von der Welt, und einer Behandlung ausgesetzt zu sein, die durchaus an mittelalterliche Foltermethoden erinnerte, behagte uns beiden nicht.

»Na, du bleibst ja über Nacht, dann kannst du dir auch noch die anderen Behandlungsmethoden ansehen«, meinte er. »Du wirst sie bestimmt genießen«, fügte er kichernd hinzu.

Ich wurde in einen anderen Raum gebracht. Zuvor hatte ich aus einem Büro im fünften Stock aus dem Fenster etwas gesehen, was wie ein Bienennest unter der Dachtraufe aussah. Aber hier führte eine Glasröhre durch die Außenwand in den Innenraum.

»Hier führen wir unsere Bienenstichtherapie durch«, übersetzte die Tochter für mich. Schon wurde eine ältere Patientin, die an Parkinson erkrankt war, von ihrer Tochter im Rollstuhl hereingeschoben, um behandelt zu werden. Der russische Arzt (ich nehme jedenfalls an, dass er Arzt war!) lockte eine Biene in die Röhre und zur Luftschleuse am anderen Ende. Er nahm sie vorsichtig heraus und drückte ihren Leib gegen den Arm der Frau. Pflichtbewusst fuhr die Biene den Stachel aus und stach sie. Er drückte zu und presste der Patientin so viel Gift wie möglich unter die Haut, um die tote Biene dann in einen Mülleimer zu werfen, der von ihren Artgenossinnen bereits überquoll. Die Frau, die offensichtlich kein Wort Englisch sprach, lächelte charmant, während zwanzig Bienen geopfert wurden und man ihr das Gift in den Hals, das Rückgrat, die Beine und die Arme spritzte.

Die diesem Genozid zugrunde liegende Theorie war, dass dadurch der Blutfluss erhöht wurde und die Muskeln so überleben oder heilen konnten. Ich bin mir noch immer nicht sicher, ob man die Behandlung nicht mit Nadeln oder auf eine andere Weise durchführen hätte können, für die nicht eimerweise Bienen benötigt wurden, aber auch hier war ich überzeugt davon, dass das nichts für Mike war.

»Möchten Sie es mal versuchen?« Er hielt schon eine scheinbar begierige Biene in der Hand.

Abgesehen von der Tatsache, dass ich nicht in der Stimmung für den Schmerz war, den mir der Stich verursacht hätte, war ich noch nie von einer Biene gestochen worden und hatte keine Ahnung, ob ich nicht möglicherweise allergisch darauf reagiert hätte. Angesichts all der natürlichen Heilmittel um mich herum bezweifelte ich, dass er hier irgendwo eine große Spritze voller Steroide aufbewahrte, die er mir sogleich im »Pulp Fiction«-Stil ins Herz stoßen konnte, falls ich einen anaphylaktischen Schock bekam. Daher lehnte ich höflich ab.

Stattdessen bekam ich einen natürlichen Wickel um den Arm: Eine klebrige Salbe, die vermutlich alles Mögliche enthielt – Chilis, Honig und dergleichen –, wurde großzügig auf meine Haut aufgetragen und dann bandagiert. Auch das sollte den Blutfluss anregen, der Haut Giftstoffe entziehen und die Muskeln kräftigen. Tatsächlich fühlte es sich so an, als würde mein

Arm brennen. Mir brach der Schweiß aus. Nach gerade mal zwei Minuten zerrte ich mir die Bandagen herunter, und das Brennen ließ erst etwa eine halbe Stunde später nach.

So archaisch und »traditionell« diese Methoden auch wirken mochten, sie waren keinesfalls sinnlos. Es gibt viele Theorien, die beispielsweise Bienengift eine heilende Wirkung zuschreiben, auch wenn ich davon ausgehe, dass es politisch korrektere Anwendungsmethoden gibt. Wäre da nicht die traurige Tatsache gewesen, dass alle Behandlungen, die ich in Polen gesehen hatte, schlichtweg zu aggressiv für Mike waren, wären wir vermutlich hingefahren. Wir waren weiterhin fest entschlossen, alles auszuprobieren.

Mike testete auch eine Art Elektroakupunkturgerät, das Vega-Maschine genannt wurde. Er probierte eine Nassbatterie aus, ein Gerät, das in den 1920er- und 1930er-Jahren unter der Anleitung von Edgar Cayce entwickelt wurde und die Funktion des Nervensystems wiederherstellen soll. Die Benutzung fiel ihm jedoch immer schwerer, als er sich nicht mehr bequem hinlegen konnte. Er unternahm auch einen Versuch mit einer Rife-Maschine, die angeblich mithilfe elektromagnetischer Frequenzen kranke Zellen tötet oder deaktiviert.

Die meisten dieser Hilfsmittel wurden von den Ärzten als nutzlos abgetan, was mich nicht weiter überraschte. Meiner Erfahrung nach ist offensichtlich, dass die Entscheidungsgremien der Ärzteschaft mehr an Geld als an allem anderen interessiert sind. Und das Geld steckt in den Arzneimitteln. In der Behandlung. Nicht in der Heilung. Die Negativität, die uns von den Ärzten entgegenschlug, widersprach vollkommen unserer Philosophie und Mikes Einstellung. Er war ständig auf der Suche nach neuen möglichen Behandlungsmethoden, und wenn er glaubte, dass etwas funktionieren könnte, bestand immer die Chance, dass der Placeboeffekt ins Spiel kam. Positiv und hoffnungsvoll zu bleiben, war oftmals das Beste und Einzige, was

Mike tun konnte. Einigen der Geräte, die er ausprobierte, traute ich nicht so ganz, tat sie jedoch nie von vornherein als sinnlos ab, und wenn ich in seiner Haut gesteckt hätte, dann hätte ich garantiert auch alles versucht. Hätte ich irgendwo gelesen, dass es die Gesundheit fördert, mir Katzenkacke ins Gesicht zu schmieren, wäre ich schneller beim nächsten Tierheim gewesen, als Sie »Miau« sagen können.

* * *

Marihuana war für Mike eine große Hilfe. Die medizinischen Vorteile der Hanfpflanze sind mittlerweile allseits bekannt, was zur Zeit von Mikes Krankheit noch nicht in dem Ausmaß der Fall war. Ich hatte die positiven Effekte von Marihuana mit eigenen Augen bei Keith gesehen, der etwa zehn Jahre vor Mikes Erkrankung an MS gestorben war. Damals konnte ich beobachten, wie Keith mit weißen Fingerknöcheln und an Krücken mehrere qualvolle Minuten brauchte, um eine kurze Treppe hinaufzusteigen. Dann zückte er einen Joint und zündete ihn an. Nach einer kurzen Unterhaltung sprang Keith auf, trug die Krücken in einer Hand und hüpfte die Stufen so sicher und flink wie eine Bergziege hinunter. Die Verwandlung war phänomenal.

Doch auch wenn Keith in Bezug auf das Verständnis, wie medizinisches Marihuana Mike helfen konnte, eine Inspiration war, ist er auch der Grund, warum ich das Zeug nicht mehr rauche. Vor Storys Geburt habe ich bei Auftritten, Festivals und dergleichen hin und wieder mal ein bisschen Haschisch konsumiert, bis mich Keith darauf aufmerksam machte, was das für ein Mist ist. Keiner konnte genau sagen, was da eigentlich drin war, und das High durch Haschisch war bei Weitem nicht so gut wie durch Gras, jedenfalls seinen Worten zufolge. Dann schickte er mir eines Tages per Post (!) einen dicken, fetten Joint, den er gedreht hatte. Er meinte, das sei weitaus genießbarer als das Zeug, das ich ausprobiert hatte. Beigefügt war die genaue Anweisung, dass ich damit an einem schönen Tag in den Wald gehen sollte, um den Joint über mehrere Stunden ganz langsam zu rauchen. Sei einfach eins mit der Natur, riet er mir. Die Vorstellung hörte sich großartig an.

An diesem Wochenende fuhr ich zu Marcus. Nach ein paar Bier war ich erwartungsgemäß angesäuselt. Da fiel mir der Joint wieder ein. Keiths Anweisungen waren prompt vergessen, und wir zündeten uns das Ding an. Da ich an das schnellere, verschwommene High von Hasch gewöhnt war, staunte ich über die geringe Wirkung, die das Marihuana bei mir zeigte. Wir rauchten den ganzen Joint, warfen den Stummel weg und merkten gar nichts. Ich war nur ein bisschen benommen und dachte schon, Keith hätte mich auf den Arm genommen. Vielleicht hatte ich ja eben bloß Oregano geraucht. Wir zuckten mit den Achseln und sahen weiter fern.

Fünf Minuten später wurde mir plötzlich bewusst, dass ich keine Ahnung hatte, wo ich mich befand. Ich fühlte mich unglaublich, alles kribbelte und war leicht, mir war, als würden mich unsichtbare Arme umarmen, und Geräusche drangen wie durch Watte zu mir durch. Das lag nicht nur am Bier. Ich schaute zu Marcus hinüber, der jedoch ganz normal aussah. Vielleicht bildete ich mir das ja nur ein. Einige Zeit später holte mich meine damalige Freundin ab. Bevor ich mich von Marcus verabschiedete, fragte ich ihn, ob er sich auch komisch fühlte. Wie sich herausstellte, tat er das, und auch er hatte mich angesehen und fand, dass ich ebenfalls völlig normal aussah. Wir mussten beide kichern und waren wahnsinnig high. Es war großartig. Bis ich gehen wollte.

»Fühlt sich dein Brustkorb auch so eng an?«, fragte mich Marcus und war vermutlich sehr besorgt.

»Nein«, antwortete ich, immer noch grinsend. »Ich fühle mich super.«

Wir waren kaum losgefahren, als mir Zweifel kamen. Zog sich meine Brust zusammen? Ja, vielleicht ein bisschen. Eigentlich sogar sehr. Auf einmal schien sich mein Brustkorb zusammenzuschnüren. Es tat richtig weh. Mein Herz raste. River Phoenix war erst vor Kurzem vor dem Viper Room in Los Angeles zusammengebrochen und gestorben, vielleicht ein oder zwei Tage vor diesem Ereignis. Möglicherweise hatte er ebenfalls zu schnell einen Joint geraucht. Ich fragte mich, ob er sich genauso gefühlt hatte.

»Halt mal an«, bat ich meine Freundin, die nichts von dem zu bemerken schien, was ich durchmachte. Ich taumelte aus dem Wagen, griff mir an die Brust und übergab mich. Nach einiger Zeit hatte ich mich weit genug erholt, sodass ich wieder einsteigen konnte. Dachte ich jedenfalls. Wenige Minuten später hatte mich »die Angst« wieder voll und ganz gepackt, mein Herz schien mir aus der Brust zu springen, und wir hielten abermals am Straßenrand, wo ich mich darauf gefasst machte, umgehend meinem Schöpfer gegenüberzutreten. Und hoffentlich auch River Phoenix. Meine Freundin rief einen Krankenwagen (ich schätze, ihr blieb keine andere Wahl), und ich landete auf der Intensivstation.

Gewissermaßen.

Irgendwie schwebte ich ins Krankenhaus, stammelte etwas davon, dass ich einen Joint geraucht hatte und mein Herz gleich explodieren werde, und wurde in einem dunklen Zimmer abgestellt, wo ich schlafen sollte. Dort wachte ich jedenfalls einige Stunden später wieder auf und fühlte mich gut. Obwohl ich nicht einmal ansatzweise dem Tode nahe gewesen war, beschloss ich, nie wieder einen Joint zu rauchen.

* * *

Mir ist natürlich klar, dass das eigentlich gar nicht Keiths Schuld war, doch trotz meiner Unfähigkeit, die einfachsten

Anweisungen zu befolgen, trage ich noch die Erinnerung daran mit mir herum, wie er nach dem Rauchen von etwas Gras die Stufen hinuntergetänzelt ist. Daher lag es angesichts von Mikes Erkrankung nahe, dass sich sein Zustand und Lebensstil dadurch möglicherweise ebenfalls verbessern konnten. Wir trieben in Amerika medizinisches Marihuana auf. In der ersten Zeit, als seine Lunge noch nicht zu geschwächt war, sprenkelte er etwas davon ohne Tabak in einen Joint oder manchmal in eine Pfeife. Mike hat nie geraucht, aber ein Joint verschaffte ihm sofort Erleichterung, wie es auch bei Keith Jahre zuvor der Fall gewesen war. Er nahm vor dem Schlafengehen ein paar Züge. Dadurch wurde er insgesamt ruhiger, konnte sich entspannen und besser schlafen.

Als Mike das Atmen schwerer fiel, benutzte er einen Verdampfer. Er hatte ein Gerät namens »Vulkan«, in das man ein paar Blätter gab und dann die Hitze hochschraubte, bis alles vaporisiert war, danach verwendete er eine Zeit lang kleinere Geräte. Sie verschafften ihm dieselbe sofortige Erleichterung wie das Rauchen, nur ohne die Nebenwirkungen auf die Lunge. Irgendwann war selbst das zu viel, daher half mir Story bei der Herstellung von Cannabisöl. Heute ist es als CBD-Öl überall erhältlich, aber damals mussten wir es noch selbst herstellen. Wir legten die Hanfpflanzen in reinen Alkohol ein, der die löslichen Inhaltsstoffe herauszog, erhitzten und reduzierten die Flüssigkeit dann geduldig, bis nur noch ein klebriger brauner Sud übrig war. Den vermengte ich mit Kokosöl und mischte seinen Mahlzeiten jeden Tag eine winzige Menge davon bei.

Die Wirkung des Öls ist weitaus subtiler. Die Erleichterung tritt weiterhin ein, nur ohne das High. Ich hatte mal leichte Spannungskopfschmerzen, war total platt und kaputt und hatte eine große wunde Stelle, die ebenso unerwünscht wie unansehnlich war. Also tupfte ich mir etwas Öl auf die Schläfe und rieb ein wenig auf die gerötete Haut. Nach nicht einmal zehn Minuten waren meine Kopfschmerzen vergessen, und der unansehnliche wunde Fleck war am nächsten Tag auch nicht mehr zu sehen. Das Zeug ist echt gut. Ich nutzte es bei Bedarf, wenn ich wusste, wo die Nervenrezeptoren waren und wann immer ich schnelle, einfache Linderung brauchte.

Als Mike krank war, verbrachte ich sehr viel Zeit mit dem Spielen von »Candy Crush«. Ich ging zum Rauchen vor die Tür und behielt ihn beim Spielen durchs Fenster im Auge. Wenn eine Hand wehtat, nahm ich eben die andere. Ich habe einen Tiegel CBD-Creme im Haus, mit der ich mir immer morgens und abends die Daumen und Handgelenke eincreme, und ich schwöre darauf. Ob es ein Placeboeffekt ist oder wirklich hilft, kann ich nicht sagen. Und es ist mir auch egal. Ich nehme lieber dieses rein natürliche Produkt als das Ibuprofen-Schmerzgel voller Chemikalien.

Mike bestand darauf, dass alles so natürlich wie möglich sein sollte. Das lag wohl auch an Eric Edneys Einfluss, der dafür eintrat, sämtliche Giftstoffe aus dem Körper auszuleiten. Mike war ohnehin schon Vegetarier und schnell bereit, sich vegan und mit Bioprodukten zu ernähren, um die Menge an Toxinen, die er über mit Pestiziden und allem Möglichen belastete Nahrungsmittel in sich aufnahm, zu begrenzen. Ich bereitete ihm jeden Morgen einen biologischen Paleo-Shake zu. Darin befanden sich Variationen von diversen gesunden Dingen: mehrere rohe Knoblauchzehen, Ingwerknollen, Kohl, Weizengras, Orangensaft, Kurkuma und so weiter. Ich befolgte dabei immer Mikes Anweisungen, denn er hatte seine Rezepte sorgfältig auf die jeweiligen Körperteile abgestimmt, die dadurch gestärkt werden sollten. Darüber hinaus gab es noch eine sehr lange Liste mit Vitaminen und Mineralien. Wenn es sie nicht in Pulverform gab, musste ich Kapseln in den Shake entleeren, bevor ich alles in den Mixer gab.

Das war das Widerlichste, was ich je gekostet habe, aber Mike schwor darauf. Und wenn er glaubte, dass es half, dann tat es das auch. Dazu sollte man auch wissen, dass das einzige zu der Zeit offiziell zugelassene Medikament gegen ALS eine Tablette (Riluzol) mit wer weiß was für Chemikalien war, die angeblich (wie eine recht kleine Studie erwiesen hatte) die Lebenserwartung um etwa drei Monate verlängerte und eine elend lange Liste an Nebenwirkungen hatte. Mike musste sich also notgedrungen woanders umsehen, auf natürliche Heilmittel zurückgreifen und sich auf seine positive Einstellung, seine Hoffnung und sein mentales Wohlergehen verlassen.

Vorzeichen

In meinem momentanen Geisteszustand ist es nicht gerade ideal, ausgerechnet diesen Ort anzusteuern. Erst vor wenigen Monaten wurde Kaikoura von einem Erdbeben erschüttert. Es geschah um Mitternacht, als die meisten Leute zu Hause waren, und erreichte eine Stärke von 7,8 auf der Richterskala. Nach dem zweiminütigen Erdbeben folgten noch mehrere Tsunamis. Kaikoura rutschte fast einen Meter nach Nordosten und wurde etwa ebenso hoch angehoben. Die Hauptstraße in die Stadt, die an der Ostküste der Südinsel entlangführt, ist aufgrund von Erdrutschen und der Gefahr weiterer Steinschläge gesperrt. Wir mussten über eine weiter im Inland gelegene Route und über kleinere, hügeligere und viel, viel langsamer zu befahrende Straßen dorthin gelangen.

Ich denke immer noch oft an die kurze Zeit mit Alan, vermisse Mike weiterhin und fühle mich einsam und verlassen. Mir geht es wie Kaikoura, und es ist wenig hilfreich, dass ich jetzt hier bin. Über der Kleinstadt, die sich größtenteils entlang der Küstenstraße erstreckt, liegt eine unheimliche Ruhe. Einige Bars haben geöffnet, doch auf den Straßen sind kaum Touristen zu sehen, die hier normalerweise in Scharen herumlaufen müssten. Die Umgebung ist wunderschön, die breite

Bucht von Bergen umgeben, aber ich muss immer wieder an diese Nacht und die vielen Tausend Touristen und Einwohner denken, die hier auf dramatische Weise gestrandet sind, abgeschnitten vom Rest der Insel, weil die Straßen und Eisenbahnstrecken zerstört waren. Heute kommt der Ort mir wie eine Geisterstadt vor.

An diesem Morgen bin ich mit einigen Seebären geschwommen und habe die ganze Zeit befürchtet, sie könnten aggressiv werden und mir ein Stück aus dem Bein beißen. Und gestern bin ich mit einer Gruppe Delfine geschwommen. Man kann sie manchmal vom Strand aus sehen, wie sie gar nicht so weit entfernt im Wasser herumspringen, und näher am Ufer auch füttern. Hier gibt es auch Wale. Drew, der eine sechsstündige Wanderung über die Landzunge gemacht hat (und die Atmosphäre hier ebenfalls als bedrückend empfindet), hat gelesen, dass Kaikoura einst eine große Walfangstation war. Hier gibt es hohe Klippen und Hügel, von denen aus man einen umwerfenden Blick auf den Pazifik hat. Vermutlich saßen dort oben Beobachter und warteten darauf, in der Ferne den Blas, die Atemfontäne eines Wals, auszumachen, bevor sie die Flotte alarmierten. Der Meeresboden fällt nicht weit von der Küste entfernt rasch in eine tiefe Unterwasserschlucht ab, und Wale, Delfine und Meeresvögel finden hier reichlich Nahrung. Drew hat auf seiner Wanderung einen Albatros gesehen. Das ist doch ein Glücksbringer, oder nicht?

Ich bezweifle, dass Mike das wusste, aber als Kind war mein Lieblingstier der Delfin. Diese wunderschönen, geheimnisvollen und intelligenten Tiere faszinierten mich. Daher sollte man doch davon ausgehen, dass ich es genossen hätte, mit ihnen im Wasser zu sein und sie ganz aus der Nähe zu erleben. Man sollte annehmen, es sei ein heiteres, lebensveränderndes Erlebnis gewesen. Tja, da muss ich Sie leider enttäuschen. Das war es ganz und gar nicht.

Jedes Lebewesen will irgendwie überleben, und eines der Schlüsselelemente der momentan darbenden Tourismusindustrie in Kaikoura ist die Meeresflora und -fauna. Schon bei einer kurzen Bootsfahrt kann man Pottwale und mehrere Delfinarten sehen, ohne dass die Küste außer Sicht gerät. Ich gehörte zu einer kleinen Touristengruppe. Das machte mich ebenfalls zu einem Touristen, einem mit Neoprenanzug, Flossen, Maske und Schnorchel. Mir wäre es lieber gewesen, die Tiere vom Boot aus zu beobachten. Stattdessen wurden wir alle unter entsetzlichem Gehupe und mit aufmunternden Rufen ins Wasser gescheucht, sobald unsere Guides eine große Gruppe entdeckt hatten.

Und wir (die anderen) planschten lautstark herum. Lautes Jauchzen hallte durch die Luft, als die vielen geschmeidigen grauen Tiere um uns herum durch das Wasser glitten und wahrscheinlich zu Recht sauer waren, dass wir die Fische vertrieben, die sie fressen wollten. Als die Gruppe ein Stück weiterzog, wurden wir alle rasch aufs Boot gerufen und hinterhergefahren. Ich war angewidert, und das Ganze machte mich krank. Es war eine so zerstörerische Methode. Die armen Delfine! Stellen Sie sich mal vor, Sie setzen sich gerade zum Abendessen hin und haben einen Heißhunger, und dann kommt ein schreiender Irrer angerannt, schleudert Ihren Teller durch die Luft und kreischt Ihnen fröhlich ins Gesicht. Ich blieb auf dem Boot und dachte, dass ich, wäre ich eines dieser um ihr Mittagessen gebrachten Tiere, mir nur zu gern einen oder zwei dieser dummen Touristen geschnappt und in die Tiefen gezerrt hätte. Jeder, der mir erzählen will, dass das Meer ja so groß ist und dass die Delfine nicht direkt neben einem schwimmen müssen (als wäre es ihre Entscheidung), ist ein Volltrottel.

Das war nicht das, was Mike sich vorgestellt hatte. Es ist nicht seine Schuld. Es nicht mal die Schuld des Produktionsteams. Kaikoura liegt wirtschaftlich darnieder und braucht dringend Geld, um die Erdbebenschäden zu beseitigen. Noch immer ist der Ort größtenteils vom Rest des Landes abgeschnitten und froh über alles, was zu bekommen ist. Es gibt bestimmt einen besseren Weg, sich durch die Nähe zu Delfinen eine spirituelle Erfahrung zu verschaffen, doch sicher nicht hier und nicht jetzt.

Das regt mich auf; allerdings war auch nicht zu erwarten, dass jede Aufgabe auf Mikes Bucket List genau auf die Art und Weise umgesetzt werden kann, wie er sich das vorgestellt hat. So ähnlich war es auch auf der Insel Waiheke, wo wir auf dem Weg nach Coromandel einen Zwischenstopp einlegten, damit ich eine »spirituelle Heilung« durchlaufen konnte. Ich saß an diesem Abend in einer schnell dunkler werdenden Hütte bei einer netten Frau namens Leila und hoffte, eine Verbindung zu Mike zu finden. Rob Hamill war ebenso bei mir wie Drew. Beide hatten wie ich einen Bruder verloren. Trotz meiner gewohnten Skepsis hätte es ein inspirierender Moment werden können. Doch ich war auch hier mental nicht ansatzweise bereit dazu, und das hatte nur bedingt etwas mit meiner Angst davor zu tun, dass im Zwielicht Spinnen aus dem Wald kommen und mich angreifen könnten. Ich brauchte einen klaren und leeren Verstand. Rob und Drew empfand ich in dieser Situation überhaupt nicht als störend, dennoch fiel es mir schwer, ihre Gegenwart auszublenden oder die Tatsache, dass eine Kamera auf mich gerichtet war.

Aber jetzt und hier fühle ich mich zerbrechlich und kann mich kaum zusammenreißen. Und raten Sie mal, wo es als Nächstes hingeht – nach Queenstown, das Epizentrum für Extremsportarten, die Abenteuerhauptstadt der Welt. Daher habe ich eine ziemlich genaue Vorstellung von dem, was dort alles von mir verlangt werden wird. Und ich bin nicht bereit dazu. Ganz und gar nicht. Kurz vor unserer Abreise von der Nordinsel musste ich noch zum Wildwasserkanufahren. Das war anstrengend genug. Ich konnte nicht wirklich glauben, dass man diese aufblasbaren Boote auch nur ansatzweise zu kontrollieren oder zu steuern vermochte, die zudem auch noch aussahen, als würden sie in sich zusammenfallen, während es den Fluss hinunter und über unzählige Stromschnellen ging, und paddelte in einer Tour. Wie man es mir gesagt hatte. Irgendwann, nach einem abrupten und unverhofften Sturz einen Wasserfall hinunter, landete das Kanu auf dem Kopf und lag wie der orangefarbene Deckel eines wässrigen Sarges über mir, und ich musste zu den steilen Felswänden der Schlucht schwimmen, in der wir festsaßen.

Als ob das noch nicht genug gewesen wäre, bestand meine nächste Aufgabe darin, von dort aus weiter flussabwärts zu gelangen, indem ich mich an einem armselig wirkenden lilafarbenen Wasserschlitten festhielt, der kaum mehr als ein sportlich aussehender Schwimmkörper war, und nutzlos mit den Beinen zu strampeln, während es über tosende Stromschnellen und oftmals gefährlich nahe an den dunklen und sehr hart aussehenden Felsen entlangging, die zu beiden Seiten über uns aufragten. In einer etwas ruhigeren Phase warnte mich mein Anleiter vor dem nächsten Flussabschnitt.

»Gleich kommen die schnellsten Stromschnellen des Tages«, rief er über das Rauschen des Wassers hinweg. »Man nennt sie auch ›den Abgrund‹.« Typisch Kiwis.

»Okay«, erwiderte ich atemlos. »Das hört sich jetzt nicht so gut an.«

»Sollen wir eine Pause machen und uns kurz entspannen oder machen wir weiter?«

Entspannen? Wenn ich wusste, dass ich gleich kopfüber in den Abgrund stürzen würde? Wie sollte das denn bitteschön gehen?

»Nein.« Ich seufzte unhörbar ins Wasser. »Nein, machen wir weiter, aber ... zieh mich einfach raus, wenn ...« Ich beendete den Satz nicht, weil ich meine Ängste lieber nicht laut aussprechen wollte.

Und schon ging es weiter.

Er hatte nicht übertrieben. Es war ein furchterregender Abschnitt. Ich stand es mit Mühe und Not durch, konnte mich kaum noch festhalten und wurde durch das Wasser geschleudert wie in einer Waschmaschine, um dann noch von einer Unterwasserströmung in die Tiefe gezerrt zu werden. Er hatte mich gewarnt, dass man kaum noch weiß, in welche Richtung man schwimmen muss, wenn man sich erst einmal unter Wasser befindet. Meine einzige Rettung war der Schlitten. Ich musste mich daran festhalten. Darauf vertrauen. Mich wieder hochziehen und daraufschwingen.

Das tat ich. Gerade so. Aber erst, als ich mich schon halb damit abgefunden hatte, dass ich hier an Ort und Stelle einfach ertrinken würde. Wann immer es möglich war, atmete ich die saubere neuseeländische Luft tief ein, um mich dann von der Strömung mitreißen zu lassen, völlig erschöpft und eher verängstigt als begeistert. In diesen wenigen Sekunden ist mir meine Sterblichkeit erschreckend bewusst geworden.

Das Adrenalin, die Reise, die Landschaft, Mikes Abwesenheit – all das scheint sich gegen mich verschworen zu haben; ich fühle mich emotional, körperlich und mental zerbrechlich. Ich verlasse Kaikoura. Aber die Herausforderungen, die mich in Queenstown zweifellos erwarten, machen mich jetzt schon verdammt nervös.

SETZ DICH!

Wenn man ein Buch mit einem sprichwörtlichen Cliffhanger anfängt, muss man früher oder später dorthin zurückkehren. Jetzt ist es so weit. Erinnern Sie sich an die schreckliche Seilrutsche The Fox über diese grässliche Schlucht? Wissen Sie noch, dass ich loslaufen, von dieser Plattform springen und dramatisch von einem Seil zum anderen wechseln musste? Tja, da sind wir jetzt wieder.

Nach dem Sprung, der ebenso entsetzlich war, wie er sich anhört, genoss ich eine herrliche Aussicht von der Seilrutsche über die Schlucht. Der türkisfarbene Fluss funkelte weit unter mir, als ich über den Abgrund auf die andere Seite zu einer Hütte sauste, die dort irgendwie an der Felswand angebracht war. Dort standen zwei andere verrückte Kiwis, um mich aufzufangen. Drew wartete ebenfalls dort. Ach ja, ich vergaß zu erwähnen, dass er vor mir rübergerutscht war, damit er mich von der anderen Seite aus filmen konnte. An den armen Kameramann denkt mal wieder keiner! Mit seinem Handwerkszeug an sich gegurtet hatte er vor sich hin gebrummt, dass es doch gewiss einen anderen, weniger »aufregenden« Weg auf die gegenüberliegende Seite geben müsse. Aber nein, für die Leute, die dort beschäftigt waren, war das der normale tägliche Arbeitsweg.

Und der einzige Weg von der anderen Felswand herunter bestand selbstverständlich in einer weiteren Seilrutsche. Zum Glück war zumindest die gerade und enthielt keinen verrückten Sprung, der einen direkt in den Abgrund zu schleudern schien. Nach dem ersten Teil war der Rückweg ein Kinderspiel. Selbst Drew hatte Spaß daran.

Wir sind im Shotover Canyon in der Nähe von Queenstown, einer lebhaften Bergstadt, die um allerlei Outdooraktivitäten herum gebaut wurde und ein Mekka für wagemutige Abenteuerlustige ist; eine sauberer, florierender (und sehr teurer) Knotenpunkt inmitten der zumeist schneebedeckten Gipfel und am ruhigen Wasser des riesigen Lake Wakatipu. Der Weg von Kaikoura hierher führt über eine Aussichtsstraße und über die Bergkette, die an der Ostseite der Südinsel entlang verläuft. Anstatt wie vernünftige Menschen die breitere Hauptstraße zu nehmen, hatten wir uns in unserem trägen und irgendwie noch immer unversehrten Campingmobil über schmale Pässe und schwindelerregende Höhen geschlängelt und staunend auf Queenstown hinab geblickt. Uns stand da noch eine dramatische Abfolge von Haarnadelkurven bevor, durch die wir uns nervös und im ersten Gang den Weg zurück in die Zivilisation bahnten und uns dabei die ganze Zeit fragten, ob die nächste Kurve für unser riesiges Fahrzeug möglicherweise zu scharf sein würde.

Nach dem Nervenkitzel in The Fox laufen wir nun aus einem bestimmten Grund, der gleich ersichtlich werden wird, nicht zur Schluchtseite des kleinen, mit Kies bedeckten Parkplatzes und zu dem Minibus, der uns zu diesem schönen Fleck gebracht hat. Wir gehen in die andere Richtung. Ich bin noch nicht fertig.

Ein Stück weiter ist eine andere beängstigende Vorrichtung an den zerklüfteten Felsen angebracht. Wir laufen durch eine kleine Holzhütte, in der sich ein winziges Café befindet, und dann einige Stufen hinunter zu einer Metallplattform, die sich direkt an der Kante befindet. Was jetzt? Noch mehr der Schwerkraft trotzende Stunts.

Die Shotover Canyon Swing ist nicht wirklich eine Schaukel, wie man sie auf einem Spielplatz finden kann. Man wird in den üblichen Harnisch geschnallt, und Seile und Sicherheitsleinen werden an einem angebracht, die alle bogenförmig zur Mitte eines gewaltigen Kabels verlaufen, das sich über die Schlucht spannt. Ich erkenne sofort, was hier passieren wird. Anders als beim Bungeesprung, wo einen das elastische Seil auffängt und wieder in die Luft schleudert, wenn man am Ende des freien Falls angekommen ist, schwingt man hier wie ein wahnsinniges menschliches Katapultgeschoss auf die andere Seite. Breit grinsend erzählen mir die irren Kiwis, auf welche unterschiedlichen Arten ich mich in die Luft schleudern lassen kann. Vorwärts, rückwärts oder …

»Was ist die schlimmste Methode?«, will ich bescheuerterweise wissen. »Was ist die schaurigste?«

»Dafür solltest du es mit einem Stuhl versuchen, Kumpel«, antwortet einer von ihnen.

Nach The Fox rast noch immer das Adrenalin durch meine Adern, daher stimme ich diesem befremdlichen Vorschlag zu, ohne nachzudenken.

Was ich sofort bereue.

Zuerst einmal ein paar Fakten. Die Klippe, auf der ich stehe, befindet sich weit über hundert Meter über dem felsigen Boden der Schlucht. Ich werde etwa sechzig Meter im freien Fall zurücklegen und dann etwa zweihundert Meter weit schwingen. Und dabei auf einem Stuhl sitzen.

Man schnallt mich auf einen Plastikstuhl, auf dem sich normalerweise sonst Menschen im Garten entspannen, und legt mir einen altmodischen Sicherheitsgurt um den Bauch. Ich sitze mit dem Rücken zum Abgrund. Die hinteren Stuhlbeine stehen direkt am Rand der Plattform. Alles ist irgendwo angebracht, robuste Karabiner hängen überall an Metallgeländern. Selbst Drew, der eine neue Weste im Tarnmuster mit vielen Taschen trägt, die genug Platz für Objektivdeckel und anderes Kamerazubehör bietet, ist angebunden. Und seine Kamera ist an ihm befestigt. Es ist offensichtlich, dass nichts und niemand in diese Schlucht fallen soll. Abgesehen von mir. Ich werde es tun. Echt jetzt? Mein Adrenalinlevel steigt, und ich spüre meinen flatternden Herzschlag.

Ich werde ermutigt, mich auf dem Stuhl zurückzulehnen, so wie man es als Kind in der Schule macht, und zu kippeln, bis die Schwerkraft den Rest übernimmt. Eine kräftige Kiwi-Hand legt sich an die Sicherheitsleine, die das Einzige ist, was mich davon abhält, rückwärts ins Nichts zu stürzen. Als ich schon glaube, ich würde fallen, zieht man mich wieder hoch.

»Falscher Alarm«, sagt jemand. »Diesmal …«

Sie nehmen mich auf den Arm.

»Ich hab ein schwaches Herz. Das ist gar nicht gut für meine Gesundheit.« Ich lache nervös auf, und die Worte bleiben mir fast im trockenen Hals stecken. Die Anspannung bringt mich noch um. Ich lehne mich wieder nach hinten. Warte auf diesen entsetzlichen Moment, in dem ich falle. Und werde erneut hochgezogen.

»Das ist das schlimmste …« Ich stoße laut die Luft aus und weiß selbst nicht, was ich sagen will, um mich dann zu Drews Kamera umzudrehen. »Eigentlich nicht«, lüge ich. »Es ist gar nicht so schlimm.« Das ist zum einen Teil Prahlerei, und zum anderen Teil will ich den Kiwis nicht die Genugtuung lassen, dass sie mich derart nervös machen. Sie weiden sich eindeutig an meiner Furcht. Ich weiß genau, was kommt, aber diese Fehlstarts lassen mein Herz rasen und mich fluchen.

Ich kipple nach hinten. Nächster Versuch.

Er wird mich gleich wieder hochziehen, das weiß ich genau.

Ich lehne mich weiter nach hinten.

Ups.

Die starke Hand lässt mich los. Schon übernimmt die Schwerkraft und ich falle. Mein erster Impuls ist, die Panik hinauszuschreien und diese sadistischen Kiwis mit dem übelsten Schimpfwort zu bedenken, das mir in diesem Moment einfällt. Doch es geht fast unter. Hatte ich schon erwähnt, dass ich falle? Ich stürze in die Tiefe und überschlage mich. Im Rauschen des Windes kann ich von oben Lachen hören; sie lachen mich und meine armselige Beschimpfung aus. Und ich sehe verschwommen meine Umgebung an mir vorbeifliegen; Felsen, Himmel, ferner Fluss, Felsen, Himmel, Fluss, Felsen, Himmel, FLUSS! Und dann, ganz plötzlich, falle ich nicht mehr. Ich schaukle, werde nach oben gezogen und bewege mich in einer gewaltigen Bogenbahn durch die Schlucht. Und wieder zurück. Und ich atme. Ich lache laut los. In der Abgeschiedenheit der Schlucht drücke ich einen Kuss auf das eintätowierte »X« an meinem Handgelenk und denke an Mike, während die Schaukel immer langsamer wird und die Winde anläuft und mich zurück nach oben zieht.

»Wars das?«, frage ich keck, als mein Kopf auf Höhe der Plattform ist. »Mehr habt ihr nicht zu bieten?« Doch dann rudere ich sofort zurück, denn ich hänge ja noch über dem Abgrund und könnte gleich noch einmal geärgert werden. »Ihr seid echt cool!« Ich grinse breit. Eine Hand wird ausgestreckt und löst meinen Sicherheitsgurt. Auf einmal sackt der Stuhl unter mir weg, und einen Sekundenbruchteil durchzuckt mich blinde Panik. Aber er ist natürlich, genau wie ich, irgendwo befestigt. Ich werde in die relative Sicherheit gezogen.

Zurück auf der Plattform weiche ich vor dem Abgrund zurück.

»Noch jemand?«, will einer der Kiwis wissen.

Drew versteckt sich hinter seiner Kamera.

»Wisst ihr was«, fange ich an und bin mir nicht sicher, ob ich diesen Gedankengang wirklich beenden will, »ich mache es noch mal.«

Ich stelle mir vor, dass Mike hier wäre. Ich kann ihn beinahe neben mir spüren. Er wäre auf jeden Fall noch mal gesprungen. Auch wenn ich mich selbst noch nicht ganz davon überzeugt habe, spüre ich, dass ich zur Abwechslung mal mehr als nur das Minimum machen will. Ich möchte mehr sein als eine Marionette, die sich von der Bucket List, Mike und meiner eigenen Angst bestimmen lässt. Ich will einen Schritt weiter gehen. Mir beweisen, dass ich es kann. Tun, was Mike getan hätte.

Als ich kurz darauf wieder über dem Rand des Abgrunds hänge, stelle ich diese Entscheidung infrage. Wäre Mike jetzt hier, gäbe es absolut keinen Grund, diese Hölle ein zweites Mal zu durchleben. Er hätte mich doch immer übertrumpft. Was in aller Welt mache ich hier eigentlich? Ich habe mich unerklärlicherweise entschieden, dieses Mal rückwärts zu springen und die Hände in vorgetäuschter Lässigkeit hinter dem Kopf zu verschränken. Während ich also vor dem Abgrund hänge, schaffe ich es kaum, die schweißnassen Finger aneinanderzuhalten.

»Sag was für die Nachwelt«, murmelt Drew hinter seiner Kamera, und ich würde ihm am liebsten entgegenschleudern, wohin er sich seine Nachwelt stecken kann.

»Hallo und willkommen …«, setze ich stattdessen an und merke dann, dass ich gar nicht viel zu sagen habe, außer dem hier: »Mal im Ernst, wenn ihr eine Bucket List habt, dann zerreißt sie, weil da Sachen wie so was hier draufstehen. Und das ist nicht gut. Daher …«

Ich blicke auf den Fluss unter mir hinab. Warum mache ich das zum zweiten Mal?

»Ich rede bloß dummes Zeug«, gebe ich zu. »Dann kann ich auch gleich springen.«

Was ich tue.

Ich springe. Diesmal erschrecke ich fürchterlich, wie schnell die schöne, sichere Plattform über mir zu einem kaum erkennbaren Punkt wird. Ich hatte geglaubt, es sei leichter, wenn ich nicht sehen muss, wie der Boden auf mich zukommt, aber das Gefühl des Fallens ist mit Blick auf die Plattform sogar noch schlimmer.

Das reicht. Nicht noch einmal. Ich habe für heute genug. Auf der Rückfahrt nach Queenstown klingt der Adrenalinschub endlich ab, und ich muss mir eingestehen, dass ich völlig erschöpft bin. Jetzt will ich nur noch einen leckeren Kaffee trinken und ein Stück Pastete essen. Neuseeland ist erstaunlich berühmt für seine üppigen Pasteten. Sie sind handgroß, normalerweise mit Hackfleisch und Soße oder Steak und Käse (das ist echt lecker!) gefüllt, und einige haben ein Kartoffel-Topping, aber die meisten sind mit Pastetenteig ummantelt und geben den perfekten Snack ab. Man kann sie überall kaufen, und sie schmecken köstlich.

Genau so eine will ich jetzt. Und einen Kaffee. Und dann für den Rest des Tages gar nichts mehr.

Mit Musik …

Träum weiter. Keine Pastete für mich. Mir steht heute noch eine weitere Aufgabe bevor. Diese ist zwar nicht im Geringsten gefährlich, macht mir aber dennoch Angst. Angeblich dient diese Aufgabe dazu, Liebe und Glück zu verbreiten, doch ich schätze, der Hintergedanke ist, dass ich mir so dämlich wie möglich dabei vorkommen soll. Ich muss mich im Stadtzentrum mit einem Verstärker hinstellen und, in Mikes Worten, »Leuten anbieten, mit dir zu tanzen, um sie glücklich zu machen.«

Ich bin mir nicht sicher, ob es irgendjemanden glücklich macht, mit mir zu tanzen.

Aber das ist noch nicht alles. »Du musst wenigstens zehn Personen dazu bringen, mit dir zu interagieren und zu tanzen, egal, wie lange es dauert.«

Auf die Pastete werde ich noch ziemlich lange warten müssen.

* * *

Das ist nicht meine erste musikalische Aufgabe auf dieser Reise. Vor fast zwei Monaten drückte mir Rachel, Rob Hamills Partnerin, in Auckland eine Ukulele in die Hand und sagte mir, dass ich weniger als eine Woche Zeit hätte, um darauf einen Song zu erlernen, den ich ihrer Familie vorspielen und vorsingen sollte. Das fragliche Lied, das sie für mich ausgesucht hatten, war »I'll See You In My Dreams«, ein Klassiker, den schon Louis Armstrong, Bing Crosby, Doris Day, Ella Fitzgerald, Andy Williams und Pat Boone gesungen haben. Bloß kein Druck. Die Version, die ich mir anhören durfte, stammte von Joe Brown, der das Lied beim Finale eines Konzerts zu Ehren von George Harrison gespielt hatte.

Ich bin nicht musikalisch. Nicht mal ansatzweise. Sie wissen bereits, dass ich mein Talent am Schlagzeug gewaltig überschätzt habe, auch wenn ich noch immer glaube, dass ich recht passabel gespielt habe. Für ein Kind. Mum lud immer ihre Hippie-Freunde zu Treffen im Rahmen der Kampagne für nukleare Abrüstung in unser Haus ein, als ich klein war, und sie saßen dann rum und sangen Lieder von Simon and Garfunkel und all die anderen Folksongs. Dazu spielte Mum Gitarre. Der Stil der Musik sprach mich zwar nicht an, aber ich überlegte, dass es cool sein musste, Gitarre spielen zu können. Ich nahm ein paar Stunden, aber meine inzwischen fast schon legendäre Eigenschaft, nie bei einer Sache zu bleiben, war trotz meines jungen Alters schon gut entwickelt. Somit wurde nichts daraus.

Allerdings habe ich einen Song geschrieben. Das hat einige Wochen gedauert. Er hieß »Mandy hat Windpocken«, und ich kann mich auch nach all den Jahren noch an den tief empfundenen und poetischen Text erinnern.

»Mandy hat Windpocken, Mandy hat Windpocken, Mandy hat Windpocken, oooh hoho oooh.« Das war die erste Strophe. Als ich die zwei oder drei Akkorde endlich beherrschte, die ich für den Song brauchte, war Mandy fast schon wieder gesund. Diese Veränderung konnte zumindest die zweite und letzte Strophe inspirieren. »Mandy geht es besser, Mandy geht es besser, Mandy geht es besser, oooh hoho oooh.« Vermutlich dachte ich damals, Songs müssten in Echtzeit geschrieben werden. Als ich ihn Mandy vorspielte, starrte sie mich fassungslos an und hielt mich für einen Vollpfosten.

Wäre da nicht die Tatsache gewesen, dass der Welt mein angeborener Mangel an Musikalität erspart blieb, hätte ich vermutlich etwas Ermutigung gebrauchen können. Wundersamerweise übertrumpfte ich die anderen Kinder in der Schule bei einer einfachen musikalischen Aufgabe (wir mussten bestimmen, welche von zwei Noten höher war) und war als Belohnung der glückliche Empfänger einer der insgesamt fürstlichen drei Geigen aus Schulbesitz. Ich nahm einige Stunden und durfte mein Instrument zum Üben mit nach Hause nehmen. Eines Abends war ich glücklich darin vertieft, den Saiten mit meinem Bogen ein paar schiefe Töne zu entlocken, als ich zufällig aus dem Fenster sah, wo sich Mum und Mandy über den von mir produzierten Lärm kaputtlachten.

Damit endeten meine Ambitionen als Geigenspieler (ich fasste das Instrument danach nicht mehr an), aber noch lange nicht meine musikalische Karriere. Als Erwachsener ging ich stattdessen ins Management und kümmerte mich um ein paar lokale Bands. Ich überließ das Musizieren denen, die wussten, was sie taten, die es geschafft hatten, den Lernprozess fortzusetzen, und die gut darin waren. Ich liebe Musik, genau wie Mike es tat, aber keiner von uns beherrschte ein Instrument. Doch ich habe mir oft gewünscht, wenigstens einen Song auf der Gitarre oder dem Klavier spielen zu können. Ich kann gar nicht zählen, wie oft ich der Mann sein wollte, der zusammen mit ein paar wunderschönen Mädchen um ein Lagerfeuer sitzt und gelassen zur Gitarre greift, wenn jemand fragt »Kennt einer einen guten Song?«, woraufhin sich sofort alle in ihn verlieben.

Da fällt mir noch ein weniger albernes Beispiel ein. Als ich das Glück hatte, in die Abbey Road Studios in London eingeladen zu werden, um bei Peter zu sitzen, während die Musik für »Die Rückkehr des Königs« von Howard Shore und dem London Philharmonic Orchestra aufgenommen wurde, führte man uns auch durch die Studios. In einem der Räume stand ein uraltes Klavier.

»Das ist das Klavier, das die Beatles für all ihre Klassiker benutzt haben«, erzählte man uns. »Möchte jemand was darauf spielen?«

Wenn es je einen Moment gegeben hatte, in dem man aufs Stichwort hätte glänzen können, dann war das dieser. Aber keiner von uns spielte Klavier. Peter schüttelte den Kopf. Elijah Wood, der auch da war, schüttelte den Kopf. Ich schüttelte den Kopf und war geknickt. Wir liefen also alle einfach an dem Klavier vorbei und drückten eine Taste hinunter, während wir in kollektiver Selbstenttäuschung den Kopf hängen ließen.

Die Ukulele-Aufgabe schien mir von vornherein zum Scheitern verurteilt zu sein. Rachel, die offensichtlich so einiges über das Spielen dieses witzigen viersaitigen Instruments wusste, gab ihr Bestes, um mir die Akkorde beizubringen, mir zu zeigen, welchen Finger man wohin legte, und zu erklären, wie ich die Akkordtabelle, die sie mir gegeben hatte, lesen musste. So schwer sah das gar nicht aus.

Doch das war es. Während ein Finger unbeholfen versuchte, den richtigen Ton zu treffen, kam ihm ein anderer in den Weg. Und es tat weh. Ich war nicht daran gewöhnt, Saiten auf ein Griffbrett zu pressen. Ich saß in einem Café und versuchte, die wenigen ersten Akkorde zu meistern, während mein Kaffee kalt wurde. Irgendwie bekam ich sie dann halbwegs hin, aber es dauerte eine Ewigkeit, bis ich die Finger gewechselt hatte. Ob es wohl in Ordnung war, wenn ich den Song sehr, sehr langsam spielte? Ich nippte an meinem Kaffee, und Drew schnappte sich die Ukulele und klimperte mühelos den ganzen Song herunter, ohne groß auf das Notenblatt zu schauen, bevor er mir das Instrument zurückgab.

»Ich bin von Beruf Gitarrenspieler«, murmelte er als Erklärung. »Manchmal.« War ja klar. So nervig ich diese Enthüllung auch fand, war ich doch froh, als er anbot, mir beim Erlernen des Songs zu helfen.

Ich habe diese Ukulele eine gefühlte Ewigkeit in den Händen gehabt und übte in meinem Zimmer, im Park in der Nähe des Jucy Snooze und eigentlich überall, wo es möglich war. Ich hatte sogar die Joe-Brown-Version des Songs auf meinem Handy und hörte sie mir wieder und wieder an, um den Text zu lernen, den ich leise mitsang. Als ob es nicht reichte, dass ich das verdammte Ding spielte, musste ich dazu auch noch singen. Ich stehe nur ungern vor Publikum. Meine fünf Minuten als Comedian hatte ich zu diesem Zeitpunkt noch vor mir, daher beschränkte sich meine Erfahrung mit Publikum darauf, Fragen interessierter Zuhörer zu beantworten, die extra gekommen waren und wissen wollten, was ich zu sagen hatte. Unter solchen Umständen fällt mir der Umgang mit Publikum ganz leicht. Aber niemand will hören, wie ich ein Lied verunstalte, während sich meine Finger auf etwas, das wie eine kleine Spielzeuggitarre aussieht, ineinander verhaken. Wirklich niemand. Doch ich sollte mich vor Rachel, Rob und ihre Kinder stellen und mich mit meinem Amateurauftritt blamieren. Es würde furchtbar werden – und noch dazu gefilmt.

Daher übte ich. Ich übte und übte, obwohl mir die Finger wehtaten. Ich dachte, ich hätte genug Zeit, um es gut hinzubekommen, aber auf dieser Reise kann ich kaum selbst über meine Zeit bestimmen. Immer wartet bereits die nächste Aufgabe auf mich.

* * *

Noch eine musikalische Aufgabe. Ich wurde meiner Ukulele entrissen und kletterte aus dem Jucy-Van, vor dem Rachel mit einem breiten Lächeln stand. Wir waren von Auckland nach Hamilton gereist, wo sie lebt und wo ich bald singen würde. Sie las mir Mikes nächste Forderung vor. Ich sollte eine Tanzeinlage lernen und sie mit der Tanzgruppe von Rachels Sohn aufführen. Und zwar noch am selben Abend.

»Darf ich hier rauchen?«, erkundigte ich mich frech, als wir auf ein rotes Ziegelsteingebäude zuliefen.

»Nein«, antwortete Rachel, und ich glaubte, in ihrer Stimme leichte Ironie mitschwingen zu hören. »Das hier ist eine Schule.« Ich steckte meine frisch gedrehte Zigarette schnaufend weg und folgte ihr ins Gebäude.

Diesmal war ich nicht ansatzweise eingeschüchtert. Ich kann tanzen. Ich besitze ein gutes Rhythmusgefühl. Mum und Dad tanzten immer zu Rock and Roll, als ich klein war. Ich sah zu, wie Dad Mum wie ein Profi zur Musik aus der Stereoanlage herumwirbelte. Und Mandy und ich machten es ihnen nach. Ich war in der Schuldisco immer als Erster auf der Tanzfläche, wenn Elvis gespielt wurde. Es liegt alles in den Hüften. Ich stand da in der Mitte und schwang wie ein Wilder mein Becken. Diese Aufgabe würde ich mit Bravour erledigen. Ein Auftritt heute Abend? Pff. Bringen wir's hinter uns, dann sind wir schneller wieder zu Hause, dachte ich.

Normalerweise verlasse ich mich auf mein Naturtalent. Ich improvisiere einfach. Wenn ich tanze, will ich die Musik spüren, gebe mich dem Rhythmus hin und lasse meinen Körper tun, was er will. Was ich jedoch nicht kann, ist, wie sich (zu niemandes Überraschung) herausstellte, etwas erlernen. Oder, genauer gesagt, etwas im Kopf behalten. Diese Kids tanzten seit einer Ewigkeit jedes Wochenende zusammen und waren schon oft bei Tanzwettbewerben aufgetreten.

»Fünf, sechs, sieben, acht«, rief die schon bald schmerzhaft vertraute Stimme der Lehrerin, und auf einmal war der Raum voller Zehnjähriger, die eine frisch erlernte Abfolge von

Bewegungen in perfektem Einklang ausführten. Ich stand unbeholfen zwischen ihnen und versuchte, mich daran zu erinnern, was doch gleich der dritte Schritt war, stand plötzlich andersrum als alle anderen und wurde immer unsicherer. Mir wurde langsam klar, dass ich das niemals an einem Tag lernen würde.

Und nicht nur das, es war auch noch sehr anstrengend. Ich schwitzte und kämpfte und trank literweise Wasser. Zudem nahm ich mir nicht einmal die Zeit, das Sushi zu essen, das Rachel netterweise für uns gemacht hatte. Ich beobachtete, wie Drew eine Drehpause einlegte und sich einige Maki in das bärtige Gesicht schob, aber da ich davon ausging, dass er bereits genug Filmmaterial hatte, auf dem ich mich blamierte, verkniff ich mir einen blöden Spruch. Ich wusste nicht einmal, warum das so anstrengend war. Die Bewegungen sahen eigentlich ganz einfach aus, allerdings konnte ich mir die Reihenfolge einfach nicht merken. Es war ja nicht so, als sollte ich Salti schlagen oder *breakdancen*. Nach einiger Zeit kam ich zu dem Schluss, dass ich vermutlich aussah wie eine neugeborene Giraffe, die wacklig auf ihren langen Beinen steht und versucht, inmitten der perfekt synchronisierten Tanzgruppe von »Der König der Löwen« mitzuhalten.

Als schließlich der Auftritt anstand, wollte ich eigentlich nur noch ins Bett. Das Publikum bestand größtenteils aus den Eltern meiner Mittänzer, die sich bestimmt fragten, wer dieser schlaksige Idiot war, der ihren geliebten Nachkommen die Show vermasselte. Es war ja nicht so, dass ich mich in der letzten Reihe hätte verstecken können. Ich überragte sie alle, trug (den Anweisungen entsprechend) lächerlicherweise eine Baseballkappe und eine dreiviertellange Möchtegern-Hip-Hopper-Hose und versuchte, meine offensichtliche Unfähigkeit, mir irgendetwas zu merken, durch ein dämliches Grinsen und ein gelegentliches »Whoop« zu überspielen, während ich die zweite Hälfte der Nummer im Grunde genommen nur improvisierte. Einer

Nummer, die, wie sich herausstellte, ganze zwanzig Sekunden dauerte. Zwanzig! Ich hatte den ganzen Vor- und Nachmittag damit verbracht, eine gerade mal zwanzig Sekunden lange Tanznummer zu üben, und war daran gescheitert. Doch sie war mir viel länger vorgekommen. Wenigstens wie ein paar Minuten. Als ich mir später in einem masochistischen Anfall zusammen mit Drew die Aufnahme ansah, um herauszufinden, wie dämlich ich wirklich dabei rüberkam, war sie erschreckend kurz.

Aber es hat Spaß gemacht. Ich habe mich amüsiert. Jedenfalls sagte ich mir das, nachdem ich bei einer Zigarette und einem schwer verdienten Kaffee eine Verschnaufpause eingelegt hatte. Dadurch stieg meine Wertschätzung für Tänzer, die stundenlang für die großen Shows üben, auch wenn sie vermutlich mehr als einen Tag dafür Zeit haben.

* * *

Einen Tag später fuhr ich mit Rob, Rachel und ihrer Familie zu einer Country Fair auf einem Flugfeld in der Umgebung. Ich finde so etwas immer großartig und liebe die Stände, die Tiere, die landwirtschaftlichen Maschinen und die Pulled-Pork-Burger. Einfach himmlisch! Neben dem üblichen Kunsthandwerk und köstlichem Essen gab es hier auch eine Dauerausstellung antiker Autos und Flugzeuge, und ständig landeten Ultraleichtflugzeuge und andere kleine Maschinen auf dem Grasstreifen, der am Festgelände entlang verlief. Die Sonne schien vom wolkenlosen Himmel, und es war kein einziger abenteuerlicher Adrenalinjunkie in Sichtweite. Perfekt.

»Solltest du nicht auf deiner Ukulele üben?«, erkundigte sich Drew verschmitzt, wie eine schwarze Wolke, die unbedingt die Sonne verdecken will. Heute war der große Abend. Nach diesem idyllischen Nachmittag, der bis dato sehr angenehm verlaufen war, würde mein Abend von einer miserablen Darbietung des Songs, den ich zu erlernen versucht hatte, vermiest werden. Ich scheuchte Drew und seine Kamera weg und ging mit so viel Nonchalance, wie ich aufbringen konnte, weiter.

Am anderen Ende des Geländes hatte man einen kleinen Pavillon aufgebaut, vor dem sich eine Menschenmenge versammelte. Dort spielte eine Band. Und nicht nur irgendeine Band – Rachels Band. Wie sich herausstellte, wusste sie in der Tat so einiges über Ukulelen, ebenso wie die neun anderen Frauen, die mit ihr zusammen sangen und tanzten. Die Apron Strings, die ihren Namen zwischenzeitlich in Sylvia's Toaster geändert haben, sind eine zehnköpfige Ukulele-Band. Und sie waren unglaublich. All meine Vorurteile über das, was ich bisher als eine Art Scherzgitarre angesehen hatte, ein Instrument, das ich nur in den Händen von George Formby gekannt hatte, wenn er Witzlieder über das Fensterputzen, das Lehnen an Laternenpfählen oder chinesische Wäschereien sang, wurden widerlegt. Rachel und ihre Bandkolleginnen hatten es richtig drauf. Die Ukulelen klangen wunderschön. Die Frauen trugen lange Röcke, Westen und mit Federn geschmückte Hüte und wirkten wie eine coole Truppe aus Steampunk-Ladys vom Land; sie übernahmen abwechselnd den Hauptgesangspart und harmonierten perfekt miteinander. Ich war fasziniert.

Dann trat Rachel nach einem der Songs ans Mikrofon.

»Wie ihr vielleicht bemerkt habt, wird hier heute mit einer Kamera gefilmt«, begann sie, und ich zuckte zusammen. »Die Aufnahmen sind für einen Dokumentarfilm. Royd Tolkien ist hier; sein Bruder ist vor zwei Jahren an der Erkrankung ALS gestorben.« Ihr kamen die Tränen, und sie fächelte sich mit einer Hand Luft zu. »Royd erledigt gerade die Aufgaben auf seiner Bucket List.«

Ich hatte keine Ahnung, worauf sie hinauswollte.

»Royd musste in zwei Tagen einen Song lernen, und was er noch nicht weiß, ist, dass er ihn jetzt aufführen wird.«

Ich wünschte mir, der Boden würde sich auftun und mich verschlucken. Da wir uns in Neuseeland befanden, war das gar nicht mal so unmöglich. Aber es geschah nicht. Stattdessen marschierte ich mit schleppenden Schritten auf die »Bühne« und bekam einen antiken Flughelm aufgesetzt, um ein bisschen besser zu den Ladys zu passen, selbst wenn ich absolut nicht wie sie klingen würde. Ich trat an das Mikrofon, während meine Gedanken kreisten und mein Herz raste.

»Ich kann nicht singen. Und ich bin leicht erkältet«, murmelte ich vorsorglich eine Entschuldigung. »Es tut mir sehr leid, dass ich Ihnen diesen wunderschönen Tag ein wenig verderben werde.« Ich kannte längst nicht alle Akkorde und war noch viel weniger in der Lage, sie rechtzeitig aneinanderzureihen. Auch den Text hatte ich bisher nicht komplett gelernt.

Rachel hielt mir ein Blatt Papier mit dem Text hin. Wenigstens würde sie die ganze Zeit neben mir stehen, während ich mich blamierte. Es dauerte eine Ewigkeit, bis ich mit meinen zitternden Händen den ersten Akkord gefunden hatte. Ich wollte wenigstens den Anfang ansatzweise richtig hinbekommen. Je eher ich es hinter mich brachte, desto schneller wäre es vorbei. Ich ließ den Blick über das Publikum schweifen (es waren wenigstens hundert Leute da) und wagte mich zaghaft ans Intro.

Nach einigen Tönen erklang hinter mir Musik. Der Rest der Band setzte ein. Nachdem ein Mann am Klavier den Rhythmus eingezählt hatte, gab er eine fröhliche Basslinie vor, während die sanften Klänge der anderen Ukulelen sich wohltuend um mich herum entfalteten. Meine nervliche Anspannung wich immenser Erleichterung. Wir klangen großartig! Wir!

Ich fing an zu singen: »*Lonely days are long, twilight sings a song.*«

Es klang nicht großartig, war aber auch nicht schrecklich.

»*Soon my eyes will close, soon I'll find repose.*«

Die Band hinter mir stützte mich, und ich stellte fest, dass mir die Sache Spaß machte.

»*You're always near to me.*« Die Worte, die ich sang, hallten tief in mir wider. »*I'll see you in my dreams.*«

Das Tempo war ein bisschen schnell für meine Finger, aber es machte rein gar nichts, wenn ich einen oder auch zehn Akkorde verfehlte, da es einfach unterging. Ich spielte die, die ich kannte, und sang weiter. Jetzt war mir auch klar, warum die gerissene Rachel darauf beharrt hatte, dass ich wenigstens den Anfang und das Ende des Songs beherrschte. Wie sich herausstellte, musste ich mir um den Rest keine Sorgen machen.

Als wir uns dem Ende näherten und ich das kleine Riff spielen musste, das ich hundert Mal geübt hatte … klappte es einwandfrei. Die Menge jubelte und applaudierte, und ich war hocherfreut.

* * *

Das war damals. Kommen wir zu heute. Ich bin gerade an einer Seilrutsche über eine Schlucht gerutscht. Zweimal. Und war auf der Schaukel. Zweimal. Der heftige Adrenalinrausch hat nachgelassen, ich bin mental und körperlich ausgelaugt, brauche dringend eine Pastete und einen Kaffee und muss jetzt irgendwie zehn Personen davon überzeugen, mitten in Queenstown mit mir zu tanzen.

Niedergeschlagen schleppe ich einen Lautsprecher und den Ständer, Drew hingegen seine Kamera in Richtung Ufer.

»Was habt ihr vor?«, sprechen uns zwei unerschrockene freundliche Frauen an. Völlig untypisch für mich rät mir mein Instinkt, sie zu ignorieren und weiterzugehen. Ich will niemandem erzählen, was ich gleich tun werde. Ich bin müde, und das Ganze ist mir peinlich. Aber Drew beschließt, die Katze aus dem Sack zu lassen.

Wie sich herausstellt, sind die beiden Australierinnen und erschreckend offen.

»Das klingt ja super. Wir sind dabei. Wo machen wir es?«

»Auf dem Platz am Ufer. Wir?«

»Ja, wir helfen dir. Das wird lustig!«

Lustig? Haben sie den Verstand verloren? Es wird peinlich, entsetzlich, eine Katastrophe. Fast das genaue Gegenteil von »lustig«. Und es ist unvorstellbar, dass es mir gelingen wird, zehn Personen davon zu überzeugen, mit mir zu tanzen.

»Bis gleich«, trällern sie und gehen in eine andere Richtung davon. Drew zuckt mit den Achseln, und wir setzen unseren Weg fort.

Ich trage ein Mikrofon, da die Kamera nicht nahe genug bei mir sein wird, um das, was ich sage, zu erfassen. Das bedeutet auch, dass ich mit Drew kommunizieren kann, der ein Stück entfernt stehen bleibt und mir zu verstehen gibt, dass ich weitergehen soll. Wir machen das Ganze verdeckt. In der Nähe des Kais baue ich langsam den Lautsprecher auf. Auch wenn ich mir wünsche, dass die Sache schnellstmöglich vorbei ist, habe ich es mit dem Anfangen nicht eilig.

»Drew, falls du mich hören kannst, es ist ganz so, als würdest du direkt neben mir stehen«, lüge ich und fühle mich verlassen und allein. Ich halte nach ihm Ausschau. Da ist er und versucht, den Eindruck zu erwecken, dass er nicht filmt. Er trägt seine Kopfhörer und winkt mir grinsend zu. Also kann er mich hören. »Soll ich mich hier einfach mitten auf den Platz stellen?«

Er reckt die Daumen in die Luft.

Ich habe gehofft, dass hier noch andere Straßenkünstler wären, vielleicht einige Jongleure oder ein Zeichner und ein oder zwei menschliche Statuen. Aber nein. Hier bin nur ich. Die Touristen machen einen großen Bogen um mich und strahlen ein fast schon greifbares Gefühl von Angst aus, als würden sie befürchten, dass ich mich bestenfalls als lautstarkes Ärgernis erweise. Ich setze meine Sonnenbrille auf, rede in mein Revers und tröste mich kurz mit der kindlichen Fantasie, ich sei ein Geheimagent.

»Das ist ja noch schrecklicher und furchterregender, als ich dachte«, teile ich Drew diskret mit. »Alle sehen mich komisch an, als ob sie sich fragen, was ich hier treibe.«

Der Lautsprecher ist aufgebaut, und ich fummle an meinem Handy herum und schinde Zeit, während ich es mit dem Lautsprecher verbinde.

»Weißt du, Drew, ich werde versuchen, mir einzureden, dass das nichts Ungewöhnliches ist und dass andere so was ständig machen. Dass ich einen Lautsprecher einrichte, ist doch keine große Sache.«

Wem will ich denn hier etwas vormachen?

»Aber Selbstgespräche sind schon ziemlich dämlich.«

Mir wird klar, dass ich keine Ahnung habe, wie der Lautsprecher funktioniert. »Ich hätte mich einweisen lassen sollen. Wo verstellt man die Lautstärke?«

Ich glaube, ich habe es hinbekommen. Jetzt muss ich nur noch auf »Play« drücken. Ich soll so lange einen munteren Song in Dauerschleife abspielen, wie ich brauche, um meine Aufgabe zu erledigen. Ich knie mich neben den Lautsprecher, um mich kleiner zu machen.

»Die Leute gucken ganz misstrauisch«, sage ich zu Drew und frage mich dabei, warum ich überhaupt mit ihm rede. Seine Antworten bestehen doch nur in hochgereckten Daumen und Nicken. Wahrscheinlich komme ich mir dann nicht ganz so allein vor. In der Falle sitze ich dennoch. Mein Hirn schreit mich an, dass ich weglaufen soll. Kann ich diese Aufgabe nicht überspringen? Es nutzt nichts, Drew anzuflehen. Er wird mich nicht vom Haken lassen. Mike würde das auch nicht tun, wenn er jetzt hier wäre. Ich muss es tun. Allein der Gedanke, »Play« zu drücken, die Musik abzuspielen und zu tanzen, ruft bei mir schon Übelkeit hervor.

273

»Das ist so peinlich.« Ich lache leise. »O, Mike!«, sage ich in den Äther und küsse das Tattoo auf meiner Hand. Mir bleibt keine andere Wahl, als zu tun, was er verlangt.

Ich drücke auf »Play«.

Am besten tue ich einfach so, als wäre ich ein dreister Amerikaner, haarsträubend direkt und überschwänglich, erfüllt von einer urtümlichen Liebe zur Musik und wohltuend ignorant, was jedwede Demütigung angeht. Ich fange an zu tanzen und sage mir innerlich mit übertrieben amerikanischem Akzent: »Das macht Spaß! Lass es raus. Ja, Mann!«

In Wirklichkeit bewege ich steif die Arme und Beine und erinnere vermutlich an eine eingerostete Marionette. Mir wird bewusst, dass ich noch nicht mal lächle, und so setze ich rasch ein dämliches Grinsen auf und gehe auf die Passanten zu.

»Möchten Sie mit mir tanzen?«, frage ich eine recht flott wirkende ältere Frau und hoffe, auch ernst rüberzukommen. Ich nehme zaghaft ihre Hand und gehe neben ihr her.

Sie lacht mich an.

»Nur ein bisschen?«, flehe ich.

Sie geht lachend weiter.

»Möchtest du mit mir tanzen?«, will ich von einer jüngeren Frau in Sportklamotten wissen.

»Wozu ist das?« Ihr Lächeln wirkt misstrauisch, und sie wird nicht einmal langsamer. Als könnte ich sie überzeugen, wenn ich ihre liebste Wohltätigkeitseinrichtung nenne!

»Für gar nichts.« Ich strahle sie an, versuche, nicht die Energie zu verlieren und ansteckend positiv zu klingen. »Nur für die Liebe und das Glück.«

Sie ergreift die Flucht. Ich kann es ihr nicht verdenken. Das Ganze ist furchtbar. Das Lied ist zu Ende und fängt von vorn an. Nicht eine Person ist bislang stehen geblieben, um mit mir zu reden, geschweige denn die Hüften zu schwingen. Ich sehe mich nach Drew um, doch er muss eine andere Position eingenommen haben, um besser filmen zu können. Ich kann ihn nicht entdecken, dafür jedoch zwei andere bekannte Gesichter. Die beiden Australierinnen sind zurück. Sie kommen auf mich zugerannt, übersprudelnd und fröhlich, und tanzen einfach wild um mich herum.

Na, das sind schon mal zwei. Immerhin ein Anfang.

Unverhofft ändert sich die Atmosphäre. Nun steht da nicht mehr nur ein fast fünfzigjähriger Typ, der unbeholfen mit den Hüften wackelt und versucht, Fremde dazu zu überreden, mit ihm zu tanzen. Jetzt ist auch jüngeres Volk da, das mit ungezügeltem australischem Enthusiasmus ans Werk geht. Die Freude ist ansteckend. Immer mehr Menschen beobachten uns drei und werden neugierig. Vielleicht ist das ja etwas, wo sie mitmachen wollen. Und meine kecken neuen Freundinnen überzeugen immer mehr Passanten, sich uns anzuschließen. Wer könnte da schon Nein sagen? Ich tanze nur lächelnd weiter.

Wenige Augenblicke später sind wir sechs. Dann sieben. Dann acht. Ich frage weitere Leute, ob sie mit uns tanzen wollen, und sie nehmen Reißaus. Dabei muss ich gar nichts anderes machen als tanzen. Die Australierinnen lassen ihre Magie wirken, und so dauert es nicht lange, bis wir die benötigten zehn Tänzer zusammenhaben. Wir jubeln uns zu, und ich atme erleichtert auf. Ich habe es geschafft. Na ja, sie haben es geschafft. Zugegebenermaßen habe ich geschummelt. Aber es stand nirgendwo, wie ich die zehn Personen zusammenbekommen soll. Keiner hat gesagt, dass ich keine zwei aggressiv glücklichen Optimistinnen rekrutieren durfte, die die Drecksarbeit für mich machten.

Drew kommt auf mich zu. Er hält die Kamera locker in der Hand, was ein sicheres Zeichen dafür ist, dass wir haben, was wir brauchen. »Gehen wir jetzt Pastete essen?«, schlägt er vor.

Ja bitte.

Der grosse Heuchler

Queenstown ist nicht nur Adrenalin. Offensichtlich. Ich trage Lycra-Leggings und ein angenehm langes T-Shirt und habe eben einige entscheidende Begriffe gelernt, die ich für meine nächste Aufgabe brauchen werde. Nun weiß ich ungefähr, was die Kuh, die Katze und der herabschauende Hund sind. Ganz genau, ich gehe zum Yoga. Okay, etwas mehr als das ist es schon: Ich soll den Yogalehrer spielen und einen Kurs leiten.

* * *

Das ist nicht das erste Mal auf dieser Reise, dass ich gezwungen werde, einen Lehrer zu spielen. In Hamilton stellte man mich einer Grundschulklasse als berühmten Töpfer vor, der ihr einige Tricks zeigen wollte.

Vor Storys Geburt war ich in Gegenwart von Kindern unbeholfen und fühlte mich nicht wohl. Ich wusste nicht, wie ich eine Verbindung zu ihnen aufnehmen sollte. Doch die Vaterschaft ist die eine Sache in meinem Leben, für die ich offenbar ein Naturtalent besaß. Als jemand, der sich schnell langweilt und der Dinge überdrüssig wird, hatte ich befürchtet, meine Fähigkeiten als Vater würden verpuffen, sobald ich Story in den Armen hielt. Die

Vaterschaft war etwas, bei der ich keine Wahl hatte, ob ich mich darauf einlassen wollte, und zum ersten Mal in meinem Leben ergab alles einen Sinn. Es schien alles so klar zu sein. Die gewaltigen Wissenslücken, die fehlende Erfahrung, auf einen anderen Menschen aufzupassen – das hatte alles keine Bedeutung. Man tut es einfach. Es ist ein Instinkt.

Es ist schon komisch, wie diese entscheidenden Ereignisse im Leben die Perspektive verändern. Vor Storys Geburt wäre ich körperlich nicht dazu in der Lage gewesen, die inneren und äußeren Körperfunktionen eines Babys zu ertragen. Eine benutzte Windel hätte mir zweifellos Lachkrämpfe beschert, während ich gleichzeitig versucht hätte, mich nicht zu übergeben. Aber meine angeborene Zimperlichkeit kam mir beim Wechseln von Storys Windeln nie in die Quere. Ich musste nicht würgen. Nicht ein einziges Mal.

Bevor Mike krank wurde, hätte ich nicht gewusst, wie ich ihm hätte die Hilfe zukommen lassen können, die er brauchte. Ich hätte nicht einmal in Betracht gezogen, mich auf diese Weise um einen anderen Erwachsenen zu kümmern. Aber auch in so einem Fall tut man es einfach. Und das hat mich verändert.

Das Töpfern war ganz leicht. Damit hatte ich überhaupt keine Schwierigkeiten. Und weil ich nicht das Unbehagen eines kinderlosen Menschen inmitten von Kindern empfand, konnte ich es einfach genießen, mit dem Ton auf der Töpferscheibe herumzuhantieren. Es war eine herrliche, wunderbare Aufgabe, die damit endete, dass ich mit feuchtem grauem Lehm bedeckt und von lachenden, glücklichen Kindern umringt war. Dabei wusste ich vorher noch nicht mal, wie man das pedalbetriebene Rad bedient oder gar einen Topf herstellt. Stattdessen habe ich eine Stunde lang herumgealbert und hatte vermutlich ebenso viel Spaß wie meine ahnungslosen Schüler.

* * *

Doch beim Yoga bekomme ich es mit Erwachsenen zu tun. Den Kindern war es völlig egal, ob ich wirklich töpfern konnte, und sie stellten meine Fähigkeiten auch nicht infrage, aber wie soll ich einen Raum voller fortgeschrittener Yogaschüler davon überzeugen, dass ich auch nur ansatzweise weiß, wovon ich rede?

»Das ist Royd. Er hat ein Yoga-Retreat bei sich zu Hause in Wales«, stellt mich Sandi, die hier sonst die Stunden leitet, vor. Sie ist schlank und zweifellos gelenkig und trägt ihre Lycra-Klamotten im Gegensatz zu mir sehr überzeugend. Und das ist die Geschichte, die ich ihr auftischen musste, um sie zu überzeugen. Ich bin eine Art Yoga-Jedi-Meister, der durch Neuseeland reist und herausfinden will, was sie hier anders machen. Im Raum halten sich über dreißig Personen auf, die alle schon lange Yoga betreiben und glauben, es sei eine Ehre, mich hier zu haben. Ich habe ihnen weisgemacht, sie könnten sich glücklich schätzen, dass ich das Aufwärmen leite. Schluck.

Ich schlüpfe in meine Rolle. Das ist alles nur Show. Ich habe schon mal Yoga gemacht, zwei Mal, um genau zu sein. Das habe ich auch Drew erzählt, als wir hergelaufen sind und ich mir eine Zigarette angezündet habe, was dem gesunden Lebensstil ja nun mal völlig widerspricht. Ich bin nicht gelenkig. Meine Knie sind kaputt, und ich schwitze. Aber ich muss hier auch kein Yoga machen (jedenfalls noch nicht), sondern nur anleiten.

»Hi.« Ich achte darauf, leise zu sprechen, mit etwas tieferer und süßlicher Stimme. Es sind fast nur Frauen da. Sie sehen mich alle ernst und bewundernd an. »Ich habe ein Yoga-Retreat in Wales. Ist jemand von Ihnen schon mal dort gewesen?«

Zum Glück nicht. Vor mir erblicke ich gelassene Gesichter voller aufmerksamer Hingabe. Die Frauen strahlen friedlich und sehen mich mit aufgerissenen, wachsamen Augen an. Sie brennen darauf, etwas von diesem Guru aus Wales zu lernen. Das wird ein Kinderspiel.

»Es beruht im Grunde genommen auf der Natur und dass man eins mit dem Boden und allem um sich herum ist.«

Alle nicken gleichzeitig und lächeln mich an. Ich lasse sie eine Ruhepose einnehmen. Wie eine Gruppe Synchronschwimmer gehen sie auf alle viere, gleiten nach vorn und unten, bis sie auf den Fußknöcheln hocken, sich ausstrecken, den Kopf leicht auf die Matten stützen und die Arme zu mir hochrecken, als wollten sie mich anbeten.

»Wir werden nun unsere Atmung für einen Moment zentrieren. Atmet ein und schön langsam wieder aus.« Ich gehe zwischen ihnen hindurch, stolziere fast schon, und spüre, wie meine Stimme über ihren Rücken hinwegströmt. Sanft weise ich sie an, all ihre Sorgen aus ihren Körpern fließen zu lassen, durch die Arme und die Fingerspitzen, bis sie aus dem Fenster davonfliegen. Drew filmt mich aus einer Ecke des Raums und achtet darauf, ganz still zu stehen. Ich schaue ihm versehentlich in die Augen und spüre auf einmal das schreckliche Blubbern eines irren Kicherns in meiner Kehle emporsteigen. Rasch wende ich den Blick ab und kann den Impuls gerade noch unterdrücken, mich über meine lächerliche Situation kaputtzulachen.

Als die echte Kursleiterin anmutig zwischen den Kursteilnehmern herumschreitet und einigen eine Hand ins Kreuz legt, während ich rede, folge ich ihrem Beispiel. Es gibt da eine Szene im Film »All inclusive«, in der der gut gebaute, nur mit einer Badehose bekleidete Yogalehrer jedes Mal, wenn er jemanden aus seiner Klasse (höchst unangemessen) berührt, das Wort »Boom« murmelt. Diese Szene geht mir jetzt durch den Kopf, was vermutlich auch der Grund dafür ist, warum ich meine Heiterkeit inzwischen kaum noch unterdrücken kann. Irgendwie schaffe ich es, dem Drang zu widerstehen und nicht »Boom« zu sagen, aber ich darf Drew nicht ansehen. Ich darf nicht lachen.

Stattdessen konzentriere ich mich. Ich mache der Kursleiterin alles nach und lege einigen sanft die Hand auf den Rücken.

Dann leite ich sie durch die Kuh, die Katze und einige andere Positionen, die ich mir, so kommt es mir zumindest vor, spontan ausdenke, bevor ich das Aufwärmen beende und mir einen Platz und eine Matte im hinteren Teil des Raums suche. Sandi übernimmt die Leitung, und ich bin nun einer ihrer Schüler. Innerhalb von Minuten schwitze ich wie ein Schwein und kann kaum das Gleichgewicht halten. Zu meinem Glück bin ich ganz hinten, sodass keiner sehen kann, was für ein Scharlatan ich bin.

Sobald die Stunde vorbei ist, trete ich verlegen wieder vor die Klasse und entschuldige mich.

»Ich bin kein Yogalehrer. Ich habe auch erst zweimal Yoga gemacht. Jetzt das dritte Mal. Es tut mir sehr leid.« Ich bin wirklich zerknirscht.

Alle starren mich fassungslos an. »Aber du warst großartig!«, ruft jemand. Sie haben mir tatsächlich geglaubt. Einige kommen sogar zu mir und sagen, sie hätten mich schon fragen wollen, wo mein Retreat ist, damit sie mich besuchen können, falls sie jemals nach Wales kommen. Keiner ist über meinen Betrug entrüstet. Sie sind alle sehr warmherzig und liebevoll, nachsichtig und großzügig.

An Yoga muss also doch etwas dran sein.

Ich weiß nicht, ob Mike jemals Yoga gemacht hat. Diese Aufgabe diente nicht dazu, mir Erleuchtung oder spirituelles Wachstum zu ermöglichen. Mike wollte mich bloß ärgern. Aber da hat er sich geschnitten. Vielleicht eröffne ich ja wirklich ein Yoga-Retreat in Wales!

PSYCHO PIMPS

Als Kinder haben Mike und ich bei jeder sich bietenden Gelegenheit im Wald in der Nähe von Halkyn gespielt. Und irgendwann probierten wir auch Paintball aus, als es dort angeboten wurde. Das Ziel des Spiels war, sich durch den Wald zu kämpfen, ohne erschossen zu werden, sich dann die Flagge des gegnerischen Teams zu schnappen und sie sicher zur eigenen Basis zurückzubringen. Mike und ich landeten nicht im selben Team, was den Konkurrenzkampf zwischen uns nur weiter anstachelte. Ich war überzeugt davon, dass ich von Natur aus gut in jeglichem Army-Kram war, und beschloss, das Spiel als ernsthafte Übung anzusehen. Ich stellte mir vor, die Waffen seien mit richtiger Munition geladen und nicht nur mit albernen Farbbeuteln und ich sei ein total gefährlicher Kampf-Ninja, der nicht einen einzigen Schuss abbekommen werde.

Als das Spiel losging, schlichen wir alle zaghaft in unterschiedliche Richtungen zwischen den Bäumen hindurch davon. Da ich mir einbildete, es seien echte Patronen, war ich sehr vorsichtig. Schließlich hatte ich keine Ahnung, wo der Feind auftauchen würde, und ich wusste auch nicht, wo ich überhaupt hinmusste. Soweit ich mich erinnere, hatten wir als Team keinen gemeinsamen Plan geschmiedet, und so beschloss ich, mich als einsamer Held durchzuschlagen und das Spiel notfalls ganz allein zu gewinnen.

Ich entdeckte ein ausgetrocknetes Flussbett, das den Hügel hinaufführte, auf dem die feindliche Flagge sein musste. Die Ufer waren steil, bestimmt drei Meter hoch, und baumbewachsen. Darin hatte ich die perfekte Deckung. Keiner würde mich kommen sehen. Ich legte mich auf den Bauch und kroch den Hügel hinauf. Es gab keinen Grund zur Eile. Unauffälligkeit war viel entscheidender. Wenn mich keiner sehen konnte, musste ich auch dafür sorgen, dass man mich nicht hörte. Zentimeter für Zentimeter kroch ich weiter, wie ein Actionheld, auf einen Sieg zu, über den man in Paintballkreisen noch Tage, wenn nicht gar Wochen, reden würde.

SPLOTZ.

Was war das? Neben mir stob Staub auf, und ich fragte mich, was das wohl gewesen sein konnte. Hatte ich eine Art Falle ausgelöst? Falls ja, dann hatte sie nicht viel bewirkt. Es war still im Wald. Ich schwebte nicht in Gefahr und musste einfach weiterschleichen.

Das nächste »Splotz« traf mich direkt am Hinterkopf. Und es tat weh. Es tat richtig weh. Auf einmal war überall Farbe; man hatte mich erschossen. Ich war raus aus dem Spiel. Wie war das möglich?

Während ich eine peinliche Niederlage einstecken musste, hatte Mike das Spiel auf ganz andere Weise genießen können. Er war von seiner Basis aufgebrochen und am Rand des Spielbereichs zwischen den Bäumen hindurchgeschlichen, bis er sich oben an einem steilen Hang wiederfand. Als er nach unten blickte, bemerkte er zufällig einen Idioten, der offensichtlich durch ein ausgetrocknetes Flussbett kroch. Und so tat, als könnte ihn niemand sehen. Womit er das Nachfolgende mehr als verdient hatte.

Mike hob langsam die Waffe und zielte sorgfältig den Hang hinunter auf die leichte Beute. Er hielt die Waffe einhändig im Gangsterstil und wollte möglichst lässig erscheinen. Der erste

Schuss ging daneben. Ganz knapp. Er klatschte direkt neben dem Möchtegernsoldaten auf den Boden, der jedoch aus irgendeinem bizarren und irrationalen Grund nicht auswich, sondern die Stelle neben sich einfach nur verwirrt anstarrte und schön ruhig liegen blieb. Also schoss Mike noch mal, und der Paintball knallte direkt auf den Kopf des armen Kerls und versprühte seinen farbenfrohen Inhalt. Es sah aus, als wäre sein Hirn über den Waldboden verspritzt worden.

»Das war ich«, teilte ich Mike verbittert mit, nachdem er den Bericht über seine Heldentat beendet hatte. Selbstverständlich lachte er sich noch jahrelang darüber kaputt. Und das wars. Von da an hatte ich einen gesunden Respekt vor den erstaunlich schmerzhaften Paintballs. Die wenigen Male, die ich noch spielte, trug ich unabhängig vom Wetter so viele Kleidungsschichten, dass ich aussah wie das Michelinmännchen. Obwohl ich wie ein Schwein schwitzte, hatte ich immer eine Mütze mit einer Schutzklappe im Nacken auf. Nichts davon verhinderte, dass ich angeschossen wurde, doch die Wucht des Aufpralls wurde verringert. Nach meiner demütigenden Farbtaufe beschloss ich irgendwann, dass dieser Sport nichts für mich war.

Mike hingegen war begeistert.

Paintball wurde zu einer von Mikes langjährigsten Leidenschaften. Er spielte es semiprofessionell zusammen mit seinem Team Psycho Pimps, zu dem auch Ali und Slick gehörten, die ich bereits erwähnte – und bei ihnen war es gewissermaßen ein völlig anderes, wildes Ballspiel. Sie trugen dünne Westen, keine Schutzkleidung, keine Polster, nirgendwo ein Michelinmännchen, daher prallten die Paintballs nicht ab, was auch als Mogeln angesehen worden wäre. Zudem waren es völlig andere Waffen als im Freizeitbereich. Sie schossen schneller und härter. Der Abzug war so locker, dass man einen Dauerbeschuss aus Paintballs hinbekam, wobei jeder genug Wucht besaß, um richtig wehzutun. Sie konnten sogar Striemen hinterlassen und manchmal die Haut aufreißen. Aber das machte diesen Wettkampfspielern nichts aus. Sie waren abgehärtet.

Bei diesen Spielen stehen sich zwei Teams auf einem rechteckigen Spielfeld gegenüber, wo sich aufblasbare Hindernisse befinden, die die dringend benötigte Deckung bieten. Eine häufige Taktik zu Spielbeginn ist es, je ein Teammitglied in den eigenen Ecken zu postieren, um einen diagonalen Beschuss zu ermöglichen. Mit diesem effektiven Deckungsfeuer wird jeder, der in diesen Bereich läuft, um die zwanzig Mal getroffen. Mikes übliche Rolle bestand darin, den Gegner anzugreifen, dank dieses Kreuzfeuers sicher vorzurücken und in der Nähe des Feindes eine Angreiferposition einzunehmen. Er trainierte mit seinem Team meist in Wrexham, und sie gewannen zahlreiche Turniere.

Einmal hat man mich überredet, ein Nachtspiel mitzumachen, bei dem Mike und sein Team gegen etwa dreißig von uns Zivilisten antraten. Die Regeln waren einfach. Wenn einer von uns angeschossen wurde, schied er aus. Aber wir konnten die Semiprofis so oft anschießen, wie wir wollten. Selbst wenn sie noch so abgehärtet waren, würden dreißig von uns doch sicher ein paar blaue Flecken bei ihnen hinterlassen können. Wir fanden uns in der Nähe eines Friedhofs wieder, dem perfekten Ort, um Mike und seinen Kumpanen einen Hinterhalt zu legen. Einige von uns hockten sich hinter Grabsteine oder Autos. Wir würden sie mit so viel Farbe beschießen, dass sie keine andere Wahl hatten, als sich zurückzuziehen. Der Sieg würde unser sein.

So kam es natürlich nicht. Mikes kleiner Trupp tauchte aus der Dunkelheit auf und schwenkte die Taschenlampen, während sie sich unterhielten und lachten. Sie waren vollkommen sorglos. Und tappten direkt in die Falle. Während wir alle unsere Waffen mit einem unglaublichen Mangel an Präzision abfeuerten, standen Mike und seine Kumpel einfach nur da und schossen uns gnadenlos einen nach dem anderen ab. Nach nicht einmal zwei Minuten waren wir alle aus dem Spiel.

Ein anderes Mal beschloss Story voll jugendlicher Zuversicht, dass ihm seine in »Call of Duty« gesammelten Erfahrungen beim Paintball einen Vorteil verschaffen mussten. Er wollte es mit Mike aufnehmen und war überzeugt davon, dass er Mike so richtig einen einschenken konnte. Ich sah vom Spielfeldrand aus zu, weil ich nicht von einem sich totlachenden Mike abgeschossen werden wollte. Sobald das Spiel anfing, musste Story in Deckung gehen. Endlose Salven aus Paintballs sausten durch die Luft. Da er eigentlich von Beginn an hinter einer Barrikade festsaß, konnte er rein gar nichts tun, außer dem gnadenlosen Sperrfeuer zu lauschen. Jedes Mal, wenn er glaubte, sich in Bewegung setzen zu können, donnerte eine weitere Salve gegen die aufblasbare Mauer, die ihm Deckung gab. Als er den Lauf kurz darüber hob, prasselten sofort zehn Paintballs auf ihn herab. Und dann tauchte Mike auf und richtete die Waffe direkt auf Story. Er ersparte ihm den Schmerz eines Schusses, hatte seine Überlegenheit allerdings eindeutig bewiesen.

Ihm bei offiziellen Spielen zuzusehen, war ein spannendes Erlebnis. Ich kam mir vor wie am Rand eines Kriegsgebiets, in dem alles lautstark, aggressiv und unglaublich schnell passierte. Die Psycho Pimps waren sehr gut. Mike war sehr gut. Wäre er jetzt noch hier, hätte er seine Ambitionen bestimmt umgesetzt und wäre Profi geworden. Ich hatte keine Ahnung, dass man mit Paintball tatsächlich Geld verdienen konnte, und damals war das Spiel in unserem Land auch nichts Besonderes. In Amerika wird das Ganze viel größer aufgezogen, es gibt Fernsehrechte, Werbeverträge, Sponsoring und all das, doch hier kommt es erst langsam in Fahrt. Mike hätte jedoch bestimmt an vorderster Front gestanden.

* * *

Mikes Mountainbike steht noch immer in meiner Garage. Und setzt Staub an. Meine Knie sind hin, darum fahre ich nicht damit. Es ist ein richtig gutes Bike, mit allem, was dazugehört, und diversen maßgeschneiderten Extras. Das Mountainbikefahren war eine weitere von Mikes Leidenschaften. Er liebte die extremen, gefährlichen Abwärtsfahrten über Felskämme und an abschüssigen Schluchten vorbei, wo er all die Sprünge und Tricks vollführte, die er beherrschte. Während er ein Wahnsinnstempo vorlegte. Er hat ein paarmal versucht, mich dazu zu überreden, ihn zu begleiten, doch das war nichts für mich.

Auch das Snowboarden liebte er, und wenn er nicht in der Nähe eines verschneiten Hangs war, das Wakeboarding. Er hat sich auch ein Kajak gekauft. Er wollte einfach immer draußen in der Natur sein und adrenalinausschüttenden Aktivitäten nachgehen. Als er in sein Haus im Nirgendwo zog, musste ein unfassbar leistungsstarkes Geländemotorrad her. Ich weiß noch, wie mir Ali von Mikes erster Fahrt damit erzählte. Er hatte ihn dabei beobachtet, wie er versuchte, es unter Kontrolle zu bekommen, während er wie bei einem verrückten hochoktanigen Rodeo über das Feld hüpfte.

Das war der größte Unterschied zwischen uns. Mir ist es wichtig, immer die Kontrolle zu haben. Ich mag es, wenn die Dinge so sind, wie sie sein sollten. Ich habe es gern sicher. Ich erschrecke mich nicht gern und empfinde verrückte Aktivitäten nicht als reizvoll. Aber Mike ... Mikes Reaktion auf Furcht, falls er so etwas überhaupt kannte, unterschied sich drastisch von meiner. Meine Furcht gleicht einem ständig tropfenden Wasserhahn, der bei der leisesten Andeutung von Gefahr sofort voll aufgedreht wird. Ob Mike überhaupt jemals so etwas hatte, kann ich nicht sagen. Ich glaube nicht, dass er genau das Gegenteil von mir war und es genoss, die Kontrolle zu verlieren. Vielmehr schätze ich, er hatte einfach Spaß daran, stets kurz vor dem Kontrollverlust zu sein, die Bestie zu zähmen, das Unkontrollierbare irgendwie doch ansatzweise zu beherrschen. Das war seine Kunst.

DICK UND GEDRUNGEN

Es wäre keine richtige Bucket List und auch keine echte Reise nach Neuseeland ohne einen Bungeesprung. Was könnte natürlicher sein, als sich kopfüber aus großer Höhe und mit nichts als einem Gummiband an den Füßen in die Tiefe zu stürzen? Ich warte in der Nähe der Kawarau Gorge Suspension Bridge, dem Ort, an dem der erste kommerzielle Bungeesprung stattfand, in den späten Achtzigerjahren von dem abenteuerlustigen Unternehmer AJ Hackett eröffnet. Ihm habe ich den heutigen Albtraum zu verdanken. Er hat all das möglich gemacht.

Durch Hackett wurde Bungeespringen zu einem boomenden Wirtschaftszweig, aber er war nicht der Erste, der so einen Sprung wagte. 1979 stürzten sich einige verrückte Studenten, die dem Oxford University Dangerous Sports Club angehörten, von der Clifton Suspension Bridge in Bristol. Hier wurde das Ganze zwar etwas anders bezeichnet, doch der Vorgang war derselbe. »Bungee« entstammt dem West-Country-Dialekt, der im Südwesten Englands gesprochen wird, und steht für alles, das »dick und gedrungen« ist. Die beiden unternehmungslustigen Pioniere, die das überlebt haben und direkt nach den Sprüngen verhaftet wurden, hatten sich für diese

Wahnsinnstat von einer Tradition inspirieren lassen, die sie auf der Pentecost-Insel im südpazifischen Staat Vanuatu beobachtet hatten.

Laut der Legende auf Pentecost stürzte sich eine Frau auf der Flucht vor ihrem Mann von einem Banyanbaum, nachdem sie sich dessen rankende Luftwurzeln um die Fußknöchel gebunden hatte. Als er ihr folgte, ohne zu begreifen, wie hilfreich die organischen Rettungsseile waren, kam er ums Leben. Aus dem Mythos entstand das »Landtauchen«, zu dem der mühselige Bau von Holztürmen gehört, von denen sich die an Ranken gebundenen Männer stürzen, um nicht von ihren Frauen betrogen zu werden. Dieser Brauch führte wiederum zu einem Ritual, das die bevorstehende Süßkartoffelernte verbessern sollte, ebenso wie die Gesundheit und Kraft der Springer. Im Grunde also gnadenloses Machotum. Jungen durchlaufen das Ganze als Initiation nach der Beschneidung. Ein erfolgreicher junger Springer öffnet seinen Lendenschurz, der sein bestes Stück verdeckt, und zeigt sich den Ältesten, um eindeutig zu beweisen, dass er zum Mann geworden ist.

Der größte Unterschied zwischen dem Landtauchen und dem Bungeespringen besteht darin, dass die Landtaucher tatsächlich den Boden berühren. Sie ziehen vor dem Aufprall den Kopf ein und kommen mit den Schultern auf der Erde auf, wobei sie sich allein auf das Bremsvermögen der zuvor genau ausgemessenen Länge der Ranke verlassen, um sich nicht den Hals zu brechen. Immerhin hat das keiner von mir verlangt! Ohne unmittelbare Gefahr für meine Männlichkeit und mit dem Versprechen eines präzise eingestellten Seils, das mich garantiert daran hindert, auf dem Boden aufzuschlagen, steige ich in einen Minibus. Denn nein, diesen Sprung mache ich nicht. Ich bin nicht wegen einer Geschichtsstunde hier. Dies war zwar der Ort des ersten Bungeesprungs, aber nicht des höchsten. Wir verlassen die Kawarau Gorge und die historische Stätte und fahren hinauf in die Berge.

Zum Nevis Bungy (dramatische Musik einfügen).

* * *

Mike hat nie einen Bungeesprung gemacht, aber wäre er in der Lage gewesen, die Aufgaben auf seiner Bucket List selbst auszuführen, hätte er Neuseeland nicht verlassen, ohne von jeder erdenklichen Brücke, Plattform und Klippe gesprungen zu sein. Ich habe hier schon einen Sprung hinter mir. Ausgerechnet während eines angenehmen und eigentlich sicher wirkenden Spaziergangs auf und über die riesige Auckland Bridge machte ich einen Überraschungssprung direkt von der Mitte der Brücke. Damals hatte ich seltsamerweise weniger Angst. Ich war nervös, hatte einen leicht trockenen Mund, fühlte mich jedoch irrsinnig übermütig.

»Kann ich einfach losrennen und springen?«, fragte ich.

»Klar, Kumpel. Du kannst tun, was immer du willst.«

So zuvorkommend, diese Kiwis.

Ich stand inmitten der massiven Strahlträger auf einer robusten Metallplattform, die sich direkt unter dem Zentrum der Brücke befand. Direkt nach unten konnte ich zwar nicht sehen, aber ich wusste, dass dort Wasser war. Vor mir erstreckte sich die Bucht. Irgendwo da unten stand Drew auf Rob Hamills Katamaran und richtete die Kamera auf mich. Als ich an der Reihe war, rannte ich los und warf mich in die Luft.

Ich hatte unterschätzt, wie beängstigend der Sprung ist. Mir war gar nicht bewusst gewesen, wie hoch wir uns befanden. Während ich im freien Fall auf das nasse Blau der Bucht zustürzte, erhaschte ich einen Blick auf Robs Boot. Ich war auf der Rückreise von Coromandel auf den Mast geklettert, daher wusste ich, wie schwindelerregend hoch er war. Nun sah das

Boot unter mir wie ein Spielzeug aus. Ich schrie los. Mein Herz raste und wäre mir beinahe aus dem weit aufgerissenen Mund gesprungen. Ich hatte einen Fehler gemacht. Es war entsetzlich.

* * *

Ich habe es überlebt. Jetzt bin ich hier in den Southern Alps in der Nähe von Queenstown auf einer unbefestigten Straße, die zum höchsten Sprung Neuseelands hinaufführt, dem dritthöchsten der Welt, dreieinhalb Mal höher als die Auckland Bridge. Und ich bin nicht mal ansatzweise übermütig. Sie erzählen einem immer, dass noch niemand bei einem Bungeesprung ums Leben gekommen ist. Das mag ja stimmen, und hier ist garantiert noch niemand gestorben, sonst wäre die Anlage garantiert geschlossen, aber irgendjemand muss ja der Erste sein. Widmen wir uns doch mal einer kurzen schaurigen Recherche …

Angenommen, das Seil und die Sicherheitsleine reißen nicht, denn in diesem Fall wäre man vermutlich erledigt, kann man sich trotzdem noch alle möglichen Verletzungen zuziehen. Der abrupte Anstieg des intravaskulären Drucks im Oberkörper während des elastischen Rückstoßes kann Netzhautblutungen und potenziell langfristige Beeinträchtigungen der Sehkraft nach sich ziehen. Eine Person war querschnittsgelähmt, nachdem sie sich durch das Schleudertrauma den Hals gebrochen hatte. Wenn man sich irgendwie im Seil verheddert, kann das die Halsschlagader abklemmen, und man bekommt einen Schlaganfall, wie eine bedauernswerte Person feststellen musste. Dazu sollte erwähnt werden, dass sich tatsächlich fitte und gesunde Menschen in den Zwanzigern und Dreißigern diese Verletzungen zugezogen haben. Ich bin fast fünfzig. Ein Glück, dass ich das alles nicht vor dem Sprung gegoogelt habe. Es ist zudem erwiesen, dass Bungeesprünge Stresshormone ausschütten und das Immunsystem schwächen. Warum mache ich das überhaupt? Warum sollte sich das irgendjemand antun?

Es schadet natürlich nicht, dass die Marketingfrau von AJ Hackett, die unseren Minibus fährt, umwerfend schön ist. Dennoch zittere ich vor Furcht wie Espenlaub. Wir wirbeln hinter uns Staub auf, als wir die einspurige Straße hinauffahren, die gefährlich nah und ohne Leitplanke an der Flanke der Remarkables entlangführt. So heißt diese Bergkette, und der Grund dafür ist leicht zu erkennen. Die zackigen Gipfel recken sich rings um uns in die Luft und rufen Bilder hervor, die, nun ja ... an die »Der Herr der Ringe«-Filme erinnern, wenn ich ehrlich bin. Und nur, um noch einmal zu verdeutlichen, warum ich hier bin: Falls ich diese riskante Reise mit dem von dieser wunderschönen, aber verrückten Kiwi-Frau gesteuerten Minibus überleben sollte, werde ich mit der Gelegenheit belohnt, mich kopfüber in einen dieser schaurigen Abgründe zu stürzen. Danke, AJ Hackett. Und danke, Mike.

Die Straße führt um mehrere Kurven und endet auf einem Plateau zwischen den Gipfeln. Hier steht ein großes Gebäude, und es gibt sogar einen asphaltierten Parkplatz. Alles wirkt weitaus weniger rustikal, als die Anfahrt vermuten ließ. Im Inneren ist es sogar äußerst zivilisiert. Im Gebäude befinden sich ein Souvenirshop und ein Café sowie ein breiter Schreibtisch, wo ich gewogen und angemeldet werde. Wieder im Freien, stattet man mich mit dem üblichen Extremsportzubehör aus. Mike hat außerdem verfügt, dass ich ein rosafarbenes Tutu tragen und einen funkelnden Zauberstab in der Hand halten soll. Wenn er meint ... das ist die geringste meiner Sorgen. Ich habe den Sprung noch nicht gesehen, aber ich bin mir der Umstände bewusst und zolle ihnen den notwendigen Respekt (in Form von Angst). Eine Kutsche voller Menschen trifft nach mir ein (ich hätte diese Strecke nicht in einer Kutsche zurücklegen wollen!), und es ertönen die zu erwartenden Macho-Sprüche beim

Anblick des Tutus, das ich überstreife. Für Scham habe ich jedoch keine meiner Gehirnzellen mehr übrig, da sie alle mit der Panik vor dem Sprung komplett ausgelastet sind.

Man führt mich auf die andere Seite des Gebäudes, wo ich den ersten Blick auf den Sprung werfen kann. Von diesem Plateau ragt eine praktische Aussichtsplattform hervor. Weit in der Ferne, auf halbem Weg zwischen diesem und einem anderen Berg, wobei die beiden Gipfel durch eine steile Schlucht getrennt sind, hängt eine kleine überdachte Plattform an Kabeln, die (glücklicherweise) so dick wie mein Arm zu sein scheinen.

»Wie kommen wir da hin?«, frage ich, obwohl ich die Antwort gar nicht wissen will. Man führt mich zu einem vergitterten Eimer – ein besseres Wort dafür fällt mir nicht ein. Das muss die kleinste Seilbahn der Welt sein, ein sarggroßes Sieb, das an einem Kabel zur Sprungplattform führt. Man befestigt mich mit einem robusten Karabiner daran, und schon sausen wir los und bewegen uns über das Nichts. Als ich nach unten blicke, verschwindet die Felswand, und ich betrachte das Tal aus der Vogelperspektive. Hier sind so viele Faktoren im Spiel. Die Plattform könnte abstürzen, der Drahtkorb könnte in die Tiefe fallen, eines dieser Kabel könnte reißen. Und wo wäre ich dann? Wie oft überprüfen sie diese Kabel eigentlich auf Abnutzungserscheinungen? Ich habe noch nicht einmal angefangen, an den eigentlichen Bungeesprung zu denken, sondern klammere mich einfach seitlich am Sieb fest, um das Zittern meiner Hände zu unterbinden.

Als wir auf der Sprungplattform ankommen, klettere ich durch die kleine Tür, als wäre die nächste Konstruktion irgendwie sicherer als die aktuelle. Man befestigt weitere Sicherheitsausrüstung an mir.

»Hast du schon mal einen Bungeesprung gemacht, Kumpel?«, will man von mir wissen.

»Ja.« Ich kann kaum reden, weil ich einen derart trockenen Mund habe. »Ich bin mal von der Auckland Bridge gesprungen.«

»Wie niedlich«, lautet die Erwiderung. »Selbst der zweithöchste Sprung hier bei uns ist höher.«

»Aha.«

Ich trete gefährlich nah an den Rand der Plattform und werde festgeschnallt. Der Sitz, auf dem ich mich befinde, ruckt zurück, und ich sehe vor meinem inneren Auge bereits, wie ich in den Abgrund stürze, bevor alles angebracht ist. Die Plattform quietscht im Wind, und dieses metallische Geräusch erinnert mich an zufallende Gefängnistüren oder ein ominöses Kreischen in einem Katastrophenfilm, das das Durchtrennen von Metallgittern und Kabeln einleitet, eine entsetzliche metaphorische tickende Uhr, ein Countdown bis zum Unheil. Ich versuche gar nicht erst, meine Angst zu verbergen. Wie sollte ich auch? Wahrscheinlich würde mir das nicht einmal gelingen, wenn Mike hier wäre. Ich stelle mir vor, wie er mich kichernd beobachtet.

Man gibt mir das Go, als die Beinriemen und das Bungeeseil angebracht sind, und ich versuche, wieder aufzustehen. Meine Beine sind butterweich. Sie zittern. Ich halte mich an allem fest, was sich dafür anbietet, und schlurfe zum Rand. Kräftige Finger halten mich von hinten am Harnisch fest, und mein Blick fällt auf den rosafarbenen glitzernden Zauberstab in meiner Hand. Ich habe das Ding ganz vergessen. Mir ist bewusst, dass das Bungeeseil irgendwie an meinen Füßen angebracht ist, aber ich kann es nicht spüren. Es kommt mir nicht so vor, als wäre ich an etwas befestigt. Soweit es mich betrifft, stürze ich mich gleich in den Tod.

»Okay, Kumpel. Es gibt einen Countdown. Ich zähle von drei runter, okay?«

Ich schüttle den Kopf und versuche, nicht nach unten zu sehen, als ich mich umdrehe. »Nein, nein, ich will keinen Countdown, bitte«, stammle ich. »Ich will einfach springen.«

»Okay. Wann immer du bereit bist.«

Ich gehe davon aus, dass nach mir noch andere springen wollen. Daher bedeutet »wann immer du bereit bist« wahrscheinlich nicht, dass ich mir eine halbe Stunde Zeit lassen kann. Sie wollen, dass ich es hinter mich bringe. Zeit ist Geld. Außerdem bezweifle ich, dass ich jemals bereit sein werde. Ich muss es einfach tun. Weil Mike es von mir verlangt hat.

Ich sehe nach unten.

Wieso?

Was aus der Nähe vermutlich ein breiter Fluss ist, der sich durch das Tal zieht, wirkt von hier wie ein gewundenes Haar, ein glitzernder Faden aus Spinnenseide, eine blassblaue Vene, die durch diese Berge verläuft. Ich zucke vor und halte doch inne. Ich kann das nicht. Eine Sekunde lang wackle ich vor und zurück. Mein Innerstes schreit mich an wie ein pfeifender Zug kurz vor dem Entgleisen. Ich drehe mich noch einmal um und wende mich hysterisch an alle, die es hören wollen.

»Tut das nicht«, stoße ich eine erstaunlich altruistische Warnung aus. »Geht nicht los und bleibt dann stehen. Das macht alles nur noch schlimmer. Springt einfach.«

Ein Sprung ins Ungewisse.

Für Mike.

Ich springe.

Der Nevis Bungy ermöglicht einem großzügige achteinhalb Sekunden freien Fall, bevor man abgebremst wird. Während der ersten Sekunden schreie ich etwas Obszönes. Dann höre ich nichts mehr außer dem Wind, der an meinen Ohren vorbeirauscht. Im freien Fall und in einer entsprechenden Höhe bekommt man gar nicht mit, wie schnell man ist. Der Boden scheint erst in der letzten schrecklichen Sekunde auf einen zuzukommen. Und als ich gerade glaube, dass ich direkt in diesen schäumenden Fluss stürzen werde, spüre ich den Widerstand des Seils an meinen Füßen und werde wieder nach oben gerissen.

Dann falle ich erneut mehrere Sekunden. Es geht wieder rauf. Runter. Rauf. Runter. Ein Teil meines Gehirns erinnert sich daran, dass ich eine Reißleine ziehen soll, damit ich nicht am Ende kopfüber hänge. Instinktiv mache ich das, und nach einem bedrückenden Moment sind meine Füße frei. Ich sitze auf einmal aufrecht und klammere mich panisch am Seil fest.

Lachend und grinsend küsse ich das Tattoo an meiner Hand. Ich habe es geschafft. Ich bin noch am Leben.

Und nein, das möchte ich wirklich nie wieder tun.

Unsterblicher Vogel

Mike wurde schwächer. Er brauchte einen Rollstuhl und Hilfe beim Reinsetzen und Aufstehen. Er brauchte Hilfe, um ins Bett und wieder raus zu kommen. Aber er hatte noch genug Kraft, um nicht wie ein totes Gewicht in unseren Armen zu liegen, wenn wir ihn hochhoben, und er konnte noch einen Becher festhalten und zum Trinken an den Mund heben. Er nahm noch feste Nahrung zu sich, aß allerdings langsam und in kleinen Happen, die er sehr gründlich kaute, um das Risiko des Verschluckens zu minimieren.

Er lebte in Lauras Haus »Nummer 34«. Sie bestellten ein Spezialbett, das auf beiden Seiten separat gesteuert werden konnte, um das Ober- oder Unterteil anzuheben oder abzusenken. Es hatte auch eine Massagefunktion, die er morgens benutzte, um den Blutfluss im Körper anzuregen. Dennoch schlief er schlecht. Er hatte Schmerzen. Anders als ich neigte Mike nicht dazu, Schmerzmittel zu nehmen. Wenn ich auch nur leichte Kopfschmerzen oder ein kaum merkliches Pochen hinter den Augen spüre, greife ich schon zu den Paracetamoltabletten.

»Was machst du da?«, fragte Mike dann immer. »Trink einfach ein Glas Wasser.« Aber mir ging es stets um eine schnelle Linderung. Nimm ein paar Pillen, und schon ist die Sache erledigt.

Es war offensichtlich, dass Mike zunehmend besorgter wegen seines sich verschlechternden Zustands wurde, daher mussten wir einen Arzt aufsuchen. Mike irgendwo hinzubringen, war ein langwieriges Unterfangen. Wir nutzten ein sogenanntes Nierenbrett, ein dünnes, aber robustes Holzstück in der Form des namensgebenden Organs, das wir unter ihn schieben konnten. Mithilfe der daran angebrachten Laschen konnten wir ihn dann sicher, langsam und vorsichtig von einem Ort zum anderen transportieren. Doch selbst das wurde immer anstrengender.

Sein Hausarzt suchte ihn auf und verschrieb ihm sofort Beruhigungstabletten, um ihm die Anspannung zu nehmen. Wie zu erwarten gewesen war, wollte Mike keine Medikamente und nahm sie daher nicht sofort ein. Als sich seine Nervosität nach einigen Tagen nicht gebessert hatte, gab er schließlich nach.

Fast augenblicklich schienen die Tabletten jedoch das genaue Gegenteil der gewünschten Wirkung auszulösen. Mike wurde nur noch unruhiger. Sein Herz raste. Es war fast, als hätte man ihn voll Adrenalin gepumpt. Ich fragte mich, ob sein Körper aufgrund der Tatsache, dass er keine unnatürlichen oder chemischen Einflüsse kannte, empfänglicher für die unerwünschten Nebenwirkungen war. Es wurde so schlimm, dass er fast das Atmen vergaß. Er lag im Bett und war sich seiner Atemprobleme deutlich bewusst, musste sich aber unglaublich auf das konzentrieren, was eigentlich ein natürlicher Vorgang sein sollte. Das Hinlegen wurde zu traumatisch. Jede Art von Bedeckung auf seiner Brust, selbst das dünnste Laken, schien das Druckgefühl nur noch zu verstärken. Er wachte voller Panik auf und bekam kaum Luft. Schließlich beschloss er, in seinem Fernsehsessel zu schlafen.

Der Arzt wurde abermals gerufen. Seine Antwort auf Mikes paradoxe Reaktion auf das Medikament bestand darin, die Dosis zu erhöhen. Er gab Mike die stärkeren Tabletten und riet ihm, damit weiterzumachen. Mike, der zu diesem Zeitpunkt schon seit einer Weile nicht mehr gut geschlafen hatte, befolgte die Anweisung des Arztes in der Hoffnung, endlich Ruhe zu finden. Doch es wurde noch schlimmer.

Mikes Schlafrhythmus wurde immer chaotischer. Er schlief unruhig und wurde von Albträumen geplagt. Mit der Zeit aß er auch nicht mehr regelmäßig und fühlte sich immer schlechter. Obwohl er dringend acht Stunden ruhigen Schlaf gebraucht hätte, döste er vielleicht eine Stunde und verbrachte die nächsten fünf in einer Art Dämmerzustand.

Eines Abends, als ich bei einem Quiz in einer Bar in Mold war, rief mich Laura an. Sie hatte Angst. Mike ging es nicht gut. Ich brach sofort auf und eilte zu Nummer 34. Mike saß in seinem Sessel und schien weder wach zu sein noch zu schlafen. Es wirkte, als hätte er Halluzinationen, und er redete, ohne wirklich etwas zu sagen, murmelte und stöhnte. Er schlief einen Moment lang ein, schreckte dann hoch und rang nach Luft. Ich saß die ganze Nacht bei ihm, hatte Angst um ihn und wusste nicht, was ich tun sollte.

Als der Morgen anbrach, riefen wir das Hospiz in Wrexham an. Wir hatten in den Tagen davor schon mehrfach mit den Ärzten gesprochen. Mike hatte gemeint, dass sie den Punkt erreicht hätten, an dem Laura eine Pause brauchte und sich mal nicht um ihn kümmern sollte, und im Hospiz gab es alle notwendigen Einrichtungen. Darüber hinaus war der dortige Arzt besser über ALS informiert als Mikes Hausarzt oder das Krankenhaus. Ich hatte ihm von den Medikamenten erzählt, die Mike verschrieben worden waren. Er war entsetzt und sagte, Mike müsse sofort aufhören, die Tabletten zu nehmen. Doch der Schaden war bereits angerichtet. Als wir an diesem Morgen miteinander telefonierten, beschrieb ich Mikes Symptome. Der Arzt sagte, Mike leide unter Lungenversagen. Er bekam nicht genug Sauerstoff in seinen Körper und konnte die kohlendioxidhaltige

Atemluft nicht richtig ausstoßen. Die Medikamente hatten alles nur noch schlimmer gemacht. Er musste ins Krankenhaus, und zwar sofort.

Wir zogen Mike seine Jogginghose und einen Pullover an, während wir auf den Krankenwagen warteten, der keine halbe Stunde später kam. Mike war kaum noch bei Bewusstsein, als er eingeladen wurde. Wenn er wach war, riss er den Mund weit auf, als versuchte er verzweifelt, einzuatmen. Und er hatte Angst. Wir hatten alle Angst. Die Rettungssanitäter beatmeten ihn sofort und schalteten das Blaulicht ein, während wir alle zum Wrexham Hospital rasten. Der Arzt aus dem Hospiz hatte dort auch eine Praxis und stieß vor dem Krankenhaus zu uns. Mike brauchte dringend ein Beatmungsgerät.

Das dauerte einige qualvolle Stunden. Laura und ich saßen neben Mikes Bett auf der Station und mussten hilflos zusehen, wie er sich quälte. Er lag im Bett, und sein Kopf sackte zu einer Seite. Dabei sah er uns mit seinen halb geschlossenen Augen unter schweren Lidern an, als stünde er unter Betäubung. Endlich kam das Gerät. Es handelte sich um eine Maske, die Mikes Nase bedeckte, ihm beim Einatmen Sauerstoff zuführte und ihn beim Ausatmen unterstützte, damit er das Kohlendioxid ausscheiden konnte. Innerhalb von zehn Minuten war Mike fast schon wieder der Alte. Die Verwandlung war dramatisch und unglaublich. Er war immer noch erschöpft, konnte aber wieder atmen.

Das alles hatte fast den ganzen Tag gedauert, daher blieb Mike über Nacht im Krankenhaus. Ich saß auf dem Stuhl neben seinem Bett und hoffte vergeblich, dass er schlafen konnte. Doch auf der Station fand er einfach keine Ruhe. Das grässliche weiße Licht brannte bis drei Uhr, und es gab kaum einen Augenblick, in dem nicht jemand hustete, stöhnte oder nach einer Schwester rief. Irgendwann machte es dann doch den Eindruck, als wären endlich alle zur Ruhe gekommen, aber dann tauchten die Schwestern mit einem großen Wagen voller Medikamente auf, und die kurzlebige Stille war dahin. Mike brauchte Schlaf. Er musste sich ausruhen. Hier konnte er das jedoch nicht. Er wurde schon wieder lethargisch und atmete schwer. Es hatte ganz den Anschein, als würde er einen Rückfall erleiden.

Ich schaffte es, den Hospizarzt zu erreichen, und erklärte ihm, dass Mike sich auf der geschäftigen Station nicht erholen konnte. Sofort bot er uns ein Bett bei sich an, und eine Stunde später wurde Mike auch schon mit dem Krankenwagen ins Hospiz gebracht. Es ging ihm schlechter. Wieder einmal. Im Hospiz war noch eine andere Ärztin, die sich mit Beatmungsgeräten auskannte. Sie untersuchte Mike und teilte uns mit, dass die Maske, die er verwendete, nicht ausreichte. Mikes Nasenhöhlen funktionierten nicht mehr richtig. Der Knorpel war derart geschwächt, dass er die Luftwege nicht mehr offen hielt. Das ist ein häufiges Symptom von ALS. Aufgrund der eingeschränkten Nasenatmung konnte die Maske ihm nicht richtig helfen. Er brauchte eine größere Maske, die auch seinen Mund bedeckte, doch sie hatten keine passende vor Ort.

Wieder einmal mussten wir eine potenziell tödliche Wartezeit auf ein medizinisches Hilfsmittel überbrücken. Ich spürte, wie Panik in mir aufstieg. Es war, als müsste ich zusehen, wie Mike langsam erstickte, und könnte nichts dagegen tun. Ihm ging es von Minute zu Minute schlechter. Ich fing an zu googeln und suchte nach einem Weg, die benötigte Maske schnellstmöglich zu beschaffen. Es gelang mir, herauszufinden, dass es einige Autostunden entfernt eine gab. Ich wollte schon aus dem Hospiz rennen, ins Auto steigen und wie ein Irrer losrasen, als die Ärztin mit einer passenden Maske hereinkam. Sie hatte dasselbe getan wie ich und panisch herumtelefoniert.

Sobald er die neue Maske trug, kam Mike nach und nach wieder zu sich. Sein Zustand besserte sich langsam. Seine Atmung beruhigte sich. Allerdings erholte er sich nicht so schnell wie beim letzten Mal. Es dauerte Stunden, bis er wieder richtig bei Bewusstsein war, und er war noch immer sehr geschwächt. Das ganze Erlebnis hatte ihm körperlich und mental schwer zugesetzt. Erst nach einigen Tagen war er halbwegs wiederhergestellt, doch die körperliche Schwäche wurde er nicht mehr los.

Jedes seiner Körperteile war beeinträchtigt. Er hatte kaum noch Kraft in den Armen. Das Schlucken fiel ihm immer schwerer. Essen war gleich in mehrerlei Hinsicht qualvoll. Mike verließ sich mehr und mehr auf die Maske, die seine Atmung unterstützte, und war dankbar für die schnelle Erleichterung, die sie ihm bot, wenn er sie nach dem Essen wieder aufsetzen konnte. Feste Nahrung zu sich zu nehmen, wurde schon bald zu einem aussichtslosen Unterfangen, da stets die Gefahr bestand, dass er sich verschluckte. Ihm fehlte die Kraft, um richtig zu husten. Er konnte sich nicht räuspern. Wenn er es versuchte, drang ein dünnes Rasseln aus seiner Kehle, ein Geräusch, das mich bis heute verfolgt.

Wir lernten die Bedienung eines Hustenassistenten. Er unterschied sich vom Beatmungsgerät und war viel aggressiver. Hatte man ihn angebracht, atmete der Träger so viel Luft ein, wie er konnte, drückte dann beim Ausatmen einen Knopf, und die Luft wurde heftig aus den Lungenflügeln gesaugt und dabei idealerweise auch alles, was die Luftröhre blockierte. Es gab einige Probleme mit diesem Gerät. Erstens durfte es nur selten eingesetzt werden, denn es schwächte jedes Mal die Lunge. Damit widersprach es unserer Philosophie, die Kraft, die Mike noch besaß, so lange wie möglich zu erhalten. Zweitens hatte ich Angst, dass die Maschine, wenn sie (wie gedacht) zur Unterstützung des Hustens genutzt wurde, vielleicht sämtliche Luft aus Mikes Lunge saugte, die Blockade jedoch nicht beseitigte. Es wurde für mich zu einer Tortur, Mike zu füttern. Ich beobachtete ihn immer aus dem Augenwinkel und hatte schreckliche Angst, dass der nächste Happen, den ich ihm gab, sich als tödlich erweisen würde. Ich verabscheute diese Maschine und das, was Mike ihretwegen durchstehen musste. Ebenso wie Laura hatte auch ich sie getestet, um ein Verständnis dafür zu entwickeln, was da passierte. Es war entsetzlich. Die Art, wie sie die Lunge vollkommen entleerte, war alles andere als angenehm, selbst für jemanden mit normaler Lungenfunktion.

Für eine Weile konnte Mike weichere Lebensmittel essen, wie pochierte Eier, Nudeln oder in irgendeine Soße getunktes Brot. So großartig die Mitarbeiter im Hospiz auch waren, das Essen ließ stark zu wünschen übrig. Insbesondere hinsichtlich der gesunden Ernährung, die Mike gewöhnt war. Er kam mit Zucker und Salz nicht gut klar und hatte sonst immer biologische Lebensmittel zu sich genommen. Selbst eine leicht gesalzene Soße zu seinen Nudeln reizte bereits seine Kehle. Also fing ich an, ihm regelmäßig Suppen zu kochen, die ich mitnahm und dort in der Küche aufwärmte.

Wir gingen alle davon aus, dass Mike nur so lange im Hospiz bleiben würde, bis er sich gut genug erholt hatte, um wieder nach Hause zu kommen, und waren abwechselnd bei ihm. Jeder von uns lernte, das Beatmungsgerät zu bedienen und Mike mit einer Hebevorrichtung zu bewegen. Claire zeigte uns eine Massagetherapie, die ihm ebenfalls helfen konnte. Wir zweifelten keine Minute daran, dass er wieder so weit zu Kräften kommen würde, dass er das Hospiz verlassen konnte. Nach ungefähr sechs Wochen musste ich nach Cardiff zu einer Convention; die Gelegenheit, ein bisschen was mit einer kurzen Fragerunde und dem Signieren einiger Fotos zu verdienen, konnte ich mir nicht entgehen lassen. Als ich dort war, rief mich Laura an. Sie war völlig außer sich.

Man hatte sie im Hospiz in ein Büro gebeten, wo ihr beiläufig von jemandem, der nicht einmal Arzt war, sondern nur Verwaltungsangestellter, mitgeteilt wurde, dass Mike im Sterben liege. Er habe sein Lebensende fast erreicht, und sie würden ihm Palliativpflege zukommen lassen, um ihm seine letzten Tage so angenehm wie möglich zu machen. Im Hospiz war man nicht eine Minute lang davon ausgegangen, dass Mike je wieder nach Hause kommen würde. Laura konnte es nicht fassen, dass man ihr das einfach so sagte, erst recht, wo ich, Dad oder Mandy nicht dabei waren. Ich bat sie, für mich einen Termin zu machen, und kam sofort aus Cardiff zurück.

Als ich dort ankam, bereit, jemandem gehörig den Arsch aufzureißen, merkte ich zunächst entschieden an, dass ihre Einstufung von Mikes Zustand nicht nur völlig daneben war, sondern dass sie das Laura außerdem auf völlig inakzeptable Weise mitgeteilt hatten. Der Arzt, der immer so hilfreich und wunderbar gewesen war, entschuldigte sich für die Art und Weise, in der diese Information vermittelt worden war, und teilte mir seine professionelle Meinung mit. Er habe schon mehrere Patienten mit ALS im Hospiz gehabt und sei vertraut mit dem Fortschreiten der Krankheit und ihren Symptomen. Seiner Ansicht nach litt Mike unter akutem Lungenversagen und hatte vielleicht noch einen Monat zu leben.

Ich wollte meinen Ohren nicht trauen.

»Stecken Sie sich Ihre Diagnose sonst wohin. Wir werden Ihnen das Gegenteil beweisen.«

Ich weiß nicht mehr, was ich genau gesagt habe, aber diese Worte entsprechen etwa dem, was mir durch den Kopf ging.

Einen Monat!

Himmelwärts
(wieder einmal)

Ich werde nach meinem Namen gefragt.

»Royd«, antworte ich. »Wie Roy, nur mit d.«

Man wiegt mich schon wieder. Das scheint neuerdings häufig vorzukommen. Jedes Mal, wenn ich etwas ansatzweise Gefährliches machen und den festen Boden von Mutter Erde verlassen soll, stellt man mich auf die Waage, um sicherzugehen, dass das, was mich vor dem Sturz in den Tod bewahren soll, auch halten wird.

»Kommen Sie auch mit?«, will man von Drew wissen. Er hat sich endlich aufgerafft und begleitet mich bei dieser Aufgabe. »Wie heißen Sie?«

»Drew.« Er grinst. »Wie Rew, nur mit d.«

Drew wird nach mir gewogen, und er ist auf jeden Fall schwerer als ich, daher kann ich mich damit trösten, dass mir schon nichts passieren wird, wenn es für ihn sicher genug ist. Es geht wieder in die Berge. Diesmal werden wir mit einem Gleitschirm fliegen. Von der höchsten kommerziellen Startposition in Neuseeland. Das ist nicht das erste Mal, dass ich während dieser Reise in die Luft gehe. Auf dem Weg runter

nach Queenstown bin ich mit einem alten Tiger-Moth-Doppel-
decker über den Lake Wanaka geflogen, und auf der Südinsel
saß ich schon in drei Hubschraubern.

* * *

Nachdem wir von Kaikoura aus die Berge überquert hatten,
kamen wir nach Franz Josef, einer malerischen Stadt auf der
Westseite der Südinsel. Bei einer Bevölkerung von wenigen
Hundert Einwohnern gibt es hier kaum mehr als ein paar Cafés
und Geschäfte und einen Hubschrauberlandeplatz, auf dem re-
ger Betrieb herrscht. Die Hauptattraktion hier ist der Gletscher.
      Anders als viele Gletscher ist der Franz Josef bemerkens-
wert zugänglich. Er reicht von den Bergen bis auf weniger als
dreihundert Meter über Meereshöhe herab. Laut der Maori-Le-
gende bildete sich das Eis aus den gefrorenen Tränen von Hine
Hukatere, nachdem ihr Geliebter durch eine Lawine ums Leben
gekommen war. Ungeachtet des Risikos eines Steinschlags oder
der Gefahren des Laufens über blankes Eis stiegen wir in einen
Hubschrauber und flogen das Tal hinauf zu einer flachen Stelle
auf der Eiszunge. Es war ein atemberaubender Flug, aber auch
der Blick auf das Eis war umwerfend. Die Grate und Spalten auf
der gewaltigen schmutzig weißen Fläche verbargen die anderen
Wandergruppen, die wir auf dem Flug hierher gesehen hatten,
und unser Guide achtete darauf, die Illusion zu erhalten, dass
wir dort draußen ganz allein waren. Nicht, dass es überhaupt
wahrscheinlich gewesen wäre, einer der anderen Gruppen zu
begegnen. Der Gletscher ist etwa elf Kilometer breit und mehrere Kilometer lang.
      Mit gewaltigen Steigeisen unter den Stiefeln wanderten wir
vorsichtig über das Eis und gewöhnten uns an das Laufen auf
den langen Dornen. Die Landschaft dort verändert sich ständig,
und man ermahnte uns, möglichst in die Fußstapfen unseres

Guides zu treten. Der Himmel war klar und hell, und es war erstaunlich warm. Nach einem Vorstoß in einen Eistunnel fragte man mich, ob ich mich an einer Stelle am Eisklettern versuchen wolle. Diese Gelegenheit konnte ich mir nicht entgehen lassen. Nachdem man mir ein Geschirr angelegt und mich festgebunden hatte, seilte ich mich in die Art von Gletscherspalte ab, in die man beim besten Willen nicht versehentlich fallen möchte, um mich dann mithilfe zweier barbarisch aussehender Äxte wieder nach oben zu arbeiten. Diese Art des Kletterns kannte ich noch nicht, und sie machte mir großen Spaß.

Drew bat den Hubschrauberpiloten, unseren Rückflug durch das Tal etwas »emotionaler« zu gestalten. In dieser Hinsicht muss man die Kiwis nicht groß ermuntern, und so fanden wir uns schon bald am Rand der zerklüfteten Felswand wieder, die sich an einer Seite des Eises erhebt, drehten dann scharf ab und sackten wie ein Stein auf das grüne Flachland zu. Es war großartig.

In Queenstown wurde es noch aufregender. Ich durfte die Remarkables vom offenen Hubschrauber aus ganz von Nahem betrachten. Angeseilt und uns festklammernd sausten und schwebten wir über die Gipfel, die rings um Queenstown aufragten. Man konnte sich fast schon die Gruppe aus Hobbits, Zwergen, Elfen und Menschen vorstellen, die sich mühsam auf ihrer unendlich wichtigen Reise über die Felsen kämpften. Als wir uns dem Flughafen und dem Ende des Fluges näherten, mussten wir mehrere Minuten lang über einem Berg schweben, während wir darauf warteten, dass ein Flugzeug landete. Das war seltsam. Ich hatte keine Angst beim Herumfliegen gehabt, selbst als wir den Felswänden ganz nahe gekommen oder über zerklüftete Abgründe hinweggesaust waren, aber nur zu schweben machte mir erst richtig bewusst, wie unnatürlich und heikel das Fliegen in einem Hubschrauber eigentlich ist. Es ist ganz anders als in einem Flugzeug. Wenn eines der Rotorblätter ausfällt, gleitet man nicht sanft in Sicherheit, sondern fällt einfach nach unten. Schnell und hart. Wie ein Sack Kartoffeln.

Wir taten das nicht. Offensichtlich. Wir warteten noch ein bisschen und hielten dann auf den Hubschrauberbereich des Flughafens zu. Ein oder zwei Tage später war ich für meinen dritten Flug schon wieder dort, nur dass diesmal Mountainbikes an die Seiten des Hubschraubers geschnallt wurden. Wir flogen zu einem grasbewachsenen Plateau zwischen den Gipfeln und luden die Bikes aus. Ausgestattet mit GoPros sah ich dem Hubschrauber hinterher, der mich (zusammen mit einem Guide) dort ausgesetzt hatte, und konnte beobachten, wie Drew mit breitem Grinsen einige Luftaufnahmen machte.

Das letzte Mal war ich zusammen mit Mike Mountainbikefahren gewesen.

Bevor sich Mikes Zustand verschlechterte und er Sauerstoff brauchte, buchte Mandy für uns alle eine Woche in den Center Parcs. Mike saß damals schon in einem elektrischen Rollstuhl und mühte sich mit dieser besonders unangenehmen neuen Einschränkung seiner Unabhängigkeit ab, daher war er weniger begeistert von dieser Idee. Während Mandy etwas mit der Familie unternehmen und dafür sorgen wollte, dass wir die Zeit genossen, befürchtete Mike, er könne als Invalide behandelt werden. Ich war auch nicht wirklich davon überzeugt, fand den Grundgedanken dahinter jedoch gut. Es wird schon alles gut gehen, versuchte ich, mir einzureden. Mandy und Chris nahmen Megan und Jacob mit, und auch Edan und Laura begleiteten uns.

Als wir dort ankamen, erwies sich die Unterkunft als rundum behindertengerecht, was Mikes Befürchtungen sofort bestätigte. Vor dem Eingang zu Mikes Zimmer befand sich eine große Rampe, und sein Bett, eins von zwei Einzelbetten im Raum, war mit einer Plastikabdeckung überzogen und hatte mehrere Einstiegsgriffe. Alles wirkte irgendwie klinisch, wie im Krankenhaus. Mike fand das alles andere als witzig.

Wir mieteten uns Fahrräder für das Wochenende und fuhren neben Mike in seinem Rollstuhl her, womit wir in etwa ein ebenbürtiges Transportmittel hatten. Sein Rollstuhl war schnittig und schnell, und wir sausten alle mit breitem Grinsen herum, während Mike versuchte, uns vom Fahrrad zu schubsen. Wir dachten nicht länger daran, warum wir da waren, sondern freuten uns einfach, dass wir alle zusammen sein konnten und Spaß hatten. Edan konnte mit seiner Cousine und seinem Cousin Zeit verbringen und Quad fahren. Wir spielten Brettspiele und entspannten uns. Es war eine herrliche Pause, und wir beschlossen, das zu wiederholen. Bedauerlicherweise verschlechterte sich Mikes Zustand kurz darauf, und wir kamen nie mehr dazu.

Den Berg mit dem Bike hinunterzufahren war etwas, das Mike geliebt hätte. Glücklicherweise war der Hang nicht so steil, und es ging mehr darum, die Landschaft zu bewundern, als das Abenteuer zu suchen. Ich musste nicht besonders viel in die Pedale treten, was eine große Erleichterung war. Habe ich meine kaputten Knie schon erwähnt? Ich radelte auch auf der Nordinsel, wo es einmal um die nach verfaulten Eiern stinkenden heißen Schwefelquellen von Taupo herumging, und das war mehr, als meine Knie und meine Nase zu ertragen bereit waren. Die einzigen Abschnitte der Tour, die ich wirklich genoss, waren die, bei denen ich mich rollen lassen konnte oder wenn wir anhielten. Zwischendurch zeigte unser Guide auf einen Silberfarn, das Nationalsymbol Neuseelands. Ich hatte bei dem Übernachtungsabenteuer in freier Natur bereits etwas über diese Pflanze erfahren und konnte daher sofort erklären, wie Maori-Jäger und -Krieger einst die blasssilberne Unterseite des Farns genutzt hatten, um den Heimweg wiederzufinden. Die Wedel reflektierten das Mondlicht und beleuchteten auf diese Weise den Pfad durch den Wald.

Wir gelangten auf dem Weg den Berg hinab nach Arrowtown, eine reizende kleine Berggemeinde, die von der Kommerzialisierung, der sich Queenstown zweifelsfrei ergeben hat, noch relativ unberührt ist. Dort wartete Drew mit der Kamera auf der Schulter auf uns. Er war schon seit einer Weile in der Stadt und hatte bereits einen Greenstone-Anhänger für seine Freundin (jetzt Frau) zu Hause gekauft. Die lange Reise hatte ihre Pläne, nach der schmerzhaften Fehlgeburt doch noch ein Kind zu bekommen, verzögert, und die Hei-Tiki-Halskette, die er ihr mitbrachte, versprach der Trägerin Fruchtbarkeit. Spoiler: Es hat funktioniert.

* * *

Jetzt steht Drew neben mir auf einem grasbewachsenen Abhang hoch über Feldern und Wiesen, wie ich mit Harnisch und Helm und an jemanden angeseilt, der immerhin ein bisschen Erfahrung darin hat, von Bergen zu springen. Wie es bei derartigen Aktivitäten üblich geworden ist, bin ich mit GoPros ausgestattet, aber Drew glaubt, er könne die kleinere, aber brauchbare »B«-Kamera bedienen, während er im Tandemgleitschirm neben mir schwebt. Keiner von uns hat so was schon mal gemacht, daher bin ich mir nicht sicher, wie er auf die Idee kommt, aber ich vermute, er möchte das einfach ebenfalls erleben.

Ich habe Seven Sharp, einem neuseeländischen Nachrichtensender, heute Morgen am Ufer des Lake Wakatipu ein Interview gegeben, und der Sender war bereit, einige Kameraleute herzuschicken, damit er seinen Bericht über meine Reise mit weiteren Aufnahmen unterlegen kann. Aus diesem Grund herrscht hier am Hang ein kleiner Medienzirkus, und ich sollte besser keinen Mist bauen oder sterben.

Mir ist überhaupt nicht klar, wie das ablaufen soll. Anscheinend muss ich nur so schnell wie möglich diesen Hang runterrennen, bis es nicht mehr geht. Bis der gewaltige Gleitschirm, den ich rennend hinter mir herziehe, abhebt und mich in die relative Sicherheit der Thermik bringt. Aber was ist, wenn ich nicht schnell genug bin? Wenn ich das Ende dieses recht sanften Hangs erreiche, ohne abzuheben? Das ist zwar nicht gerade eine Felsklippe, von der wir springen, aber es geht schon recht steil nach unten. Was ist, wenn es nicht windig genug ist?

Doch dann renne ich los. Ich tue es. Mir gehen all diese Fragen durch den Kopf, und meine Beine brennen. Mir ist, als würde ich durch Sirup laufen, als würde mich etwas zurückhalten. Ich laufe und laufe und komme doch nicht voran. Nur immer näher an den Rand des Plateaus. Wie sind wir doch gleich miteinander verbunden? Warum mache ich immer wieder so bescheuerte Sachen? Eines Tages wird mal etwas schrecklich schiefgehen. Vielleicht heute. Wir sind doch bestimmt nicht schnell genug, um abzuheben, oder? Und wenn wir nicht in die Luft gehen, dann können wir nur nach unten. Etwa hundertfünfzig Meter einen steilen Felshang hinab. Gibt es eine Möglichkeit, die Sache noch abzubrechen? Mich überkommt auf einmal die immense Furcht, dass diese Eskapade aus den völlig falschen Gründen auf Seven Sharp zu sehen sein wird.

Im nächsten Augenblick bemerke ich, dass ich in die Luft trete. Dann schweben wir nach oben. Die Berge weichen unter uns zurück und werden zu einer Modelllandschaft, und wir sind am großen blauen Himmel mit nichts als dem leisen Säuseln des Windes, der den wunderbaren Gleitschirm über uns aufbläht. Wahrscheinlich hätte ich erwähnen sollen, dass Drew vor mir losgelaufen ist, damit er meinen Start filmen kann. Aber dass er nicht gestorben ist, heißt ja noch lange nicht, dass mir das nicht passieren kann.

Das ist wohl das Ruhigste und Schönste, was ich je gemacht habe. Ich bin ein Kondor und schwebe über Berggipfeln. Der Stoff über mir wölbt sich sanft und trägt mich liebevoll auf einer warmen, vollkommen sicheren Brise dahin. Ich muss einfach lächeln. Unter mir ist sogar ein kleiner Sitz, sodass ich nicht nur hinunterhänge. Einen Moment lang ergriff mich Panik, als ich mich darauf niederließ; dann zog mein Partner an einem Seil, das mich einige Zentimeter in eine bequemere Position absinken ließ. Der Ruck reichte aus, dass mein Herz einen Schlag aussetze, aber seitdem schwebe ich im siebten Himmel.

Drew gleitet neben mir her und richtet lässig die Kamera auf mich. Ich kann mir nicht vorstellen, dass sein bärtiges Gesicht hinter der Linse nicht ebenfalls strahlt. Als ich ihm fröhlich zuwinke, winkt er zurück. Das ist unglaublich.

Nach einer Weile beobachte ich, wie Drew und sein Partner langsam in einer engen Spirale nach unten sinken. Ich bin gut genug informiert, um von diesem recht dramatischen Anblick nicht alarmiert zu sein. Das ist nur eine schnellere Methode, um nach unten zu gelangen. Er muss vor mir am Boden sein, damit er meine Landung filmen kann. Allerdings sieht das aus meiner Perspektive verdammt unangenehm aus. Ich frage mich, wie viele g-Kräfte da gerade auf ihn einwirken!

»Sollen wir das auch machen?«, fragt mich mein Partner. Abgesehen von der Tatsache, dass Drews Opfer dadurch sinnlos wäre, weil er meine Ankunft dann nicht filmen könnte, habe ich auch nicht das geringste Verlangen, anders als anmutig, glatt und langsam zu landen. Daher lehne ich höflich ab. Also sinken wir stattdessen in riesigen weiten Kreisen nach unten und nähern uns nach und nach dem Boden, bis wir schließlich die letzten Meter treiben und ich mit einem Mal einfach so in einem Feld stehe, während der Gleitschirm lautlos hinter mir herabsinkt.

Ich fühle mich befreit und kann einfach nicht aufhören zu lächeln. Drew, der seine Landung offensichtlich überlebt hat, lässt die Kamera sinken und strahlt mich an. Ein leichtes Nicken reicht aus, um mir zu verstehen zu geben, dass er das Erlebnis ebenso genossen hat wie ich. Endlich habe ich unter all diesen Abenteuern eine Aktivität gefunden, die ich nur zu gern wiederholen würde, wenn sich die Gelegenheit ergibt.

NUMMER 1

Falls es auf unserer Seite je einen Zweifel daran gegeben hatte, dass Mike das Hospiz wieder verlassen würde – den es nicht gab –, diente die finstere Einen-Monat-Prognose des Arztes nur dazu, unsere kollektive Entschlossenheit erst recht anzustacheln. Mike würde auf jeden Fall dort rauskommen. Er würde nach Hause zurückkehren. Wir hatten seinen Aufenthalt im Hospiz nie als etwas anderes als einen Weg zur Besserung seines Zustands angesehen. Die einzige Frage war, wie lange es dauern würde. Mike musste es selbst wollen. Er fühlte sich in dieser Umgebung und in dem Wissen, dass jederzeit medizinisches Fachpersonal vor Ort war, sicher. Wir mussten uns daher alle gründlich mit den Feinheiten der Spezialausrüstung vertraut machen, die für die Pflege zu Hause notwendig war.

Ich hatte nichts gegen das Hospiz. Ganz im Gegenteil, ich hielt es sogar für einen wunderbaren Ort. Die Alternative zu Mikes Aufenthalt dort wäre ein verlängerter Krankenhausaufenthalt gewesen, doch dadurch hätte sich sein Zustand zweifellos nur noch schneller verschlechtert. Ja, das Hospiz war eigentlich ein Ort für die Palliativpflege, aber wir sahen es nicht so. Während sich Mike langsam erholte und wir nach und nach lernten, was für seine Versorgung erforderlich war, verhielten sich die Angestellten stets überaus freundlich. Ob nun am Tag oder mitten in der Nacht, sie grüßten immer fröhlich und boten uns Tee und Sandwiches an. Sie erkannten, dass wir Mike auf jede nur erdenkliche Weise beistanden, und unterstützten uns dabei. Mikes Aufenthalt dort war nicht so schlimm, wie Sie jetzt vielleicht denken. Sein Zimmer hatte eine Terrassentür, durch die man in einen gut gepflegten Garten gelangte (auch wenn ich mir immer Sorgen machte, er könnte von einer Wespe gestochen werden). Es war sauber und bequem, und er hatte eigentlich ständig Besuch. Dad und Mandy waren oft da. Story kam ebenso vorbei wie Ali und andere von Mikes Freunden.

Aber Mikes Zustand veränderte sich. Er wurde schwächer und musste sich zunehmend auf das Beatmungsgerät verlassen. Dabei hatten wir angestrebt, dass er die Maske nur nutzte, wenn er Unterstützung brauchte, und sie nicht dauernd aufhatte. Beim Essen ließ sich die Veränderung am deutlichsten erkennen. Anfangs aß er noch gemütlich und brauchte keine Maske, aber nach kurzer Zeit fiel es ihm schwer, eine ganze Mahlzeit ohne Maske zu überstehen, was unter anderem auch daran lag, dass er mit Essen im Mund noch schlechter Luft bekam. Darüber hinaus wurde das Anbringen der Maske, das zuvor heiter verlaufen war und wobei Mike oftmals gewitzelt hatte, dass er keine Luft bekomme, zu einem immer kritischeren und angespannteren Unterfangen.

Die Maske musste alle paar Stunden gereinigt werden, und irgendwann war Mike derart von dem Gerät abhängig, dass wir extrem darauf achten mussten, sie schnell abzunehmen, zu reinigen und wieder aufzusetzen. Das erforderte einiges an Koordination. Sie war mit zwei Riemen befestigt, die um Mikes Kopf und Nacken reichten und fest angezogen werden mussten, damit die Maske luftdicht auf seinem Gesicht saß. Dazu musste man selbstsicher, aber sanft zu Werke gehen, mit einer schnellen Bewegung, die auf eine bestimmte Art und Weise ausgeführt werden musste, damit man nicht an Mikes Kopf zerrte, weil seine Halsmuskeln immer schwächer wurden. Gleichzeitig wurde das Gerät ausgeschaltet. All diese Schritte mussten absolut exakt ausgeführt werden, und ich sorgte dafür, dass ich das aus dem Effeff beherrschte.

Wenn ich die Maske reinigte und die unausweichlichen Speichelspuren und alles andere, was sich darin gesammelt hatte, wegwischte, beobachtete ich Mike aus dem Augenwinkel und wartete auf das dezent drängende Nicken, mit dem er mir zu verstehen gab, dass er die Maske schnellstmöglich wieder aufsetzen wollte. Auch das war eine knifflige Angelegenheit. Sobald die Riemen wieder sorgfältig um Mikes Kopf gelegt worden waren, musste man die Maske auf sein Gesicht drücken, sich vergewissern, dass sie luftdicht abschloss, und gleichzeitig den Knopf an der Maschine drücken. Wurde der Knopf nicht gedrückt, mit dem man das Gerät einschaltete, war das Aufsetzen der Maske in etwa damit vergleichbar, als hätte ich ihm Mund und Nase zugehalten. Entsetzlich. Manchmal saß die Maske nicht richtig und die Luft entwich mit leisem Zischen, was selbstverständlich bedeutete, dass Mike nicht auf die optimale Weise unterstützt wurde. Dann musste ich das Ganze noch einmal machen, sie abnehmen und direkt wieder aufsetzen, wobei ich derweil unter dem großen Druck stand, dass Mike aufgrund des Lecks nicht genug Luft bekommen hatte. Ich ärgerte mich jedes Mal grün und blau, wenn ich es nicht beim ersten Versuch richtig hinbekam. Obwohl er unter großem Stress stand und möglicherweise Angst hatte, wegen meiner Unfähigkeit leiden zu müssen, schaffte er es immer noch, sich hilfreicherweise über mich lustig zu machen, indem er die Augen verdrehte. Manchmal bedeutete er mir, mein Ohr an seinen Mund zu halten, und hauchte: »Volltrottel!«

Beim Training mit der Hebevorrichtung ergab sich eine weitere steile Lernkurve. Mike war zu schwach geworden, um noch mit einer der bisher von uns benutzten Methoden bewegt zu werden, daher nutzte man im Hospiz dafür eine spezielle Vorrichtung. Wir machten uns sofort daran, genau zu lernen, wie wir sanft die Schlinge unter ihn bekamen, ihn anhoben und dann vom Bett zum Stuhl bewegten oder umgekehrt. Hin und wieder hoben wir ihn damit einfach nur auf dem Stuhl hoch, um seine Position anzupassen und es ihm bequemer zu machen. Das Schwerste an der ganzen Sache war, Mike zu bewegen, ohne ihm wehzutun. Sein ganzer Körper wurde schwächer und schwächer, und es fiel ihm immer schwerer, angenehm zu sitzen. Wir testeten auch jede Matratze, die sie uns im Hospiz anboten – hart, weich, nachgiebig, gerippt, was auch immer –, aber es fiel Mike schwer, im Bett zu liegen, selbst mit hochgestelltem Kopfteil. Mike gewöhnte sich an, in einem großen Ohrensessel neben dem Bett zu schlafen, wobei sein Kopf, den er kaum noch aufrecht halten konnte, von Unmengen an Kissen gestützt wurde. Sein Arm ruhte ebenfalls auf einem Kissen, und über seinen Füßen lag eine Extradecke, damit er nicht fror.

Es gab im Grunde genommen keine tägliche Routine. Mikes Aufenthalt im Hospiz diente seiner Erholung, daher feierten wir insgeheim jedes Mal, wenn er schlafen konnte oder wenn er sich wohlfühlte, weil das einer Verbesserung seines Zustands förderlich war. Schlief er tagsüber, saßen wir einfach schweigend neben ihm und waren froh, dass er etwas wohlverdiente Ruhe fand. Alles, was wir taten, geschah im Hinblick darauf, dass wir ihn aus dem Hospiz wieder nach Hause holen wollten.

* * *

Bevor Mike ins Hospiz ging, hatte er in Lauras Haus gewohnt, das wir immer nur »Nummer 34« nannten. Dad hatte dort ein Dusch-WC eingebaut, das einen nach der Benutzung wusch und abtrocknete, um Mikes Würde zu erhalten, wenn er dem Ruf der Natur folgen musste. Selbst in der Phase vor dem Hospiz war der Toilettengang für ihn nicht leicht. Mike musste mit seinem Rollstuhl richtig hingestellt und mithilfe des Nierenbretts auf die Toilette gehoben werden. Wenn ich ihm half, gab ich ihm immer ein Handtuch, das er zwischen die Zähne nahm und das vor seine Brust und bis über seine Knie herunterfiel. Ich lehnte ihn an meine Schulter und hob ihn hoch, um seine Jogginghose runterzuziehen, bevor ich ihn wieder auf die Toilette setzte. Alles im Schutz des Handtuchs.

»Alles okay?«, fragte ich ihn.

Er nickte.

»Bist du sicher?«

Mit einem weiteren Nicken und einer Handbewegung scheuchte er mich hinaus. Ich wartete vor der Tür, weil ich viel zu besorgt war, um weiter wegzugehen, und ließ ihn in Ruhe.

»Du musst mir schon fünf Minuten geben«, witzelte er dann. So demütigend und schwierig dieser ganze Prozess für Mike auch war, es gab bei dieser unerlässlichen Routine dennoch keinen Hauch von Schwarzmalerei, sondern immer Scherze.

Je länger er im Hospiz blieb, desto offensichtlicher wurde, dass Nummer 34 für seine wachsenden Bedürfnisse nicht länger ausreichen würde. Aufgrund der Teppiche und des Grundrisses war das Haus einfach nicht für Rollstühle und andere Hilfsmittel geeignet. Vor seiner Zeit im Hospiz hatte Mike manchmal im Garten gesessen und zugesehen, wie der Bungalow nebenan renoviert wurde. Dann hatte er scherzhaft vorgeschlagen, dass wir ihn mieten sollten. Nun wurde uns klar, dass diese beiläufig geäußerte Idee vielleicht sinnvoller war, als wir gedacht hatten.

Ich sprach den Mann an, der das Haus renovierte. Es hatte seinen Eltern gehört, und er wollte es verkaufen. Nachdem ich ihm Mikes Situation geschildert hatte, stimmte er zu, es an Mike zu vermieten.

»Nummer 1« benötigte noch einige Umbauten, bevor Mike einziehen konnte, und der Mann war einverstanden, dass wir uns um alles Notwendige kümmerten. Da wir noch immer dabei waren, unsere Fähigkeiten beim Bedienen der Hebevorrichtung

316

zu verbessern und uns mit dem Beatmungsgerät und dem Hustenassistenten vertraut zu machen, blieb uns noch Zeit. Mike war ebenfalls noch nicht bereit für einen Umzug, auch wenn er die Ärzte Lügen gestraft und den prognostizierten Monat längst hinter sich hatte. Wir wussten, dass er entweder in seinem Rollstuhl oder auf der Hebevorrichtung mit den kleinen Rädern sein würde, wenn er nach Hause kam, daher mussten wir sehr viel Arbeit investieren, um dafür zu sorgen, dass es keine Türschwellen zwischen den Zimmern gab. Sämtliche Teppiche wurden entfernt. Die Böden mussten alle hart und glatt sein, und wir brauchten eine Nasszelle.

Ich nahm Kontakt zu einem Freund namens Dylan auf, der als Bauhandwerker arbeitete und vor Jahren mein Dach repariert und auch in Mikes Haus einige Arbeiten erledigt hatte. Dylan hat den Körperbau eines Rugbyspielers, einen schwarzen Gürtel in irgendeiner Kampfkunst und ist ein harter Knochen, besitzt jedoch das Herz eines Engels. Er stimmte sofort zu, alles zu tun, was in seiner Macht stand, und wir machten uns in dem neuen Haus an die Arbeit. Dylan übernahm die Aufgaben, für die ich keine Zeit fand, wie das Erweitern der Auffahrt, damit genug Platz war, um Mike aus dem Auto in den Rollstuhl zu bekommen, und baute eine Rampe für die Haustür.

Ich verbrachte Stunden mit der Türschwelle und flieste die kleine Veranda, damit Mike mit dem Rollstuhl förmlich in sein neues Haus gleiten konnte. Dasselbe machte ich bei den Übergängen zwischen allen Zimmern, wofür ich winzige Keile nutzte und minimale Änderungen an den Fliesen und den Böden vornahm, sodass man nahtlos und glatt von einem Raum in den anderen gelangen konnte. Wenn sich Mike auf der Hebevorrichtung befand, mussten wir uns völlig ungehindert durch das Haus bewegen können. Dylan half mir beim Bau einer Nasszelle, die ich mühsam flieste und verfugte. Wir passten die Toilette und die Dusche an, und ich sorgte dafür, dass auch der

Übergang vom Holzboden im Schlafzimmer zu den Fliesen im Bad absolut eben war.

Sobald die Bauarbeiten abgeschlossen waren, bereiteten wir den Rest des Hauses für Mike vor. Wir holten seinen Fernseher, sein Bett, seinen Sessel, hängten seine Bilder an die Wände, packten seine Kleidung aus und legten alles für den Moment bereit, in dem er einziehen konnte. Alles sollte sich wie ein Zuhause anfühlen. Wir waren entschlossen, ihn noch vor Weihnachten herzuholen, damit wir die Weihnachtszeit mit ihm verbringen konnten. Als wir zuversichtlich waren, ihn angemessen versorgen, die Geräte und die Hebevorrichtung bedienen, uns um Mike kümmern und es ihm bequem machen zu können, und als Mike bereit war für sein eigenes Haus, buchten wir einen Krankenwagen, und Mike verließ das Hospiz. Er hatte dort drei Monate verbracht, und nachdem man in den ersten Wochen zu dem Schluss gekommen war, dass Mike vermutlich nur noch einen Monat leben würde und Palliativpflege bekommen sollte, zog er nun in ein neues Haus. Es war erst September und noch lange nicht Weihnachten.

Ich hatte Mike über das Haus auf dem Laufenden gehalten und ihm Fotos der Umbauten gezeigt, während er im Hospiz lag, aber es war trotzdem ein ganz besonderer Moment, ihn die Auffahrt hinauf und über die Rampe zu seiner neuen Haustür zu schieben. Allerdings muss ich auch zugeben, dass es nicht gerade einfach war. Wir mussten sein Beatmungsgerät vorher ins Haus bringen und dann Mike nachholen, der praktisch den Atem anhielt, bis er im Wohnzimmer wieder daran angeschlossen wurde. Aber sobald er alles hatte, was er brauchte, und wieder atmen konnte, zeigten wir ihm nach und nach das Haus, wobei wir mit dem Schlafzimmer und der Nasszelle anfingen. Ich wies insbesondere auf die komplizierte und liebevolle Detailarbeit hin, mit der ich ihm das Leben erleichtern wollte.

»Na und?« Er grinste mich an.

Mike war wieder da.

Herz der Finsternis?

Wenn man sich die Südwestecke der neuseeländischen Südinsel auf der Karte ansieht, dann kann man sie glatt mit der Küste von Norwegen verwechseln. Schließlich trägt sie nicht ohne Grund den Namen Fiordland. Trotz des Namens, der eindeutig vom skandinavischen »Fjord« abstammt, bezeichnen die Kiwis die tiefen, von den Gletschern geformten Kanäle nicht als Fjorde. Die breiten, steilwandigen Wasserwege beschwören Bilder von Wikingerlangbooten herauf, die hinaus auf See rudern, wobei die Riemen im glänzenden Wasser zum Klang einer Trommel bewegt werden, oder (für mich) Erinnerungen an Mike, der auf einem Felsen angelt, und heißen hier »Sounds«. Fiordland, der bei Weitem größte Nationalpark Neuseelands, ist sehr abgelegen, ja fast schon unzugänglich, und spärlich besiedelt. Selbst die Maori kamen nur zu bestimmten Jahreszeiten in dieses Gebiet, um zu jagen, zu fischen oder Greenstone aus dem klaren Wasser der vielen Flüsse, die in die Fjorde münden, zu sammeln.

Dort geht es jetzt hin. Und ich bin sehr erleichtert, dass meine Aufgabe lediglich im Angeln besteht. Dem Wortlaut zufolge dient das rein der Erholung. Gleichzeitig bietet sich mir hier die möglicherweise letzte Chance auf dieser Reise, einen anderen

Auftrag zu erledigen, der mir bereits vor Wochen auf Waiheke Island erteilt wurde: einen Fisch zu fangen und zuzubereiten.

Mike und ich haben das Angeln geliebt. Den Großteil unserer Zeit in Norwegen verbrachten wir mit dieser Tätigkeit. Vor der Abreise besuchten wir immer einen Angelladen und bestaunten die Vielzahl an Spinnern und Ködern, die dort ausgestellt waren. Ich war zwar beim besten Willen kein Fachmann, hatte jedoch Spaß daran, mich mit der passenden Ausrüstung einzudecken. Dabei wusste ich natürlich nicht, welchen Köder ich für welchen Fisch oder welche Situation benötigte. Ich konnte ja kaum die Fische voneinander unterscheiden. Abgesehen von den offensichtlichen wie Lachs, Makrele, Forelle, Karpfen und Barsch kannte ich nicht mal die Namen der Fische. Meine Angeltechnik war rein intuitiv und beruhte weder auf Können noch auf Übung. Daher war es wenig überraschend, dass ich selten etwas fing. Mike war viel geduldiger und entschlossener als ich und somit auch deutlich erfolgreicher.

Auf einer früheren Reise nach Neuseeland, bei der ich die Postproduktion eines von mir produzierten Films betreute, nutzte ich jede sich bietende Gelegenheit und ging fast jedes Wochenende angeln. Ich schickte Mike Fotos von meinem Versagen, da es mir bei acht oder neun Ausflügen nicht gelang, etwas Vorzeigbares zu erwischen. Ich wusste, dass er dasitzen und die Augen verdrehen würde, weil das so typisch für mich war. An meinem letzten langen Wochenende schaffte ich es bis an die Spitze der Südinsel und war fest entschlossen, einen Lachs zu fangen und ihn am Flussufer zu verspeisen.

Mit meiner willkürlichen, ungeschickten Technik warf ich die Angel aus, zuversichtlich lediglich in meiner Annahme, dass es hier vermutlich nicht mal Fische gab. Als ich die Angel einholte, biss tatsächlich einer an. Siegreich holte ich den kleinen Fisch heraus, der gerade groß genug war, um ihn nicht wieder zurückzuwerfen. Es gelang mir, ein Lagerfeuer zu machen und einen einfachen Spieß für den Fisch herzustellen. Selbstverständlich fiel er herunter, war dann voller Sand und Asche und schlichtweg ungenießbar. Es war entsetzlich, ein Desaster, der totale Fehlschlag. Dass Mike mir jetzt aufträgt, einen Fisch zu fangen und zu braten, ist seine Art, sich über meine fast schon legendäre Unfähigkeit beim Angeln lustig zu machen, mir gleichzeitig aber doch noch Erfolg zu wünschen. Somit muss ich es jetzt schaffen.

Bisher habe ich ihn enttäuscht. Ich hatte schon mehrere Gelegenheiten, konnte jedoch nie etwas fangen. Auf dem Weg nach Raglan, wo Story jetzt ist, stießen wir auf eine wunderschöne Stelle, wo die Straße einen herrlichen Fluss kreuzt. Andy, Story und ich hielten dort an und blickten von der Brücke auf das kristallklare Wasser hinunter. Wir konnten die Fische sehen. Leichte Beute, dachten wir. Kein Problem. Eine gute Stunde lang tauchten Andy und ich unsere Spinner und Köder ins Wasser und amüsierten uns immer mehr über das mangelnde Interesse der Fische. Story, der uns und die Fische die ganze Zeit beobachtet hatte, fragte mich, ob er es mal versuchen dürfe.

»Klar, warum nicht?«, meinte ich und reichte ihm meine Angelrute. Angesichts all meiner Angelerfahrung (wenngleich größtenteils ohne Erfolg) in verschiedenen Ländern war ich mir ziemlich sicher, dass Story, der noch so gut wie nie angeln gewesen war, bestimmt nichts fangen würde, wenn schon bei mir keiner anbiss. So sah ich zu, wie er die Leine auswarf. Anstatt sie jedoch einfach ins Wasser sinken zu lassen, wie Andy und ich das machten, ließ er sie darauf tanzen und ahmte die Bewegungen und das Verhalten einer Fliege nach. Eine Minute später hatte er eine dicke Forelle am Haken. Reines Anfängerglück!

»Ich verstehe wirklich nicht, wo das Problem ist«, meinte er grinsend, als er seinen Fang einholte. »Das war viel zu einfach.«

Ach, die Arroganz der Jugend! Mein väterlicher Instinkt riet mir, ihn ein bisschen zu ärgern, indem ich auf einem Ritual beharrte, das Mike und ich in Norwegen immer befolgt hatten: Den ersten Fisch, den man fängt, egal, wie groß oder klein er ist, muss man küssen und wieder ins Wasser werfen.

»Gib mir die Angel«, bat ich Story, nachdem er der Forelle lässig einen Kuss aufgedrückt und sie in ihr nasses Zuhause zurückgeschickt hatte. »Ich will es noch mal versuchen.« Wenn er das schaffte, musste mir das doch auch gelingen. Was nicht heißen soll, dass ich ein konkurrierender Dad wäre. Ich kopierte seine Technik, die mir brillant erschien, weil sie so offensichtlich und einfach war.

Nichts. Wir verbrachten noch eine Stunde auf dieser Brücke, in der ich mit den Handgelenken ruckte und alles versuchte, um die Fische davon zu überzeugen, dass mein Köder eine panische Fliege sei, die gefressen werden musste. Aber nein, ein zweites Mal fielen sie nicht auf diesen Trick rein.

* * *

Ich unternahm auch mehrere weitere Versuche in der Nähe von Nelson auf der Nordinsel. Mike hatte mich zu einem Überlebenstraining im Busch geschickt. Die vielen Spinnen auf meinen vorherigen Abenteuern hatten bewirkt, dass ich der Aufgabe misstrauisch entgegensah, doch sie stellte sich zum Glück als spinnenfreier und angenehmer Tag heraus, an dem ich von einem Experten namens Ian einiges lernte. Das wichtigste Überlebenswerkzeug im Busch ist ein gutes Messer. Ian zeigte mir, wie man selbst eine billige Klinge schleift, bis sie rasiermesserscharf ist und problemlos ein Blatt Papier durchschneidet. Er demonstrierte mir ebenfalls, wie vielseitig eine gute Klinge ist. Man verwendet sie zum Vorbereiten des Anzündholzes, um ein Feuer zu machen und um Flachs in Streifen zu schneiden, aus denen man Taue für Fallen, Angelruten, Netze und vieles mehr knüpfen kann. Unter Ians Anleitung stellte ich aus einigen Zweigen, die wir gefunden hatten, eine Zange her, indem ich mein Messer auf unterschiedliche Weise zum Fertigen der Einzelteile benutzte, und danach eine Kordel, mit der ich die geschlossenen Enden zusammenband. Ich lernte, wie man statische Fallen oder Springfallen für Hasen oder Beutelratten errichtet, und wir aßen Äpfel und Nüsse von den Bäumen auf seinem Land. Ein oder zwei Stunden saß ich auf einem Feld und webte in meditativer Ruhe Flachssträge zu einem Armband, das ich noch heute trage. Und am Abend, als die Dämmerung den neuseeländischen Busch in orangefarbenes Licht tauchte, stand ich auf den glatten Felsen in der Mitte eines sprudelnden Stroms neben Ians Haus und versagte gänzlich bei der Aufgabe, einen Fisch zu fangen. Ich wachte früh am nächsten Morgen auf, da wir die Nacht in seinem Anbau verbrachten, und versuchte es im ersten Tageslicht noch einmal.

Ebenso erfolglos.

* * *

Es wird rasch dunkel, als wir bei unserer Unterkunft in Fiordland ankommen, an einem großen Bed and Breakfast auf einem Hügel direkt am Rand von Fiordland mit Blick auf den Lake Manapouri und die Berge dahinter. Nachdem ich mein Gepäck in das gemütliche Zimmer gebracht habe, schlendere ich durch den Garten, um eine Zigarette zu rauchen und die Sonne im See versinken zu sehen, während ich versuche, meine Vorfreude auf den vor mir liegenden Angeltag in einer Landschaft, die Mike in Verzückung versetzt hätte, im Zaum zu halten.

Doch ich schaffe gerade mal die halbe Zigarette, weil es dort von Kriebelmücken, in Neuseeland Sandflies genannt, nur so wimmelt. Rasch flüchte ich wieder ins Haus, wedele mit den Händen durch die Luft und wische mir die Viecher aus den Haaren und dem Gesicht.

Man hat mich vor den Mücken gewarnt. Sie sind zwar noch winzig, werden jedoch größer und frecher, je weiter man auf der Südinsel in den Süden vordringt. Wie sich herausstellt, ist Fiordland ein berüchtigter Hotspot. Abgesehen vom Blut von Pinguinen, die sich in meiner unmittelbaren Nähe aber leider nicht blicken lassen, ernähren sich die Mücken am liebsten von Menschenblut. Und ihr Biss tut weh. Sie sind nicht wie Moskitos und saugen das Blut durch einen schön kleinen Rüssel. Sandflies besitzen nicht die Präzision und Sauberkeit des natürlichen Äquivalents einer Injektionsnadel, sondern schlitzen einem die Haut schmerzhaft mit ihren winzigen, klingenartigen Beißwerkzeugen auf und lecken dann das herausquellende Blut ab. In einem Land, das sich preist, nichts Widerwärtiges in seiner Fauna zu haben (abgesehen von einer aus Australien eingewanderten Spinne, wie Andy feststellen musste), sind diese Miniaturvampire Neuseelands schlimmste Einwohner und das bestgehütete Geheimnis. Sie nerven die Siedler, Einwohner und Touristen schon seit 1773, als Captain James Cook die fieberhaft aufgekratzten Bisse seiner Mannschaft als windpockenähnliche Blasen beschrieb, und haben davor vermutlich schon lange Zeit den Maori zugesetzt. Deshalb kamen die Maori also nur zu bestimmten Jahreszeiten her. Es gibt sogar eine Legende, die berichtet, wie die Göttin der Unterwelt beschloss, dass die Fjorde zu schön seien, um von den Menschen besudelt zu werden, und sodann einen Schwarm Sandflies als wirkungsvolles Abschreckungsmittel freisetzte.

Was gut funktioniert. Ich verstecke mich hinter Netzen und Türen im Inneren des Hauses und sehe mir dank des Breitbandanschlusses YouTube-Videos an.

Das kann ja morgen heiter werden.

* * *

Der nächste Morgen ist hell und klar. Ich wage mich zaghaft ins Freie und stelle erleichtert fest, dass die Sandflies offenbar die Abende bevorzugen. Sie sind nirgends zu sehen. Ich bin mir nicht sicher, ob sie auf dem Wasser ein Problem darstellen werden, aber vorerst kann ich meinen Morgenkaffee und die Zigarette ohne das ständige Sirren hungriger Insekten in den Ohren und ohne Furcht, bei lebendigem Leib gefressen zu werden, genießen.

Endlich kann ich auch die Aussicht würdigen. Sie ist spektakulär. Der Rasen fällt sanft ab, bis er in einen steileren, bewaldeten Hang übergeht, der am stillen, nebelverhangenen Wasser des Sees endet. Das erinnert mich an einen Ort, wo Mike und ich mal auf einer unserer Norwegenreisen gewohnt haben. Die Herbstsonne, die noch tief am Himmel hinter mir steht, wärmt alles auf, und ich beobachte, wie sich der Nebel nach und nach auflöst und die Landschaft vor mir enthüllt. Nun hoffe ich doch wieder, dass dies ein grandioser Tag werden wird. Dies ist eindeutig ein Ort, den Mike gern besucht hätte. Wir haben mehrmals darüber gesprochen, und wenn ich den Blick über diese ungezähmte Wildnis schweifen lasse, kann ich mir gut vorstellen, dass dies von allen Orten, an denen ich in Neuseeland schon gewesen bin, der wäre, an dem sich Mike am meisten zu Hause gefühlt hätte. Abgesehen von den Sandflies ist dies eine Stelle, an der sich Mike gern niedergelassen hätte. Glück durchflutet mich, als ich mir Mike hier vorstelle, wie er in seinem Element gewesen wäre, an einem so herrlich isolierten Platz, der seiner Seele behagt hätte. Alles hier fühlt sich heimisch an. Dem Glücksgefühl folgt jedoch Traurigkeit. Ich wünschte, Mike wäre jetzt hier. Seine Abwesenheit und seine Gegenwart sind mir gleichermaßen bewusst.

In gewisser Hinsicht habe ich Mike bei mir. Ich trage seinen Kapuzenpulli, den er mit nach Norwegen genommen hat, und seinen grünen Ölhut. Vor einer Weile bin ich seine Norwegenausrüstung durchgegangen, was mir in der Seele wehgetan hat, da ich wusste, dass bei einer Aufgabe von dieser Bucket List auch der Hut eine Rolle spielen würde, und als ich ihn aus dem Rucksack zog, drückte ich ihn weinend an mich. Er roch immer noch nach ihm. Das war sein Lieblingshut, den er auf den Fjorden, beim Angeln und beim Campen ständig getragen hat. Er sah damit viel cooler aus, als ich es je könnte, und ich hätte nie gewagt, ihn aufzusetzen. Aber jetzt ist es genau das, was er von mir erwartet.

»Du könntest meinen Ölhut tragen«, stand in der Aufgabe. »Vielleicht bringt er dir Glück und du fängst endlich mal einen Fisch.«

Blödmann.

Aber er hat recht. Ich kann Glück wirklich brauchen. Und wenn es auf der Welt einen Ort gibt, an dem ich tatsächlich etwas fangen kann, dann vermutlich hier.

* * *

Unser Guide wartet am Ufer des Waiau River in der Nähe der Kleinstadt Te Anau etwas nördlich unserer Unterkunft auf uns. Wir laden unsere Angel- und Kameraausrüstung in das kleine Boot mit Metallrumpf, in dem wir uns den Großteil des Tages aufhalten werden, und fahren aufs stille Wasser hinaus.

Der Nebel hängt noch über dem Fluss, als wir die erste Biegung hinter uns lassen und etwas schneller werden. Bäume tauchen aus dem Zwielicht auf, und ich sitze am Bug und blicke in das umherwirbelnde Weiß und auf die Wildnis um uns herum und komme mir vor wie Martin Sheen in »Apocalypse Now«. Das Boot gleitet mühelos durch das flache Wasser, und das Dröhnen des Motors wird vom Nebel gedämpft. Nach wenigen Augenblicken sind wir völlig isoliert und herrlich allein. Es gibt nur noch uns und den Fluss und die Bäume und die Sonne, die langsam Löcher in den Nebel brennt. Es ist perfekt.

Mark, unser Guide, schaltet den Außenbordmotor ab, und wir treiben dahin. Ich blicke über den Bootsrand ins Wasser, das so klar ist, dass man die Tiefe schwer ausmachen kann. Der Boden und die abgerundeten Kanten der Kieselsteine sind deutlich zu erkennen, ebenso wie die Fische.

Ich werfe wiederholt die Angel in eine kleine Wasserfläche unter überhängenden Ästen aus, in dem es meiner Ansicht nach Fische geben muss. Dann lasse ich den Spinner von der Strömung forttragen, hole die Angel ein und werfe sie abermals aus. Mark merkt an, dass ich von allen Leuten, die er schon auf seinem Boot hatte, den besten Wurf hätte. Ich erzähle ihm lieber nicht, dass ich trotz meines geschickten Handgelenks und der unfehlbaren Treffsicherheit (ich bin ziemlich gut darin, den Spinner genau an die Stelle zu bekommen, wo ich ihn haben will) einfach nichts fange. Er sagt, im Fluss wimmele es nur so von Forellen und Lachsen. Großen Fischen. Die größeren Exemplare kämen erst spät am Tag raus und fräßen oftmals Mäuse, die zum Trinken an den Fluss kommen.

»Mäuse?«, wiederhole ich ungläubig. Ich hatte einige seltsame mausförmige Köder in einem Angelgeschäft in Queenstown gesehen, sie allerdings für einen Gag gehalten. Wie sich herausstellt, gibt es im Fiordland Unmengen von Mäusen, und die Forellen haben sich angewöhnt, sie zu fangen, wann immer es möglich ist.

»Ich habe neulich Abend eine riesige Forelle gefangen«, berichtet Mark. »Als ich sie aufschnitt, fand ich darin zwölf Mäuse. Zwölf!«

Hier sollte doch auch ich etwas fangen können.

Ich setze Mikes Ölhut auf, nicht nur, damit er mir Glück bringt, sondern vor allem, weil ich auf gar keinen Fall einen Fisch fangen will, solange ich ihn nicht trage. Als ich ihn auf dem Kopf habe, rieche ich Mike. Vor meinem inneren Auge sehe ich ihn, wie er in Norwegen auf einem Felsen ein Stück vom Ufer entfernt sitzt. Er wirkt friedlich, zufrieden, in seinem Element, selbstsicher und cool. Wenn ich damit nur halb so gut aussehe wie er, reicht mir das schon. Ich trage unter meiner Regenjacke auch seinen grauen Kapuzenpulli. Auf gewisse Weise kommt es mir so vor, als sei Mike beinahe hier, als sei er mir so nahe wie früher.

Ich werfe die Angel aus.

Ein zweites Mal.

Beim dritten Mal beißt einer an.

Ich habe etwas gefangen! Ich kann es kaum glauben. Vorsichtig hole ich die Angel ein und greife nach einem Netz, mit dem ich eine gar nicht mal so kleine Forelle aus dem kalten Wasser fische. Es hat funktioniert. Der Hut hat Wirkung gezeigt. Grinsend, ganz bei mir und in diesen Moment versunken stelle ich mir vor, wie Mike stolz auf mich herablächelt.

Ich hab's geschafft, Bruder.

Ich drücke der Forelle einen dicken Kuss auf und werfe sie zurück in den Fluss.

Da ich gern einen Augenblick allein wäre, bitte ich darum, auf einer kleinen felsigen Insel mitten im Fluss abgesetzt zu werden. Ich nehme meine Angelrute, Mikes Hut und meinen Tabak mit. Drew respektiert meinen Wunsch und lässt sich von Mark etwas weiter den Fluss hinaufbringen, wo er an Land geht und einige schöne Kameraschwenks von dem Boot macht, das um eine Biegung fährt. Oder etwas in der Art. Mir ist es völlig egal. Ich möchte einfach nur ein bisschen Ruhe.

Nun bin ich allein mit dem sanften Rauschen des Flusses, der über nasse Steine sprudelt und die Stille bricht, bin allein in der Wildnis, während Mike meine Gedanken und Gefühle bestimmt. Bald bin ich hier fertig. Das Ende der Bucket List ist fast erreicht. Es fühlt sich auf jeden Fall so an. Ich bin Mike näher als jemals zuvor auf dieser Reise, und es ist, als würde er hier neben mir sitzen. So wie wir früher oft stundenlang beim Angeln nebeneinandersaßen, ohne dass wir uns unterhalten mussten; wir genossen einfach die Landschaft und die ruhige Vollständigkeit unserer Welt.

Ich umklammere Mikes Hut, während ich eine Zigarette rauche, und stelle mir vor, wie er mich ansieht und sich Stolz in seinen funkelnden Augen widerspiegelt.

»Du Glückspilz«, würde er sagen. Um danach vermutlich loszuziehen und einen größeren Fisch fangen, nur um es mir zu zeigen. Und nicht nur das, den würde er wahrscheinlich sogar wieder reinwerfen, weil er mit einem noch größeren rechnet.

Ich vermisse die Neckereien.

Ich vermisse Mike.

Ich will nicht, dass die Liste zu Ende ist. Sie verbindet mich mit ihm. Wenn sie weg ist, gilt das in gewisser Hinsicht auch für ihn. Die wenigen Worte, welche die Aufgaben begleiten, die die ganze Zeit vor mir geheim gehalten wurden und nun fast alle erfüllt sind, haben mich daran erinnert, wie es war, mit ihm zu reden. Ich würde so gern seine Stimme hören.

Aber ich muss noch einen Fisch fangen. Und ihn zubereiten.

* * *

Ich kehre aufs Boot zurück. Wir fahren zu einem anderen Teil des Flusses, und es dauert erstaunlicherweise nicht lange, bis ich einen Fisch fange, den ich behalten kann. In einem breiteren Flussabschnitt ziehen wir das Boot auf eine größere Insel, an deren Ufer etwas Treibholz liegt. Ich entdecke etwas Flachs am gegenüberliegenden Ufer und frage Mark, ob er mich rüberbringen kann, um ihn zu holen. Er bietet an, das für mich zu erledigen, und so mache ich mich daran, meine Forelle zu säubern und auszunehmen. Ian, der Überlebenskünstler im Busch, war so freundlich, mir eines seiner billigen, aber rasiermesserscharfen Messer mitzugeben, auf die er so schwört, und damit habe ich den Fisch schnell vorbereitet.

Ich zerpflücke den Flachs und drehe aus den Strängen eine kurze Kordel, mit deren Hilfe ich ein Gerüst für die filetierte Forelle anfertige; eine Technik, die ich in dem Kurs gelernt habe, den Mike und ich vor einer unserer Norwegenreisen besuchten. Dann sammle ich etwas Holz, mache ein Feuer und brate den Fisch.

So banal es klingt, ich genieße jede Minute davon. Auch auf die Gefahr hin, mich zu wiederholen: Jede Sekunde ist erfüllt von dieser intensiven Wahrnehmung meiner Umgebung. Ich befinde mich nicht nur an einem Ort außerordentlicher Schönheit voller Ruhe und unbefleckter Natur, sondern brate (über einem von Grund auf selbst errichteten Lagerfeuer) einen Fisch, den ich vor weniger als einer Stunde in diesem Fluss gefangen habe, einen Fisch, den ich ausgenommen, gesäubert, filetiert und auf ein Gerüst aus gefundenen Ästen gebunden habe, die mit einem Band aus Blättern aneinander befestigt wurden, welche noch vor Kurzem neben diesem Fluss wuchsen. Ich musste das wiederholen. Das ist das Natürlichste auf der Welt, der Mensch als Jäger und Sammler, der sich von dem ernährt, was das Land ihm bietet. Allerdings sind das fast alles Fertigkeiten, die die meisten von uns vergessen haben, weil diese Dinge bedauerlicherweise durch Technologie, Lärm und den Materialismus verdrängt wurden.

Aber das hier … das ist Mike. Durch und durch.

Ein Kollege von Mark kommt in einem anderen, schnittigeren Boot zu uns. Diese Boote sind für höhere Geschwindigkeiten gebaut, fahren sich gut in tiefem Wasser, sind aber auch schnell und robust genug, um mit wer weiß wie vielen Knoten über die Sandbänke und Seichten der Nebenflüsse zu sausen. Nachdem Drew und ich den köstlichen Fisch verspeist haben, gehen wir an Bord und erleben eine aufregende Fahrt über den Fluss und hinaus auf den Lake Te Anau, eine riesige Wasserfläche, die im Westen in die Sounds übergeht. Dort treiben wir eine Zeit lang leise auf dem unendlich tiefen Wasser, umgeben von den gezackten lilafarbenen Silhouetten der Southern Alps.

Es ist himmlisch.

Drew und ich dürfen sogar das Steuer der beiden Boote übernehmen und rasen über das ruhige Wasser zurück zur Flussmündung und auf das sich rasch nähernde Ende meines Abenteuers zu.

DIE GARTENSTADT

Die lange Fahrt von Queenstown nach Christchurch ist von einem leichten Gefühl des Unbehagens bestimmt. Eine Zeit lang haben wir die Southern Alps auf dem Weg gen Nordosten zu unserer Linken, und wir bleiben hin und wieder stehen, um die umwerfende Aussicht auf die riesigen Seen und die allmählich zurückweichenden Berge zu genießen, ein paar letzte Blicke auf die epische Landschaft zu werfen, die uns in den letzten Wochen eine Heimat geworden ist und mir eine Achterbahn der Gefühle beschert hat. Dann geht es weiter gen Osten. Das Land und die Stimmung werden flacher, je näher wir der Küste kommen. Ich habe das Fiordland noch zu gut im Gedächtnis und hätte dort gern mehr Zeit verbracht.

Unsere Unterkunft ist ein sauberes und angenehmes Jucy Snooze in Flughafennähe. Es liegt noch ein ganzes Stück von der Stadt entfernt, und die Gegend strahlt nicht besonders viel Seele aus. Alles ist funktional und industriell. In der Nähe gibt es einige Restaurants und mehrere Kreisverkehre.

Ein Spaziergang durch die Innenstadt von Christchurch ist ernüchternd. Es ist gerade erst sechs Jahre her, dass eines der stärksten je in einem Stadtgebiet aufgezeichneten Erdbeben die Stadt erschüttert hat. Das Epizentrum lag gute zwölf Kilometer vom Zentrum entfernt, und das Beben hatte verheerende Auswirkungen. Viele der Gebäude im Geschäftsviertel sind noch immer verbarrikadiert und mit Graffiti beschmiert, während sich andere hinter hohen Maschendrahtzäunen verbergen. Hinter weiteren dieser Zäune sieht man große Grundstücke mit nackter Erde, auf denen die zerstörten Gebäude nach und nach entfernt wurden. Ganze Blöcke sind abgeriegelt und unbewohnt. Fast jede Straße weist trostlose Erinnerungen an die Katastrophe auf, die »The Garden City« erlitten hat.

Ich verbringe eine Stunde in einem Museum, das sich diesem relativ neuen Kapitel der Geschichte von Christchurch widmet und mir ernüchternde Einblicke in das Unglück vermittelt. Nur wenige Monate vor dem großen Beben im Februar 2011 war die Stadt bereits von einem anderen Erdbeben erschüttert worden, einem stärkeren, das sich jedoch in größerer Entfernung ereignete. Als es dann abermals bebte, stürzten mehrere Gebäude ein und viele weitere wurden derart in Mitleidenschaft gezogen, dass sie fortan unbewohnbar waren. Große Gebiete in den Vororten der Stadt waren von Bodenverflüssigung betroffen, einer Schwächung des Untergrunds, die dafür sorgte, dass ganze Landstriche zu unsicher zum Bebauen wurden.

Zwar kann ich nicht genau sagen, wie stark meine emotionale Reaktion auf Christchurch auch auf meinem Verlustgefühl beruht, weil ich Mikes Bucket List beinahe abgeschlossen habe, doch die Atmosphäre der Stadt wirkt ernüchternd. Aus Gesprächen mit Museumsmitarbeitern erfahre ich, dass viele Menschen die Stadt in den Monaten und Jahren nach der Katastrophe verlassen haben. Sie sind in einen anderen Teil des Landes gezogen oder nach Australien ausgewandert. Wenn nicht gar noch weiter weg. Obwohl es sechs Jahre her ist, gibt es kaum Hinweise auf einen Wiederaufbau. Es wurden noch nicht mal alle zerstörten Gebäude abgerissen.

Als ich mich weiter umsehe, stelle ich erleichtert fest, dass es nicht überall so trostlos ist. Inmitten der Trümmer ist ein großer Marktplatz entstanden. Große farbige Metallcontainer wurden zu Verkaufsflächen und Straßenküchen umgebaut. Auf dem Markt wimmelt es von Menschen, die Kleidung und Kunsthandwerk kaufen, und in der Luft vermischt sich das Aroma von einem Dutzend verschiedener Küchen. Hier scheint Trotz in der Luft zu hängen, der Wille, selbst im Angesicht größter Widrigkeiten durchzuhalten, die Weigerung, sich von der grausamen Macht der Natur vertreiben oder gar besiegen zu lassen. All das erinnert mich an das beständige Bestreben der Menschheit, zu überleben.

* * *

Beim Mittagessen in den Botanic Gardens von Christchurch lerne ich Dr. Claire Reilly kennen, die in vielerlei Hinsicht diesen Antrieb verkörpert sowie den Drang, trotz aller Schwierigkeiten weiterzukämpfen. Bei Claire wurde 2006 ALS diagnostiziert, und die übliche unheilvolle Prognose lautete, dass sie noch zwei bis drei Jahre zu leben habe. Sie erzählt mir, dass sie trotz der Tatsache, dass sie schon früh den Sarg ausgesucht hatte, in dem sie beerdigt werden möchte und den sie als Erinnerung an ihre Sterblichkeit noch immer in ihrem Haus stehen hat, alles dafür getan hat, um dieser schrecklichen Krankheit nicht zu erliegen. Sie arbeitet nun schon seit einer Weile für die Motor Neurone Disease Association of New Zealand. Das ist der Grund, warum ich hier in Christchurch bin. Um mit Claire zu reden.

Ich war besorgt, wie ich auf das Treffen mit ihr reagieren würde. Seit Mikes Tod bin ich niemandem mit dieser Krankheit mehr begegnet. Ich war nicht dazu in der Lage, mir etwas anzusehen oder zu lesen, was mit Leid oder einer tödlichen

Krankheit zu tun hatte. Ich wollte nicht, dass unsere Unterhaltung von einer Flut schmerzhafter Erinnerungen geprägt sein würde. Ich hatte Angst, von meinen Gefühlen übermannt zu werden und nicht in der Lage zu sein, mit jemandem zu sprechen, der an derselben Erkrankung litt, die Mike dahingerafft hatte. Im Vorfeld hatte ich zwar schon einige E-Mails mit Claire ausgetauscht, aber eine Begegnung ist dann doch etwas vollkommen anderes.

Die Realität sieht jedoch so aus, dass ich mich rundum wohlfühle, als ich hier mit Claire und ihrem Partner beziehungsweise Betreuer sitze. Sie erinnert mich durchaus an Mike, aber nicht auf eine Art und Weise, die mich erschüttert und zusammenbrechen lässt. Claire besitzt denselben beißenden Humor, denselben Kampfgeist und dieselbe Entschlossenheit. Sie weigert sich standhaft, sich von ihrem Zustand ihr Leben diktieren zu lassen. Gut, sie sitzt im Rollstuhl, hat es aber dennoch geschafft, einige Punkte von ihrer Bucket List zu erledigen. Sie findet Wege, zu reisen und das Leben zu genießen, während sie gleichzeitig auf ihre Krankheit aufmerksam macht und eine Plattform für andere Erkrankte anbietet, wo sie Erfahrungen austauschen und Rat und wertvolle Unterstützung finden, wie es auch Mike in Großbritannien hatte schaffen wollen. Claire ist eine bemerkenswerte Frau, und es ist sehr inspirierend und leicht, mit ihr zu reden.

Ihre Hände erinnern mich an Mikes, aber sie braucht kein Beatmungsgerät. Als ich ihr beim Essen zusehe, werde ich nervös, weil ich mich an die Gefahren beim Schlucken erinnere. Bitte nicht verschlucken. Ich sehe ihr angespannt zu und versuche, mir das nicht anmerken zu lassen. Doch ich muss mir keine Sorgen machen. Es passiert nichts. Sie erkundigt sich nach Mike, nach meiner Reise durch Neuseeland und nach dem Dokumentarfilm. Der ganze Sinn des Films und dieses Buches ist, auf ALS aufmerksam zu machen und hoffentlich etwas Geld zu verdienen, das in die Forschung und in medizinische Einrichtungen investiert werden kann. Zu Beginn dieser Reise habe ich in Auckland einen anderen Vertreter der neuseeländischen MNDA getroffen und den Wunsch geäußert, nach Abschluss meiner Aufgaben eine Wohltätigkeitsauktion in Wellington zu veranstalten, worüber ich auch mit Claire spreche. Die Organisation hier ist viel kleiner als in Großbritannien, und ich möchte etwas tun, um sowohl Aufmerksamkeit zu erregen als auch Geld einzunehmen.

* * *

Nach meiner Rückkehr ins Jucy Snooze verbringe ich mit Drew seinen letzten Abend hier. Wir haben den Hauptteil des Dokumentarfilms abgeschlossen, und mir ist klar, dass er es kaum erwarten kann, die lange Heimreise zu seiner niedergeschlagenen Freundin anzutreten. Er fliegt morgen früh nach Auckland, macht danach einen kleinen Sprung über die Tasmanische See nach Australien, einen noch etwas längeren nach Dubai, bevor es auf die letzte Strecke nach London geht. In diesem Augenblick beneide ich ihn nicht um seine Odyssee. Ich werde nach Wellington fliegen und dort noch etwas Zeit verbringen, bevor es für mich nach Hause geht. Mich erwartet die Wohltätigkeitsauktion, die ich leiten werde, und es gibt noch einige Aufgaben zu erledigen, bevor ich die letzte angehe. Diese ist kein Geheimnis. Ich weiß, worin sie besteht, und ich freue mich nicht darauf, sie zu erfüllen. Ehrlich gesagt bin ich noch nicht bereit, nach Hause zu gehen. Je länger ich das hier in die Länge ziehen kann, desto mehr Zeit kann ich mit Mike verbringen. Auf gewisse Weise.

Drew und ich gönnen uns einen Burrito in einem der Restaurants in Hotelnähe. Vielleicht gebe ich ihm sogar einen aus. Es ist jetzt fast drei Monate her, dass ich den haarigen

Kameramann kennengelernt habe, doch seitdem haben wir tagein, tagaus dieselbe Luft eingeatmet, und ich würde behaupten, wir sind zu guten Freunden geworden, meiner Ansicht nach eine Freundschaft, die ein Leben lang halten wird. Wir haben vieles gemeinsam. Zum einen haben wir beide einen Bruder verloren. Aber es ist nicht nur sein Mitgefühl für das, was ich tue, das uns verbindet. Er ist ein wirklich cooler Typ, und ich mag ihn sehr, was ich ihm selbstverständlich nicht sage; ebenso wenig erzähle ich ihm, dass er mir fehlen wird. Er war ein wichtiger Bestandteil dieses Abenteuers, und ich bin froh und dankbar, dass er zu einem Teil meiner Reise wurde.

Nach unserem kurzen und leicht bedrückten Abendessen umarme ich ihn und wünsche ihm eine gute Heimreise, bevor ich auf mein Zimmer gehe und meine Sachen für die Fahrt nach Wellington packe.

TEIL VIER

NICHT DAS ENDE

Ice Bucket Challenge

Ich bin in Nummer 1. Aber etwas ist anders; der Grundriss kommt mir nicht richtig vor. Mike sieht mich mit großen Augen an. Etwas stimmt nicht. Sein Beatmungsgerät funktioniert nicht. Die Maschine ist ausgegangen. Ich gerate in Panik und reiße ihm die Maske herunter. Wenn das Gerät nicht funktioniert, ist er ohne Maske besser dran.

»Keine Sorge«, sage ich so ruhig wie möglich. »Ich hole das Ersatzgerät. Bin in zehn Sekunden wieder da!«

Ich renne durch das Haus und in einen Raum, von dem ich weiß, dass er da ist, auch wenn ich ihn nicht wirklich kenne oder wiedererkenne. Ersatzausrüstung, Ersatzteile, ein zweites Gerät. Es ist alles hier drin. Und hier herrscht das totale Chaos. Warum hat hier keiner aufgeräumt? Wieso halte ich hier nicht mehr Ordnung? Ich kann das Gerät nicht entdecken. Panisch zerre ich Gegenstände hervor, werfe sie über die Schulter nach hinten, suche überall und versuche, das Einzige zu finden, was Mike das Leben retten wird.

Ich kann ihn hören, seinen kratzenden Atem, das grässliche saugende Geräusch, wenn er versucht, Sauerstoff in die Lunge zu bekommen. Aber es klappt nicht. Es kann nicht klappen. Nicht ohne das Gerät.

Ich schwimme. Das Chaos um mich herum verwandelt sich in ein Meer. Ich ertrinke in einem Ozean aus Masken, Röhren und Hebevorrichtungen, alles außer der einen Sache, die ich so dringend brauche.

Dem Einzigen, das Mike braucht. Um am Leben zu bleiben.

* * *

Derselbe lebhafte Albtraum. Immer wieder.

So schön es auch war, als Mike aus dem Hospiz in sein eigenes Haus, in Nummer 1, zog, befand ich mich ab diesem Zeitpunkt doch in einem Zustand ständiger Nervosität. Es gab so vieles, was schiefgehen konnte. Alles war vollkommen anders als während seiner Zeit in Nummer 34. Dort hatte er noch feste Nahrung wie pochierte Eier und dergleichen zu sich genommen, die ich ihm zubereitete, und hatte die Maske nicht gebraucht. Dort hatten wir ihn mithilfe des Nierenbretts auf die Toilette setzen können. Dort war er kräftiger gewesen und hatte weniger Beschwerden gehabt.

Wir hatten gelernt, wie wir uns um Mike kümmern mussten und wie man das Beatmungsgerät, den Hustenassistenten und die Hebevorrichtung bediente, als Mike noch im Hospiz war. Wenn dort etwas schiefging, war stets Fachpersonal in der Nähe, das sofort einspringen und uns helfen konnte. Aber in Nummer 1 waren wir ganz auf uns allein gestellt. Was nicht heißen soll, dass ich nicht darauf vertraut hätte, seine Geräte warten und alles in meiner Macht Stehende tun zu können, damit es ihm gut ging und er versorgt war. Doch da war stets der unheilvolle Hintergedanke, es könnte etwas passieren, was mich überforderte. Ich hatte schreckliche Angst davor, hilflos zu sein – hilflos in einem kritischen Augenblick, in dem mich ein Mensch, den ich liebte, unbedingt brauchte. Dieser lebhafte Albtraum wurde letzten Endes Realität.

Mike war bereits von seinem Beatmungsgerät abhängig. Wir hatten eine Ersatzmaske und ein zweites Gerät, falls es Probleme mit dem ersten gab, aber was sollten wir tun, wenn das nicht ausreichte? Ich lebte in ständiger Angst vor einem Stromausfall. Aber das ließ ich mir nicht anmerken. Nach außen hin wirkte ich stets gelassen und lustig. Selbst wenn ich Mikes Maske zum zehnten Mal innerhalb einer Stunde anpassen musste. Manchmal verfing sich ein Haar in der Maske, dann musste ich sie abnehmen und reinigen, unter hellem Licht untersuchen und den Störenfried irgendwie beseitigen. Ich wischte sie aus und brachte sie rasch wieder an, damit Mike nicht zu lange darauf verzichten musste. War es mir nicht gelungen, das Haar zu entfernen, wiederholte ich den ganzen Vorgang. Das konnte mehrmals hintereinander passieren, und jede Zeitspanne, die Mike ohne Maske verbringen musste, war nervenaufreibend. Er brauchte immer eine Weile, um wieder zu Atem zu kommen, bevor ich einen weiteren Versuch wagen konnte, die Maske anzupassen. Auch ohne nervige Haare musste die Maske regelmäßig abgenommen werden. In der Maske selbst und in den Schläuchen setzte sich Kondenswasser ab. Bei einer Komplettreinigung setzten wir ihm die Ersatzmaske auf, aber ich musste trotzdem in die Küche und das Ding schrubben und sterilisieren, während ich die ganze Zeit besorgt war, die Ersatzmaske könnte versagen.

Mike lebte inzwischen in seinem Rollstuhl und konnte sich fast nicht mehr bewegen. Er bekam zwar keine Wundliege- oder Druckgeschwüre vom ständigen Sitzen, hatte es jedoch nie lange bequem. Oft rutschte er im Stuhl nach vorn oder sackte zu einer Seite. Ihm fehlte die Kraft, sich wieder aufzurichten, daher mussten wir das für ihn machen. Selbst für die kleinste Bewegung brauchten wir die Hebevorrichtung. Wir mussten uns vergewissern, dass das Geschirr kein Körperteil einquetschte und ihm Schmerzen zufügte, und dabei darauf achten, die

Maske nicht zu verschieben. In Mikes Nähe galt es stets, äußerst aufmerksam zu sein, und ein hohes Maß an Koordination war notwendig. Sobald ich die Ösen der Schlinge zusammenhatte, hielt ich die Steuerung der Hebevorrichtung in der linken Hand und drückte ein Knie sanft gegen Mikes Oberschenkel, bevor ich ihn langsam hochhob und zu mir bewegte.

In dieser Position konnte Mike jedoch nicht lange bleiben, und in der kurzen Zeit rückte ich die Kissen in seinem Stuhl zurecht, damit er es wieder bequem hatte. Beim Absenken musste man ebenso gut aufpassen. Es galt, leichten Druck auszuüben, ohne an seiner schmerzenden Schulter zu ziehen, damit ich ihn zu mir her und etwas auf seine linke Seite bewegen konnte. Mike neigte dazu, nach rechts wegzusacken, daher versuchte ich immer, ihn leicht nach links gebeugt hinzusetzen, damit seine Position nicht ganz so schnell wieder angepasst werden musste.

Das stand etwa jede halbe Stunde auf dem Programm. Zusätzlich zum Anpassen der Atemmaske. Auch der Toilettengang brauchte eine Weile. Dazu musste ich ihn mit der Hebevorrichtung auf den Toilettenstuhl heben. Allein das konnte schon mal eine Viertelstunde dauern. Obwohl das alles sehr mühsam war, empfand ich nie Selbstmitleid, sondern nur Bedauern für Mike. Mein armer geliebter Bruder. Alles war für ihn zu einer unfassbaren Anstrengung geworden.

Ich konnte mich nicht beschweren, und es wäre mir auch im Traum nicht eingefallen. Selbst wenn ich noch so gestresst war, mich die Angst zuweilen fast überwältigte und es mir sehr schwerfiel, weiterhin positiv zu bleiben, war es doch nicht ich, der die Maske trug, auf diesem Stuhl festsaß und ständig Schmerzen hatte. Mike bekam auch jeden Tag Injektionen gegen Venenthrombosen. Im Hospiz waren seine Beine angeschwollen und man hatte eine Ultraschalluntersuchung gemacht. Damals wusste ich noch nicht, wie man Thrombosen behandelte, Mike jedoch schon. Und er hatte Angst vor dem

Ergebnis der Untersuchung. Bedauerlicherweise wurden dabei tatsächlich Gerinnsel gefunden, und er kam sehr niedergeschlagen zurück, weil er nun die Gewissheit hatte, dass er für den Rest seines Lebens jeden Tag eine Spritze bekommen musste.

Das ist eine lange Nadel, die in den Bauch gestochen wird. Wie ich ja bereits erwähnte, hatte Mike große Angst vor Nadeln. Ich lernte, wie ich ihm die Spritze geben musste, und machte das so gut wie jeden Tag (manchmal übernahm Laura diese Aufgabe), wobei ich versuchte, nicht immer dieselbe Stelle zu nehmen, da sich das Fleisch dort sonst verhärtet hätte. Mike gewöhnte sich nie daran; ihm brach allein beim Gedanken an die Spritze jedes Mal der kalte Schweiß aus. Wie sollte es auch anders sein? Das war im Grunde genommen so, als hätte mir Mike jeden Tag eine Spinne in die Hand gedrückt.

Sobald Mike versorgt war und bequem vor dem Fernseher saß, schlüpfte ich mit einem Kaffee und einer Zigarette aus dem Haus und behielt ihn durch das Wohnzimmerfenster halbwegs im Auge. Es dauerte nicht lange, bis ein immer größeres Venn-Diagramm aus dunklen Ringen auf dem Fensterbrett erschien, weil ich da immer meine Kaffeetasse abstellte. Ich spielte beim Rauchen hirnlos Candy Crush, bis ich eine Bewegung im Haus bemerkte, woraufhin ich sofort losrannte und Mike fragte, was er brauchte.

Ich hätte in dieser Zeit auch etwas Produktiveres tun und beispielsweise eine neue Sprache erlernen können. Irgendetwas anderes als Candy Crush. Nach einer Weile taten mir die Daumen weh, und Mike verdrehte die Augen, weil ich so kindisch war. Aber darum ging es doch gerade. Ich musste nicht nachdenken. Das war meine Auszeit, ein paar Augenblicke, in denen ich das Hirn einfach ausschalten konnte.

Zu jener Zeit kochte ich Mike ständig Suppen. Damit hatte ich während seines Hospizaufenthalts angefangen, aber in Nummer 1 erreichte das Ganze eine neue Dimension. Ich fuhr regelmäßig zu einem Hofladen in der Nähe, der eine gute Auswahl an leckeren biologischen Produkten hatte und bei dem man gut Lebensmittel für Menschen mit besonderem Speiseplan kaufen konnte. Mike und Laura bestellten online andere Zutaten, die ebenso für Geschmack wie für eine Verbesserung der Gesundheit sorgen sollten. Feste Nahrung gab es nicht mehr. Selbst den Zwieback, den Mike zum Frühstück aß, mussten wir zerkleinern und fein säuberlich in eine Flüssigkeit sieben. Anfangs hatte ich ihn einfach nur in etwas getränkt, aber selbst der kleinste Krümel reizte Mikes Kehle bereits. Bei der Suppe war es genauso, ich musste sie durchsieben und verdünnen, bis ich eine Flüssigkeit bekam, die sich leicht schlucken ließ. Doch Mikes Geschmacksnerven funktionierten noch einwandfrei, und er mochte unterschiedliche Geschmacksrichtungen. Ich beobachtete ihn beim Füttern nervös und besorgt, weil er sich jeden Moment verschlucken konnte. Und wenn ich in der Küche stand und seine Suppen zubereitete, machte ich alle zwei Minuten eine Pause, um einen Blick ins Wohnzimmer zu werfen.

Claire kam einmal die Woche vorbei und massierte Mike, und zwischendurch versuchten wir uns an dem, was sie uns gezeigt hatte. In ruhigen Momenten fragte ich Mike manchmal, ob er Lust auf eine Fußmassage habe. Dann nahm ich die Decke von seinen Beinen, zog ihm die Schuhe, die dicken Wandersocken und die Kompressionsstrümpfe aus und rieb seine Haut mit biologischem Kokosöl ein. Manchmal musste er mittendrin umgesetzt werden. Dann stürmte ich los und wusch mir die Hände, um die Hebevorrichtung einzusetzen und ihn in eine bequemere Position zu bringen, bevor ich die Massage fortsetzte.

Dad war morgens meist schon vor mir da. Im Allgemeinen verbrachte ich die Tage mit Mike und blieb oft bis 21 Uhr, danach übernahm Laura die Nachtschicht. Dass Dad oft vor mir kam, gab ihr Gelegenheit, sich noch ein bisschen schlafen zu legen. Häufig betrat ich das Haus und sah Dad bei Mike sitzen und ihm sanft die Hände massieren. Das war gleichzeitig herz-ergreifend und brach mir das Herz.

In unserer Familie änderte sich einiges. Vor Mikes Krankheit hatten wir uns nur selten umarmt. Noch viel seltener sagten wir einander, dass wir uns lieb hatten. Wenn jemand auch nur etwas ansatzweise Schmalziges von sich gab, wurde er meist belächelt. Obwohl Mike und ich uns auch früher sehr nahe standen, nahmen wir uns nur selten in den Arm und zeigten einander unsere Zuneigung nicht. All das änderte sich jedoch. Ich kam jeden Morgen zu Mike, legte vorsichtig die Arme um ihn, drückte ihn sanft und sagte ihm, dass ich ihn liebte. Dasselbe machte ich jeden Abend, bevor ich ging.

Edan, der damals elf war, hielt es bei seinen Besuchen genauso. Wir hatten ihm ein Zimmer im Haus mit einem Fernseher und einer Spielekonsole eingerichtet. Er kam vorbei, umarmte seinen Dad und erzählte ihm von seinem Tag in der Schule. Edan ist ein wunderbarer, herzlicher Junge. Er saß bei seinem Dad und massierte ihm die Hände oder rieb seine Beine mit Kokosöl ein, während sie zusammen fernsahen. Mike liebte seinen Sohn und diese gemeinsame Zeit.

So düster dieser Alltag in meiner Beschreibung auch wirken mag, wir versuchten, ihn so normal wie möglich zu gestalten. Wir ließen den Spaß nicht zu kurz kommen. Es gab immer Neckereien, und auch die anstrengenden Aufgaben waren von Humor und albernen Späßen begleitet. Auch wenn ich meine Sorgen und Ängste oft hinter einem Lächeln verbarg, gab es doch immer noch schöne Zeiten. Ich hatte es abends nicht eilig, nach Hause zu kommen, obwohl ich mich erst dort entspannen und ausruhen konnte, bevor alles am nächsten Tag wieder von vorn losging. Häufig saß ich am Abend noch lange bei Mike und sah mit ihm zusammen fern. Wir schauten beide gern Red Bull TV und ergötzten uns an den ganzen Extremsportarten und den Missgeschicken anderer. Man hätte meinen können, Mike hätte keine Lust gehabt, anderen Leuten dabei zuzusehen, wie sie an Dingen Spaß hatten, die er auch gern wieder getan hätte, aber nie wieder tun würde, doch er liebte diese Sendungen. Wie sahen uns Snowboarding, Wakeboarding, Downhill-Rennen und all so was an. Aber wir guckten auch Comedyshows, wie »8 Out of 10 Cats Does Countdown« und »Would I Lie to You?«, und Kochsendungen wie »The Great British Bake Off« und »Man v. Food« ließen uns das Wasser im Mund zusammenlaufen. Ich schätze, wenn sich Mike wieder erholt hätte, wäre er losgezogen und hätte alle möglichen Gerichte gekostet, die er sein Leben lang gemieden hatte. Doch er bekam nie Gelegenheit, in einen fetten amerikanischen Burger zu beißen oder sich mit Pancakes vollzustopfen. Trotzdem schien es ihn eher zu trösten als zu quälen, sich solche Sendungen anzusehen.

Selbst beim Fernsehen behielt ich Mike immer ein bisschen im Auge. Ich fragte ihn ständig, ob er etwas brauchte, hob ihn hoch, richtete seine Kissen oder passte seine Maske an. Und wenn ich aufstand, um nach Hause zu gehen, entschuldigte er sich bei mir, solange er noch reden und beim Ausatmen leise Worte ausstoßen konnte. Er entschuldigte sich dafür, dass ich dort sein musste, bei ihm, mich um ihn kümmern, mich mit ihm abgeben. Und es tat mir jedes Mal in der Seele weh, wenn er das sagte. Ich winkte immer ab. Es gab nichts, wofür er sich entschuldigen musste.

»Was redest du denn da? Ich hatte eine schöne Zeit mit dir«, erwiderte ich dann.

Aber er entschuldigte sich weiter. An den meisten Tagen. Und er dankte mir. Auch seinen Dank wollte ich nicht. Seine Liebe reichte mir.

»Ich liebe dich, Bruder«, sagte ich, bevor ich nach Hause in mein Bett ging.

Zu meinem immer wiederkehrenden Albtraum.

* * *

Die Ice Bucket Challenge, mit der zu jener Zeit auf ALS aufmerksam gemacht werden sollte, war eine Internetsensation. In Amerika wie auch in Deutschland sagt man ALS, amyotrophe Lateralsklerose oder Lou-Gehrig-Krankheit. Lou Gehrig spielte in den 1920er- und 1930er-Jahren für die New York Yankees, und seine Schlagkraft brachte ihm den Spitznamen The Iron Horse ein. Die Krankheit, die später nach ihm benannt wurde, traf ihn mit Mitte dreißig. Er zog sich 1939 im Alter von sechsunddreißig Jahren aus dem Profi-Baseball zurück und starb zwei Jahre später. Als ein anderer Baseballspieler, Pete Frates, ebenfalls daran erkrankte, kam die Idee zur Ice Bucket Challenge auf, um Geld zu sammeln und auf diese Erkrankung aufmerksam zu machen.

Und so beschloss Mike in Nummer 1, dass er ebenfalls mitmachen wollte, obwohl er an den Rollstuhl gefesselt und von einem Beatmungsgerät abhängig war. Ich hatte das nicht einmal in Erwägung gezogen. Man kann jemanden, der an so ein Gerät angeschlossen ist, nicht mit Wasser übergießen. Und der Kälteschock stellte ein Risiko für seinen Körper dar, das wir nicht eingehen wollten. Doch er beharrte darauf. Er wusste, dass der Name Tolkien auffallen und vielleicht für mehr Spenden sorgen würde. Zudem hatten wir das Gefühl, dass viele Leute einfach auf den viralen Zug aufsprangen, ohne wirklich zu verstehen, worum es dabei ging und wofür genau Aufmerksamkeit und Spenden generiert werden sollten. Mike wollte, dass man ihn mit seiner Maske sah und dass man erkannte, wie es war, an ALS zu leiden, um die Aktion auf diese Weise zusätzlich zu unterstützen. Außerdem fand er, dass das für einen guten Lacher sorgen würde.

Es dauerte eine Weile, die Sache zu planen. Wir beschlossen, das Beatmungsgerät an ein Verlängerungskabel zu hängen, damit Mike sich vor der Haustür aufhalten konnte. Das war der sicherste Ort dafür, und wir wollten ihm die Maske abnehmen, während der Eiskübel über ihm ausgeschüttet wurde, um ihn dann schnell abzutrocknen und ihm die Maske wieder aufzusetzen. Zudem beschlossen wir, dass der Eimer voller Eiswürfel statt Eiswasser sein sollte. Die Eiswürfel erzielten ebenfalls den gewünschten Effekt, würden seinen Körper jedoch nicht so sehr belasten wie ein kalter Wasserguss. Wir konnten sie schnell beseitigen und dafür sorgen, dass Mike es wieder warm hatte.

Als der Tag kam, machte ich mich ein bisschen schick. Ich zog ein Sakko und eine Krawatte an und bereitete eine kleine Rede vor. Dann hockte ich mich in den Türrahmen von Nummer 1 neben Mike mit seiner Maske und stellte uns beide vor. Ich brauchte mehrere Versuche. Mike wandte sich mir immer wieder zu, wenn ich seinen Namen sagte, sah mich mit seinen ausdrucksvollen Augen an und riss sie weit auf, womit er mich zum Lachen brachte. Irgendwann schaffte ich es und erklärte, dass Mike ebenfalls an ALS erkrankt war. Dann nahmen wir ihm bei ausgeschalteter Kamera die Maske ab.

Ich schüttete ihm das Eis über den Kopf. Am Eimerboden hatten sich einige Eiswürfel in eisigen Staub verwandelt, der kaum besser als Wasser war. Ich wischte ihm alles sofort vom Kopf, und wir holten ein Handtuch und setzten ihm die Maske wieder auf. Der Schock und die Krämpfe, die man erleidet, wenn man plötzlich in Eiswasser getaucht oder damit übergossen wird, vermitteln einem einen Eindruck von dem Kontrollverlust, den man bei ALS erleidet. Für Mike fühlte es sich also doppelt so schlimm an. Doch abgesehen vom Risiko war es für Mike nicht nur ein aufregendes Erlebnis, sondern auch ein deutlich sichtbares Zeugnis, um ein Bewusstsein für diese Krankheit zu wecken. Er genoss die Aufregung und war nicht einmal auf die Idee gekommen, es könnte für ihn zu traumatisch oder gar gefährlich sein oder er könnte oder sollte dabei nicht mitmachen. Sobald er sich entschieden hatte, stand die Sache fest. Das rief uns allen überdeutlich ins Gedächtnis, wie er vor dieser schrecklichen Krankheit gewesen war.

Als ich an der Reihe war, knöpfte ich mein Jackett zu und wappnete mich für das, was kommen würde. Aber Mike hatte sich etwas ausgedacht. Er hatte Laura in einige Secondhandläden geschickt, damit sie ein Outfit für mich zusammenstellte. Sie drückte mir eine Tüte mit Kleidungsstücken in die Hand und sagte, dass ich mich umziehen solle.

»Mike möchte das so«, spornte mich Laura mit einem fiesen Lachen an. »Du sollst anziehen, was in der Tasche ist.«

Was ich selbstverständlich tat.

Ich tauchte an diesem ohnehin schon kalten Tag in einem dünnen roten Kleid mit falscher rosafarbener Federboa auf und hielt einen Haufen rote Chilis in der Hand, die ich essen sollte.

»Mir ist jetzt schon kalt«, beschwerte ich mich und biss gleich in mehrere Chilis auf einmal. Als sich die Hitze in meinem Mund ausbreitete, warf ich mich in eine alberne Pose und wartete auf den Schock. Story und sein bester Freund Calum leerten drei riesige Eimer mit Eiswasser über mir aus. Mike, der ein Handtuch auf den Schultern hatte und gleich hinter der Türschwelle saß, sodass er kein Wasser abbekommen würde, grinste hinter seiner Maske. Seine Augen strahlten vor Lachen.

Es war ein großartiger Tag. Endlich mal eine Abwechslung in der üblichen Routine. Wir saßen nicht nur in Mikes Wohnzimmer und sahen fern. Für ihn war es fast wie ein Ausflug. Er hatte Spaß, als er die Challenge selbst annahm, verspürte Zufriedenheit darüber, dass er damit etwas bewirken konnte, und amüsierte sich köstlich, während er mir zusah. Wie ich, den Mund voller scharfer Chilis, in einem engen roten Kleid mit Unmengen an Eiswasser übergossen wurde.

* * *

Ich hatte im Vorjahr eine Vorführung des zweiten Hobbit-Films »Smaugs Einöde« – ja, des Filmes, aus dem ich, sehr zu Mikes

Belustigung, rausgeschnitten wurde – zu wohltätigen Zwecken im Theatr Clwyd veranstaltet. Als es wieder Dezember wurde, kam der letzte Teil »Die Schlacht der fünf Heere« raus. Erneut erlaubte man mir, vor dem eigentlichen Start eine Wohltätigkeitspreview zu veranstalten. Anders als im Jahr davor bestand jedoch nicht die geringste Chance, dass Mike daran würde teilnehmen können.

Ich beschloss, eine stille Auktion in die Veranstaltung einzubetten, und machte mich daran, eine Vielzahl interessanter Gegenstände zu besorgen, auf die man bieten konnte. Wir bekamen den Ständer für Sir Ian McKellens falsche Gandalf-Nase, den er signiert hatte. Jonny Duddle, ein Freund von mir, der einige der Harry-Potter-Bücher illustriert hat, gab mir eine unterschriebene Zeichnung von Snape. Ed Sheeran spendete sogar eine signierte Gitarre. Peter Jackson schickte mehrere Szenenbilder der Produktion, die wir als Poster ausdruckten und auf Staffeleien im Foyer ausstellten. Zudem kamen zur Unterstützung Videobotschaften von Peter, Martin Freeman, Orlando Bloom, Luke Evans und anderen. Ich konnte allen Gästen Goodie Bags mit gespendeter Schokolade von Whitakers in Neuseeland, Hobbit-Stiften von Air New Zealand, Merinowollsocken und vielem mehr überreichen. Außerdem spielte eine hiesige Band namens The Joy Formidable ein paar Akustiksongs. Sie kamen später groß raus und gingen sogar mit den Foo Fighters in Amerika auf Tour. Der Abend war ein großer Erfolg, wenngleich einige Gegenstände nicht so viel einbrachten wie erhofft. Mike bot ebenfalls mit und bekam bei einigen Objekten sogar den Zuschlag. Er tat sich mit Laura zusammen und ersteigerte auch die von Ed Sheeran signierte Gitarre, die sie Story zu Weihnachten schenkten.

Als das Weihnachtsfest anstand, konnten wir endlich tun, was wir uns schon lange vorgenommen hatten. Trotz des anfänglichen Pessimismus der Ärzte und Pfleger im Hospiz war

Mike zu Hause und wir würden mit ihm wie geplant Weihnachten in Nummer 1 feiern. Im Allgemeinen kann ich mit Schnickschnack nichts anfangen, aber Weihnachten ist die einzige Zeit des Jahres, in der mich jede Kugel und kitschige Dekoration in Verzückung versetzt. Auch wenn keiner mein Haus während der Weihnachtszeit zu sehen bekommt (im Allgemeinen kommen nicht viele Leute vorbei), verschönere ich jedes Zimmer mit Lichterketten und Weihnachtsschmuck, den ich im Lauf der Jahre gekauft oder geerbt habe. Ich besorge den größten Baum, der ins Zimmer passt, und überhäufe ihn mit Lametta, Kugeln und Weihnachtsschmuck. Das liebe ich!

Mike hat es ebenfalls geliebt, und er wünschte sich ein so funkelndes und kitschiges Weihnachtsfest wie nur möglich. Ich kaufte ihm einen riesigen Baum für sein Wohnzimmer und behängte ihn mit Lichterketten und funkelndem Baumschmuck. Mike besaß diesen einen Meter hohen Kristall mit LED-Lichtern, die ständig die Farbe wechselten und sich in die wunderschönen Farben des Kristalls selbst mischten. Auf dem Kaminsims standen außerdem duftende, flackernde elektrische Kerzen. Wenn der Baum brannte, wurde sein Wohnzimmer zu einer Feengrotte und war in das warme und wunderschöne Leuchten all der sanften Lichter getaucht. Weihnachtlicher ging es einfach nicht mehr.

Ich weiß nicht, ob Mike spürte, dass es sein letztes Weihnachtsfest mit uns sein würde, doch er gab bei den Geschenken einfach alles. Er hatte stundenlang mit Laura vor seinem Laptop gesessen und wohlüberlegte, großzügige Geschenke für die ganze Familie ausgesucht. Am ersten Weihnachtsfest nach seiner Diagnose hatte er mir ein Kettenarmband geschenkt, das leider kurz nach dem Einzug in Nummer 1 kaputtging. Ich bekam ein neues, das ich auch heute noch trage. Story bekam Ed Sheerans signierte Gitarre, und Mike sah glücklich zu, wie Edan seine Geschenke vor dem großartigen Baum auswickelte.

Er empfand so viel Freude dabei, die glücklichen Gesichter der anderen beim Auspacken der Geschenke zu sehen. Leider konnten wir ihm so gut wie nichts von dem schenken, was wir ihm sonst gekauft hätten. Er musste mit praktischen Dingen vorliebnehmen, wie sehr bequemen Schlafanzügen, einem schönen Kissen, einer Decke, neuen Hausschuhen und einem riesigen Tiegel mit biologischem Kokosöl für seine Massagen.

Es war ein wunderschönes und unvergessliches Weihnachtsfest. Im Laufe des Tages kamen einfach alle vorbei. Dad war da, ebenso Mandy mit ihrem Mann und ihren Kindern. Lauras Mom Dolly schaute vorbei. Sie kam ebenso wie Dad häufig morgens zu Besuch, um Laura ein wenig zu entlasten. Ich kochte ein riesiges Weihnachtsessen und auf Mikes speziellen Wunsch eine Sprossensuppe. Am Nachmittag wurde Mike müde, und wir fuhren die Feierlichkeiten ein wenig herunter und sahen uns einen Film an. Trotz der Umstände und der Tatsache, dass Mike weiterhin die regelmäßigen Positionsänderungen im Stuhl, die Injektion, das Reinigen der Maske, den Toilettengang und das Füttern benötigte, war es eines der schönsten Weihnachtsfeste, an die ich mich erinnern kann, denn es war erfüllt von Lachen, Liebe und Glück.

DRACHENGOLD

Ich stand vor dem Roxy-Kino, einem wunderschönen und liebevoll restaurierten Art-déco-Theater auf der Miramar-Halbinsel in Wellington. Seit ein paar Tagen war ich wieder in der Stadt, um die Wohltätigkeitsauktion zugunsten der neuseeländischen MNDA zu leiten.

Zu Beginn der Reise hatte ich diese Idee in Auckland zur Sprache gebracht, um dann in den letzten paar Monaten alles einzusammeln, was sich versteigern ließ. Rob Hamill und Rachel boten einen Tagesausflug auf ihrem Katamaran an. Es standen Bilder von lokalen Künstlern wie meiner Freundin Reiko zur Verfügung, ebenso von Weta-Maskenbildner Gino Acevedo, einem weiteren meiner Freunde. Mein größter Coup und das wichtigste Auktionsgut des Abends war die Ork-Maske, die ich vor gar nicht allzu langer Zeit getragen hatte, um Peter Jackson damit ins Gesicht zu brüllen. Peter von Weta trennte sich für die gute Sache nur zu gern davon und hatte sie sogar extra auf einen speziellen Ständer montieren lassen.

Ich hatte jede Menge Hilfe. Zum Glück. Da ich damit beschäftigt gewesen war, quer durch Neuseeland zu reisen, um Mikes Liste abzuarbeiten, konnte ich die Unterstützung sehr gut gebrauchen. Ich hatte schon seit einiger Zeit mit Jodie

O'Doherty in Verbindung gestanden. Sie arbeitet hier für die MNDA, und bei ihrer Mutter wurde ALS diagnostiziert. Sie war bei der Koordination des Events von unschätzbarem Wert. Ebenso Belindalee, unsere unglaubliche neuseeländische Produzentin und unentbehrliche Hilfe bei der Herstellung des Dokumentarfilms. Auch ohne das großartige Kino The Roxy und die Hilfe von Richard Taylor und seiner Partnerin Tania Rodger, denen es zusammen mit Jamie Selkirk, einem von Peters Geschäftspartnern, gehört, wäre das alles nicht möglich gewesen. An diesem Abend gab es so viele Leute, bei denen ich mich bedanken müsste. Jed Brophy war so freundlich, das Event zu moderieren, und er brachte seine wundervolle Frau Yolande mit. Auch Peter Hambleton, ein weiterer Zwerg aus den »Hobbit«-Filmen, war da, ebenso wie mein Ork-Gesicht-Bruder Shane Rangi.

Ja, ich musste eine Rede halten. Und nein, ich hatte nichts vorbereitet. Ich stand einfach draußen, rauchte eine Zigarette und freute mich, dass meine Begleiterin Jesse bei mir war. Ich trug einen Anzug, hatte mich rausgeputzt und war bereit, Geld zu sammeln.

Ja, ich weiß. Ich hatte das »Date« erwähnt. Kommen wir noch mal darauf zurück.

Erinnern Sie sich an meinen Auftritt als Stand-up-Comedian hier in Wellington? Wissen Sie noch, dass ich dabei auch ein Date und Tinder erwähnt habe und nach meinen wenigen Minuten des erniedrigenden Ruhms wegmusste, weil ich verabredet war? Tja, Jesse war dieses Date.

Das muss ich vermutlich erklären. Ich hatte seit Jahren keine Beziehung mehr gehabt. Seit sehr vielen Jahren. Während Mikes Krankheit fehlte mir nicht nur die Zeit dazu, ich hatte auch gar kein Interesse an einer intimen oder anderweitigen Beziehung. Und nach seinem Tod und bis zu dieser Reise, vielleicht bis zu diesem Tag, schien ich nicht dazu in der Lage zu sein, mich auf romantischer Ebene auf jemanden einzulassen. Nach Mikes Verlust fürchtete ich mich vor Nähe, davor, erneut jemanden zu verlieren oder auch nur eine Beziehung aufgeben zu müssen. Ich war irgendwie völlig raus.

Aber diese Reise, diese Odyssee durch Neuseeland, bot mir die Gelegenheit, nach vorn zu blicken. Als ich hierherkam, war ich ansatzweise bereit, wieder jemanden kennenzulernen. Ich war fast so weit. Zaghaft, aber auf dem richtigen Weg. Ich schaute mich auf Tinder um, nicht aus schäbigen Gründen, sondern weil es mir leichter fiel, als eine richtige Unterhaltung zu führen. Jemanden persönlich zu treffen, kam mir noch immer wie eine Herausforderung vor, aber der Filter der anfänglichen Kontaktaufnahme per Text schien mir ein sicherer Weg zu sein, um den Mut zu finden, mich – jedenfalls ein bisschen – einem fremden Menschen zu öffnen.

Nachdem wir also einen Haufen Nachrichten ausgetauscht hatten, beschlossen wir, uns zu treffen. Und es lief gut. Sie ist witzig, engagiert, ehrgeizig, wunderschön und eine gute Gesprächspartnerin. Es war seltsam, aber auch erfrischend, Zeit mit jemandem zu verbringen, der nichts mit der Bucket List oder dem Dokumentarfilm zu tun hatte, die in letzter Zeit fast mein ganzes Leben bestimmt hatten. Wir plauderten und lachten und beendeten den Abend mit einem Kuss. Kurz darauf reiste ich zur Südinsel und dachte schon, das sei es gewesen, aber wir schrieben uns weiterhin. Nach meiner Rückkehr aus Christchurch trafen wir uns erneut, und es war noch schöner. Ich will jetzt nicht arrogant erscheinen, aber sie hier bei mir und meinen Freunden und Bekannten zu haben, bei einem Abend, an dem es eigentlich nur um Mike ging – das war für mich eine große Sache. Noch vor ein paar Monaten hätte ich mir nicht vorstellen können, die selbst errichteten Barrieren lange genug herabzulassen, um jemanden in diesen Teil meines Lebens einzubeziehen. Aber bei ihr habe ich es getan. Das war ein wichtiger Schritt für mich.

Ich bin stolz auf mich. Ich war stolz, an diesem Abend mit Jesse dort zu sein, und ich war stolz, dass dieser Abend überhaupt zustande gekommen war. Die Unterstützung sowohl der MNDA als auch der Filmemacher hier, von denen viele enge Freunde sind, war überwältigend. Ich war wieder in der Lage, eine Rede zu halten, und wollte allen danken. Das Interesse war unglaublich, weitaus größer, als ich zu hoffen gewagt hätte. Ich war zuvor schon mal draußen gewesen und hatte nach dem Reingehen darüber gestaunt, wie viele Leute immer noch eintrafen. Es war rappelvoll.

Nachdem ich eine Weile mit Jed und Shane geplaudert hatte, bemerkte ich einen Mann im Rollstuhl inmitten seiner Familie. Ich wusste sofort, dass er an ALS litt und wollte mit ihm sprechen. Sein Name war Mike. Natürlich hieß er so. Es fällt mir sowieso schon schwer, mit Menschen zu reden, die Mike heißen, und er hatte auch noch dieselbe Krankheit, der mein Bruder erlegen war. Bei dem Treffen mit Claire in Christchurch hatte ich meine Besorgnis in Bezug auf Gespräche mit Erkrankten überwunden, daher wollte ich mir die Gelegenheit nicht entgehen lassen, auch mit diesem Mann zu sprechen. Ich wusste, welche Anstrengung es ihn in seiner Situation gekostet hatte, hierherzukommen, und wie schwer es für ihn vermutlich unter all diesen gesunden Menschen war. Daher wollte ich umso mehr, dass er sich willkommen und gut fühlte. Ich wollte mit ihm sprechen. Ich musste mit ihm reden. Ich ging hinüber, entschuldigte mich für die Störung und stellte mich vor. Um Verwirrung zu vermeiden, werde ich von jetzt an seinen vollen Namen Michael verwenden.

Ich hockte mich neben seinen Rollstuhl und unterhielt mich fast eine Stunde lang mit Michael. Er lächelte viel und war ein witziger, angenehmer Mann, der sich offensichtlich freute, hier zu sein. Er genoss es sehr, und seine Familie war sehr freundlich und ging äußerst liebevoll mit ihm um. Es war herzerwärmend vertraut, sie so mit ihm zu sehen. Irgendwann entschuldigte ich mich, weil die Auktion bald anfangen würde, und sagte, ich wolle noch schnell eine rauchen gehen. Michael lachte. Wie sich herausstellte, war er früher selbst starker Raucher gewesen und kicherte neidisch, weil er die schlechte Angewohnheit, die er überaus genossen hatte, aufgrund der Krankheit hatte aufgeben müssen. Er gönnte mir jedoch den Genuss.

»Es geht los, Royd«, rief man mich dann hinein.

* * *

Ich nahm das Mikrofon entgegen und war bereit, meine nicht vorbereitete Rede zu halten.

»Ich muss mich bei meinem Bruder bedanken, der all das in Bewegung gesetzt hat. Er hat mich auf diese Reise geschickt, und ohne ihn und das entsetzliche Leid, das er durchmachen musste und das auch viele andere Menschen durchmachen, wäre mir nie bewusst geworden, wie wichtig manche Dinge sind.«

Familie. Unterstützung. Liebe. Eine positive Einstellung.

»Geht einfach raus und bewirkt etwas. Ändert was. Genießt das Leben. Mein Bruder hat das Leben genossen, trotz allem, was er durchmachen musste.« Ich sah, dass mich Michael, den ich eine Stunde vorher kennengelernt hatte, mit breitem Lächeln ansah. Inspiriert von ihm und den Erinnerungen an meinen Bruder, fuhr ich fort. Ich wollte inspirieren. Ich hoffte, dass es ihn nicht störte, aber ich wollte auch auf Michael und seine Familie aufmerksam machen. Daher zeigte ich auf ihn. Dass er an diesem Abend hier war, genau um so etwas ging es hier doch.

»Es bricht mir das Herz, aber es wird auch gleichzeitig wieder geheilt, wenn ich Menschen wie Sie kennenlerne.« Ich sah beim Reden in sein fröhliches Gesicht. Ich sprach direkt zu ihm. »Und wenn ich Menschen wie Ihnen begegne, weiß ich wieder, warum ich all das hier mache.«

Und genauso ist es auch.

Ich sagte noch ein paar Worte und überließ danach Jed und der Auktion die Bühne, um mich neben Michaels Rollstuhl zu hocken. Michael hatte sich in den Kopf gesetzt, ein Stück geklautes Drachengold zu erobern, das Jed zur Auktion beigesteuert hatte. Ein solches Stück hatte Jed auch mir gegeben, und ich hatte es in Mikes Sarg gelegt.

Als es so weit war, gab ich Jed einen Wink, und wir sorgten dafür, dass Michael die Auktion gewann.

* * *

Dieser Abend im Roxy ist noch keinen Monat her, und ich bin auf dem Rückweg nach Wellington. Ich komme von einer Beerdigung. Michael, den ich bei der Auktion kennengelernt habe, ist vor wenigen Tagen gestorben.

Ich konnte es zuerst nicht glauben. Okay, er hatte im Rollstuhl gesessen, aber dennoch so aufgeweckt gewirkt. Er hatte gelächelt und sich gefreut, dabei zu sein. Das ist das Tückische an ALS, dass einen der Körper einfach im Stich lässt. Michaels Verstand war noch so hellwach, wie er es vermutlich schon immer gewesen war. Vielleicht sogar noch wacher. Seine Augen waren voller Leben. Und als ich an diesem Abend mit ihm sprach, war das auch alles, was ich registrierte. Ich übersah die verheerenden Auswirkungen, die die Krankheit bereits auf seinen Körper gehabt hatte. Daher war ich schockiert über seinen Tod. Schockiert und bestürzt.

Ich meldete mich bei der Familie und erkundigte mich respektvoll, ob es in Ordnung sei, wenn ich zur Beerdigung käme. Dabei war ich mir nicht mal sicher, wie ich das überstehen würde, da die letzte Trauerfeier, die ich besucht hatte, Mikes gewesen war. Ich wollte dort nicht einfach zusammenbrechen, weil mich die Trauer um Mike übermannte und die Erinnerungen an seine Trauerfeier plötzlich übermächtig wurden. Aber ich wollte hingehen. Jed ging es genauso, als er davon erfuhr. Er hatte an diesem Abend ebenfalls lange mit Michael gesprochen und war ein aktiver Unterstützer der MNDA in Neuseeland, daher verspürte er denselben starken Drang, diesem Mann die letzte Ehre zu erweisen. Die Familie hatte nichts dagegen. Seine Verwandten erzählten mir, wie sehr Michael diesen Abend im Roxy genossen hatte. Also fuhren wir hin.

Es waren wahnsinnig viele Gäste dort. Michael war ein beliebter Mann gewesen, der offensichtlich das Leben vieler berührt hatte. Ich unterhielt mich lange mit seinen Verwandten und erfuhr eine Menge über den Menschen, den sie verloren hatten. Es gelang mir, meine Gefühle unter Kontrolle zu halten, und ich fühlte mich geehrt, einen wunderbaren Mann, dem ich nur einmal begegnet war, auf seinem letzten Weg zu begleiten.

Auf der Rückfahrt nach Wellington bin ich innerlich zerrissen. All die Emotionen, die ich während der Beerdigung unterdrückt habe, kommen an die Oberfläche. Ich erinnere mich an die Zeit nach Mikes Tod. Ich spüre erneut diese entsetzliche Leere in mir. Und ich trauere mit Michaels Familie, weil ich genau weiß, was sie jetzt durchmacht und was sie noch durchmachen wird. Es geht nicht nur darum, einen geliebten Menschen zu verlieren. Da ist dieses an einem nagende Nichts, als wäre einem die Seele aus dem Leib gerissen worden. Es ist nicht nur die Abwesenheit des Vaters, Bruders, Sohns, Ehemannes oder Freundes. Es ist die Lücke, die zurückbleibt, wenn diese Person nicht mehr da ist, für die man tagein, tagaus gesorgt hat. Das absolute Vakuum an Fokus. An Sinn. Die Angehörigen werden sich vollkommen verloren fühlen, so wie es mir noch lange Zeit nach Mikes Tod ging. Perverserweise werden sie das vermissen und sich nach dem sehnen, was sie jeden Tag zum Aufstehen angetrieben hat, während Michael krank war: die Gelegenheit, sich um jemanden zu kümmern, den man liebt.

Das ist ein entsetzlich perfekter Schwebezustand, ein absoluter Stillstand der Gefühle.

Ich bin dankbar, dass mir Mike den Fokus auf diese Bucket List gegeben hat. Sie ist mein Weg aus diesem Zustand heraus. Ich muss die Liste abschließen und den Weg zurück ins Leben finden.

POUNAMU

Im Laufe dieser Reise wurde mir enthüllt, dass sich in dieser epischen Litanei von Aufgaben, die in mir die ganze Bandbreite menschlicher Gefühle – von Panik bis Nachdenklichkeit, von Trauer bis Freude – ausgelöst haben, eine Lücke befindet. Ein Loch. Ein fehlendes Stück. Eine Nummer, die keine Anweisung von Mike enthält. Eine Stelle auf der Bucket List, die er aus Zeitgründen nicht mehr füllen konnte. Oder hat er es mir überlassen, diese Lücke zu schließen?

In Queenstown lud ich die Zuschauer während eines Interviews für die Sendung »Seven Sharp« am Ufer des Lake Wakatipu dazu ein, mir Ideen für diese offene Aufgabe zu schicken. Ich wollte etwas, das stark mit Neuseeland in Verbindung steht. Trotz einer ganzen Reihe von Vorschlägen, darunter natürlich auch die üblichen Extremsportarten und Kiwi-Verrücktheiten wie Schafescheren, entschied ich mich für eine Idee von Shai, meinem Partner beim Gleitschirmfliegen.

Einen Greenstone bearbeiten.

Wie sich herausstellt, ist Greenstone oder Pounamu, wie die Maori sagen, fast ausschließlich an der Westküste der Südinsel zu finden. Die Maori trotzten einst den Sandflies des Fiordlands, um die Steine zu sammeln und daraus Werkzeuge und Schmuck herzustellen. Die Schmucksteine wurden dabei stark vom Mana, der spirituellen Lebenskraft des Bearbeiters, durchdrungen.

Aber ich bin wieder in Wellington und weit entfernt vom Fiordland und der Westküste. Und auch von der Südinsel. Das stellt jedoch kein Problem dar, denn ich lernte Owen Mapp und seine Frau Hanne kennen. Sie leben in Palmerston North, einer Stadt nördlich von Wellington, die nur wenige Fahrstunden davon entfernt ist, stellen dort Schmuck her und lehren an der örtlichen Universität.

Owen arbeitet zwar hauptsächlich mit Knochen, ist aber auch ein Experte für Greenstone. »Das ist Jade«, korrigiert er mich. »Greenstone ist nur der Name, den wir verwenden, um die Steine an Touristen zu verkaufen.« Owen ist über siebzig und arbeitet schon sein ganzes Leben lang mit Jade, daher weiß er, wovon er redet. Er hat hier in seinem Haus eine Werkstatt und eine beeindruckende Sammlung von Knochen und Steinen. In seinem Haus und auf seinen Werkbänken stapeln sich die Materialien, mit denen er arbeitet und die er liebt.

Wir sitzen an einem Tisch, und ich erkläre Owen, warum ich hier bin. Ich erzähle ihm von Mike. Vom Dokumentarfilm. Ich habe schon eine Idee, was ich machen möchte: zwei Anhänger, die zusammenpassen; zwei Hälften eines Ganzen. So könnte ich Edan etwas schenken, was ihn und seinen Dad repräsentiert. Irgendwann in seinem Leben möchte Edan vielleicht jemandem, der ihm viel bedeutet, eine Hälfte davon schenken.

Owen hört mir genau zu. Er stellt sehr viele Fragen über Mike. Über Edan. Über ihre Beziehung. Danach erzählt er mir von Maori-Häuptlingen, die Holzstäbe bei sich trugen, auf denen im Laufe der Zeit immer mehr Schnitzereien von ihrer Herkunft und Geschichte erzählten. Diese Stäbe wurden über Generationen weitergereicht, und jeder neue Häuptling hinterließ seine eigenen Markierungen im Holz. Im fast schon

wortwörtlichen Sinne wurden diese Stäbe zu Familienstamm-
bäumen. Sie hatten diverse Ausbuchtungen, die für die indivi-
duellen Personen standen.

Wir entschieden uns für ein schlichtes Design aus zwei
rechteckigen Teilen, von denen eins einen Vorsprung und das
andere eine entsprechende Kerbe hatte. Die beiden Teile würden exakt zusammenpassen und zu einem verschmelzen. Eines
stand für Mike, das andere für Edan. Perfekt. Nun muss ich sie
nur noch herstellen. Owen hat einen beachtlichen Vorrat an
Steinen, die er größtenteils geschenkt bekommen hat. Viele davon sind Überreste von anderen Projekten, aber ich brauche nur
ein sehr kleines Stück. Heutzutage kann man keine Jade mehr
sammeln oder tauschen, daher wurden die meisten Schmuckstücke, die man findet, aus alten Beständen hergestellt. Ich
entdecke ein etwa zwölf mal siebeneinhalb Zentimeter großes
Stück, das sich für meine Zwecke eignet, und zeichne die Form
der Anhänger darauf.

Owen führt mich in seine Werkstatt, in der sich all seine
Schneid- und Schleifwerkzeuge befinden, und zeigt mir, wie
man die Schneidmaschine bedient, die Klinge austauscht und
zwischen Schneid-, Schleif- und Poliermaschine wechselt. Er
übernimmt den Anfang und zerschneidet den Stein, doch ich
greife bald ein und bitte darum, es selbst machen zu dürfen.
Schließlich bin ich aus genau diesem Grund hier. Ich setze mich
hin und übernehme. Owen war sich nicht sicher, wie geschickt
ich die Maschine bedienen kann und wie gut ich damit zurecht-
komme. Die Diamantklinge ist ausgesprochen scharf und was-
sergekühlt, und ich bewege sie langsam und vorsichtig an der
Linie entlang. Schon bald ist Owen überzeugt davon, dass ich
den Dreh raushabe, und überlässt mich meiner Aufgabe.

Es dauert eine Weile. Das Schneiden geht langsam voran, ist
jedoch ungemein therapeutisch. Zwischendrin mache ich eine
Pause, in der ich mit Owen und Hanne eine köstliche Mahlzeit

und ein Glas Wein zu mir nehme. Ich genieße jede Minute ihrer Gastfreundschaft und ihrer sehr angenehmen Gesellschaft. Aber ich möchte weitermachen, daher entschuldige ich mich und arbeite noch bis nach Einbruch der Dunkelheit. Sie haben mir freundlicherweise ihr Gästezimmer zur Verfügung gestellt, und ich gehe erst lange nach ihnen schlafen und stehe früh am nächsten Morgen auf, um mich wieder an die Arbeit zu machen.

Es bedarf mehrerer Besuche, bei denen ich stets bei Owen und Hanne übernachte, bis die beiden Teile fertig sind. Ich gestalte eine Seite konvex, die andere konkav und verleihe jedem Rechteck eine schöne, sanfte Rundung. Danach schleife und poliere ich die beiden Teile gründlich, bis sie perfekt ineinanderpassen. Nachdem ich so viel wie nur irgend möglich mit der Maschine gemacht habe, poliere und putze ich die Teile mit der Hand. Owen hat in mir das Bedürfnis nach Perfektion geweckt. Jadeschmuck braucht nun mal so lange, wie er braucht. Er muss perfekt sein. Erst dann ist er wirklich fertig. Erst dann ist er vollständig vom Mana erfüllt.

Als die beiden Teile fertig sind, habe ich noch ein Reststück übrig, das etwa zehn mal zweieinhalb Zentimeter groß ist. Auf irgendeine Weise spricht es zu mir.

»Dürfte ich das auch noch verwenden?«, frage ich Owen. Ich möchte es in fünf kleinere Stücke schneiden, um Anhänger für andere herzustellen. Er hält das für eine wunderbare Idee. Es entstand aus demselben Stein, aus dem auch die Teile für Edan stammen, daher gibt es eine Verbindung zwischen allen Teilen, ebenso wie zwischen den Menschen, denen ich die Schmuckstücke schenken möchte. Ich beschließe, je eins für Dad, Laura, Mandy und ihre Tochter Megan sowie für Jesse zu machen.

Owen stellt mich einem seiner Freunde namens Steve vor, der Experte für Schmuckkordeln und -schnüre ist. Steve demonstriert mir die Bedienung einer besonderen Handmaschine, mit der die Schnüre gedreht werden, und zeigt mir, wie man die winzigen Hornschieber, die sie zieren, zurechtschneidet und mit Schnitzereien verziert. Ich nutze seine Vergrößerungsbrille, um meine Initialen in die Schieber zu ritzen, und lege danach letzte Hand an sämtliche von mir hergestellten Stücke.

Der ganze Vorgang dauert einige Zeit. Ich verbringe insgesamt fast eine Woche bei Steve und insgesamt mindestens zwei Wochen bei Owen und Hanne, verteilt über mehrere Monate. Und ich genieße jede Minute davon. Ich habe all meine Liebe, meine Seele und mein Mana in diese Schmuckstücke einfließen lassen. Nun kann ich sie mit nach Hause nehmen und den Menschen schenken, die ich liebe. Ich kann ihnen ein kleines Stück von dieser verrückten Reise geben, die ich hinter mir habe. Ein kleines Stück von Neuseeland.

Und Edan zudem einen kleinen Teil seines Dads.

Von Mike.

* * *

Mittlerweile ist schon fast Vatertag.

Story hat inzwischen die Leitung des Cafés in Raglan übernommen, aber trotzdem die Zeit gefunden, seinen alten Herrn für ein langes Wochenende in Wellington zu besuchen, und ich könnte nicht glücklicher sein. Ich habe die zusätzliche Zeit hier genossen, Zeit mit meinen Freunden verbracht und ein (für mich) ungewöhnlich aktives Sozialleben geführt. Außerdem bin ich Jesse nähergekommen.

Aber Story erinnert mich auch an etwas anderes … Das Einzige, was ich nicht getan habe, aber hätte tun sollen, ist Schreiben. Das und nicht die aufblühende Beziehung war der eigentliche Grund für meinen längeren Aufenthalt in Neuseeland. Bevor ich herkam, hatten bereits mehrere Verlage Interesse an meiner Geschichte, an Mikes Geschichte, angemeldet.

Daher suchte ich mir einen Agenten. Ich ließ von meinem guten Freund Jonno, dem Mann von Reiko, die auch ein Kunstwerk für die Auktion im Roxy gestiftet hatte, einen Trailer für den Dokumentarfilm zusammenstellen, mit Clips von Mike und mir und einer Erklärung, worum es bei dieser Reise ging. Die Zeitung Metro in London brachte einen Artikel darüber, und man trat wegen eines Buchs an mich heran.

Der Plan war, dass ich mich hier in Wellington ans Schreiben setzen sollte, sobald der Großteil der Bucket List abgeschlossen war. Und es fing auch gut an. Ich fand den perfekten Platz in dem schönen Haus, in dem ich wohne, einen Frühstückstisch in einem Erkerfenster, welches das Morgenlicht auf wunderschöne Weise einfängt. Ich malte mir aus, wie ich dort in den goldenen Sonnenstrahlen sitzen, eine dampfende Tasse Kaffee neben mir, und munter losschreiben würde. Ich kaufte Notizbücher, Bleistifte, Kugelschreiber und bergeweise Haftnotizen. Mein Agent hatte mir geraten, ich solle mich stets fragen, warum ich etwas tat – und zwar bei allem, was ich tat oder schrieb. *Warum* schreibe ich das? Alles musste ein Warum haben. Und so schrieb ich »WARUM?« auf eine Haftnotiz und klebte sie neben mein schönes neues Schreibzeug auf den Tisch. Das war doch schon mal ein guter Anfang. Danach ging ich frühstücken. Und traf mich mit Freunden. An diesem Tag schrieb ich nichts mehr.

Das ist jetzt einige Monate her, und all diese morgendlichen Sonnenstrahlen sind bislang vergeblich durch das Fenster gefallen und haben das Wort »WARUM?« auf der Haftnotiz ausbleichen lassen. Auf einmal geht mir auf, dass ich gar nicht weiß, ob ich wirklich in der Lage bin, dieses Buch zu schreiben. Ich bin einfach zu nah an allem dran. Ich werde auf jeden Fall Hilfe brauchen. Wenn mir nur jemand einfallen würde, der schreiben kann, der Teil dieser Reise war, der die nötige Empathie besitzt und meinen Sinn für Humor, jemanden, der mich vielleicht sogar gefilmt hat und der den Dokumentarfilm schneiden wird …

Wie auch immer.

Ich mache all das mit Story, was ich immer mit Leuten mache, die Wellington nicht kennen. Ich gehe mit ihm ins Chocolate Fish Café. Selbstverständlich. Wir trinken Kaffee und blicken aufs Wasser hinaus, wie Mike und ich es einst getan haben. Wir essen dort einen Happen und erleben den schönsten Sonnenuntergang, den ich je gesehen habe. Der Himmel glüht feuerrot. Ich mache ein Foto davon, das irgendwie nicht real aussieht. Es ist, als hätte ich ein rotes Gel über die Linse laufen lassen. Wir gehen abends aus, treffen uns mit ein paar Freunden und sind ziemlich betrunken, während wir durch die Pubs ziehen.

Am Vatertag fahre ich mit Story am späten Nachmittag die Küste entlang. Wir hatten ein perfektes Wochenende. Schließlich landen wir auf der Halbinsel Miramar in der Nähe von Seatoun auf einer felsigen kleinen Landzunge fernab jeglicher Häuser. Wir gehen an die Spitze, setzen uns und sehen auf die Bucht hinaus. Dort verweilen wir und sagen kaum ein Wort, so wie Mike und ich es getan hätten. Irgendwann entdecken wir einen Wal in der Ferne. Ich hole die Flasche heraus, die ich am Black Sands Beach ins Meer werfen wollte, die Flasche mit dem Kinderfoto von Mike und mir. Ich liebe Umarmungen. Genau die.

Ich sage einige Worte, sehr persönliche Worte, und schleudere die Flasche ins tiefe Wasser hinaus, so weit ich nur kann.

Dann umarme ich Story.

DONNERSCHLAG

Ich rufe Mandy an und bekomme kaum ein Wort heraus, bevor ich in Tränen ausbreche. Ich kann einfach nicht anders. Ich habe eben erfahren, dass ich vielleicht sterben werde.

* * *

Ich habe den Flug gebucht, als ich merkte, dass mein Visum bald ablaufen würde. Das Risiko, zu lange zu bleiben und vielleicht nicht mehr wiederkommen zu dürfen, wollte ich nicht eingehen. Ich brauchte diesen Ansporn, und ich brauchte auch etwas, was mich dazu zwang, weiterzumachen und den ewigen Aufschieber in mir anzutreiben. Schließlich kenne ich die letzte Aufgabe auf der Bucket List und weiß, dass ich dafür Neuseeland, meine Freunde und die Zufriedenheit, die ich hier bei Jesse gefunden habe, aufgeben muss. Endlich genieße ich mein Leben. Und doch möchte ich gehen. Ich bin bereit. Glaube ich.

Ich habe das Beste aus der verbliebenen Zeit mit Jesse gemacht, und mittendrin überkam mich der plötzlichste und unerträglichste Kopfschmerz, den ich je erlebt hatte. Im nächsten Augenblick brach ich auch schon vor lauter Pein zusammen. Die folgende Stunde fühlte sich mein Kopf an, als würde er explodieren. Dann ließ der Schmerz ein wenig nach, ging aber den ganzen Abend nicht wirklich weg. Das war bizarr und unangenehm, aber trotz (und vielleicht gerade wegen) Jesses offensichtlicher Besorgnis tat ich das Ganze als seltsamen Vorfall ab. Nichts, weswegen man sich Sorgen machen müsste.

Nach diesem Erlebnis war ich etwa fünf Tage lang vorsichtig, bevor dasselbe abermals passierte. In einem Augenblick ging es mir gut, besser als gut sogar, und im nächsten ... fühlte es sich an, als würde jemand mit einem Hammer auf meinen Schädel einschlagen. Diesmal hielt der Schmerz mehrere Stunden an und war auch am nächsten Morgen nach dem Aufwachen nicht ganz verschwunden.

Auf Jesses Drängen ging ich zum Arzt. Er maß meinen Blutdruck und führte einige Untersuchungen durch. Danach erklärte er mit besorgt gerunzelter Stirn, dass er eine zweite Meinung bräuchte. Alles schien darauf hinzudeuten, dass ich eine Gehirnblutung hatte, gab er mir vorsichtig zu verstehen. Er rief einen Neurologen im größten Krankenhaus von Wellington an, schilderte die Symptome und was passiert war, und der Ratschlag des Neurologen lautete, einen Krankenwagen zu rufen und mich sofort ins Krankenhaus bringen zu lassen. Man müsse bei mir einen Gehirnscan durchführen, und zwar schnellstmöglich.

Es ging mir zwar wieder gut, doch ich widersprach nicht. Es war offensichtlich wirklich dringend. Den Krankenwagen lehnte ich allerdings ab und fuhr selbst ins Krankenhaus. Als ich dort ankam, wartete der Neurologe bereits auf mich. Die Aufmerksamkeit, die mir zuteilwurde, beunruhigte mich. Man schob mich rasch in einem Rollstuhl in einen Raum und machte eine Computertomografie. Die Kopfschmerzen waren zu diesem Zeitpunkt nur noch leicht und dumpf und bereiteten mir keine großen Sorgen.

Das Scan-Ergebnis war schnell da. Und alles sah ganz normal aus. Wie ich es mir gedacht hatte. Allerdings gab es ein Problem: Anscheinend zeigt ein CT nur eine kürzlich erfolgte

Blutung im Gehirn an. Der erste Vorfall war jedoch schon fast eine Woche her und die Kopfschmerzen nur noch eine Nachwirkung davon. Der Neurologe erklärte mir, dass eine Gehirnblutung nicht ausgeschlossen werden könne und sich der Beweis dafür in meiner Rückenmarksflüssigkeit finden lasse. Was sich nur durch eine Lumbalpunktion überprüfen ließ.

Eine Lumbalpunktion.

Das konnte doch nicht wahr sein! Selbstverständlich erinnerte ich mich an Mikes traumatische Erlebnisse bei dieser Prozedur, ein Mal als Kind mit Verdacht auf Meningitis und ein Mal als Erwachsener vor der offiziellen Diagnose seiner ALS-Erkrankung. Und nun stand ich kurz vor dem Ende von Mikes Bucket List und erfuhr, dass ich mich derselben Untersuchung unterziehen sollte.

»Muss ich das tun?«, fragte ich den Neurologen und die Krankenschwester bedrückt, auch wenn ich die Antwort bereits kannte.

»Natürlich nicht.«

Ich wartete auf das »Aber«.

»Aber dann gehen Sie ein großes Risiko ein.«

Das größte Problem an der Sache war, dass ich einige Tage darauf nach Hause fliegen sollte. In großer Höhe steigt auch der Druck. Falls ich eine Gehirnblutung gehabt hatte, selbst wenn es nur eine sehr kleine gewesen war, konnte sie dadurch erneut ausgelöst werden. Dann würde ich entweder sterben, vermutlich sehr schnell, oder ins Koma fallen. Tod oder Katatonie. Rosige Aussichten also. Mit einer Lumbalpunktion konnte man feststellen, ob es wirklich eine Blutung gegeben hatte. Falls das Ergebnis negativ war, konnte ich fliegen. Andernfalls würde man mich sofort in den OP schieben, um meinen Schädel aufzuschneiden und mir das Leben zu retten. Hoffentlich. Ich wusste nicht mal, wie groß die Chancen waren, diese Operation lebend zu überstehen.

Mir war nur klar, dass ich keine Lumbalpunktion über mich ergehen lassen wollte.

»Könnte ich kurz telefonieren?«, bat ich.

»Selbstverständlich.«

* * *

Mandy sagt, dass ich es tun muss. Wenn ich mich weigere, werde ich möglicherweise sterben, gibt sie mir unverblümt zu verstehen. Ich stimme ihr halbherzig zu und lege auf. Danach wische ich mir die Tränen aus den Augen und rufe Story an.

Er geht nicht ran.

Ich lege auf, da mir klar wird, dass ich ihn eigentlich gar nicht anrufen sollte. Was will ich ihm denn sagen? Es erleichtert mich, dass ich ihm diese Last nicht aufgeladen habe. Er wäre sofort ins Auto gestiegen und wie ein Irrer hergerast. Nur, um bei seiner Ankunft festzustellen, dass es mir entweder gut ginge, ich tot wäre oder gerade operiert werden würde. Doch er kann keine sechsstündige Fahrt mit solchen Sorgen und Ängsten im Kopf gebrauchen.

Als ich Jesse bei der Arbeit anrufe und es ihr mitteile, droht sie damit, sofort loszugehen, um bei mir zu sein.

»Nein, nein, ist schon okay«, spiele ich die Sache herunter. »Mir wird schon nichts passieren. Es ist alles gut.«

Gar nichts ist gut.

Mit den ganzen Telefonaten, Tränen, dem Kettenrauchen und dem Nachdenken muss ich bestimmt vierzig Minuten hier draußen rumgestanden haben. Ich bringe den Mut auf und gehe wieder rein. Der Neurologe und die Krankenschwester stehen noch da, wo ich sie verlassen habe. Sie haben sich nicht gerührt. Sie haben auf mich gewartet.

»Entschuldigen Sie«, murmele ich. »Ich dachte, Sie würden in der Zeit etwas anderes tun.«

»Schon in Ordnung.« Der Neurologe lächelt mich an und hakt nach. »Haben Sie sich entschieden?«

Ich sage ihnen, dass ich die Lumbalpunktion durchführen lassen werde. Er nickt zufrieden. Es ist schon alles vorbereitet. Sie gehen wirklich kein Risiko ein. Nur wenige Augenblicke später liege ich in einem hinten offenen Krankenhaushemd in Embryohaltung auf einem Bett und bekomme eine örtliche Betäubung. Es geschieht wirklich. Ich nehme all meinen Mut zusammen.

Es ist völlig anders als das, was Mike durchmachen musste. Ich spüre keinen Schmerz, da ich, ganz im Gegensatz zu Mike, ein Lokalanästhetikum bekommen habe. Aber ich spüre, wie die dicke Nadel eindringt. Ich fühle sie in mir. In meinem Rückgrat. Das ist ein seltsam hohles Gefühl. Sie entnehmen etwas Flüssigkeit und versorgen die Wunde. Es ist geschafft. Sofort wird die Probe ins Labor gebracht. Ich bleibe allein zurück, noch immer in Embryohaltung, ziehe die Decke eng um mich und bis unter das Kinn und umklammere sie so fest, dass meine Knöchel weiß anlaufen. Dabei muss ich an Mike denken, der das ebenfalls durchlitten hat, und begreife, was er damals empfunden haben muss. Diese lange Reise, auf die er mich geschickt hat, gipfelt am Ende in einer gemeinsamen Erfahrung. Es ist beinahe so, als würde sich ein Kreis schließen. Mir ist bewusst, dass mich vielleicht in wenigen Minuten eine Notoperation meines Gehirns und eine ungewisse Zukunft erwarten. Aber ich verliere mich auch in meinen Erinnerungen. An Mike. An uns.

Die Dämme brechen.

Ich schluchze.

Ich heule wie ein Baby.

* * *

Nur zwanzig Minuten später kommt das Ergebnis. In meiner Rückenmarksflüssigkeit ist kein Blut. Es ist alles in Ordnung. Ich kann nach Hause fliegen.

LEBEWOHL

Nach Weihnachten verschlechterte sich Mikes Zustand. Er wurde schwächer, und der Schmerz in seiner Schulter nahm zu. Inzwischen hielt er es kaum noch ohne Maske aus, selbst wenn es nur eine kurze Zeitspanne war. Wir versuchten, einen Strohhalm seitlich unter die Maske zu schieben, damit er wenigstens genug Flüssigkeit bekam. Des Geschmacks wegen verlangte er nach kaltem Kaffee. Aber er dehydrierte immer mehr, was ihn noch weiter schwächte.

Die Maske mochte für ihn zwar lebenswichtig sein, doch sie hatte auch nachteilige Auswirkungen. Damit sie luftdicht abschloss, musste ich ihn alle paar Tage rasieren. Aber die Flüssigkeit, die sich um seine Mundwinkel ansammelte, und die schwierige Aufgabe, eingewachsene Haare abzurasieren, führten dazu, dass Mike eine Infektion bekam. Er benötigte entzündungshemmende Medikamente für den Arm und die Schulter, Flüssigkeit und Antibiotika.

Normale Ibuprofen konnte er auf keinen Fall nehmen, da er sie nicht zu schlucken vermochte. Er hätte die Kindervariante vermutlich mit Mühe runterbekommen, die jedoch allein aufgrund des hohen Zuckergehalts ausschied. Sein Körper hätte das nicht verkraftet. Wir forschten nach, ob Zäpfchen eine Option waren, denn damit ließen sich Medikamente deutlich einfacher verabreichen. Doch zu jener Zeit wurden Zäpfchen in Großbritannien nicht verschrieben, wie uns Mikes Arzt mitteilte. Ich sprach mit meiner Cousine Rachel in Frankreich, die schockiert war. Sie konnte einfach in eine Apotheke gehen und so gut wie alles, was sie brauchte, auch als Zäpfchen bekommen. Nachdem wir mit dem Arzt im Hospiz gesprochen hatten, stellte sich heraus, dass man auch bei uns Zäpfchen bekommen konnte. Man hatte uns wieder einmal an der Nase herumgeführt.

Sie halfen jedenfalls. Für eine Weile.

Der Flüssigkeitsmangel war weitaus besorgniserregender. Mike hatte so gut wie gar keine Kraft mehr im Hals. Sein Kopf sackte zur Seite und musste ständig mit mehreren Kissen gestützt werden. Ihn mehrmals die Stunde anzuheben und seinen Stuhl anzupassen, wurde zu einer noch komplizierteren Prozedur, da Laura seinen Kopf festhalten musste, während ich ihn hochhob. Er konnte keine Halskrause tragen, da sie ihn gewürgt und sich zu unangenehm auf der Haut angefühlt hätte. Und sie hätte seine Maske beeinträchtigt. Er brauchte dringend Flüssigkeit.

Ich erkundigte mich beim Arzt nach einem Tropf, um ihn intravenös zu versorgen, da es langsam wirklich dringend wurde, und stieß auf Widerstand. Die Ärzte waren anscheinend wieder einmal der Meinung, Mike sei am Ende seines Lebens angelangt und es sei sinnlos, sein Leiden noch künstlich in die Länge zu ziehen. Wir sollten ihn würdevoll gehen lassen. Nein. Einfach nein. Mike litt und hatte schrecklichen Durst. Das Beatmungsgerät entzog ihm ebenfalls Flüssigkeit, und seine Kehle war unangenehm trocken. Er brauchte einfach etwas Wasser. Wir gingen schließlich dazu über, ihm die Lippen unter der Maske mit kleinen Würfeln aus gefrorenem Kaffee einzureiben, damit er wenigstens etwas Feuchtigkeit bekam.

Endlich kam dann eine Krankenschwester mit einer Infusion mit Antibiotika, um etwas gegen die Infektion zu unternehmen.

Trotz der erwarteten Schwierigkeiten, eine nicht kollabierte Vene zu finden, schaffte sie es schließlich, einen Zugang zu legen. Während die Flüssigkeit langsam in seinen Blutkreislauf gelangte, wurde Mike sichtlich lebendiger. Es funktionierte. Erneut fragte ich, ob er einen Beutel mit isotonischer Kochsalzlösung bekommen konnte, wenn die Antibiotika abgesetzt wurden, wo der Zugang schon einmal lag. Die Krankenschwester hatte einen im Wagen, durfte ihn ohne die Zustimmung des Arztes jedoch nicht anbringen. Wir drehten uns im Kreis.

Ich ging hinaus, drückte mir das Telefon ans Ohr und bat flehentlich darum, dass man uns half. »Sie müssen das genehmigen«, wollte ich schreien. »Sie bringen meinen Bruder um!« Es war unbegreiflich, dass man der Krankenschwester, die ja schon hier war, nicht die Genehmigung dazu gab. Irgendwann gelang es mir, den Arzt zu überreden, und ich rannte hinein, um der Krankenschwester die gute Nachricht mitzuteilen.

Auch darauf reagierte Mike gut. Er konnte sogar etwas Flüssigkeit durch einen Strohhalm zu sich nehmen. Ich hatte wieder einmal das Gefühl, er könnte die Kurve kriegen, so wie damals, als wir ihn aus dem Hospiz geholt hatten. Er würde wieder zu Kräften kommen. Er musste nur diese Infektion überwinden und mit Flüssigkeit versorgt werden.

Das Problem bei einer Infusion ist, dass man nicht ewig dieselbe Vene nehmen kann. Die Krankenschwestern mussten den Zugang von Zeit zu Zeit umlegen. Sie wechselten die Seite, nahmen eine andere Vene, versorgten Mike weiter mit Flüssigkeit. Und es ging ihm immer besser. Er war sogar wieder etwas wacher.

* * *

Es war ein Dienstagabend. Ich war etwas länger geblieben als sonst. Als ich Mike umarmte, um mich zu verabschieden, sagte ich »Ich liebe dich, Bruder«, und er fand sogar die Kraft, den

Kopf leicht gegen meinen zu drücken. Ich kam gegen halb neun völlig erschöpft nach Hause. Dann aß ich einen Happen, sah mir etwas Sinnloses im Fernsehen an, um runterzukommen, und schlief ein.

Am nächsten Morgen, einem Mittwoch, war ich wieder einsatzbereit. Ich saß schon in meinem Wagen und wollte die fünfzehnminütige Fahrt von meinem Haus zu Nummer 1 antreten, als ich eine Nachricht von Laura bekam.

Wie schnell kannst du hier sein?

Ich antwortete sofort, dass ich in zehn Minuten da sei, weil ich davon ausging, dass sie eine harte Nacht hinter sich hatte und nur noch schlafen wollte. Ich würde bald bei ihr sein.

Beeil dich, schrieb sie noch. Mir war nicht klar, wie sie das meinte, aber ich vermutete, dass sie bei etwas Hilfe brauchte. Vielleicht musste Mike auf die Toilette. Das schafften wir inzwischen nur noch zu zweit. Was auch immer es für ein Notfall sein mochte, ich gab Gas und fuhr so schnell wie möglich hin. Vor der Tür hielt ich mit quietschenden Reifen und rannte ins Haus.

Laura wartete vor dem Wohnzimmer auf mich. Dad stand mit Story in der Küche. Auch Lauras Mom war da.

»Mike reagiert nicht«, sagte Laura leise.

Ich hatte keine Ahnung, was das bedeuten sollte, bis ich schnellen Schrittes ins Wohnzimmer eilte und Mike sah. Er hatte die Maske auf, das Beatmungsgerät tat, was es tun sollte, und er saß reglos und mit offenen Augen an seinen üblichen Kissenberg gestützt. Mir ging durch den Kopf, dass er möglicherweise noch schlief. Er konnte seit einigen Tagen nicht mehr die Lider schließen und schlief seitdem mit offenen Augen.

»Mike«, sagte ich leise. Dann, etwas lauter: »Mike?« Es sah immer noch danach aus, als würde er nur fest schlafen. Ich rief seinen Namen noch lauter und schrie beinahe. Dann drehte ich mich zu Laura und sah in ihrem Gesicht die Gefühle, die langsam auch in mir aufstiegen.

Angst. Panik.

»Soll ich einen Krankenwagen rufen?«, fragte Laura.

Ich nickte hektisch. »Ja!«

Sie kommen her und machen irgendwas, das ihn aufweckt, sagte ich mir. Ich wusste nicht, was dieses Etwas sein sollte, aber ich war mir sicher, dass sie eine Lösung hätten. Vielleicht einen Tropf oder etwas anderes. Ich wusste es einfach nicht.

Dad muss meine Stimme oder etwas darin gehört haben, etwas in der Art, wie ich »Mike« rief, denn er kam ins Wohnzimmer, und ich sah ihn verzweifelt an. Hilflos. Verängstigt.

»Mike reagiert immer noch nicht«, sagte ich und konnte beobachten, wie die Farbe aus seinem Gesicht wich.

Dad schob mich zur Seite, um zu seinem jüngsten Sohn zu gelangen. »Nein!«, brüllte er fassungslos, als wollte er es nicht wahrhaben. In seiner Stimme schwang unvorstellbarer Schmerz mit. »Mike!«, rief er immer wieder. Wir alle versuchten, Mike zu wecken.

Die Rettungssanitäter kamen schnell. Der Ersthelfer kam herein und strahlte Ruhe und Sicherheit aus. Er stellte knappe, klare Fragen, während er EKD-Sonden an Mike anbrachte und seinen Puls überprüfte, der schwach, aber noch vorhanden war. Mike war noch am Leben. Er war noch da. Der Krankenwagen fuhr lautstark und mit Blaulicht vor.

Sie wollten ihn auf den Boden legen, um ihn besser versorgen zu können. Er saß bereits in der Schlinge, und so legte Laura Decken auf den harten Boden, und ich bewegte die Hebevorrichtung nach oben und ließ ihn dann vom Stuhl nach unten. Danach kniete ich mich hin und hielt Mike in den Armen, während ich ihn weiter herabließ. Aber es fühlte sich nicht richtig an. Mike hatte seit Monaten nicht mehr gerade gelegen. Vielleicht sogar seit einem Jahr. Ich war davon überzeugt, dass es eine sehr schlechte Idee war, seinen Körper zu strecken oder ihn gar lang gestreckt auf den Boden zu legen, selbst wenn die Rettungssanitäter versuchten, so sein Leben zu retten. Mir war klar, dass das nur weitere Verletzungen und Schmerzen nach sich ziehen würde. Es musste einen anderen Weg geben. Das sagte ich dann auch und machte mich daran, Mike wieder in den Rollstuhl zu setzen. Sie würden ihn eben in dieser Position behandeln müssen.

Was sie dann auch taten.

Kurze Zeit.

Dann war er tot.

Ich kam mir vor wie in einem Albtraum, als wären meine schlimmsten Ängste Realität geworden. Ich war am Boden zerstört.

Als ich rausging, um Mandy anzurufen, bekam ich kein Wort über die Lippen. Sie verstand mich trotzdem und kam so schnell her, wie sie nur konnte.

Im Haus lief das Beatmungsgerät noch und versuchte vergeblich, Mike beim Atmen zu helfen. Ich schaltete es aus. Und ich nahm Mikes Maske ab. Irgendwie kam es mir so vor, als würde die Maske ihn bei ausgeschaltetem Gerät ersticken. Das war der entscheidende Moment. Nach der langen Zeit, die er im Hospiz und in Nummer 1 gewesen war, wusste ich, dass die Maske und das Gerät ihn am Leben gehalten hatten. Indem ich es ausschaltete, bestätigte ich, dass er wirklich tot war.

Der Schmerz, den diese Erkenntnis mit sich brachte, war unbeschreiblich.

Story war in all dem Chaos ein Ruhepol. Als ich die Maske abnahm, stand er schweigend da und hatte die Hände leicht auf Mikes Kopf gelegt. Was immer er da für Mike tat, es half mir und gab mir Kraft.

Zwei Leichenbeschauer kamen vorbei. Einer war ungeduldig, als hätte er noch eine lange Liste weiterer Hausbesuche zu absolvieren, aber einer der Polizisten, die ebenfalls aufgetaucht waren, nahm ihn zur Seite und sprach leise mit ihm.

»Nehmen Sie sich so viel Zeit, wie Sie brauchen«, sagte er zu mir, da er wusste, dass wir noch auf Mandy warteten.

Wir verabschiedeten uns nacheinander alle von Mike und waren einen Augenblick mit ihm allein; dann traf auch Mandy ein und tat dasselbe. Ich ging in den Garten, weil ich nicht mit ansehen wollte, wie ihn die Leichenbeschauer wegbrachten. Wir standen alle weinend da, in einem betäubten Schwebezustand, waren geschockt und emotional einfach nicht dazu in der Lage, den eben erlittenen Verlust auch nur ansatzweise zu begreifen. Es schien, als wäre die Zeit stehen geblieben. Wie sollten wir uns je davon erholen?

Es war später Vormittag, als die Leichenbeschauer und die Ersthelfer das Haus verließen. Wir gingen zu Edans Schule und warteten im Büro, während er aus dem Unterricht geholt wurde. Er kam mit einem fragenden Lächeln herein und wunderte sich vermutlich, was wohl passiert war. Ich konnte kaum stehen, geschweige denn sprechen. Es kostete mich meine letzte Kraft, nicht einfach zusammenzubrechen, und ich hatte das Gefühl, ihn im Stich gelassen zu haben.

»Ich muss dir leider mitteilen, dass dein Dad gestorben ist.«

* * *

Laura sagte, es sei eine normale Nacht gewesen, abgesehen davon, dass Mike ständig nach Eiswürfeln verlangt habe. Im Laufe der Stunden hatte er unzählige davon verbraucht. In den frühen Morgenstunden war er für eine Weile still geworden, und sie hatte sich ein wenig ausruhen können. Mike hatte ein Gerät, das zwischen den Körper und den Ellbogen passte und piepte, wenn er dagegendrückte. Das war eine einfache Methode, um uns darauf aufmerksam zu machen, dass er etwas brauchte. Als

Laura früh an diesem Morgen aufwachte, merkte sie, dass sie nicht von einem Piepen geweckt worden war. Aber etwas war anders. Sie erzählte mir, es habe sich angefühlt, als wäre Mikes Gegenwart anders und als würde er tiefer schlafen. Darum hatte sie mir voller Sorge diese Nachricht geschickt.

Sie sagte, Mike habe gewartet, bis ich da war.

Mein Bruder hatte sich von mir verabschieden wollen.

Zu Hause

Neuseeland zu verlassen, tat mir in der Seele weh, aber es schien der richtige Zeitpunkt zu sein. Ich hatte die Zeit dort genossen, doch da mein Visum ablief und nach dem Drama mit den Donnerschlagkopfschmerzen und der Lumbalpunktion wollte ich nur noch nach Hause. Ich verließ Jesse in der Hoffnung, dass unsere aufblühende Beziehung dennoch Bestand haben würde. Schließlich liebe ich Neuseeland und werde bald wieder dort sein. Fernbeziehungen gehen nur selten gut, und weiter entfernt als Neuseeland konnte es kaum sein, aber ich war nicht bereit, meine erste Beziehung seit Jahren aufzugeben.

Ich musste auch Story zurücklassen. Vorerst jedenfalls. Ich flog von Wellington nach Auckland und hatte einige Stunden Aufenthalt, bevor ich in den Flieger nach Los Angeles stieg. Story bot an, von Raglan herzufahren und mich am Flughafen zu treffen, aber ich redete es ihm aus. Mir war klar, dass ein persönlicher Abschied zu bedrückend sein würde. Er hatte sich eingelebt und genoss sein Abenteuer in Neuseeland.

Als ich ihn vom Flughafen in Auckland aus anrief, telefonierten wir lange. So bereit ich auch für die Abreise war, ich sah ihr dennoch mit gemischten Gefühlen entgegen. Die ganze Odyssee durch Neuseeland, all die Abenteuer mit der Bucket

List hatten eine starke emotionale Verbindung zu Mike hergestellt. Und dieses Kapitel ging nun zu Ende. Sosehr ich auch
nach vorn blicken wollte, ich musste auch etwas zurücklassen,
was ich nicht verlieren wollte.

Ich saß wie betäubt im Flugzeug. Air New Zealand hatte
mich großzügigerweise in die Premium Economyclass hochge-
stuft, aber ich war trotzdem sehr deprimiert. Ich wollte mit niemandem reden und den ganzen etwa dreizehnstündigen Flug
lang einfach nur meinen trübseligen Gedanken nachhängen,
um dann dasselbe wieder auf dem elfstündigen Flug von Los
Angeles nach Großbritannien zu tun. Neben mir saß eine junge
Frau, die Kirsty hieß, wie ich bald herausfand. Das Bordpersonal erkundigte sich, ob es ihr gut gehe und ob sie etwas brauche.
Alle waren aufmerksam und fürsorglich, aber Kirsty war offensichtlich nicht glücklich. Es ging ihr nicht gut. Ich fragte mich,
ob sie jemanden verloren hatte, bekam Mitgefühl mit ihr und
wollte ihr helfen und sie trösten.

»Ist alles in Ordnung?«, fragte ich nach einiger Zeit und
beugte mich zu ihr hinüber. Wir hatten unsere Flughöhe
erreicht.

Wie ich gleich darauf erfuhr, saß Kirsty zum ersten Mal in
ihrem Leben in einem Flugzeug. Sie wanderte nach England
aus, weil sie dort einen Job gefunden hatte, und ließ ihre Familie in Neuseeland zurück. Und sie hatte entsetzliche Flug-
angst. Sie kam einfach nicht dagegen an. Ich habe mich auf
diesem und auch auf dem Anschlussflug die ganze Zeit mit
ihr unterhalten und versucht, sie von dem Gedanken abzulenken, dass sie sich fast dreizehn Kilometer über der Erde
in einer großen Metallröhre mit Tragflächen befand. Und das
erwähne ich nicht etwa, weil ich ihr so großmütig geholfen
und versucht habe, ihre Angst zu lindern, sondern weil es im
Grunde genommen sie war, die mir geholfen hat. Während
unserer Unterhaltung vergaß ich meine Trübsinnigkeit und

das Verlustgefühl, und als ich Dad sah, war ich wirklich froh, zu Hause zu sein.

* * *

Dad holt mich nämlich am Flughafen von Manchester ab, und sein markantes Gesicht strahlt vor Freude. Ich umarme ihn und sage ihm, wie sehr er mir gefehlt hat.

»Er läuft noch.« Dad zeigt auf mein Auto, Mikes alten Wagen. »Ich drehe jede Woche eine Runde damit.«

Ich war wirklich lange weg.

»Hast du was dagegen, wenn ich fahre?«, frage ich. Ich habe nichts gegen seinen Fahrstil, sondern will einfach hinter dem Lenkrad sitzen.

»Fahr ruhig, Junge. Aber du musst mir von deiner Reise erzählen.«

»Das mache ich schon noch, aber jetzt will ich erst mal was von dir hören«, erwidere ich. »Was hast du so getrieben?«

»Ach, du weißt schon. Das Übliche.«

Ich möchte mehr über »das Übliche« hören, den Alltag in diesen vielen Monaten, die ich weg gewesen bin. Auf dem Weg nach Chester, zu seinem Haus, rede ich unaufhörlich. Die letzten zwanzig Minuten meiner Reise lege ich allein zurück.

Zu Hause.

Es fühlt sich gut an, wieder in Wales zu sein. Seltsam, aber gut. Ich fühle mich merkwürdig leicht, als wäre mir eine entsetzlich erdrückende Last von den Schultern genommen worden. Die scheinbar endlose Liste von Aufgaben liegt hinter mir. Die Bucket List verbindet mich mit Mike, und es macht mich traurig, dass sie fast abgeschlossen ist, aber es schenkt mir auch Freiheit. Ich bin glücklich, dass ich Mikes Wünsche erfüllt habe, und viel glücklicher als zu Beginn der Reise, als die Angst vor dem, was vor mir lag, und zugleich das intensive Verlangen,

Mike stolz zu machen, schwer auf mir lasteten. Ich war sechs Monate weg, aber die unveränderte Vertrautheit der Straßen, die mich nach Hause bringen, tröstet mich und heißt mich willkommen. Die Sonne scheint durch die Windschutzscheibe, als ich in die schmale Straße einbiege, die zu meinem Haus führt, und mir geht das Herz auf. Auch wenn ich das Gefühl hatte, Mike beim Verlassen von Neuseeland irgendwie dort zurückzulassen, ist er doch auch hier.

Ich habe eine Art Mike-Schrein in meinem Haus. Nach seinem Tod wollte ich zunächst nichts von seinen Sachen haben. Wir standen vor der Aufgabe, Nummer 1 durchzugehen und zu entscheiden, was wir mit allem machen wollten. Aber ich wollte nichts davon sehen. Ich wollte die Kissen nicht sehen, die seinen Kopf gestützt hatten, oder die schwarzen Neuseelandschals, mit denen ich seinen Arm an die Hebevorrichtung gebunden hatte, als er am Tropf hing, damit er weiterhin hochgehalten wurde. Zu jener Zeit schien mir alles zu sehr mit schmerzhaften Erinnerungen belastet zu sein. Und ich wollte mich nicht erinnern. Nicht zu jener Zeit. Zum Glück hatten wir beim Ausräumen seines Hauses keine Eile. Als wir zu einem späteren Zeitpunkt wieder zurückkehrten, stellte ich fest, dass ich auf jeden Fall einige der Dinge behalten wollte. Ich unterdrückte meine Trauer um ihn und verdrängte jeden Gedanken daran, dass es Andenken sein würden. Als ich durch das Haus ging, wurde mir jedoch bewusst, dass ich mich der Trauer stellen musste. Ich musste in der Lage sein, leblose Objekte zu betrachten und sie nicht nur als schmerzhafte Erinnerungen anzusehen, sondern als Teile von Mike, die mich für immer an glücklichere Zeiten erinnern würden, zu denen er noch hier war. Heute sind sie in einem Zimmer im Erdgeschoss, und ich sage ihm jeden Tag Guten Morgen. Und Gute Nacht. Und Tschüss. Und Hallo. Und wenn ich mich ein wenig verloren fühle und ihn zu sehr vermisse, umarme ich eins der Kissen, auf die er einst den Kopf gestützt hat. Das hilft mir.

Ich drücke die Tür auf und atme die staubige Luft meines Hauses ein, das viel zu lange leer gestanden hat. Ich bin zu Hause. Und Mike ist hier und wartet auf mich. Ich gehe zu seinem Schrein, sage Hallo und bleibe eine Ewigkeit dort. Darauf stehen auch einige Fotos, auf denen er mich angrinst. Da sind seine Hundemarken von unseren Norwegenurlauben, seine Ringe und Ketten und der Skarabäus, den Dad ihm geschenkt hat. Dort liegt der Umschlag mit dem Vergissmeinnichtsamen, den jeder bei seiner Beerdigung bekommen hat und der in allen Ecken der Welt ausgesät wurde. Die Bilder, die er gedruckt hat, hängen in meinem Haus an den Wänden. Und ich habe noch ein wenig von seiner Asche.

Mir war wichtig, dass ich früh genug nach Hause komme, um das Gepäck rasch abstellen und dann zum Moel Famau fahren zu können, wo wir den Großteil von Mikes Asche verstreut haben. Vor meiner Abreise nach Neuseeland war ich jeden Tag auf dem Berg, um Zeit mit ihm zu verbringen, und jetzt will ich auch dorthin.

Es ist keine lange Fahrt, und auch jetzt tut mir die Vertrautheit der Straßen gut. Ich parke auf dem Parkplatz und nehme Mike die zwei Pfund nicht übel, die mich das kostet, um dann den ausgetretenen Weg den Berg hinauf einzuschlagen und anschließend auf den versteckten Wegen zu unserem besonderen Ort zu gehen. Dann sitze ich im Sonnenlicht, das durch das Blätterdach dringt, unter dem Baum, wo wir seine Asche verstreut haben, und schenke mir einen Kaffee aus der Thermoskanne ein. Es ist ruhig. Friedlich. Ich sitze ein oder zwei Stunden hier und lächle, muss mir aber auch hin und wieder eine Träne wegwischen, während ich an das letzte halbe Jahr zurückdenke.

Auf gewisse Weise ist es fast so, als wäre ich nie fort gewesen. Alles ist noch genauso wie am Tag meiner Abreise. Es scheint, als hätte ich geblinzelt und mir diese epische Reise nur vorgestellt, ohne je weg gewesen zu sein. Und doch ist einiges anders. Ich habe mich verändert. Da ist ein merkwürdiges Gefühl, das ich seit einer Ewigkeit nicht mehr gespürt habe. Es könnte Zufriedenheit sein. Ich bin im Reinen mit mir. Und es kommt mir vor, als hätte ich etwas vollbracht, etwas erreicht. Mike hat mich gebeten, all diese Dinge zu tun, und ich habe sie getan. Für ihn. Und für mich. So gern ich auch hierherkomme und die friedliche Stimmung des Moel Famau spüre, ich werde doch keine tägliche Pilgerfahrt mehr daraus machen. Das kann ich auch gar nicht. Ich muss nach vorn blicken. Es reicht mir zu wissen, dass der Berg da ist und dass Mike da ist.

»Ich danke dir«, flüstere ich, als die Sonne einen Augenblick heller scheint. »Und du fehlst mir, Mike.«

* * *

Jesse schrieb mir, um mir mitzuteilen, dass es nicht funktionieren würde. Das hätte mich eigentlich nicht überraschen dürfen. Uns trennten fast zwanzigtausend Kilometer und zwölf Stunden. Ihr Morgen ist mein Abend. Mein Tag ist ihre Nacht. Ich hätte es kommen sehen müssen. In den letzten Wochen in Neuseeland war sie ein bisschen auf Distanz gegangen. Bestimmt hatte sie damals schon erkannt – möglicherweise auch nur unbewusst –, wie schnell ihr nach einer kurzen Gewissensprüfung klar werden würde, dass eine Beziehung eine echte Herausforderung darstellt, wenn man auf entgegengesetzten Seiten der Welt lebt.

Wahrscheinlich war ich von dem unvertrauten, aber wundervollen Gefühl geblendet, mich weit genug geöffnet zu haben, um jemanden an mich heranzulassen. Zum ersten Mal seit Jahren. Ich hatte unbekümmert erklärt, ich würde einen Weg finden, damit es funktionierte, aber nicht etwa, weil ich felsenfest davon ausging, dass es möglich war, sondern weil ich nicht verlieren wollte, was ich gerade erst wiedergefunden hatte: eine Verbindung zu einem anderen Menschen.

Daher traf mich ihre Entscheidung, die Sache zu beenden, schwer. Obwohl ich froh war, wieder zu Hause zu sein, und auf dem Berg Zufriedenheit und Frieden empfunden hatte, war ich noch lange nicht emotional genesen. Die letzten sechs Monate hatten sich als lehrreich, aber auch sehr anstrengend herausgestellt. Ich hatte mich meiner Trauer um Mike gestellt und einige Dämonen überwunden, doch es tat natürlich immer noch weh. Ich fühlte mich verloren. Und ich weinte. Ich verfluchte mich dafür, so dumm gewesen zu sein, eine Beziehung einzugehen und mich zu öffnen und verletzlich zu machen. Der Grund, warum ich davor zurückschrecke, andere in mein Leben und in mein Herz zu lassen, ist die Angst, Menschen wieder zu verlieren.

Allerdings hatte sie recht. Es hätte nie funktioniert. Und wenn ich jetzt, einige Wochen nach dem schweren Schlag, den mir die Trennung versetzte, zurückblicke, muss ich ehrlich zugeben, dass ich nichts bereue. Ja, der Verlust tut sehr weh, aber die Erfahrung war letztendlich nur zu meinem Vorteil. Sie hat es mir ermöglicht, den Trübsinn hinter mir zu lassen. Sie hat mich aus dem Trott geholt. Ihretwegen bin ich aus mir herausgegangen und wurde geselliger und offener. Vielleicht, nur vielleicht, hat sie mir auch dabei geholfen, endlich zu erkennen, dass zu lieben und geliebt zu werden, das Risiko eines potenziellen Verlusts wert ist.

Im Nebel die Tränen

Ich wusste immer, dass es in Peru enden würde. Mike hat sich mehr als alles auf der Welt gewünscht, hierherzukommen. Und er wollte Machu Picchu sehen. Einer seiner Freunde war einst dort gewesen und hatte in Mike eine Faszination ausgelöst, die sein ganzes Erwachsenenleben lang anhielt. Doch er ist nie hergekommen. Jedenfalls nicht körperlich. Aber jetzt ist er bei mir, ein Teil seiner Asche, sorgfältig verstaut in dem Holzkästchen, das ich um den Hals trage.

Nachdem ich vor ein paar Tagen in Cusco gelandet war, trat ich aus dem Flughafengebäude in die Atemlosigkeit hinaus, die einen auf einer Höhe von fast dreieinhalbtausend Metern erfasst, und fuhr mit einem Taxi ins Hotel. Ich wurde mit einer heißen Tasse Koka-Tee empfangen, der aus Kokablättern gekocht wird und die Höhenkrankheit abmildern soll. Ob er gewirkt hat, kann ich nicht mit Gewissheit bestätigen, denn ich fand, dass mir danach nur noch schwummriger wurde. Ich verbrachte einige Tage damit, gemächlich die Stadt zu erkunden, und machte häufig Pausen, um zu Atem zu kommen und die beeindruckende Architektur zu bewundern. Cusco war einst die Hauptstadt des Inkareichs und kann mit einer bunten Stilmischung aufwarten. Die spanischen Konquistadoren brachten

die Pocken mit hierher, eine Krankheit, die bis dato vornehm-
lich in Europa zu finden gewesen war. Die Einheimischen be-
saßen keinerlei Immunität dagegen und erlagen ihr in Scharen.
Darüber hinaus zerstörten die Spanier auch einen Großteil der
Gebäude und bauten auf den Überresten der Steinmauern der
Inkas eigene Häuser. Die großen Steinblöcke, die liebevoll zu-
rechtgeschnitten und aufeinander abgestimmt zu einem Qua-
dermauerwerk aufgeschichtet worden waren, machten mir nur
noch größere Lust auf die Ruinen von Machu Picchu.

Sehr viele Einheimische in Cusco trugen die traditionelle
peruanische Kleidung in kräftigen bunten Farben, und überall boten Straßenhändler Schnickschnack zu vermutlich stark
überhöhten Preisen an. Die Decken und die Kleidungs- und
Schmuckstücke sahen zwar alle gut aus, doch ich vermutete,
dass sie abseits der von Touristen besuchten Pfade weitaus
authentischer waren. Mich sprachen auch mehrere Frauen an,
die Geld für ein Selfie neben einem Lama verlangten. Wenn
ich so ein Foto schießen wollte, würde ich mir selbst ein Lama
suchen, beschloss ich rasch.

Drei Tage später fuhr ich mit einem Bus von Cusco den
Berg hinunter ins Heilige Tal. Das waren einige furchterregen-
de Stunden auf einer gewundenen Straße ohne Leitplanken,
die wie durch ein Wunder nicht längst ins viele Hundert Meter tiefer liegende Tal gestürzt war. Ich bin mir nicht sicher, ob
der Fahrer waghalsig, überaus selbstsicher oder aufgrund einer
verheerenden Nachricht akut selbstmordgefährdet war, aber wir
polterten ohne große Rücksicht auf andere Busse, die uns auf
dieselbe tollkühne Weise entgegenkamen, den Berg hinunter.
Zum Glück ließ die hohe Luftfeuchtigkeit die Fenster beschla-
gen, sodass mir das ganze Ausmaß der lässigen Fahrweise zumindest visuell erspart blieb.

Meine Atmung war deutlich entspannter, als wir unten
angekommen waren, ebenso vor Erleichterung wie aufgrund

der geringeren Höhe, und wir brachen ins Heilige Tal auf. Die Landschaft war spektakulär. Die Anden erhoben sich um uns herum steil in die Höhe, und die tiefer gelegenen Hänge waren zu beeindruckenden landwirtschaftlich genutzten Terrassen gestaltet. Auf dem Weg passierten wir einige Dörfer, und in einem stand eine große Statue eines lächelnden Meerschweinchens. Wir legten eine Pause ein, zweifellos, damit wir an den zahlreichen Ständen einkaufen konnten, die die Straße säumten. Eine weitere Touristenfalle mit überteuertem Tand.

Meerschweinchen (oder »Cuy«, wie sie hier genannt werden) wurden in dieser Gegend vor fünftausend Jahren domestiziert und sind überall. Dabei sind sie gleichermaßen eine Nahrungsquelle und werden verehrt; es gibt sogar ein Gemälde des letzten Abendmahls in der Kathedrale von Cusco, auf dem Jesus und seine Jünger drauf und dran sind, eines der bedauerlichen Fellknäuel zu verspeisen. Und diverse Stände an der Straße inmitten des Heiligen Tals boten gebratene Cuy zum Verzehr an. Die armen Nagetiere wurden einfach durch Hintern und Mund aufgespießt und in einem Stück über der offenen Flamme gegart. Ihre verdrehten und fleischlosen Gliedmaßen ragten aus den verkohlten Leibern heraus, und ihre toten, klaffenden Schlunde enthüllten geschwärzte, ekelhafte Schneidezähne. Ehrlich gesagt ist das im Grunde genommen eine gebratene Ratte am Spieß. Damit will ich nichts schlechtmachen, was seit fünf Jahrtausenden integraler Bestandteil einer Kultur ist, aber sie sahen einfach widerlich aus. Vermutlich schmecken sie einfach nach Hühnchen, wie man es häufig von ungenießbaren und fragwürdigen Delikatessen behauptet, aber ich wollte sie nicht einmal kosten.

Die Busreise endete an einem Bahnhof, der ebenfalls von Straßenhändlern umgeben war und in einer Vielzahl bunter Farben leuchtete. Ich nahm den Zug nach Aguas Calientes, dem Dorf in den Gebirgsausläufern unterhalb von Machu Picchu. Die Gleise verliefen entlang des Rio Urubamba, und wieder einmal wurde mir die Sicht durch beschlagene Fenster erschwert, was die Landschaft jedoch nur noch geheimnisvoller erscheinen ließ. Es war ein steiler Anstieg durch die Straßen der Stadt zu meinem Hotel, und ich konzentrierte mich immer mehr auf den eigentlichen Grund, weshalb ich hier war.

Vor lauter Aufregung konnte ich kaum schlafen. Ich stellte mir vor, wie begeistert Mike gewesen wäre. Ich hatte diese lange Reise über den Ozean und hinauf in die überwältigenden Anden von Peru gemacht und war nun nicht mehr weit von der fast schon mystischen Kulturstätte entfernt, die Mike so gern besucht hätte. Im Laufe der Nacht wachte ich immer wieder auf und schlief nur unruhig, weil ich ständig auf dem Handy nachgucken musste, wie spät es war. Ich wollte auf gar keinen Fall den Bus verpassen, und meine Vorfreude stieg ins Unermessliche.

Es war noch dunkel, als ich an diesem Morgen das Hotel verließ. Mein Ziel war, bereits in den Ruinen zu sein, wenn die Sonne aufging. Obwohl ich geglaubt hatte, früh dran zu sein, als ich die Stelle erreichte, an der mich der Bus aufsammeln würde, musste ich im Zwielicht feststellen, dass mehrere Hundert Touristen denselben Plan hatten. Mir wurde das Herz schwer, als ich mich in die vermeintlich endlose Schlange einreihte, die erwartungsgemäß an unzähligen Ständen vorbeiführte, wo die üblichen Kuriositäten, aber auch Regenmäntel und Kaffee verkauft wurden. Mit finsterer Miene stellte ich fest, dass es eine ganze Weile dauern und ich den Sonnenaufgang vermutlich verpassen würde. Doch dann setzte sich die Schlange in Bewegung, und zwar schnell. Ein langer Konvoi an Bussen füllte sich und fuhr ab, und im Nullkommanichts war ich auf dem Weg hinauf nach Machu Picchu und spähte durch das beschlagene Fenster zum heller werdenden Himmel hinauf.

* * *

Nach einer kurzen Wartezeit am Eingang befinde ich mich endlich in Machu Picchu. So gut wie alle vor mir biegen an einer Weggabelung nach rechts ab, vermutlich, um dem sanften Abstieg zu folgen und sich inmitten der Ruinen wiederzufinden. Ich folge der Minderheit und gehe nach links. Nach oben. Und ich beeile mich, um möglichst weit von allen anderen wegzukommen. Ich möchte meine Privatsphäre haben. Ich will einen besonderen Ort finden, fernab der Blicke anderer Touristen und der am meisten begangenen Wege. Mikes Asche hängt in einem wasserdichten Beutel an einem Schlüsselband um meinen Hals. Er ist dicht an meinem Herzen, und das schon die ganze Zeit seit meiner Landung in Cusco. In meinem Rucksack habe ich außerdem eine kleine Schachtel, die Mandy mir gegeben hat und die ich hier oben aufmachen soll.

Es gelingt mir, von den wenigen Personen wegzukommen, die nach links abgebogen sind, und ich finde mich auf einer erhöhten Stelle wieder. Von dort erhasche ich einen ersten Blick auf ein paar quaderförmige Steinmauern und frage mich, ob ich von hier aus normalerweise die Ruinen, die sich unter mir ausbreiten, sehen müsste. Die Frage drängt sich mir auf, weil ich jetzt über einer dünnen Wolkendecke stehe, die mir die Sicht versperrt und den Sonnenaufgang verbirgt. Die Mauer, in deren Nähe ich stehe, verschwindet nicht weit von mir entfernt im Nebel. Ich folge dem Weg und finde mich auf einigen steilen Stufen wieder, die am Berghang aus dem Stein geschlagen wurden und sich verwittert und besorgniserregend rutschig nach unten in den Wolkenschleier fortsetzen. Um mich herum ist alles ruhig. Hin und wieder dringt eine Stimme zu mir durch, aber es hält sich niemand in meiner Nähe auf. Vielleicht sollte ich diese Stufen hinuntergehen.

Vorsichtig mache ich mich an den Abstieg und setzte zaghaft einen Stiefel vor den anderen, wobei ich wirklich den Eindruck habe, in einer Wolke zu verschwinden. Ich trage Mikes alte Wanderstiefel und einen Rucksack auf dem Rücken und merke bald, dass ich es nicht riskieren kann, noch weiterzugehen. Ich habe keine Ahnung, was sich in dieser feinen weißen Schicht, die sich an den Berg klammert, verbirgt. Der Weg könnte vollkommen sicher sein, oder aber an einer steil abfallenden Felswand enden. Ich drehe mich seitlich und wage mich Schritt für Schritt weiter nach unten, bis ich ein grasbewachsenes Felsband erreiche. Es ist etwa zwei Meter breit und folgt den Konturen des Hügels. Ich kann erkennen, dass es nicht weit entfernt zu meiner Rechten in ein grasreiches Gebiet übergeht, das für meine Zwecke perfekt geeignet zu sein scheint.

Nun bin ich in der Wolke. Als ich nach oben blicke, sehe ich die Sterne im Nichts verschwinden. Nervös gehe ich diesen grünen Weg entlang, ohne zu wissen, was sich unter mir befindet. Er ist eben, und ich bin zuversichtlich, dass ich nicht runterfallen werde, aber ich habe keine Ahnung, wie stabil der Boden ist. Trotz meiner Besorgnis, der Weg könnte unter mir wegbrechen und ich könnte in die Tiefe stürzen, steigen auch andere Gefühle in mir auf, da ich weiß, dass ich gleich das tun werde, weshalb ich hergekommen bin. Das ist das Ende. Und ich bin mir nicht sicher, ob ich es tun kann.

Ich schaffe es bis zu meinem Ziel. Und ich setze mich. Mir kommen die Tränen. Ich hole die Schachtel hervor, die mir Mandy gegeben hat, und nehme das Schlüsselband ab, an dem der Miniatursarg mit Mikes Asche hängt, um alles vor mir auf einen Stein zu legen. Dann sitze ich reglos in der nebelverhangenen Ruhe dieses peruanischen Bergs, während in meinem Kopf eine Kakofonie aus verwirrten Stimmen ertönt. An diesem Ort ist alles perfekt. Es ist genau so, wie Mike es gewollt hätte. Und doch überkommen mich Zweifel. Ich schleppe sie schon seit ein paar Tagen mit mir herum. Sosehr sich Mike das gewünscht hat, es fällt mir doch schwer, seine Asche zu verstreuen. Dies mag der perfekte Ort sein, verborgen von Nebel und Mysterien, hoch über der Welt, aber etwas an dem Hier und Jetzt ist nicht richtig. Es fühlt sich nicht richtig an, dass ich ganz allein hier bin. Ich fühle mich dieser einsamen Zeremonie nicht würdig. Am liebsten würde ich diesen Abschied mit anderen Menschen teilen. Mit Menschen, die Mike geliebt haben. Menschen, die er geliebt hat. Edan sollte hier sein, ebenso wie Dad und Laura. Und Mandy, aber da sie nicht fliegt, fällt das wohl flach. Story könnte hier sein. Mikes bester Freund Ali. Nicht nur ich allein.

Immer mehr Tränen steigen mir in die Augen, und der Ernst dessen, was ich hier tun werde, belastet mich schwer. Abgesehen davon, dass ich in diesem Moment nicht allein sein sollte, bin ich einfach nicht bereit, die Reise zu beenden. Ich will nicht, dass sie vorbei ist. Ich brauche etwas Hilfe und Unterstützung. Nachdem ich erstaunt festgestellt habe, dass mein Handy vollen Empfang hat, rufe ich Mandy an.

»Verstreu einfach die Asche, Royd«, sagt sie, nachdem ich ihr meine Sorgen anvertraut habe. »Das ist das, was Mike gewollt hat. Verstreu einfach seine Asche. Du hast doch nicht den ganzen Weg nach Machu Picchu zurückgelegt, um es nicht zu tun, oder?«

Ich lege auf und bin nicht weniger durcheinander. Also rufe ich Dad an.

»Mach, was du für richtig hältst, Junge.« Seine Stimme, die sanft, stark und gütig klingt, legt sich wie eine Decke um mich und beruhigt mich.

Er hat recht. Es liegt bei mir. Ich rufe auch Edan, Story, Laura und Ali an. Nicht, um sie um Rat zu fragen. Ich möchte ihre Stimmen hier bei mir, bei Mike haben. Vielleicht weiß ich dann, was ich tun muss.

Ich weiß es nicht.

Ich sitze weiter so da.

Aber ich kann nicht ewig hier sitzen bleiben, und so wickele ich die Schachtel aus, die Mandy mir mitgegeben hat. Das

Erste, was ich sehe, ist Mike. Er sieht mich direkt an. Es ist ein Passfoto, eins, das Mandy immer bei sich hat. Und er sieht mir direkt in die geröteten, tränenerfüllten Augen.

Schon breche ich zusammen und lasse den Tränen freien Lauf. Es ist perfekt; Mike sieht mich mit strahlenden Augen an und hat den Mund halb zu einem frechen Grinsen verzogen, was er bei einem Passfoto vermutlich gar nicht machen dürfte. Und es ist auch der perfekte Schmerz. Ich bin deinetwegen hier, Mike. Ich habe es geschafft. Ich bin in Machu Picchu. Du bist in Machu Picchu. Ich halte seinem Blick eine Weile stand, spüre ihn hier bei mir, schäme mich meiner Tränen nicht und öffne mich dem Schmerz.

Irgendwann schaffe ich es, die Schachtel zu öffnen. Darin liegt Mikes Glücksarmband. Mike hat jahrelang obsessiv Anhänger aus allen Teilen der Welt gesammelt und das Internet nach neuen durchforstet. Dad hat ihm einige geschenkt, ebenso wie Mandy. Und er hat ein Armband daraus gebastelt, wobei in jeden Anhänger ein anderes motivierendes Wort eingeritzt ist. Liebe. Leben. Erinnern. All solche Dinge.

Aufgrund der Tränen kann ich die Worte nur schwer erkennen. Doch jetzt wird mir klar, dass ich eine Entscheidung getroffen habe. Ich blicke auf, in das ruhige Nichts der umherwirbelnden Wolke, die sich an den Berghang klammert, und versuche, meine Entscheidung rational zu untermauern. Ich weiß nicht, wie die Aussicht von hier ist. Soweit ich weiß, klebt jenseits des Tals ein McDonalds am Berghang. Und den muss Mike nicht tagtäglich ansehen. Auf jeden Fall werde ich mich nicht durch diesen Dokumentarfilm unter Druck setzen lassen.

Ich werde seine Asche nicht verstreuen.

Ich kann es nicht. Und ich will es nicht. Ich möchte noch einmal mit Edan herkommen, wenn er etwas älter ist. Und mit Story. Ich möchte diesen Augenblick des letzten Abschieds von Mike angemessen teilen. Ich möchte, dass andere Menschen, die ihn geliebt haben, ebenfalls Lebewohl sagen können, dass sie die Reise hierher machen und genau sehen, an welcher Stelle ein Teil von Mike zurückbleiben wird.

Ich werde seine Asche nicht verstreuen.

Ich weiß, dass Mike Edan ebenfalls gern dabeigehabt hätte. Ich weiß, dass er meine Entscheidung verstehen wird. Wäre er an meiner Stelle, hätte er garantiert denselben Entschluss gefasst. Dies ist nicht der richtige Zeitpunkt. Die Liste hat kein Ablaufdatum. Ich kann später wieder herkommen und es tun.

Ich werde seine Asche nicht verstreuen.

Damit wäre es entschieden. Und schon spüre ich, wie mir eine Last von den Schultern genommen wird.

Ich sitze noch eine weitere Stunde da und lasse die Ruhe und die Einsamkeit auf mich wirken. Und als die Morgensonne über die Berggipfel steigt, vertreibt sie den Nebel. Die Wolkendecke reißt auf, und ich starre in den Abgrund. Als ich über den Rand blicke, sehe ich eine Felswand, die sich Hunderte von Metern direkt in die Tiefe erstreckt. Unter mir ist rein gar nichts. Vor mir befinden sich die Anden. Ich sehe Berge, Täler und Bäume. Und sosehr es mich verunsichert, wie gefährlich meine Ankunft auf dieser grasbewachsenen Lichtung tatsächlich war und wie viel unheimlicher meine Rückkehr über diesen schmalen Pfad und die rutschigen Stufen sein wird, bin ich doch von der Schönheit meiner Umgebung tief berührt. Bald werde ich diese Steinstufen wieder erklimmen und sehen, wie sich ganz Machu Picchu unter mir ausbreitet wie eine Ansichtskarte von einem der erstaunlichsten Orte der Welt.

Aber vorerst bin ich zufrieden damit, auf diesem Felsvorsprung an diesem Berghang zu sitzen und in der Schönheit der Natur zu schwelgen.

Ich ganz allein.

Und Mike.

Mein Bruder.

Es ist nur richtig, dass er das letzte Wort hat. Seine Bucket List, die er mir so liebevoll aufgebürdet hat, endet mit diesen Worten, die er qualvoll und Buchstabe für Buchstabe mit seinen wunderschönen, ausdrucksvollen Augen diktiert hat.

Ich liebe dich, und ich danke dir, Bruderherz. Ich hoffe, du hattest die beste Zeit deines Lebens. Mein Leben wäre ohne dich nicht dasselbe gewesen. Lebe bis ans Maximum. Ich lebe durch dich. Ich bin im Geiste bei dir, für immer. xxxxx

NACHWORT

Danke. Sie haben mehrere Hundert Seiten meines Geschwätzes ertragen, daher halte ich es für angemessen, dass Sie nun Mikes Stimme hören. Ich habe mir die Freiheit erlaubt, die Reihenfolge leicht zu verändern, um sie an die Chronologie des Buches anzupassen, und hin und wieder einige der Aufgaben kommentiert, aber hier ist die Bucket List, die er mir hinterlassen hat …

1. Der Beerdigungsstolperer. Bitte mach dich vor deiner Rede zum Affen. Du musst stolpern, und zwar so richtig dramatisch. Bring alle zum Lachen, um die Stimmung etwas zu heben.

2. Snowboarden. Erinnerst du dich an einen Leopardentanga, Handschellen, eine Sonnenbrille und einen Cowboyhut? Natürlich tust du das … Ich hoffe, es ist nicht zu kalt.

Mike hatte für diese Aufgabe sogar einen Ort in Neuseeland festgelegt, aber da die meisten der anderen Aufgaben dort im Sommer absolviert werden mussten, wäre Schnee schwer zu finden gewesen. Da ich ohnehin vorhatte, nach Avoriaz zu fahren, um etwas von Mikes Asche zu verstreuen, schien es mir passend, die Schneepisten dort dafür zu nutzen.

3. Als wir das letzte Mal in Neuseeland waren, hatte ich Probleme beim Gehen und brauchte einen Gehstock. Um dich richtig in Stimmung für die Reise zu bringen, musst du dich als Gandalf verkleiden.

Mach dir den Charakter zu eigen. Sag den Leuten immer wieder, dass sie nicht vorbeikönnen, und versperr ihnen den Weg mit deinem Stab.

4. Du musst die Leute bitten, sich mit dir fotografieren zu lassen. Du brauchst insgesamt neununddreißig Fotos. Ich möchte, dass du nicht weniger als neununddreißig lachende Gesichter festhältst. Neununddreißig, genau die Anzahl an Jahren, die ich dich geliebt habe, Bruderherz.

5. Du brauchst ein neues Tattoo. Ich denke, du weißt, was du tun musst, Royd. Eine Erinnerung an mich … für immer.

6. Deine Haare sind zu lang. Rasier sie ab. Und wenn du schon mal dabei bist, kannst du dir auch gleich die Beine wachsen lassen, oder wenn du die Haare auf deinem Kopf behalten willst – dann kommen zu den Beinen noch Rücken, Sack und Poritze dazu, dann darfst du die Haare auf dem Kopf behalten … Ach, diese Entscheidungen :)

Sosehr es mir widerstrebte, mir die Haare abzurasieren, es gab doch keine andere Wahl. Mit dem Wachsen von Rücken, Sack und Poritze wäre ja nichts gewonnen gewesen. Und ich habe mir die Beine wachsen lassen, auch wenn es im Buch keine Erwähnung findet. Es tat höllisch weh.

7. Geh noch mal an den Black Sand Beach an der Westküste. Ich habe etwas für dich auf dem Fernseher geschrieben, erinnere dich an diesen Moment, denn er hat mir sehr viel bedeutet.

Schreib es auf, steck es in eine Flasche und wirf sie ins Meer. Vorher nimmst du aber ein Foto und lässt einhundert A6-Flyer drucken.

8. Deine Fähigkeiten als Bootsführer lassen einiges zu wünschen übrig. Erinnerst du dich an Norwegen? Warum machst du das nicht wieder gut, indem du richtig segeln lernst?

9. Kajakfahren in der Cathedral Cove. Danke, dass du mich geliebt und dich so um mich gekümmert hast. Ich werde immer bei dir sein.

10. Auckland – SkyJump und SkyWalk.

11. Fahr einen V8-Rennwagen.

12. HOBBINGEN. Du bist Künstler. Für dich sollte ein Outfit bereitliegen und eine Staffelei. Biete den Besuchern von Hobbingen an, sie zu malen, oder verkleide dich als Bilbo Beutlin und öffne neugierigen Passanten die Tür und fordere sie auf, leise zu sein, weil du schlafen möchtest. Ich liebe diesen Ort und unsere gemeinsame Zeit hier. Ich bin bei dir, und ich bin überall. Ich liebe dich, Bruderherz.

Hier habe ich mich für die Künstleroption entschieden, bereue jedoch im Nachhinein, nicht beides gemacht zu haben.

13. Fallschirmspringen in Taupo.

14. Du brauchst ein neues Gesicht. Wir hatten viel Spaß beim Besuch von Weta Workshop.

Warum fragst du nicht mal, ob sie noch eine Ork-Maske rumliegen haben? Das kann nur eine Verbesserung sein.

15. Die Speisekammer der Natur. Erinnerst du dich an das Buch, das ich schreiben wollte? Zieh los und lebe von dem, was das Land dir bietet, setz dich in den Wald und genieße es, sei einfach in dem Moment und spüre meinen Geist bei dir. Ich musste an das hier denken, als ich mir dich dort vorgestellt habe:

»Der Wind ist still und wir denken nach, die Erde dreht sich, und doch sind wir still, unsere Körper mögen geschwächt sein, doch unser Geist findet Trost. Sei einfach achtsam und genieße den Augenblick. Wir sind Energie, wir sind Liebe, wir sind eins.«

16. Sucht der Wellington Zoo noch immer Freiwillige zur Kinderbespaßung? Melde dich für einen Tag freiwillig und verkleide dich, wie sie es verlangen, um die Kinder zu unterhalten. Und da du Spinnen liebst, gib bitte dein Bestes, um beim Putzen der Taranteln zu helfen, oder halte wenigstens eine in der Hand.

17. Du hältst dich für witzig. Geh an einem Open-Mic-Abend in einem Comedyklub auf die Bühne und bring die Leute zum Lachen.

18. Zufällige gute Taten. Hilf anderen, selbst wenn es nur eine Kleinigkeit ist. Schenk jemandem Blumen, umarm Fremde, kauf Obdachlosen etwas zu essen, hinterlass positive Nachrichten auf kleinen

Haftnotizen, geh und rede mit dem alten Menschen auf der Parkbank, lächle Leute an und erhelle ihren Tag.

19. Verkleide dich als Hippie, verbreite Liebe und verteile die Flyer. Du musst wirklich glücklich sein, wenn du das tust, und die Liebe und die Umarmungen spüren.

20. Straßenliebe. Beginne Unterhaltungen mit Fremden. Deine Mission ist, dich von ihnen küssen zu lassen, aber du darfst es ihnen nicht mit Worten sagen, sondern musst diesen Teil pantomimisch darstellen.

21. Hey, Mann. Du gehst auf Leute zu, tust so, als würdest du sie kennen. Deine Mission ist, wenigstens eine Person dazu zu bringen, dass sie sagt, sie würde dich wiedererkennen, und dass sie dir die Hand schüttelt oder deine Telefonnummer haben möchte. Oder du bringst eine Person dazu, dich zum Tee mit nach Hause zu nehmen.

22. Ein halber Tag Lost World. Abseilen.

23. Black Water Rafting/Tubing.

24. Schwimm mit Seebären.

25. Schwimm mit Delfinen und schaff ein Bewusstsein für sie. Der Maui-Delfin lebt an der Küste Neuseelands, und heute gibt es nur noch fünfundfünfzig Tiere von dieser Art. Die IUCN hat sie

als vom Aussterben bedroht eingestuft. Die größte Gefahr ist das Verheddern in Fischernetzen. Der Hector-Delfin lebt ebenfalls an der neuseeländischen Küste und gehört mit etwa 7 000 Tieren zu den bedrohten Arten. Ich weiß nicht, ob es Konsequenzen hat, wenn man mit ihnen schwimmt. Finde es vorab heraus.

Ich liebe Delfine. Und es hat meiner Ansicht nach Konsequenzen. Aber die Tourismusbranche in Kaikoura lag am Boden. Ich wünschte, ich wäre nicht rausgefahren, um kurz mit den Delfinen zu schwimmen, bevor ich erkannte, wie falsch das war. Das Meer ist ihr Zuhause, nicht unseres. Ich bin mir sicher, dass Mike da meiner Meinung wäre, und ich hoffe, dass mein Widerstreben, diese Aufgabe zu erfüllen, ein kleiner Schritt in Richtung eines größeren Bewusstseins ist.

26. Vergangenes Leben. Ich wüsste gern, ob bei einer Rückführungstherapie rauskommt, dass wir einander schon früher kannten. Es gibt nichts zu befürchten, schau einfach, was passiert.

27. Flussschlitten.

28. The Fox.

Ich habe nicht nur das getan, sondern war auch auf der Schaukel. Zweimal. Also bitte.

29. Verbreite etwas Liebe und Glück. Stell einen Verstärker und ein Mikrofon auf, mach in einem Stadtzentrum Musik, und fordere die Leute auf, mit dir zu tanzen, um sie glücklich zu machen. Du

musst mit wenigstens zehn Personen interagieren und tanzen, egal, wie lange es dauert.

30. Lampenfieber. Karaoke, so leicht kommst du mir nicht davon. Du hast die Wahl:
Zieh dir ein Kleid an und benimm dich wie ein Mädchen. Das kannst du gut. Sing einen Girly-Song mit samtweicher Stimme. Tanzt du auch dazu? Tu es für mich.
Oder:
Trag, was du willst, such dir einen total traurigen Song aus und werde richtig emotional, mit Taschentüchern und ECHT lautem Schluchzen.

Dank der praktischerweise verfügbaren großen Ukulele-Gruppe wurde daraus die Aufgabe, dass ich ein Lied lerne und mit den anderen zusammen aufführe. Live! Ich gehe fest davon aus, dass Mike mit dieser Interpretation einverstanden gewesen wäre.

31. Such dir eine Tanzgruppe. Lerne ein Stück mit ihr und führe es mit ihr zusammen auf. Vergiss aber nicht, dich entsprechend anzuziehen: Baseballkappe rückwärts, Baggy-Hose usw.

32. Geh zum Yoga – der Lehrer kommt zu spät, und du bietest an, für ihn einzuspringen. Mit enger Lycra-Hose, bitte.

33. Du bist ein berühmter Keramikkünstler/Töpfer aus Großbritannien und bietest dich freundlicherweise an, Schülern im Kunstunterricht zu zeigen, wie man auf der Töpferscheibe einen Topf herstellt. Gekleidet in eine weiße, mit Lehmflecken übersäte

Schürze erfährst du das zwei Minuten, bevor du den Raum betrittst. Viel Spaß!

34. Auckland Bridge: Klettern und Bungeesprung.

35. Nevis Highwire. Trag bitte ein rosafarbenes Tutu und halte dich an deinem Zauberstab fest!

36. Tandem-Gleitschirmflug/Drachenfliegen.

37. Flieg selbst ein Flugzeug.

38. Geführter Gletscherspaziergang.

39. Wir konnten uns Neuseeland nicht aus der Luft ansehen. Mach einen Flug mit einem offenen Hubschrauber – genieß es. Ich bin bei dir, Bruder.

40. Heli-Biking.

41. Thermal-Radwanderweg.

42. Geh in den Fjorden Forellen angeln. Du könntest meinen Ölhut tragen, vielleicht bringt er dir Glück und du fängst zur Abwechslung mal was. Mach ein Feuer (auf die norwegische Art), brat einen Fisch und genieß ihn. Ich bin immer bei dir, wenn du das Feuer also zum Brennen bekommst, hast du das mir zu verdanken.

43. Überlebenstraining im Busch. Einzeltraining.

44. Bearbeite einen Greenstone.

Damit habe ich die Lücke in Mikes Liste gefüllt.

45. Stand-up-Paddeln in Grasrock und Kokosnuss-BH.

Das habe ich gewissermaßen auch gemacht. Ein Paddelbrett zu finden, war nicht weiter schwer. Der Grasrock und der Kokosnuss-BH stellten jedoch ein Problem dar. Die Leute von der Produktion konnten einen leuchtend grünen Mankini auftreiben, aber ich habe mich schlichtweg geweigert, so weit von Mikes ausdrücklichem Wunsch abzuweichen. Erst als Andy vorschlug, mich nur in einem Tanga zu begleiten (den Rachel irgendwo besorgt hatte), gab ich schließlich nach. Die daraus resultierenden Bilder, auf denen der arme Andy hinter mir saß und auf dem Brett herumschaukelte, während er mit ansehen musste, wie der leuchtende Badeanzug im Borat-Stil immer weiter in meine Poritze wanderte, schafften es nicht in den Dokumentarfilm. Und das zu Recht. Und ich habe sie auch im Buch ausgelassen. Das will niemand sehen oder sich vorstellen, das können Sie mir glauben. Tut mir leid.

46. Besuch einen aktiven Vulkan.

Ich habe tatsächlich eine Tagesreise auf die White Island gemacht und bin dort um den aktiven Krater herumgelaufen. Seitdem sind – bevor ich dieses Buch geschrieben habe – mehrere Touristen dort umgekommen, als der Vulkan ausbrach. Aus Respekt habe ich beschlossen, diese Aufgabe nicht im Buch zu schildern.

47. Hukafalls Jetbootfahrt.

Auch dazu gibt es nicht viel zu sagen. Das Jetboot-Terminal liegt direkt neben einer Garnelenfarm, die ich viel lieber besucht hätte. Aber die Bootsfahrt hat Spaß gemacht. Unfassbar schnell, nass und ein Adrenalinrausch. Das Boot, das von einer wunderschönen, erfahrenen Kiwi-Frau gesteuert wurde, war rasant und flog nur so über das Wasser. Ich würde es wieder tun, wenn auch nur, um ihr Geschick zu bewundern.

> **48. Geh zu einer Audition, sei es im Schauspielern, Singen oder Tanzen. Was immer dir als Erstes angeboten wird, machst du.**

Es liegt in der Natur dieser Dinge, dass nicht alles den Weg in ein Buch findet. Ich war in Wellington bei einem Vorsprechen für »Die lustigen Weiber von Windsor«. Ich bin kein Schauspieler und habe keine Ahnung von Shakespeare, daher war das definitiv eine Herausforderung. Aber ich habe es gut gemeistert. Dachte ich jedenfalls. Ich genoss die wenigen Augenblicke der Sorge, in denen ich überlegte, wie ich die Rolle ablehnen sollte (weil ich sehr beschäftigt war), wenn man sie mir tatsächlich anbot, bevor mir enthüllt wurde, dass alles nur zum Schein gewesen war. Die Produktion stand bereits. Die Schauspieler, von denen ich glaubte, sie seien ebenfalls zum Vorsprechen da gewesen, hatten die Rollen längst sicher.

> **49. Es gibt da etwas, was ich dir gern schenken würde. Wenn du das hier liest, hast du das Ende meiner Liste fast erreicht. Jammerschade, dass wir den ursprünglichen Plan nicht umsetzen konnten, aber sieh es doch mal positiv: Ich bin immer noch super, und du bist immer noch ein Arsch! Einige Dinge ändern sich eben nie.**

Mikes Glücksarmband war das Geschenk.

50. Du kannst noch nicht nach Hause gehen, du musst mich noch nach Machu Picchu bringen. Es wäre großartig, wenn Edan dich dort treffen und meinen Traum erfüllen könnte.

Ich liebe dich, und ich danke dir, Bruderherz. Ich hoffe, du hattest die beste Zeit deines Lebens. Mein Leben wäre ohne dich nicht dasselbe gewesen. Lebe bis ans Maximum. Ich lebe durch dich. Ich bin im Geiste bei dir, für immer. xxxxx

DANK

Im Namen von Mike möchten ich und die gesamte Familie uns bei allen bedanken, die selbstlos alles gegeben haben, um Mike mit der Wärme, der Liebe und dem Glück zu umgeben, die so wichtig waren.

Und bei den Menschen, die uns dabei geholfen haben und weiterhin helfen, diese Reise überhaupt möglich zu machen. Aus unserem tiefsten Herzen, ebenso wie aus seinem: Danke!